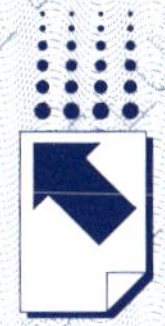

权威·前沿·原创

皮书系列为

“十二五”“十三五”国家重点图书出版规划项目

河南商务发展报告（2019）

ANNUAL REPORT ON COMMERCIAL DEVELOPMENT OF HENAN (2019)

主　编／张延明　何松浩
副主编／张进才　费全发　任秀苹

社会科学文献出版社
SOCIAL SCIENCES ACADEMIC PRESS (CHINA)

图书在版编目(CIP)数据

河南商务发展报告. 2019 / 张延明，何松浩主编
. -- 北京 : 社会科学文献出版社，2019.6
（河南商务蓝皮书）
ISBN 978 -7 -5201 -4859 -7

Ⅰ. ①河… Ⅱ. ①张… ②何… Ⅲ. ①商业经济 - 经济发展 - 研究报告 - 河南 - 2019 Ⅳ. ①F727.61

中国版本图书馆 CIP 数据核字（2019）第 089041 号

河南商务蓝皮书
河南商务发展报告（2019）

主　　编 / 张延明　何松浩
副 主 编 / 张进才　费全发　任秀苹

出 版 人 / 谢寿光
责任编辑 / 高振华
文稿编辑 / 李　昊

出　　版 / 社会科学文献出版社 · 城市和绿色发展分社（010）59367143
地址：北京市北三环中路甲 29 号院华龙大厦　邮编：100029
网址：www.ssap.com.cn
发　　行 / 市场营销中心（010）59367081　59367083
印　　装 / 天津千鹤文化传播有限公司

规　　格 / 开 本：787mm × 1092mm　1/16
印 张：28.25　字 数：424 千字
版　　次 / 2019 年 6 月第 1 版　2019 年 6 月第 1 次印刷
书　　号 / ISBN 978 -7 -5201 -4859 -7
定　　价 / 128.00 元

《河南商务发展报告（2019）》编辑委员会

摘　要

《河南商务发展报告（2019）》由河南省商务厅主持，河南省商业经济研究所组织编撰，全面总结了2018年河南商务领域的发展成效，研究和分析了商务领域的理论和实践问题，科学研判了2019年全省商务发展的走势，系统性、综合性、时效性突出。

全书内容由主报告、行业篇、专题篇、案例篇、区域篇五部分组成。

主报告由两篇文章组成，代表本书的基本观点。

主报告之一《2018～2019年河南省商务发展形势分析与展望》，全面总结了2018年河南省商务运行综合情况，并分析预判了2019年商务发展态势。该报告认为，2018年，面对错综复杂的国内外形势，特别是中美经贸摩擦的严峻挑战，全省商务系统认真贯彻落实省委、省政府和商务部决策部署，坚持稳中求进，践行新发展理念，落实高质量发展要求，迎难而上、积极作为，商务运行稳中有进、稳中向好，商务高质量发展迈出了新步伐、取得了新成效。2018年，全省实际吸收外资179亿美元，同比增长3.9%；实际到位省外资金9647.1亿元，同比增长5.9%；货物进出口总值5512.7亿元，同比增长5.3%；社会消费品零售总额20594.74亿元，同比增长10.3%；对外承包工程和劳务合作完成营业额34.5亿美元，同比下降27.7%；对外投资中方协议投资22.37亿美元，增长27.3%。2019年商务工作形势更加严峻复杂，不确定、不稳定因素增多。特别是中美经贸摩擦仍是当前商务运行首要外部风险和最大不确定因素。但支撑全省商务高质量发展的条件依然较多，为做好商务工作提供了新机遇。充分认识当前商务发展面临的严峻挑战，注重把握有利条件，把压力变动力，把机遇化优势，河南商务发展有望在应对困难和挑战中实现高质量发展的新跃升。全省商务系统要以习近平新时代中国特色社会主义思想为指导，全面贯彻党的十九大和十九届二中、三中全会精神，深入贯彻习近平总书记在庆祝改革开放40周年大会上的重要讲话精神，认真落实省委十届八次全会和省“两会”工作部署，加强党对商务工作的全面领导，坚持稳中求进工作总基调，坚持新发展理念，坚持以供给侧结构性改革为主线，坚持底线思维，贯彻巩固、增强、提升、畅通的方针，以全面加快自贸试验区建设为统领，落实“大商务”要求，促进内外贸、内外资融合，全力以赴稳外贸、稳外资、扩消费、稳预期，推动高水平开放、高质量发展，加快贸易强省建设。

主报告之二是《对外开放40年河南商务发展成就》。开放是国家繁荣发展的必由之路。习近平总书记指出，改革开放是决定当代中国命运的关键一招，也是决定实现“两个一百年”奋斗目标、实现中华民族伟大复兴的关键一招。40年来，中国从一个贫穷国家发展成为世界经济的领跑者；同样，作为不靠海、不临江、不沿边的内陆省份，河南也因开放而崛起振兴，走向全国、走向世界经济大舞台。历届省委、省政府坚决贯彻党中央、国务院部署，始终把对外开放作为事关全局的重要战略持续推进，开启了开放发展的历史征程。对外开放40年来，河南省开放型经济发展经历了从无到有、从小到大、从快速增长到跨越发展的变迁，对外开放对全省经济社会的综合带动作用显著增强，河南正从“中原腹地”走向“内陆开放高地”。河南对外开放40年发展历程和成就证明，对外开放是让中原更加出彩的必由之路。今后一个时期，全省上下要深入贯彻党的十九大和习近平总书记调研指导河南工作时的重要讲话精神，继续坚定不移地实施开放带动主战略，以高水平开放推动全省经济高质量发展，在新一轮开放发展中让中原更加出彩。

行业篇重点分析了2018年河南省商务各行业发展情况，特别是重点行业发展的新亮点和新变化，结合国内外经济形势对行业发展进行研究探讨，预测2019年商务各行业态势，提出了发展思路和对策建议。

专题篇着力研究了河南建设内陆开放高地、稳定外资、发展服务贸易、实体商业转型、发展电子商务、提升农产品供应链质量、中美贸易摩擦等商务发展的重点、难点、热点问题，并提出了应采取的举措。

案例篇重点总结了抓住进口博览会重大机遇加快推进外贸、消费和产业转型升级，郑州国际陆港融入“一带一路”建设，河南省境外经贸合作区发展实践探索，美对华铝板双反案应诉，西峡探索转型基地建设打造对外贸易升级强引擎等好的范例，探讨了其对商务发展的重要启示。

区域篇全面反映了 2018 年河南省各地商务工作取得的成效，剖析了商务工作中存在的问题和针对性措施，区域特色突出，展示了河南省区域商务发展的新思路和新优势。

关键词： 河南省　商务发展　内陆开放高地

Abstract

The *Henan* Commercial *Development Report* (*2019*) is presided over by Henan Provincial Commerce Department and compiled by Henan Provincial Commercial Economics Institute. It comprehensively summarizes the development results of Henan's Commerce in 2018, studies and analyzes the theoretical and practical problems in the commercial field, and scientifically evaluates the development trend of Henan's Commerce in 2019, with prominent systematicness, comprehensiveness and timeliness.

The Book consists of five parts: the main report, the industry report, the special report, the case report and the regional report.

The main report includes two parts: the annual main report on Henan's commercial development and the main report on Henan's commercial development achievements through 40 years of opening-up, which represent the basic viewpoints of this Book.

One of the main reports, *Analysis and Outlook of Henan's* Commercial Development from *2018* to *2019*, comprehensively summarizes the comprehensive situation of Henan's commercial operation in 2018, and analyzes and predicts its commercial development trend in 2019. According to the report, in 2018, facing the complicated domestic and foreign situations, especially the severe challenges of China-US economic and trade friction, Henan's commercial system earnestly implemented the decisions and arrangements of the provincial Party committee, provincial government and the Ministry of Commerce, adhered to the principle of seeking progress while maintaining stability, implemented new development concepts and high-quality development requirements, to rise to each challenge and achieve stable and improved commercial operation, making new progress and achieving new results in the high-quality commercial development. In 2018, Henan actually absorbed USD 17.9 billion of foreign capital, up 3.9% year-on-year. The paid-in investment from outside Henan reached RMB 964. 71 billion, up 5. 9% year-on-year. The total import and export value of goods was RMB 551. 27 billion, up 5. 3% year-on-year. Retail sales of social consumer goods totaled RMB 2059. 474 billion, up 10. 3% year-on-year. Turnover from contract foreign projects and labor cooperation reached USD 3. 45 billion, down 27. 7% year-on-year. China's contracted investment abroad was USD 2. 237 billion, up 27. 3%. The commerce situation in 2019 will be more severe and complicated, with more uncertain and unstable factors. In particular, China-US economic and trade friction is still the primary external risk and the biggest uncertainty in current commerce operation. However, there are still many conditions to support the high-quality commercial development in Henan, providing new opportunities for commercial work. If we fully understand the severe challenges faced by the current commercial development, pay attention to grasping favorable conditions, and change pressure into power, and turn opportunities into advantages, Henan's commercial development is expected to achieve a new leap in high-quality development in coping with difficulties and challenges. Henan's commerce system should follow the guidance of Xi Jinping Thought on Socialism with Chinese Characteristics for a New Era, fully implement the spirit of the Party's 19th National Congress and the second and third plenary sessions of its 19th Central Committee, thoroughly implement the spirit of General Secretary Xi Jinping's important speech at the the 40th anniversary of reform and opening up, earnestly implement the work arrangements of the 8th plenary session of the 10th Provincial CPC Committee and the "Two Sessions" of Henan Province, strengthen the overall leadership of the Party over commercial work, adhere to the general principle of pursuing progress while ensuring stability, adhere to new development concepts, pursue supply-side structural reform as our main task, adhere to bottom-line thinking, implement the policy of consolidating, strengthening, upgrading, and ensuring unimpeded flows, take the overall acceleration of the construction of the pilot free trade zone as the guide, implement the "big commerce" requirements, promote the integration of domestic and foreign trade and investment, and make every effort to ensure stable foreign trade, stable foreign investment, expanding consumption, and stable expectations, in order to promote high-level opening-up, high-quality development, and speed up the construction of a powerful province in trade .

The other of the main reports is *The Achievements in Henan's* Commercial *Development through 40 Years of Opening-up.* History has proved that opening up is the path China must take to achieve prosperity and development. General Secretary Xi Jinping pointed out that reform and opening-up is a game-changing move in making China what it is today, and a game-changing move for us to achieve China's two centenary goals and its great national rejuvenation. Over the past 40 years, China has developed from a poor country into a world economic leader. Similarly, as an inland province that not alongside sea, river or border, Henan has also risen and prospered as a result of opening-up, moving towards the national and world economic stage. Successive provincial Party committees and governments have resolutely implemented the arrangements of the Party Central Committee and the State Council, and have consistently promoted opening-up as an important strategy that concerns the overall situation, starting the historical journey of open development. In the past 40 years of opening-up, Henan's open economy has grown out of nothing and expanded from small to large, and from rapid growth to leapfrog development. The comprehensive driving effect of opening-up on Henan's economy and society has been significantly enhanced. Henan is moving from the "central plains hinterland" to "inland open highland" . The 40 years of development and achievements of Henan's opening-up have proved that opening-up is the only path to make the Central Plains more prosperous. For some time to come, the whole province will thoroughly implement the important spirit of the Party's 19th National Congress and General Secretary Xi Jinping in investigating Henan, and continue to unswervingly implement the main strategy of opening-up, to promote the high-quality economic development of the whole province with a high-level opening-up, making the Central Plains more brilliant in the new round of opening development.

The industry report focuses on the analysis of the commercial development of various industries in Henan Province in 2018, especially the new highlights and changes in the development of key industries. Based on the domestic and international economic situation, it studies and discusses the industry development, predicts the commercial situation of various industries in 2019, and put forwards the development ideas and countermeasures.

The special report focuses on the key, difficult and hot issues in Henan's commercial development, such as building inland open highland, stabilizing foreign capital, developing service trade, transforming traditional commerce, developing e-commerce, improving the quality of agricultural product supply chain, and China-US trade friction, and puts forward the measures to be taken.

The case report focuses on summarizing the good examples such as seizing the great opportunity of China International Import Expo to accelerate the transformation and upgrading of foreign trade, consumption and industry, the integration of ZIH into the BRI construction, the exploration on the development practice of Henan's overseas economic and trade cooperation zone, the United States' response to the lawsuit of China's aluminum plate anti-dumping and countervailing case, and Xixia's exploration on transformation base and building of a strong engine for foreign trade upgrading, and discusses their important enlightenment to commercial development.

The regional report comprehensively reflects the achievements made in commercial work throughout Henan Province in 2018, analyzes the existing problems and targeted measures in commercial work, which feature prominent regional characteristics, and shows the new ideas and advantages of regional commercial development in Henan Province.

Keywords: Henan Province; Commercial Development; Inland Open Highland

目 录

Ⅰ 主报告

Ⅱ 行业篇

Ⅲ 专题篇

Ⅳ 案例篇

Ⅴ 区域篇

皮书数据库阅读**使用指南**

CONTENTS 

I Main Reports

Ⅱ Industry Reports

Ⅲ Special Reports

Ⅳ Case Reports

Ⅴ Regional Reports

主 报 告

Main Reports

B.1 2018～2019年河南省商务发展形势分析与展望

河南省商务厅课题组

摘 要： 2018年，面对错综复杂的国内外形势，特别是中美经贸摩擦的严峻挑战，全省商务系统认真贯彻落实省委、省政府和商务部决策部署，坚持稳中求进，践行新发展理念，落实高质量发展要求，迎难而上、积极作为，商务运行稳中有进、稳中向好，商务高质量发展迈出了新步伐，取得了新成效。2019年商务工作形势更加严峻复杂，不确定、不稳定因素增多。特别是中美经贸摩擦仍是当前商务运行首要外部风险和最大不确定因素。但支撑全省商务高质量发展的条件依然较多，为做好商务工作提供了新机遇。充分认识当前商务发展面临的严峻挑战，注重把握有利条件，把压力变动力，把机遇化优势，河南商务发展有望在应对困难和挑战中实现高质量发展的新跃升。

关键词： 河南省　商务发展　内陆开放高地

一　2018年河南省商务发展稳中有进、稳中向好

2018 年，面对错综复杂的国内外形势，特别是中美经贸摩擦的严峻挑战，全省商务系统认真贯彻落实省委、省政府和商务部决策部署，坚持稳中求进，践行新发展理念，落实高质量发展要求，迎难而上、积极作为，商务运行稳中有进、稳中向好，商务高质量发展迈出了新步伐，取得了新成效。

（一）对外开放持续推进，开放活力不断释放

自贸试验区建设全面推进。紧紧围绕“两体系、一枢纽”战略定位，以制度创新为核心，加快推进总体方案落实，积极构建政务、监管、金融、法律、多式联运五大服务体系，总结形成 225 项改革创新举措（案例），跨境电商“网购保税 + 实体新零售”被评为 2018 年全国自贸试验区十大创新成果。企业投资项目承诺制、区域整体评勘印发全国通报经验。国务院印发支持自贸试验区深化改革创新举措，明确支持郑州机场利用第五航权开展业务。围绕产业定位，强化项目支撑，全年新设企业 2. 63 万家，累计达到 4. 99 万家，注册资本累计达到 6190 亿元。

跨境电商综试区深入推进。坚持跨境电商无边界，一顶帽子大家戴，持续推动跨境电商多主体运行、多模式发展、多点布局、全省联动发展，呈现出郑州示范引领、各地竞相发展的良好局面。成功举办了第二届全球跨境电商大会，倡议发起成立跨境电商标准与规则创新促进联盟。1210 网购保税进口模式在全国复制推广。郑州航空港区跨境电商进出口 2114. 4 万单、货值 23. 8 亿元，分别增长 33% 和 115%。省商务厅与敦煌网、全球贸易通、PingPong、思亿欧等跨境电商平台、物流、支付企业签订战略合作协议。

经贸招商活动务实开展。第十二届中国（河南）国际投资贸易洽谈会到会境外嘉宾2844人，世界500强、跨国公司及知名企业高管250余人，达成合作项目321个，投资总额4399亿元。中国外商投资企业协会河南自贸试验区服务中心挂牌运营。组团参加进博会、厦门投洽会、东盟博览会、亚欧博览会等国家级经贸活动，举办了河南省展览展示、推介洽谈活动。通过举办一系列经贸招商活动，河南对外知名度、影响力明显提升。

平台能级不断增强。郑州航空港区开放龙头地位更加凸显，全年进出口额3454亿元，占全省的62.7%。郑州机场旅客吞吐量2733万人次，增长12.5%，货邮吞吐量51.5万吨，稳居全国第7位；中欧班列（郑州）全年开行752班、货值32.4亿美元，分别增长50%和18%。全省功能性口岸达到9家，保持内陆省份首位。国家级和省级经开区实际利用外资38.9亿美元，对外贸易609亿元，分别占全省的21.7%和11%；郑州经开区列全国219个国家级经开区的第37位。

政策支撑不断完善。报请省政府出台了关于促进外资增长的实施意见、关于积极有效利用外资推动经济高质量发展若干措施，研究制订了全省对外开放工作行动计划，组织工信、教育、科技、卫生等15个省直部门制定实施对外开放工作专案，省开放办开展了全省对外开放工作综合考核。全面实施市场准入负面清单、外商投资负面清单。简化外资企业设立程序，实现了外资企业商务备案与工商登记“一口办理”，修订了《河南省省级招商引资专项资金管理办法》。外商投诉结案率近95%，构建了外商投诉权益保护机制。

（二）境内外资金稳步增长，引资质量不断提升

引进境内外资金稳步增长。吸收外资方面。2018年，全省共设立外资企业217家，实际吸收外资179亿美元，分别增长3.3%和3.9%，完成年目标100.9%（见图1）。“一带一路”沿线国家在豫设立外商投资企业25家，实际吸收外资11.7亿美元，增长24.5%。省外资金方面。河南省实际

到位省外资金 9647.1 亿元，增长 5.9%，完成年目标 100.9%（见图 2）。与京津冀、珠三角、长三角经济合作进一步加强，承接京、粤、苏、浙、沪、鲁 6 省市产业转移资金 6498.4 亿元，增长 8.4%，占全省的 67.4%。

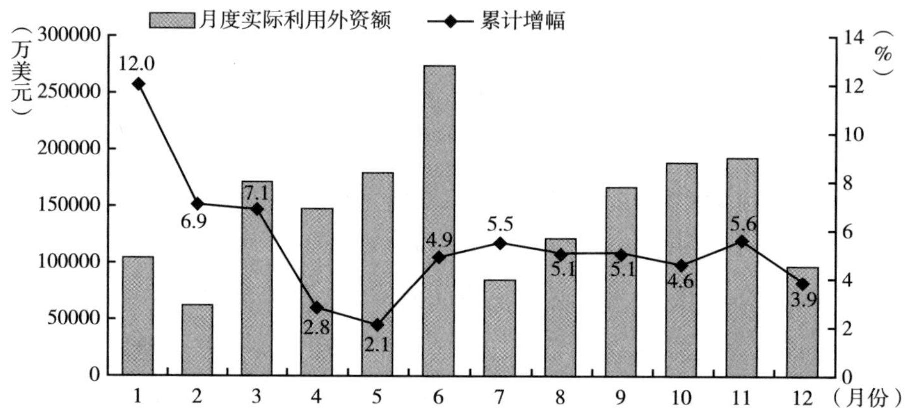

图 1　2018 年河南省月度实际利用外资额及累计增幅

资料来源：河南省商务厅。

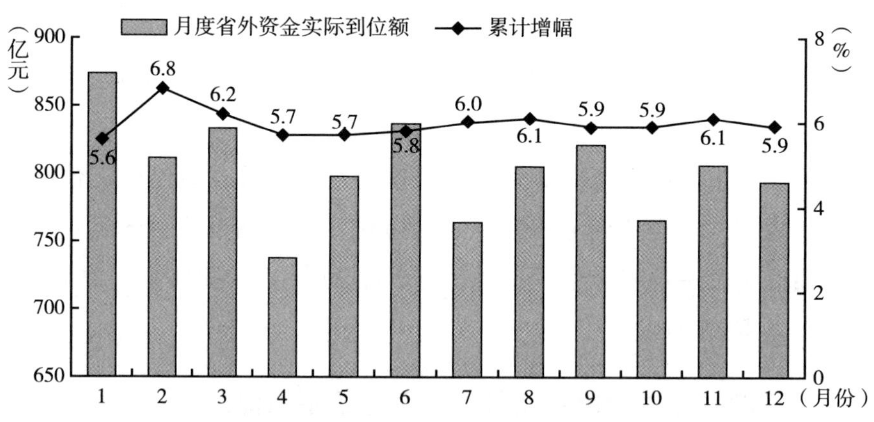

图 2　2018 年河南省月度省外资金实际到位额及累计增幅

资料来源：河南省商务厅。

产业引资结构不断优化。服务业吸收外资 78 亿美元，占比增至 43.6%，主要集中于批发零售、租赁和商务服务、科学研究等行业。制造业吸收外资保持平稳，实际吸收外资 93.1 亿美元，占比 52.0%。第二产业、第三产业实际到位省外资金基本相当，第二产业到位 4593.1 亿元，占比 47.6%，增长 4.2%，其中制造业到位 3935.6 亿元，增长 6.0%。第三产业到位 4476.3 亿元，增长 7.9%，占比 46.4%，其中房地产业到位 1577.9 亿元，增长 5.1%；租赁和商贸服务业到位 774.9 亿元，增长 19.0%；批发和零售业到位 331.6 亿元，增长 13.4%；教育领域到位资金 101.8 亿元，增长 26.3%。

引资质量提升。一批重大外资项目在河南成功落地、增资扩股，有力地推动了全省吸收外资平稳增长。新增英国石油、特斯拉、中国石化、京东集团等世界 500 强落户河南。环保和新能源仍是外商投资热点。境外上市融资实现新突破。2018 年在香港联合交易所上市的省内企业有医药领域的福森药业、教育领域的春来教育和房地产领域的恒达集团。引进合同省外资金 10 亿元以上项目 511 个、合同省外资金 9876.5 亿元、到位 2671.9 亿元。一批高成长和高科技新兴项目落地，如珠海银隆（洛阳）新能源汽车产业园和浙江云谷科技（焦作）新兴科技产业园项目。在豫投资的世界 500 强企业达 129 家、国内 500 强企业达 160 家，上汽、富士康、正大等世界 500 强企业持续加大投资力度，为全省稳投资注入了新动力。

（三）货物贸易再创新高，外贸结构持续优化

货物贸易再创新高，贸易方式趋向合理。2018 年，全省货物进出口总值突破 5500 亿元，达 5512.7 亿元，增长 5.3%（见图3）。其中，出口 3579 亿元，增长 12.8%；进口 1933.7 亿元，下降 6.2%。全省出口增幅高出全国平均水平 5.7 个百分点，出口居全国第 8 位、中部第 1 位，进出口居全国第 11 位。全年贸易顺差 1645.3 亿元，扩大 48%。2018 年，一般贸易进出口 1856.1 亿元，增长 16.3%，占全省比重提高 3.2 个百分点，至 33.7%；加工贸易 3563.5 亿元，增长 1.8%，占全省的 64.6%；一般贸易增幅高出加工贸易 14.5 个百分点。

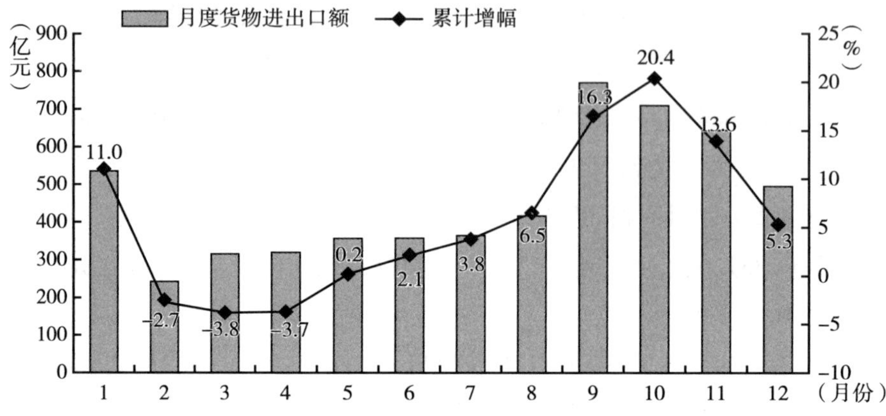

图3　2018 年河南省月度货物进出口额及累计增幅

资料来源：郑州海关。

龙头企业带动作用明显，民营企业进出口活力增强。2018 年，富士康在豫企业进出口 3389.1 亿元，增长 0.6%，占全省的 61.5%，仍是全省外贸“顶梁柱”，鸿富锦（郑州）精密电子出口居全国外贸企业首位。剔除富士康因素，全省进出口增长 13.9%。全省出口超 5 亿元的企业 31 家，占全省出口总额的 70.9%；进口超 5 亿元的企业 30 家，占全省进口总额的 88.4%；进出口超 1 亿元的企业 354 家。2018 年，民营企业进出口 1505.8 亿元，增长 23.3%，增速最快，占比较上年同期提高 4 个百分点，至 27.3%；外商投资企业进出口 3562.1 亿元，占比 64.6%；国有企业进出口 444.1 亿元，增长 5.7%，占比仅 8.1%。全省有进出口业绩企业 7747 家，其中民营企业 7239 家，占比 93.4%，比 2017 年同期增加 1040 家。

国际市场更趋多元化，开发替代市场效果显现。2018 年，对河南省最大贸易伙伴美国进出口 1382.7 亿元，增长 27.6%，占全省的 25.1%，比上年同期提高 4.4 个百分点，主要原因是对美出口手机及配件 1085.1 亿元，增长了 33.9%，对东盟进出口增长 38.8%，对香港进出口增长 4.2%，对欧盟进出口增长 2.0%，对日韩进出口分别下降 24.9%、25.3%。国际市场布局进一步优化，对新兴市场俄罗斯、巴西进出口分别增长 19.1%、15.0%。

对“一带一路”沿线国家进出口1187.9亿元，增长23.0%，增速高出全省17.7个百分点，占全省的21.6%。其中出口778.0亿元，增长12.6%；进口409.9亿元，增长49.2%。应对中美贸易摩擦，开发替代市场效果显现。虽然中美贸易摩擦导致对美出口铝材受阻，但通过开拓替代市场，铝材出口转向东盟、欧盟和加拿大，全省出口铝材101.2亿元，增长32%。光伏产品出口转向日本、澳大利亚等地，出口太阳能电池19.9亿元，增长59.6%。大豆进口转向巴西、加拿大等地，进口大豆31.9亿元，增长了13.9%。

出口商品结构持续优化，资源类商品进口较快增长。2018年，河南省高新技术产品出口2277.4亿元，占全省出口额的63.6%。高新技术产品、机电产品出口分别增长10.0%、11.2%，其中手机出口2115.8亿元，增长9.4%；农产品出口169.0亿元，增长13.5%，其中蔬菜出口92.5亿元，增长18.8%，蔬菜中干香菇出口64.4亿元，占比69.6%，增长48.0%；发制品出口112.7亿元，增长28.5%；服装出口72.9亿元，增长29.3%；纺织品70.9亿元，增长11.8%。郑州宝聚丰出口手机及配件40.4亿元，增长195.1%。第一大进口商品集成电路进口710.8亿元，下降9.1%。铜矿砂、锌矿砂、锰矿砂等资源类商品进口量价齐增，中原黄金、豫光金铅等进口铜矿砂106.2亿元，增长56.5%；飞机租赁进口成为新亮点，河南航投、豫盛租赁飞机进口13.8亿元，增长114.8%。郑州无尾熊、郑州维纳斯、河南易通、郑州品速等进口化妆品65.7亿元，下降6.0%。

外贸转型升级基地建设加快，跨境电商快速增长。精准施策，重点培育10家优势外贸产业基地，形成了智能终端、装备制造等一批特色出口产业集群；评审认定7家省级外综服企业，成功获批汽车平行进口试点，积极发展外贸新业态。全省跨境电商进出口1289.2亿元，增长25.8%。快递包裹出口7549.0万件、货值159.4亿元，均增长11.0%。郑州海关共监管跨境电商零售进出口清单9507.3万票、货值120.4亿元，分别增长4.1%和5.7%。预计全年服务贸易超80亿美元，其中服务出口超14亿美元，增长30%以上。

（四）对外投资增势强劲，经贸合作加快推进

对外投资合作势头良好。2018 年，全省对外直接投资中方协议额 22.37 亿美元，增长 27.3%（见图 4）。对“一带一路”沿线国家投资 1.85 亿美元。对外投资结构持续优化，主要投向航空和飞机租赁等行业，非理性投资得到有效遏制。中方协议额在 5000 万美元以上的项目 13 个，协议投资额 19 亿美元。

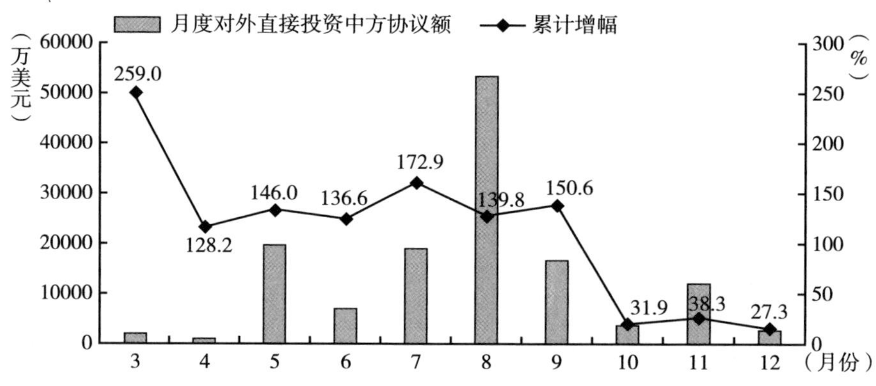

图 4　2018 年河南省月度对外投资中方协议额及累计增幅

资料来源：河南省商务厅。

对外承包工程及劳务营业额下降。2018 年，河南省新签对外承包工程及劳务合作合同额 37.4 亿美元，下降 0.1%。新签 1000 万美元以上项目 65 个，主要集中在矿产开发、石化工程等领域。对外承包工程和劳务合作完成营业额 34.5 亿美元，下降 27.7%（见图 5）。对“一带一路”沿线国家承包工程和劳务完成营业额 14.5 亿美元。完成营业额前 4 位的中铁七局、河南国际合作集团、中石化中原石油、中石化华北石油，营业额均在 3.5 亿美元以上。全省外派劳务 31761 人次，期末在外人数 6.3 万人次，增长 2.8%。

“空中丝绸之路”经贸合作和境外经贸合作区建设加快推进。《中国河南与卢森堡“空中丝绸之路”经贸合作发展规划》编制进展顺利，郑州航空港中比医药产业园和中德（许昌）双跨经贸合作区等一批重大项目签订落地。8 个境外经贸合作园区纳入商务部统计范围，数量居全国第 4 位、中西部第 1 位。

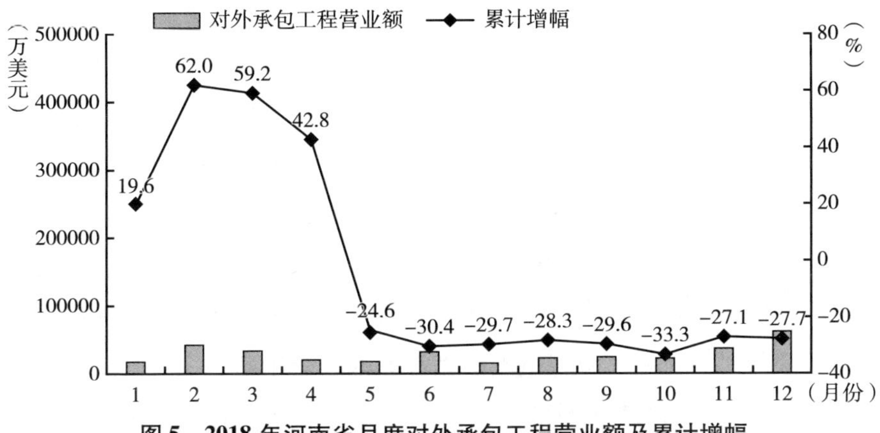

图5　2018年河南省月度对外承包工程营业额及累计增幅

资料来源：河南省商务厅。

（五）消费贡献稳步提升，内生动力持续增强

消费贡献稳步提升，新业态消费迅速增长。2018年，河南省社会消费品零售总额达2.1万亿元，增长10.3%（见图6），增速同比回落1.3个百分点，总量居全国第5位、中西部首位，增速居全国第8位。消费对经济增长的贡献率达到60%左右，较上年增长0.2个百分点。全省电子商务交易额15048亿元、网络零售额3203亿元，分别增长20.0%和28.4%。

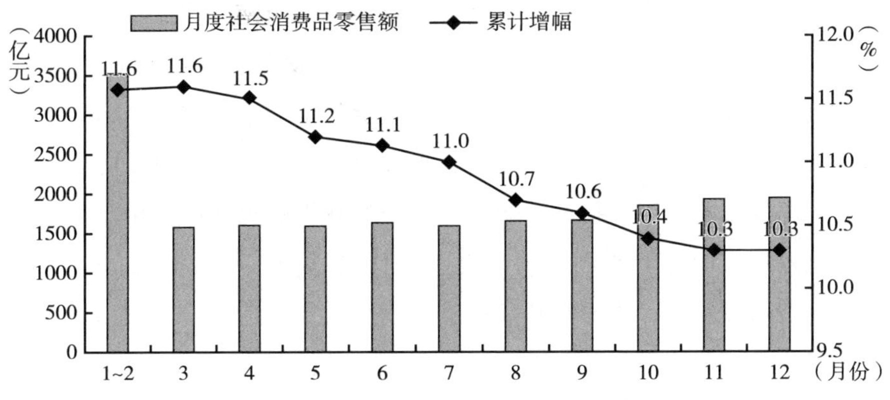

图6　2018年河南省月度社会消费品零售额及累计增幅

资料来源：河南省商务厅。

多数商品增速回落。2018 年，限上 23 类批发零售业商品中，16 类增速回落，7 类增速提高。经过几年汽车拥有量快速攀升后，汽车消费空间明显缩小，受人均汽车保有量提高，小排量汽车购置税优惠政策取消，新能源补贴政策调整不确定，公共交通发展、网约车等替代性出行服务等综合影响，占限上零售额约 1/3 的第一大类商品汽车消费放缓，全年汽车消费仅增长 1.8%，同比回落 4.6 个百分点，成为消费品市场放缓的主要原因，但汽车销售占限上零售额比重提高了 1.7 个百分点。由于成品油价格下调及部分地区单双号限行时间拉长、限行范围扩大等原因，全年第二大类商品石油及制品增长 11.0%，比 2017 年回落 2.9 个百分点，拉低了消费增速。除服装鞋帽针织类和烟酒类外，粮油食品类、饮料类和日用品类等基本生活类商品增速分别回落 3.3 个、2.6 个、0.9 个百分点；反映消费升级类的化妆品类、金银珠宝类增速分别回落 23.8 个、0.4 个百分点；由于国家对房地产限购限贷，一定程度上抑制了家电消费需求，家用电器及音像制品类增长 9.6%，同比回落 5.3 个百分点。居民消费价格温和上涨。2018 年，全省居民消费价格指数上涨 2.3%，涨幅比全国高 0.2 个百分点。

持续增强消费内生动力。一是持续深化内贸流通体制改革。顺利完成省级内贸流通体制改革综合试点任务，总结 22 条经验在全省复制推广。实施城乡高效配送重点工程，支持漯河、焦作和许昌开展物流标准化示范建设，许昌、商丘和焦作获批国家供应链建设试点城市，河南自贸试验区唯一整体入选。二是深入实施扩大消费专项行动。向世界发布中国菜活动顺利开展，签订购销意向金额 106 亿元。河南贸易类展会居全国第 7 位，中国会展名城郑州办展数量居全国第 4 位，郑州磨料磨具会、糖酒会、漯河食博会等一批展会在全国的影响力不断提升。全省 7 家商场获批国家绿色商场。积极推进豫酒转型发展，10 家重点酒企销售收入增长 19.3%，纳税增长 29.3%。实施商圈消费引领示范，指导郑州高标准编制步行街改造提升方案。三是不断改善消费环境。开展了商务领域市场秩序专项整治行动，加快重要产品追溯体系建设，肉菜、中药材流通追溯体系平稳运行，追溯网络覆盖 798 家企业、20425 家商户。加强电商领域诚信建设，推动成立了反“炒信”联盟。

（六）物流业转型发展，资源平台加快聚集

物流业转型发展。成立了物流业转型发展专项工作领导小组，出台了促进物流业转型发展若干措施，全省分层推进、合力攻坚的工作格局初步形成。225个亿元以上冷链、电商、快递物流重大项目顺利推进，一大批物流集散分拨和仓储配送中心投入运营，社区和农村末端服务设施加快建设，高校快递综合服务中心实现全覆盖。鲜易冷链马甲、买卖全球网获批全国首批骨干物流信息平台试点，各类物流园区功能不断完善。预计2018年全省社会物流总额12万亿元和物流业增加值2600亿元，均增长9%。全省冷链物流总额1700亿元，增长10%；冷库总容量达到740万立方米，增长15%；冷藏车保有量达到9500辆，增长12%。全省快递业务量达到15.3亿件，居全国第9位、中部地区第1位，增长42.1%，高于全国15个百分点；实现业务总收入152.9亿元，居全国第10位、中部地区第1位，增长31.9%，高于全国14个百分点。全省电商交易额1.5万亿元，增长20%。机场集团、航投、陆港、鲜易、双汇、万邦、中原四季水产物流港、华夏易通、邮政速递、保税集团、顺丰、京东、苏宁、菜鸟、唯品会、豫满全球等一大批物流骨干企业对全省物流业转型发展发挥了重要支撑作用。

（七）商务扶贫成效显著，污染防治切实推进

商务扶贫成效显著。2018年，全省新增6个国家级和13个省级电商进农村综合示范县，贫困县实现全覆盖，高于全国平均水平11.4个百分点。已开展电商的38个贫困县实现电商交易额1317亿元，增长131.5%。农村电商服务站点覆盖建档立卡贫困村5806个，培育电商带头人4778人；带动贫困群众就业创业4.3万人和贫困户增收1.24亿元。家政扶贫带动就业8649人。狠抓商务领域污染防治，制定了三年行动实施方案，打击取缔黑油站570座，在农村及偏远地区建成投用加油站点1025个，在营加油站全部完成油气回收改造工作，97%的地下油罐完成防渗改造。回收拆解老旧车4.7万辆。认真做好餐饮业散煤禁烧工作。组团参加第5届南亚博览会，展

示了河南省散装水泥发展成果，召开了首届绿色砂浆行业发展大会暨“两个禁止”攻坚战启动仪式，开展“两个禁止”专项督查，水泥散装率达到72%，较2017年提高了5个百分点。

二　2019年河南省商务发展面临形势及展望

1. 面临挑战

2019年商务工作形势更加严峻复杂，不确定、不稳定因素增多。受贸易保护主义、单边主义、地缘政治冲突等多重因素影响，世界经济增长动能正在减弱，下行风险逐步加大，国际货币基金组织、世贸组织、世界银行等国际权威机构纷纷调低2019年世界经济增长预期。特别是中美经贸摩擦仍是当前商务运行首要外部风险和最大不确定因素。虽然最近进行的中美副部级经贸磋商，在落实两国元首会晤共识方面迈出了重要一步，但博弈远未结束。在外部环境发生深刻变化的大背景下，一些企业担忧情绪、避险情绪、观望情绪上升，发展信心不足，对商务发展的影响不容忽视。

一是扩大消费的压力加大。河南省2015～2018年社会消费品零售总额增幅分别为12.4%、11.9%、11.6%、10.3%，呈逐年下滑趋势。这既有需求侧居民增收困难较多影响消费意愿、居住成本增大对消费产生挤出效应的原因，也有供给侧高品质商品和服务不足带来的制约，导致供需错配、循环不畅，突出表现是优质商品价格偏高，家政、养老等服务供给短缺，流通市场体系不健全，农村消费网点少、农产品产销对接渠道不畅，物流成本仍然偏高，预计2019年消费增长有继续放缓的可能。

二是外贸增长的压力加大。国际市场环境存在较多变数，中美经贸摩擦冲击影响可能会逐步显现。美国是河南省主要出口市场之一，对美出口占河南省出口总额的25.1%。如果美国对我国贸易限制等措施持续加码，河南省出口下滑压力将增大。还有美国、加拿大对我国高技术出口管制，加上少数国家步其后尘收紧出口管制，企业引进关键技术、设备和零部件的难度也将加大。同时，河南省外贸区域发展很不平衡，省辖市中进出口超50亿元的有13个，郑州、南阳、焦作、洛阳、济源、三门峡、许昌7市超100亿元；省直管县中，巩义、鹿邑超40亿元，但还有两个县（市）不到3000万元；56个对外开放重点县（市、区）中，超10亿元的有11个，其中西峡超70亿元，居全省所有县（市、区）首位，金水区超60亿元，孟州超40亿元，但还有3个县（市、区）不到300万元，最低的仅有2万元。大个头的外向型企业少，2017年全国外贸500强企业入围门槛为50亿元，2018年河南省进出口超50亿元的企业仅有富士康、中原黄金、豫光金铅、宝聚丰4家，超10亿元的有33家，河南省外贸企业50强入围门槛5.6亿元，远低于广东、江苏、浙江、山东入围门槛。外贸综合服务企业少，河南省还没有一家全国知名的外综服企业。新业态新模式尚未对外贸发展形成有力支撑，出口超10亿元的多为资源型和劳动密集型企业。外贸实现“首季开门红”压力很大，全年进出口形势更加严峻。

三是招商引资的压力加大。贸易保护主义抬头影响跨国公司全球产业布局，国际上引资竞争更加激烈，发达国家加大力度限制高科技领域外国投资。受中美经贸摩擦影响，不少在华外资企业进口成本上升，出口空间被挤压，经营受到一定影响。为规避风险，一些外资企业可能向其他国家转移产能，有的企业对在华增资持观望态度，投资决策更加谨慎。沿海发达经济省份纷纷加大省内产业转移力度，部分资金和项目向省内欠发达地区分流。周边省份利用国家战略和政策优势，重塑发展优势，提升发展位次，在招商引资上竞相发力，纷纷出台招商引资优惠措施，均对河南省招商引资形成挤压态势。从各地2018年实际利用外资看，省辖市中，超10亿美元的有郑州、洛阳、新乡、三门峡4个，其中郑州42.1亿美元、洛阳28亿美元，但还有4个省辖市不足5亿美元；直管县（市）中，巩义超3亿美元、长垣1.7亿美元，其他直管县均不足1亿美元，还有1个县为零；56个对外开放重点县（市、区）中，超1亿美元的24个，其中金水、新密、新安、宜阳、伊川、灵宝超2亿美元，但还有2个县（市）为零。按商务部统计口径，2018年前11个月，河南省实际利用外资14.6亿美元，占全国的1.2%，总量居中部地区第3位，低于湖北（22.8亿美元）、江西（14.8亿美元），也低于西部地区的四川（25.9亿美元）、重庆（23.2亿美元）。实际到位省外资金方面，近年来无论是绝对额还是落地国内500强企业数量，一直处于低速增长、小步微进状态。

2. 面临机遇

支撑全省商务高质量发展的条件依然较多，为做好商务工作提供了新机遇。河南省开放空间广阔，正迎来高水平开放的新机遇。从国家层面看，改革开放40年，从开启新时期到跨入21世纪，从站上新起点到进入新时代，我国开放事业不断迈上新台阶。习近平总书记在庆祝改革开放40周年大会上，全面总结了40年取得的伟大成就，系统梳理了40年积累的宝贵经验，动员在新时代继续把改革开放推向前进。

改革开放40年，既是一个重要的时间节点，又是新的起点，中国改革开放再出发，开放的空间会越来越大、开放的质量会越提越高，正在由商品和要素流动型开放向规则等制度型开放转变，加快构建陆海内外联动、东西双向互济的开放新格局。从全省层面看，走出了一条内陆省份开放引领发展的新路子，从1983年建立第一家中外合资企业，到1999年大力实施“东引西进”，再到确立“开放带动主战略”“对外开放基本省策”，开放的河南加速融入世界。全省进出口总额1978年1亿多美元，1996年近20亿美元，2003年近50亿美元，2006年近100亿美元，2011年直接跨过200亿美元、300亿美元台阶达到326亿美元，2012年站上500亿美元台阶，2018年越过800亿美元大关。全省实际利用外资1992年2亿美元，2000年5亿美元，2004年突破10亿美元，2011年突破100亿美元大关，2018年近180亿美元。一方面，大批河南企业走向国际舞台，承包工程、对外投资遍及世界80多个国家和地区。另一方面，河南省市场潜力巨大，将为加快消费升级带来新机遇。从市场空间看，在省委十届八次全会上，王国生书记指出，消费市场和人力资源优势是最大的本钱、最强的竞争力；陈润儿省长指出，河南省有1亿人口，每年自然增长60万人，消费市场空间广阔。2018年河南省餐饮消费额稳居全国第4位，增长11.7%。粮油、食品类增长12.3%，建筑及装潢材料类增长13.3%，增长势头强劲。以郑州为中心的两小时高铁经济圈，形成覆盖近4亿人口的货物集散和消费圈，市场规模快速扩张，在全国大市场、大流通中的枢纽地位日益突出。从城镇消费看，河南省消费大部分集中在城镇，2018年城镇消费占全省消费比重达80.7%。河南省城镇化水平比全国低8个百分点，正处于城镇化、工业化赶超时期，特别是百城建设提质工程加快推进，每年将有超过150万人的农村人口转移到城市。同时，城镇居民消费正在从满足温饱向追求品质转变，越来越多的人追求吃出健康、穿出时尚、用出品味，个性化、多样化的品质消费需求巨大。旅游休闲、文化教育、医疗健康、家政养老等服务消费快速发展，正在成为新的消费增长点。从农村消费看，近年来，随着乡村振兴战略加快实施，农村地区交通、物流、通信、金融等消费基础设施逐步完善，农村消费正在迸发生机活力，潜力持续释放，社会消费品零售额增速高于城镇1.2个百分点左右，乡村市场占比逐步提高。特别是强力推进电商进农村综合示范工作，取得了显著成效。农村电子商务发展迅猛，带动了农村消费，促进了农产品进城。全省农村网商达6.1万家，农村网络零售额达798.6亿元。河南在促进形成强大国内市场方面大有可为、前景广阔。

3. 2019年河南省商务发展有望实现平稳较快增长

结合当前国内外经济形势，充分认识当前商务发展面临的严峻挑战，注重把握有利条件，把压力变动力，将机遇化优势，河南商务发展有望在应对困难和挑战中实现高质量发展的新跃升，预计2019年货物进出口稳定增长，实际利用外资、实际到位省外资金增长3%以上，服务贸易增长7%，社会消费品零售总额、对外投资增长10%以上，跨境电商交易额增长20%以上，各项指标稳中有进、进中提质。

三　高水平开放　高质量发展
奋力谱写全省商务出彩新篇章

2019年是中华人民共和国成立70周年，是习近平总书记视察指导河南工作5周年，是全面建成小康社会关键之年，做好商务工作意义重大、尤为重要。要以习近平新时代中国特色社会主义思想为指导，全面贯彻党的十九大和十九届二中、三中全会精神，深入贯彻习近平总书记在庆祝改革开放40周年大会上的重要讲话精神，认真落实省委十届八次全会和省“两会”工作部署，加强党对商务工作的全面领导，坚持稳中求进工作总基调，坚持新发展理念，坚持以供给侧结构性改革为主线，坚持底线思维，贯彻巩固、增强、提升、畅通的方针，以全面加快自贸试验区建设为统领，落实“大商务”要求，促进内外贸、内外资融合，全力以赴稳外贸、稳外资、扩消费、稳预期，推动高水平开放、高质量发展，加快贸易强省建设。

（一）打造内陆开放新高地

要坚持“五区”联动、“四路”并进，统筹谋划推进全省对外开放工作，推动由商品和要素流动型开放向规则等制度型开放转变，促进全方位高水平开放。

高水平建设河南自贸试验区。一要强力推进自贸区试验建设。全省商务系统要认真学习贯彻习近平总书记对自贸试验区建设的重要指示批示，进一步提高政治站位，在自贸试验区推出一批改革创新举措。二要狠抓160项试点任务落实。建立《总体方案》试点任务结项考核机制，定期通报各部门、各片区改革试点任务完成情况，对尚未落地的试点任务，纳入重点督查推进清单，力争2019年全部完成160项改革试点任务。三要深化改革创新发展。对标上海、海南等自贸试验区先进经验，尽快研究出台河南省进一步支持自贸试验区深化改革创新举措。按照国家统一安排部署，编制河南自贸试验区深化改革创新方案（2.0版）。四要持续深化五大服务体系建设。围绕“两体系、一枢纽”核心战略定位，加大统筹协调力度，推动五大专项方案全面实施，重点在第五航权、多式联运“一单制”、跨境电商和融资租赁等领域寻求突破，加快建立与国际贸易投资规则相衔接的制度体系，多向国家贡献河南经验。五要强化产业支撑。郑州、开封、洛阳市要承担片区建设的主体责任，围绕片区功能划分和重点特色产业，强化开放招商工作，谋划引进一批国际知名企业和标志性重大项目，通过壮大市场主体为改革创新提供源头活水。六要切实提升综合服务效能。抓好首批455项省级权限下放的承接工作，加快推进河南自贸试验区综合信息平台（河南商务大数据中心）建设，确保“一网通办”“证照分离”等重点改革早见成效，加快推动《中国（河南）自由贸易试验区条例》出台，大力支持洛阳、开封片区申建海关特殊监管区。抓好改革试点经验的系统集成和总结提炼，率先在河南省复制推广，争取纳入部际联席办在全国复制推广内容，充分发挥好试验田作用。郑州、开封、洛阳片区管委会要主动担当，围绕自贸区建设，充分发挥好主体责任，各区块要发挥好实体责任。

抓好跨境电商综试区创新发展。一是加快EWTO核心功能集聚区建设。积极落实综试区实施方案，推动出台实施EWTO核心功能集聚区具体细则，引进和培育各类跨境电子商务主体，完善交易链条。二是高水平筹办第三届全球跨境电商大会。三是推动跨境电商园区建设。支持建设一批跨境电商仓储物流中心和公共海外仓。争取开展跨境电商进口药品监管服务试点工作。四是创新监管服务。提升跨境电商“单一窗口”线上综合服务平台功能，推进郑州海关通关辅助管理系统建设，深化监管部门沟通协作。

加强对外开放工作统筹协调。一是协同构建“五区联动、四路并进”开放新格局。加强五区互联互通，加快创新制度相互复制推广。二是加强对外开放重点工作谋划推动。建立健全常态化工作机制，协调解决对外开放重大问题。探索建立开放发展指标评价体系，健全督导、激励机制，科学指导各市县提升开放水平。加强各地各部门对外开放先进经验总结提炼和宣传推广，在全省形成开放发展浓厚氛围。三是强化重点领域扩大开放措施落实。认真贯彻国家大幅度放宽市场准入相关部署，主动加强与省直部门沟通对接，推动出台实施农业、教育、医疗等部门扩大开放工作专案。全面落实准入前国民待遇加负面清单管理制度。四是着力优化营商环境。贯彻落实国务院、省政府关于扩大开放、积极有效利用外资、外贸转型升级、优化营商环境三年行动方案等系列政策文件，完善鼓励跨国公司地区总部和功能性机构投资政策，增强企业获得感。深化“放管服”改革，简化优化办事流程，加快推进“一网通办”。稳步推进外资管理体制改革，持续完善外资企业设立商务备案与工商登记“一口办理”。加强国际商法研究，对标国际贸易规则，完善外商投诉权益保护协作联动机制，营造国际化便利化法治化营商环境。五是实施经开区创新提升工程。推动经开区与自贸区、各类口岸、海关特殊监管区联动发展。强化经开区考核激励，实行末位警示约谈制度。

（二）培育外贸竞争新优势

要精准出招应对，转动力、调结构、扩规模、提质量，培育竞争新优势。

加大应对贸易摩擦工作力度。要有长期应对中美经贸摩擦的思想准备，加强分析研判，立足当前，着眼长远，研究建立河南省贸易摩擦监测预警和应对系统，密切关注企业出口订单变化，分层级分类别进行动态监测和案件预警，开展精准跟踪指导，引导企业未雨绸缪，早安排早准备早应对。深化对美有关市州、企业经贸合作，做深做透贸易摩擦应对工作。加强贸易政策合规性评估。依法做好贸易救济工作。紧紧围绕国家对外援助战略布局，鼓励支持河南省企业争取对外援助项目。

全面落实外贸政策。尽快开展“外贸贷”和退税资金池等政策创新试点。摸清企业潜在需求，积极争取国家政策支持，解决企业经营中存在的困难和问题。会同进出口银行、出口信保等政策性金融机构，研究出台合力稳外贸政策举措。持续提升贸易便利化水平，优化环节，创新突破，建立贸易便利化厅际联席会议制度，密切协同配合，形成发展合力，营造外贸良好发展环境。

积极开拓国际市场。要学习广东等先进地区经验做法，结合河南省重点行业、优势产品，大胆设计在境外谋划举办一批展销活动。要积极组织参加境内外各类展会活动，加快培育国际营销网络，深度拓展传统市场，大力开发新兴市场。要围绕推进河南省“四路”并进开放大通道建设，下功夫抓好与沿线国家的经贸合作。境内重点组织好广交会、加博会、东盟博览会等系列经贸活动，助力企业抢抓出口订单。要探索成立发制品等重点行业产业联盟，强化行业约束，避免低价恶性竞争。

加快产业优化升级。重点培育一批龙头骨干企业，加快培育一大批小而专、小而精、小而全的中小外贸主体。整合资源、精准发力，支持企业在境外设立商品展示、品牌推广、仓储物流、批发零售等营销服务网络，力争把产业优势转化成出口优势，打造百亿级和千亿级外贸产业集群。

着力培育新业态。研究制定扶持政策，推动EWTO核心功能集聚区扩大进出口规模，着力提升跨境电商园区吸引力，在引进B2C出口平台企业、1210反向复制和打造“零费区”上做实做大做强，打造河南跨境电商高地。积极发展外贸综合服务企业，做大做强省内外贸综合服务企业，深化与省外龙头企业战略合作，带动更多企业进入国际市场。积极争取市场采购贸易试点，启动许昌发制品内外贸一体化专业市场建设，力争获批国家市场采购贸易试点。

大力发展服务贸易。积极复制推广服务贸易创新发展试点经验，积极承接境内外服务贸易产业转移，挖掘河南省特色文化资源，在文化贸易、运输服务、国际会展等高成长领域扩大服务出口，加快提升郑州、洛阳服务贸易首位度，争创南阳国家级中医药服务贸易出口基地。推动服务外包产业转型升级，发挥郑州全国服务外包示范城市引领作用，推进洛阳省级服务外包城市建设，加强与国际服务外包企业战略联盟合作，在河南省设立运营总部、研发中心、采购中心等机构。组织开展省级服务外包示范园区综合评价工作，实行末位警示。积极探索建设数字服务出口基地。

扩大进口规模。发挥好第二届中国国际进口博览会平台优势，高质量参会。出台鼓励扩大进口政策文件，扩大先进技术、关键设备及零部件等进口，稳定粮食、能源及矿产等大宗商品进口，增加农产品和日常消费品进口，积极推动石化原油自营进口和汽车平行进口等实现重大突破。

（三）着力提升引资质量

高质量利用外资和产业合作是新一轮更高水平开放的基础和抓手。要对新时代利用外资、承接国际国内产业转移的新特征、新变化进行再认识，围绕重点国别和重点产业，紧盯知名企业和重大项目，打造高质量外资集聚地。

突出重点区域。深耕欧洲国家，细化对德、对英经贸合作三年行动计划，围绕高端制造、汽车及零部件等领域分行业举办产业对接和经贸活动。拓展与日韩等亚洲国家合作领域。加强与粤港澳大湾区和台湾合作。推进国内区域合作，务实办好京津冀、长三角、珠三角地区招商活动，通过精准对接、企业考察，提高承接产业转移的实效。积极鼓励外资企业在豫扩大再投资。

突出招大引强。一是建立大企业大项目拜访机制。紧盯世界 500 强企业、知名跨国公司和行业龙头企业，组织专业性招商小分队开展针对性招商。通过建链、补链、强链、延链，围绕重大项目开展上下游产业链招商，培育特色产业集群。二是健全重大项目全流程跟踪工作机制。在全省筛选确定 100 个重大签约项目，实施月跟踪、季通报，推动项目落地见效。

突出精准精细。一是加强产业动态跟踪。分析研究产业发展趋势，谋划特色优势产业，主动占领潮头、引领方向，更加精准化精细化招商。二是转变招商方式。推动增资扩产、境外上市、并购投资、返程投资等多种方式的投资合作。坚持引资与引智、引技相结合，支持跨国公司区域总部和功能性机构落户河南，积极支持外资企业在豫设立研发中心。三是广泛对外联络。建立完善重点客商资源库，深化与各类贸易投资促进机构、商协会、友好省州、友好城市的沟通联系，完善经贸合作机制，围绕高质量客商，增加小分队出访对接频次，赴境内外开展国际投资洽谈活动。各级内贸业务部门也要在招商引资工作中发挥主观能动作用，发挥行业优势、客商资源优势，主动招大引强。各驻外办事机构、有关商协会要发挥窗口桥梁纽带作用，主动作为，牵线搭桥，服务招商引资工作。

（四）着力扩大居民消费

把扩消费作为内贸流通工作的主线和灵魂，把贸易国际化的理念融入消费促进工作当中，持续实施消费升级行动计划，在促进形成强大国内市场中充分发挥河南优势。

提升城市消费。围绕百城提质建设工程，适应消费升级新趋势，转思路、补短板，对接市县城市总体规划，高标准修订完善城市商业网点规划，合理布局，均衡发展，规范提升。一是打造中高端消费圈。继续认定省级品牌消费集聚区，积极开展省级步行街改造提升试点，着力推动郑州德化步行街等加快改造升级，强力打造城市消费名片，力争把郑州打造成国际消费中心城市。二是打造城市便民服务圈。大力发展连锁化、品牌化便利店，新建或改造一批便民商业网点，推进电子商务进社区，建成覆盖居民“衣、食、住、行、娱”等的社区电商服务网点，健全社区消费网络。三是打造会展经济圈。加快培育会展主体，引进会展总部企业和品牌展会，推动郑州国际会展名城建设。积极支持洛阳和安阳等市举办特色鲜明的区域性品牌展会。

扩大农村消费。高度重视农村消费工作，加强对农村市场的规划建设、管理运营，确保畅通有序，解决农民买难卖难和产品质量安全问题。一是加强农产品流通基础设施建设。积极推进农批市场改造升级，优化农产品流通骨干市场和企业在农村地区布局，加快推进县乡村三级物流节点建设，重点解决物流入村问题，补齐农村消费基础性短板，打通农村物流“最后一公里”。二是大力发展农村电商。深入开展电商进农村综合示范，积极推动农产品、农村工业品、服务电商化，培育一批特色电商镇和电商村。开展“双品消费进乡村”活动，扩大农村市场品牌消费、品质消费。三是开展特色商贸小镇培育创建工作。突出商贸特色，合理配置商业业态，完善乡镇流通网络，支持消费新业态新模式向农村市场拓展，在全省建设培育一批特色商贸小镇，争取纳入国家试点，提升乡镇商贸集聚水平，促进农村商贸转型升级。

推动品质消费。要把推动老字号发展作为促进品质消费的重要抓手，深挖老字号潜力，讲好老字号故事，研究出台老字号传承发展实施意见、河南省老字号评审办法。组织办好“河南老字号中华行”活动，积极开展省级老字号认定，推荐申报中华老字号，支持市县两级开展本级老字号认定。推动餐饮、住宿、家政等八大传统服务业提质扩容，打造一批在全国叫得响的河南服务品牌。加强中华餐饮名店、豫菜品牌示范店、绿色餐饮名店建设，

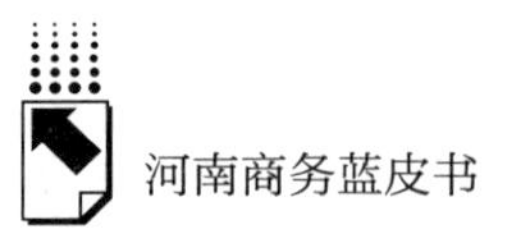

办好向世界发布豫菜推介活动，争取餐饮业规模在全国位次保四争三。要把豫酒振兴作为扩消费的重要内容，深入开展豫酒振兴宣传推广和市场营销工作，促进酒业转型发展。畅通汽车消费渠道，健全汽车平行进口公共服务平台和海外市场采购体系、贸易便利通关体系、销售及售后服务体系，能进则进，全面推进。引导二手车交易市场加快升级改造步伐，释放汽车后市场的消费潜力。

创新流通方式。实施城乡高效配送专项行动，确定试点城市，开展省级城乡高效配送试点建设，培育骨干配送企业，筹建全省城乡高效配送联盟，支持郑州、许昌、漯河、焦作开展标准化示范工程，实现配送各环节有机高效衔接。积极推进自贸区、许昌、焦作、商丘和11家企业开展现代供应链创新与应用试点，探索供应链发展新技术和新模式，培育一批全国领先的现代供应链综合服务企业。稳健推进大宗商品现货交易，更好地服务实体经济，有效促进河南省优势产业发展。加强规划引导，提升再生资源回收利用。

发展电子商务。电商是促进消费的新载体、新业态，在引领消费、提升消费、改善消费结构方面有着重要作用。抓好《电子商务法》学习宣传实施，促进电商行业规范发展。继续推进电子商务示范创建，评审认定一批省级示范基地和示范企业，推荐符合条件的基地、企业申建国家级示范基地和示范企业。加强电子商务人才培养，大力引进国内外高层次人才，加强政校企合作，开展定制化培养。

优化消费环境。要贯彻落实《商务部关于深入推进商务信用建设指导意见》，充分发挥以互联网、大数据为支撑的新型监管机制，统筹推进内外贸、内外资等商务领域信用建设，重点加强家政服务、住宿餐饮、批发零售和成品油等民生消费领域信用建设。深入推进肉菜、中药材等重要产品追溯体系建设。坚持问题导向，聚焦关系人民群众消费安全和违法违规易多发领域，开展商务综合监管和执法专项整治工作，让老百姓安全消费、放心消费。继续做好市场运行监测分析工作，加强结果运用和社会宣传，服务政府决策、企业生产、群众生活。

（五）拓展对外合作新空间

准确把握“走出去”的政策导向，“走出去”不仅仅是建园区、搞投资、揽工程，更重要的是要把产品、技术、标准、服务带出去，重点在合作上做文章，提高企业国际化运营能力和水平。要把“引进来”和“走出去”相结合，把国际上好的资源、好的技术、好的经验、好的团队“引进来”。

全面实施“豫企出海”工程。大力培育本土跨国公司，支持优势企业实施跨国经营战略，鼓励企业并购海外品牌、营销渠道、研发设计等，提升企业国际化经营水平。支持企业通过境外承包工程，带动装备、技术、服务出口。鼓励企业面向中东欧、南美、非洲等开展对外经济合作，鼓励企业开展高端劳务合作业务。

推动境外经贸合作区建设提质增效。高质量推进“一带一路”标志性工程建设，加快在非洲、中亚和欧洲地区建设一批境外合作区。推进对外投资健康发展。贯彻落实省政府《关于促进对外投资工作持续健康发展的实施意见》，编制河南企业“走出去”规划，完善对外经济合作项目库。建立重大对外投资项目评估机制，加快建设河南省“走出去”公共服务平台，积极组建河南省“走出去”企业联盟、融资担保平台，支持组建境外河南企业商协会。加快监测服务平台建设，加强风险预警，提高防范风险能力。

（六）加快建设现代物流强省

物流业贯穿一二三产业，一头连着生产，一头连着消费。以冷链物流、快递物流、电商物流为重点，强化产销对接、产需对接、产运对接，打通流通环节，畅通经济循环系统，加快推进现代国际物流中心和全产业链现代物流强省建设。

发展重点行业物流。重点突破冷链、快递及电商物流，带动行业转型发展。着力构建“全链条、网络化、可追溯、高效率”的冷链物流体系；加快建设辐射全国、联通世界的快递物流服务体系。大力发展电商物流，优化服务体系，延伸服务链条，促进供应链一体化，形成布局合理、功能齐全、衔接顺畅的物流运营服务体系，推进电子商务与快递物流协同发展。在全省认定第一批 30 家左右冷链、快递、电商物流示范园区，发挥引领示范带动作用。

积极培育领军企业。重点联系、扶持和培育一批龙头骨干企业。推动骨干物流企业、高成长性物流企业通过参股控股、合资合作、兼并重组等方式整合资源，做大做强，形成龙头引领、集群共进、产业延伸的新格局。

扩大物流开放合作。牢固树立开放理念，强化开放意识，切实提升产业链、供应链、服务链等全方位开放水平。抓住世界物流巨头全球布局的机遇，盯紧重点目标，积极开展点对点精准招商。要推动企业与国内外知名物流企业在技术标准、设备制造、过程管理、服务规范方面开展全方位合作，努力在国际国内大市场中优化配置资源。加强与机场集团、河南航投等企业联系，支持引进运力和国际物流集成商，拓展国际线路，提升集货分拨能力，畅通国际物流大通道。

提升物流服务水平。加强国际国内物流标准化的信息搜集、整理、研究和交流，加快与国际标准对标接轨，推进物流业安全标准化、设施标准化、服务标准化、智能标准化，促进多式联运。推动河南省物流企业参与国际标准化活动和国家标准框架顶层设计，支持企业制定的标准上升为国家标准，提高河南物流业的国际国内竞争力。完善信息服务平台，推动重点物流企业信息平台做大做强，促进产供需、仓运配、车货人高效匹配，逐步实现物流全过程的信息化、数据化、透明化、可视化，降低物流成本。

（七）精准发力助脱贫

精准脱贫是全面建成小康社会必须打赢的三大攻坚战之一，以习近平同志为核心的党中央始终把脱贫攻坚摆在治国理政的突出位置。全省商务系统要提高认识、落实责任、完善举措，努力实现商务扶贫新突破。

打造贫困地区农村产品品牌。指导贫困地区合力打造区域性特色农产品电商品牌，拓展农村产品营销渠道，推动电商企业与深度贫困县建立对口帮扶和利益联结机制。

强化电商扶贫综合服务保障。深化电商进农村综合示范，织密网络，完善服务，拓展功能。加强电商扶贫培训，提升电商从业人员专业技能和综合素质。开展电商扶贫示范带动，积极培育一批电商扶贫先进县和乡镇、优秀电商扶贫带头人。强化宣传引导，在全社会营造关心支持电商扶贫的良好氛围。深化家政扶贫，拓展对外劳务扶贫，建立对外劳务扶贫统保平台，支持鼓励“走出去”企业到贫困地区招收劳务人员。

抓好商务领域环境污染防治工作。持续深入开展成品油流通市场专项整治行动，严厉打击扰乱市场秩序的违法违规经营加油站点，彻底清除黑加油站；研究出台相关政策，有序化解历史遗留问题，指导具备经营条件的证照不齐加油站点尽快完善手续。着力加强薄弱区域加油站点规划布局，推进农村及偏远地区网点建设，确保油品供应满足生产生活需要。积极推进散装水泥绿色发展，继续抓好“两个禁止”工作，提高信息服务平台应用水平，扩大“禁现”深度和广度。完善报废车回收网络，提升老旧汽车拆解水平。继续做好餐饮业散煤禁烧工作。

B.2 对外开放40年河南商务发展成就

张延明*

摘　要： 经济开放度是反映一个国家或地区经济发展水平的重要指标，是现代化经济体系的重要标志。40年来，历届省委、省政府坚决贯彻党中央、国务院部署，始终把对外开放作为事关全局的重要战略持续推进，开启了开放发展的历史征程。作为不靠海、不临江、不沿边的内陆省份，河南因开放而崛起振兴，走向全国、走向世界经济大舞台。

关键词： 对外开放　开放历程　内陆开放高地

一　对外开放的重大意义和历史作用

经济开放度是反映一个国家或地区经济发展水平的重要指标，是现代化经济体系的重要标志。回望过去40年改革开放历程，回顾反思沧海桑田的百年、千年经验和教训，参照当今世界强国的发展历史，可以清楚地看到：开放是国家繁荣发展的必由之路。经济全球化和区域经济一体化迅速发展，对外开放已成为这个时代不可逆转的潮流。正是由于中国坚定不移地走对外开放之路，我们的经济实力和综合国力才得以不断增强，国际地位和国际话语权才得以显著提升。习近平总书记指出，改革开放是决定当代中国命运的关键一招，也是决定实现“两个一百年”奋斗目标、实现中华民族伟大复

* 张延明，河南省商务厅厅长。

兴的关键一招。中国开放的大门永远不会关上，只会越开越大。

40 年来，中国从一个贫穷国家发展成为世界经济的领跑者；同样，作为不靠海、不临江、不沿边的内陆省份，河南也因开放而崛起振兴，走向全国、走向世界经济大舞台。历届省委、省政府坚决贯彻党中央、国务院部署，始终把对外开放作为事关全局的重要战略持续推进，开启了开放发展的历史征程。

二　河南对外开放发展进程

改革开放 40 年来，河南省开放型经济发展历经了从无到有、从小到大、从快速增长到跨越发展的变迁。尤其是 21 世纪以来，河南省委、省政府把对外开放作为基本省策，作为决定河南前途命运的关键抉择，大力实施开放带动主战略，加快构建开放型经济新体制，打造内陆开放高地，河南开放型经济快速发展，对全省经济社会的综合带动作用显著增强。

河南对外开放大致经过了五个发展阶段。

第一，对外开放初步发展阶段（1978 ~ 1991 年）。河南作为内陆省份，改革开放初期，对外贸易主要担负组织出口商品货源的收购，利用外资主要是政府间的贷款，对外投资几乎是空白，1983 年河南省第一家合资企业——洛艺彩印中心成立，拉开了全省对外开放的大幕。1991 年，省委、省政府首次召开了全省对外开放工作会议，形成了《中共河南省委河南省人民政府加快全省对外开放工作的决定》以及 14 个配套政策文件。

第二，对外开放稳步推进阶段（1992 ~ 2000 年）。1992 年 8 月，党中央、国务院批准包括郑州在内的 17 个省会为内陆开放城市，随后改革外贸体制。1994 年省委五届九次全会专题研究对外开放工作，把开放带动作为全省三大战略之一重点推进。1995 年省政府颁布了《河南省鼓励外商投资条例》，并成功举办了中国中西部地区对外经济技术合作洽谈会。1998 年省委、省政府召开第二次对外开放工作会议，出台《关于提高利用外资进一步扩大对外开放的意见》，把引进外资作为对外开放的重头戏，全省外商投资企业发展速度前所未有。1999 年河南省立足区位优势，适时提出并实施了“东引西进”战略。

第三，对外开放不断深化阶段（2001 ~ 2010 年）。2001 年，省委、省政府召开第三次对外开放会议，出台了《关于进一步扩大对外开放的决定》和《关于实行投资环境评价和投资责任追究制的意见》，强调要把对外开放放到基本省策的高度来认识。2003 年，省委、省政府召开了全省第四次对外开放工作会议，省委书记李克强首次明确提出把开放带动作为加快河南经济社会发展的主战略，把对外开放提到了前所未有的突出位置和战略高度。2005 年，省委、省政府召开了全省优化投资环境电视电话会议，提出“开放度有多大，发展的空间就有多大”“大开放、大发展，不开放、不发展”的论断。2006 年，省委、省政府出台了《河南省加快实施开放带动主战略指导意见》。从 2009 年下半年开始，省委、省政府在全省范围内持续开展了大招商活动，以开放招商“一举应多变” “一招求多效”。2010 年 12 月底，全省对外开放工作会议上，省长郭庚茂提出要打造最具活力、最富竞争力的内陆开放高地，为今后一个时期全省对外开放工作指明了方向。

第四，对外开放取得重大进展阶段（2011 ~ 2015 年）。2011 年 10 月 31 日，省委常委会再次明确，对外开放是河南省的基本省策。2011 年 12 月 24 日全省对外开放工作会议，指出要着力构建全省开放体制，打造内陆开放高地。2012 年后，在多次重要会议上，省委、省政府强调，对外开放是决定河南前途命运的关键抉择，要持续把对外开放作为经济工作头等大事来抓。2013 年 2 月 25 日，省长郭庚茂指出，对外开放是决定河南前途命运的关键抉择，要持续把对外开放作为经济工作头等大事来抓。同年郭庚茂书记又提出“对外开放一招求多效，一举应多变”，把开放放到了促进经济社会发展更加重要的位置。2015 年 4 月 24 日，河南省再次召开高规格的全省对开放工作会议，提出要紧紧围绕三大国家战略规划实施和三个大省建设，推动开放向扩大规模、拓展深度、提高质量转变，加快构建开放型经济新体制，以开放倒逼改革取得阶段性成效。

这一时期，全省各地都把开放招商作为全局性、战略性举措，实施“一把手”工程，主要领导亲自抓，不断完善体制机制。全省上下谋开放、谈合作、抓项目的氛围日益浓厚，基本形成了开放招商常抓不懈、项目落实持续推进的良好局面，全省初步形成全方位、多层次、宽领域的对外开放格局，开放型经济对全省经济持续发展的拉动作用明显增强。

第五，对外开放向高水平迈进阶段（2016 年以来）。2016 年 1 月，中国（郑州）跨境电子商务综合试验区获批，为借助新型贸易方式推动河南建设贸易强省创造了便利条件。2016 年 8 月，国务院决定设立中国（河南）自由贸易试验区；2017 年 4 月 1 日，中国（河南）自由贸易试验区正式挂牌，以推进贸易投资自由化便利化、推动制度模式创新助力河南构建内陆开放型经济高地。加上已经获批的郑洛新国家自主创新示范区和中原城市群，河南省统筹推进“三区一群”建设，深度融入“一带一路”建设，走出了一条内陆地区开放型经济发展的新路子。2016 年 8 月 11 日，全省对外开放工作电视电话会议上，陈润儿省长指出，要以重点领域和关键环节的突破带动全局的发展，发展更高层次的开放型经济。2017 年，全省上下认真贯彻落实党的十九大精神，深度融入国家“一带一路”建设，省委、省政府审时度势，加快空中、陆上、网上“丝绸之路”建设，打造河南自贸试验区、跨境电商综试区等高端开放平台，内陆开放高地不断隆起，全面开放格局加快形成。2018 年，在省委十届六次全会暨省委工作会议上，王国生书记提出，河南因开放而崛起振兴，也必须以扩大开放赢得更大主动。要通过提升开放通道优势、提升开放平台优势、优化营商环境，为高质量发展提供源源不断的动力和活力。陈润儿省长指出，开放可以倒逼经济体制改革，可以倒逼产业转型升级，可以倒逼治理能力提高，必须坚定不移扩大开放，全面对接全球大市场，谋求更高层次、更宽领域的开放。

三　河南对外开放发展成就

40 年来，特别是近年来，河南省坚持对外开放基本省策，坚定不移地

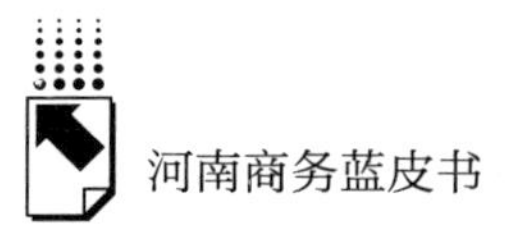

实施开放带动战略，开放氛围日益浓厚，开放环境日益优化，开放成效日益显现，对外开放进入历史最好时期，推动河南发生了翻天覆地的变化。河南通过扩大开放，融入全球市场体系，不仅引来了外资，还带来了优势产品，学习了先进技术和管理，拓展了国际市场和贸易渠道；不仅拉动了经济增长、促进了产业结构调整、增加了财政收入、扩大了社会就业，而且更新了思想观念、推动了政府职能转变、倒逼了改革深化、改善了营商环境，河南正从“中原腹地”走向“内陆开放高地”。

1. 对外贸易不断迈上新台阶，实现了跨越发展

（1）进出口规模不断扩大。河南省货物进出口总额1978年仅为1.18亿美元，1990年突破10亿美元，1995年突破20亿美元，缓慢增长。进入21世纪，对外贸易快速发展，全省货物进出口总额由2001年的不足30亿美元，发展到2008年的175亿美元，增长了4倍多。受国际金融危机冲击，对外贸易严重下滑，直至2010年才恢复到2008年以前的水平。自2011年，全省货物进出口突飞猛进，直接越过200亿美元，连续跨上300亿、500亿、600亿、700亿美元台阶，步入跨越式发展的新阶段（见表1）。2016年全省货物进出口在全国排名上升至第10位，首次跨入全国外贸第一方阵。2017年，全省货物进出口总额达到5232.79亿元（约合776.10亿美元），增长10.9%，在全国排名继续保持第10位，其中，出口3171.81亿元，增长11.8%，跃升至第8位，均稳居中部第一，实现了从一个外向度低的内陆省份到贸易大省的转变，正在向贸易强省迈进（见表2）。

（2）外贸经营主体逐步发展壮大。改革开放以后，随着我国外贸体制改革的不断深入，河南省外贸经营主体不断壮大，至2017年，全省发生进出口业绩企业6751家，其中民营企业6199家，占全省有进出口业绩企业的91.8%。2017年民营企业进出口1221.54亿元，占比23.3%，增长17.9%，增速最快。随着开放招商不断深入，河南省引进出口型项目拉动作用逐步显现，2017年全省外商投资企业进出口3592.35亿元，占总额的68.7%，成为河南对外贸易的主力军。全省货物进出口前50名的企业中，41家保持增长，超亿美元企业达42家。

表 1　2001～2017 年河南省对外贸易进出口情况

单位：亿美元

年份	进出口	出口	进口
2001	28	17.2	10.8
2002	32.0	21.2	10.8
2003	47.2	29.8	17.4
2004	66.2	41.8	24.4
2005	77.3	51.0	26.3
2006	97.9	66.3	31.6
2007	128.0	83.9	44.1
2008	174.8	107.2	67.6
2009	134.4	73.5	60.9
2010	177.9	105.3	72.6
2011	326.4	192.4	134.0
2012	517.5	296.8	220.7
2013	599.6	359.9	239.7
2014	650.3	393.8	256.5
2015	737.8	430.6	307.2
2016	712.2	428.3	283.9
2017	776.1	470.3	305.8

资料来源：历年《河南统计年鉴》。

表 2　2017 年河南与全国和部分省份外贸、出口依存度对比

省份	GDP（亿元）	进出口（亿元）	增速（%）	出口（亿元）	增速（%）	外贸依存度（%）	出口依存度（%）
广东	89879.23	68155.9	8.0	42186.8	6.7	75.8	46.9
浙江	51768	25604.2	15.3	19445.9	10.1	49.5	37.6
福建	32298.28	11590.8	12.0	7114.1	4.1	35.9	22.0
河北	36000	3375.8	9.7	2126.2	5.5	9.4	5.9
安徽	27518.7	3631.6	23.7	2065.2	9.8	13.2	7.5
湖南	34590.56	2434.3	39.9	1565.5	33.3	7.0	4.5
湖北	36522.95	3134.3	20.6	2064.1	20.2	8.6	5.7

续表

省份	GDP（亿元）	进出口（亿元）	增速（%）	出口（亿元）	增速（%）	外贸依存度（%）	出口依存度（%）
江西	20818.5	3020.0	14.5	2222.6	13.3	14.5	10.7
山西	14973.5	1161.9	5.6	690.3	5.3	7.8	4.6
河南	44988.2	5232.8	10.9	3171.8	11.8	11.6	7.1
全国	827122	277920.9	14.2	153318.3	10.8	33.6	18.5

资料来源：各省统计公报。

（3）进出口结构不断优化。经过改革开放40年的发展，河南省出口商品实现了由以初级产品为主向以工业制成品为主的转变和由以农轻纺产品为主向以机电产品为主的转变。2017年，全省机电产品、高新技术产品出口占全省总额的比重分别为74.0%、65.3%。富士康进驻河南后，手机成为省内最大单项出口产品，2017年全省手机出口首次突破1亿台，占全省出口额的60%以上。

（4）对外贸易市场更加多元化。随着开放的不断深入，河南省在巩固六大传统市场（美国、欧盟、日本、韩国、东盟、中国香港）的同时，成功开辟了非洲、拉丁美洲、中东、“金砖四国”、“一带一路”沿线国家和地区等新兴市场。2017年与河南省有贸易往来的国家和地区达到227个，对美、日、东盟和中国香港等传统市场更加巩固，对“金砖四国”“一带一路”沿线国家等新兴市场出口额快速增长。

（5）对外贸易方式更加多样。40年来，河南省贸易方式不断创新。自1988年第一份来料加工协议签署，加工贸易快速发展。近30年的时间，培育了郑州、洛阳、焦作、新乡四个加工贸易重点承接地，通过承接产业转移，形成了郑州汽车及零部件、洛阳太阳能光伏和玩具、焦作轮胎和毛皮、新乡铜管和轻纺、许昌档发、周口制鞋等特色鲜明、出口规模大、有发展潜力的加工贸易产业集群。2017年全省加工贸易进出口3501亿元，占比66.9%。全省服务贸易额80多亿美元，在全国排第13位，前移了2位。跨境电商迅速崛起，2017年全省跨境电商进出口（含快递包裹）1024.7亿元，其中出口762.5亿元，B2B出口占比53%；快递包裹出口6803万件，货值近150亿元，“买全球、卖全球”格局逐步形成。

2. 利用外来资金规模不断扩大，质量水平明显提高

（1）利用外资快速发展。河南省利用外资起步于1979年，1980年4月姚孟电厂成功利用比利时政府贷款，1981年与港商以合作方式拍摄了《包青天》等几部电影，1983年11月全省第一家中外合资企业——洛艺彩印中心成立，河南成了中西部地区较早利用外商直接投资的省份。

进入20世纪90年代，河南利用外资快速增长，1992年利用外商直接投资突破2亿美元，到1997年达到了7.78亿美元。受亚洲金融危机等不利因素影响，1998～2001年，全省实际利用外资徘徊在5亿美元左右。经过10年的发展，到2011年全省实际利用外资突破100亿美元大关，在中部六省居首位，河南利用外资步入了高速发展新阶段。2012年全省实际利用外资突破120亿美元，2013年突破130亿美元，2014年逼近150亿美元大关，2015年、2016年均超过160亿美元，2017年达到172.24亿美元（1083亿人民币），增长1.4%，其中投资在1000万美元以上的项目达113个。按商务部口径，全省直接利用境外资金总量居全国第14位，增幅位列全国第4位。截至2017年底，全省共设立外商投资企业12516家，合同利用外资1098亿美元，实际吸收外资1292亿美元。共有103个国家和地区在河南省设立投资企业，投资来源地主要集中在中国香港、中国台湾、新加坡、美国等。投资河南的境外世界500强企业总数达88家，主要集中在装备制造、金融服务业、商贸流通、农副产品深加工及食品制造、水电燃气供应等领域。

（2）利用省外资金不断取得新进展。2004年河南省实际利用省外资金只有370亿元，2006年突破1000亿元，2009年突破2000亿元，到2011年进入快速发展阶段，实际到位省外资金突破4000亿元。2014年突破7000亿元，达到7206亿元，同比增长16.3%。2017年达到9106.8亿元，同比增长7.9%，10亿元以上项目达424个。至2017年底，在豫投资的国内500强企业达到158家（见表3和表4）。

河南利用省外资金主要来源于京津冀、珠三角、长三角、沿“一带一路”省份。仅2017年北京、广东、浙江、上海、江苏、山东等六省市注入河南资金近6000亿元，占全省总额的65%以上。浙江合众新能源汽车、上海同捷科

技股份、浙江北能新能源汽车集团、江苏中晶汽车科技股份、北京北辰亚运村汽车交易市场中心、北京航天科技等大集团大企业投资新能源、物流园、产业园等项目相继建成投入使用，为河南经济社会发展注入了强大动力和活力。

表 3　2001～2017 年河南省利用外资和省外资金情况

年份	实际利用外资(亿美元)	实际利用省外资金(亿元)
2001	3.6	—
2002	4.5	—
2003	5.6	—
2004	8.7	369.7
2005	12.3	503.6
2006	18.5	1004.0
2007	30.6	1521.6
2008	40.3	1849.2
2009	48.0	2201.9
2010	62.5	2743.4
2011	100.8	4016.3
2012	121.2	5026.6
2013	134.6	6197.5
2014	149.3	7206.0
2015	160.9	7821.5
2016	169.9	8438.1
2017	172.2	9106.8

注：2001～2003 年利用外资为老口径，2004 年以后为新口径，来源于统计年鉴。利用省外资金从 2004 年开始，系业务统计数据。

表 4　2017 年河南与中部省份利用境内外资金对比

省份	固定资产投资(亿元)	实际利用外资(亿美元)	增速(%)	利用省外外资金(亿元)	增速(%)	利用境内外资金占固定资产比重(%)
安徽	29186	159	7.6	10954.8	10.6	41.2
湖南	31328.1	144.7	12.6	5097.9	16.9	19.4
湖北	31872.6	109.9	8.5	9106.9	1.3	30.9
江西	22085.3	114.6	9.8	6630.3	12.3	33.5
山西	6140.9	16.9	-27.5	—	—	—
河南	43890.4	172.2	1.4	9106.8	7.9	23.4
全国	641238	1310	7.9	—	—	—

资料来源：全国及各省统计公报。

3. 对外经济合作良性发展，企业“走出去”成效显现

（1）对外承包工程和劳务合作规模不断扩大。河南对外经济合作起步于20世纪60年代中期，当时主要是完成国家下达的对外援助任务。1980年，开始涉足对外承包工程和劳务合作业务。1984年，河南对外劳务输出公司和中建总公司河南分公司等一批对外经济合作公司成立，河南对外经济合作步入新的发展阶段。

1991年，对外承包工程打入东欧和苏联国家的劳务市场。邓小平同志南方谈话后，河南对外开放步伐加快，尤其是1998年，国家实施“走出去”战略，河南省对外承包工程和劳务输出业务迅速发展扩大。到2000年，全省享有对外经济合作业务经营权的企业由1984年的1家迅速发展到57家，累计签订对外承包工程、劳务合作合同额在13亿美元以上，完成营业额超过9亿美元，外派劳务人数超过72738人次，对外承包工程劳务业务和人员遍及世界73个国家和地区，新签对外工程承包合同额、完成营业额、年末在境外人数三项指标分别居全国第10位、第16位和第10位，步入全国中上游水平。

中国加入世贸组织后，河南省积极探索创新对外经济合作发展方式，全省对外经济合作队伍逐步壮大，企业的经营水平不断提高，承揽项目规模扩大，综合竞争力增强。截至2010年底，全省对外承包工程、劳务合作累计新签合同额107.56亿美元，居全国第10位；完成营业额92.92亿美元，居全国第11位；累计外派劳务313846人次，居全国第3位。三项指标分别是2000年前的8倍、10.2倍和4.3倍，业务涉及近80个国家和地区，基本形成了“亚洲为主，发展非洲，拓展拉美”的多元化市场格局；业务类型从刚开始的以基础建筑为主，拓展到制造业、工民用建筑、市政建设、石油化工、资源开发、公路交通、水利电力等诸多领域多层次多梯次配置的合作形式。

党的十八大以来，河南认真落实国家“一带一路”倡议，扎实推进对外经济合作业务，2017年全省对外承包工程和劳务合作完成营业额47.71亿美元，1000万美元以上项目64个（见表5）。截至2017年，全省已累计

向境外派出劳务约78.76万人次，对外承包工程和劳务合作累计合同额约381.89亿美元，完成营业额约400.37亿美元。全省具有对外承包工程资质的企业达182家，具有资质的对外劳务合作企业40家，政府建立的对外劳务合作服务平台25家。

表5　2010～2017年河南省对外承包工程和劳务合作完成情况

单位：万美元，人次

年份	合同额	营业额	期末在外人数	外派劳务人数
2010	252599	232269	56251	32350
2011	293368	319937	68948	32001
2012	347086	370866	57103	16492
2013	405763	420916	81751	68877
2014	422878	470801	88825	69703
2015	433503	483160	101289	70243
2016	406988	451011	116302	60942
2017	374809	477147	61622	57708

注：2010～2016年数据来源于《河南统计年鉴》，2017年数据来源业务统计。

（2）对外直接投资发展迅速。1984年，河南省国际经济技术合作公司在塞内加尔设立项目经理部，开启了河南企业境外投资先河。1984～2002年，河南累计对外投资协议金额在3800万美元以上。2002年党的十六大将“走出去”确定为对外开放新阶段的重大战略举措，河南对外投资业务快速发展，到2004年，全省对外投资协议金额超过13亿美元，是前20年的总和。截至2012年底，全省对外投资累计协议投资额为32.18亿美元，是10年前的84倍。对外投资的领域不断拓宽，层次和水平不断提升。

2013年河南积极响应国家提出的“一带一路”倡议，企业“走出去”海外并购出现新高潮。先后有河南省航投购买卢森堡货航35%股权，南阳国宇密封发展有限公司并购德国塔机巨头威尔伯特集团，洛阳栾川钼业投资8亿美元收购了澳大利亚北帕克斯铜金矿80%的股权项目等，对外投资业务进入到快速发展的轨道。

2017年，对外投资中方协议投资17.58亿美元（见表6）。截至2017年底，全省在境外投资企业及机构 800 余家，对外投资总额累计超过 146.62 亿美元，直接投资存量 90 多亿美元，遍及 80 多个国家和地区。河南企业已在境外规划建设了包括在吉尔吉斯斯坦投资建设的“亚洲之星农业产业合作区”等 12 个境外经济贸易合作区。

表 6　2010 ~ 2017 年对外投资情况统计

单位：万美元，个

年份	新签协议数	中方投资	实际投资
2010	62	53132.00	11864.00
2011	83	98283.00	30171.00
2012	69	108405.00	24497.00
2013	81	130207.10	65675.00
2014	87	159014.00	62614.00
2015	92	232461.00	182242.72
2016	121	436751.00	389313.00
2017	210	175780.00	120900.00

注：2010 ~ 2016 年数据来源于《河南统计年鉴》，2017 年数据来源业务统计。

4. 开放载体平台建设日益完善，实现了新进展

改革开放以来，在省委、省政府的大力推动下，河南省开放载体平台从无到有，日臻完善。中国（河南）自由贸易试验区、郑洛新国家自主创新示范区、中国（郑州）跨境电子商务综合试验区、国家大数据综合试验区、郑州国家中心城市等获批建设，战略叠加优势逐步显现。口岸体系进一步完善，建成 3 个国家一类口岸、8 个功能性口岸、3 个综合保税区、2 个保税物流中心。进境水果、冰鲜水产品、食用水生动物口岸业务量实现较快增长，河南省成为内陆地区指定口岸数量最多、功能最全的省份。河南省 29 个省级以上经济技术开发区、32 个省级以上高新技术开发区、183 个产业集聚区和近 200 个商务中心区、特色商业区，成为对外开放的主阵地，多层次、多区域分布的开放平台载体体系更加完备。

截至目前，郑州航空港经济综合实验区快速发展，龙头作用凸显，郑州 - 卢森堡空中丝绸之路实现每周 18 班全货机满负荷运行，郑州航空港引

智试验区成为我国第三个引智试验区，获批全国首批“双创”示范基地；郑州机场旅客吞吐量突破2400万人次，货邮吞吐量超过50万吨。中国（河南）自由贸易试验区加快建设，自获批以来，构建了政务、监管、金融、法律、多式联运“五大服务体系”，入驻企业和注册资本在同批自贸区中位居前列。跨境电商综试区建设加快推进，国际贸易“单一窗口”上线运行，实现口岸通关“三个一”。中欧班列（郑州）实现“去八回八”高频次运营，综合运营能力领跑全国中欧班列，河南省“陆上丝绸之路”建设加快推进。

5. “四路并举”建设加快，开放新通道日趋畅通

全省上下牢记习近平总书记考察调研时提出的“希望河南建成连通境内外、辐射东中西的物流通道枢纽，为丝绸之路经济带建设多作贡献”的重要指示，通过开放创新，打造空中、陆上、网上、海上四条丝绸之路，不断把区位优势转化提升为枢纽优势，将中原腹地与世界连为一体。提升中欧班列（郑州）营运水平，打造“陆上丝绸之路”，中欧班列（郑州）实现“九去八回”常态化运营，境内集疏网络覆盖20多个省区市，境外网络遍布24个国家126个城市，货值、货重、满载率全国领先，是国内唯一实现冷链业务常态化的班列。加密郑州－卢森堡货运航线打造“空中丝绸之路”，郑州新郑国际机场开通国际货运航线29条，在全球前20位货运枢纽机场中开通15个航点，国际全货机航班日均110架次，货运运力、航班量及通航城市数量均居全国第5位，2017年郑州机场客货运量跃居中部地区“双第一”，年货邮吞吐量突破50万吨，首次跻身全球机场50强，形成了横跨欧美亚、覆盖全球主要经济体的国际枢纽航线网络。大力发展跨境电商打造“网上丝绸之路”，按照习近平总书记“向买全球、卖全球目标迈进”的希望，在全国首创1210“网购保税”进出口监管服务模式，世界海关组织（WCO）作为全球推广示范样板，创新开展O2O现场下单、现场提货，有效破解了跨境电子商务监管和服务难题。跨境电商交易发展迅猛，2017年全省跨境电商交易额1025亿元，增长33.3%。规划建设EWTO核心功能集聚区，通过支持创新，打造“零费区”，引进培育市场主体，完善产业生

态圈，致力于打造全球跨境商品集疏分拨中心、“一带一路”商贸物流合作交流中心、内陆地区国际消费中心、全球跨境电商大数据服务中心。积极发展铁海联运，有效衔接青岛、连云港等重点港口，打造“海上丝绸之路”。通过“四条丝路”建设，形成“四路并举”的开放通道新优势，强化集疏分拨能力和服务“一带一路”现代综合枢纽功能。现在郑州机场、郑欧班列 80% 的货物是从省外集聚，全国 70% 的进口车厘子、80% 的北美龙虾是先集中到郑州再分拨到全国各地。“买全球、卖全球”格局正在形成。

6. 开放领域进一步拓宽，全方位开放格局加快形成

经过 40 年的发展，河南省从制造业开放逐步扩展到现代服务业、社会事业、基础设施及节能减排等非工业领域，随着开放的深入，河南对外开放在科教文卫、旅游、金融、物流和农业等领域均取得了新的进展和突破。2017 年，全省引进或共建研发机构及技术转移中心 15 家，新建国际联合实验室 31 家。新增中外合作办学项目 30 个，河南成为全国第 5 个中外合作办学项目部省联合审批的省。6 大国家区域医疗中心建设加快推进，建成中美（河南）荷美尔肿瘤研究院、中美（河南）结核病防治工程、省人民医院梅奥国际中原中心、郑州大学马歇尔医学研究中心等重点合作项目。3 家全国性政策性银行、12 家全国性股份制银行已入驻河南。河南省在境外从事农业种植、养殖及深加工的企业 71 家，投资区域分布在世界 42 个国家和地区，投资总额 75 亿美元。与 47 个国家建立 112 对友好城市关系，友城数量位居全国前列。全省上下树立开放“一盘棋”思想，各有关部门携手联动，省市县三级政府上下齐动，加力推动开放向更高层次、更大规模、更好效果迈进，更加积极主动参与服务对外开放，形成了开放合力，全方位、宽领域、多层次的开放格局已经形成。

7. 开放河南影响力稳步提升

河南省承办了第二届、第八届两届中国中部投资贸易博览会，每年举办的中国（河南）国际投资贸易洽谈会已成为河南省开放招商第一品牌。连续举办全球跨境电子商务大会、产业转移系列对接活动、豫港澳投资贸易洽谈会、现代物流开放合作洽谈会等，组团参加厦门投洽会、深圳高交会、东

盟博览会、亚欧博览会等国家级经贸活动，宣传了河南开放发展的新形象，促成了一大批高质量合作项目。上合组织成员政府首脑（总理）理事会第十四次会议、中欧政党高层论坛经贸对话会、亚布力中国企业家论坛夏季高峰会等高规格会议在郑州举办，充分展示了河南省深厚的历史文化底蕴、巨大的发展成就，有效提升了河南的国际美誉度和影响力。

河南对外开放 40 年发展历程和成就证明，对外开放是让中原更加出彩的必由之路。今后一个时期，全省上下要深入贯彻党的十九大和习近平总书记调研指导河南工作时的重要讲话精神，继续坚定不移地实施开放带动主战略，深度融入“一带一路”建设，着力打造高品质营商环境，着力提升开放通道平台基础优势，着力促进创新要素开放合作，着力加快外贸优化升级，发展更高层次的开放型经济，以高水平开放推动全省经济高质量发展，在新一轮开放发展中让中原更加出彩。

行 业 篇

Industry Reports

B.3

2018 ~2019年河南省对外开放形势分析与展望

苏国宝　李 虹　贾春奇*

摘　要： 改革开放40年发展历程表明，开放是国家繁荣发展必由之路，是推动经济社会发展的有效手段。习近平总书记反复强调，过去40年中国经济发展是在开放条件下取得的，未来中国经济实现高质量发展也必须在更加开放的条件下进行。未来的河南将以更远眼光、更实措施做好习近平总书记对外开放重要思想贯彻落实工作，以高水平开放推动高质量发展，形成全面开放新格局，加快内陆开放高地建设。本文总结了河南省2018年对外开放工作取得的成绩和存在的问题，认真分析了2019年对外开放面临的形势，提出了新时期以高水平

* 苏国宝、李虹、贾春奇，河南省商务厅。

开放推动高质量发展的对策和措施。

关键词： 河南省 高水平开放 高质量发展

2018 年，国内外形势错综复杂，尤其是面对中美经贸摩擦的严峻挑战，河南践行对外开放发展理念，全面融入“一带一路”建设，全力打造内陆开放高地，开放事业取得新的成就。2019 年是新中国成立 70 周年，是习近平总书记视察指导河南工作 5 周年，是全面建成小康社会关键之年，河南省将以习近平新时代中国特色社会主义思想为指导，围绕建设内陆开放高地总目标，深度融入“一带一路”建设，继续深入实施开放带动主战略，谋求更高层次、更宽领域的开放，加快推动形成河南全面开放新格局。

一 2018年河南省对外开放基本情况

2018 年是全面贯彻落实党的十九大精神开局之年，也是改革开放 40 周年，全省上下深入贯彻落实习近平总书记对外开放重要思想，按照省委、省政府决策部署，毫不动摇进一步扩大对外开放，开放型经济稳步发展，综合带动作用日益增强，对全省经济贡献度逐步提高。2018 年，全省引进境内外资金合计占全社会固定资产投资的近 1/4。

1. 开放型经济平稳发展

2018 年全省实际吸收外资 179 亿美元，增长 3.9%。实际吸收“一带一路”沿线国家投资 11.7 亿美元，增长 24.5%。服务业吸收外资 78 亿美元，占比比上年提高 8.2 个百分点，达到 43.6%。英国石油、特斯拉、中国石化、京东集团等世界 500 强入驻河南。法国电力、泰国正大集团、新加坡丰树集团华润集团等在豫扩大投资。在豫投资的世界 500 强企业达到 129 家。实际到位省外资金 9647 亿元，增长 5.9%。第三产业到位 4476.3 亿元，占比 46.4%，与第二产业基本相当，增长 7.9%。教育业、租赁和商贸服务业、批发和零售业实现两位数增长，教育最快，增速达到26.3%。珠海银隆投资100亿元的新能源汽车项目落户洛阳，浙江云谷科技投资84亿元的新兴科技产业园项目在焦作落地，浙江永途投资50亿元的10万辆汽车整车项目落户安阳。在豫投资国内500强企业达到160家。全省进出口总值达到5512.7亿元，增长5.3%，总额稳居中部第1位、全国第11位。其中出口3579亿元，居中部第1位、全国第8位，增长12.8%，高出全国平均增幅5.7个百分点。龙头企业带动明显，富士康在豫企业进出口3389.1亿元，占比超过60%。民营企业进出口1501.2亿元，增长23.3%，活力最强，占比较上年提升4个百分点，达到27.3%。为应对中美贸易摩擦，加快开发替代市场，铝材等对美出口的大宗商品市场多元化成效明显。出口结构更加优化，高新技术产品出口2277.4亿元，占比63.6%。全年服务贸易超82.7亿美元，居全国第13位、中部第2位。全省对外投资中方协议投资额22.4亿美元，增长27.3%，投资额5000万美元以上项目达到13个；对“一带一路”沿线国家协议投资额1.9亿美元。对外承包工程和劳务合作完成营业额34.5亿美元，对“一带一路”沿线国家完成营业额14.5亿美元，外派劳务31761人次。

2. “五区联动”高质量开放载体基本构建

高质量推进郑州航空港经济综合实验区、河南自贸试验区、郑洛新国家自主创新示范区、中国（郑州）跨境电子商务综合试验区、国家大数据（河南）综合试验区等“五区”建设，夯实高水平开放基础。以高水平开放平台为目标建设郑州航空港经济综合实验区，电子信息产业产值突破3000亿元，卢货航、UPS、俄罗斯空桥、菜鸟等知名物流企业相继落户，5架经营性租赁飞机交付，现代产业基地和国际物流中心地位加速确立，现代航空都市框架基本形成。以政务、监管、金融、法律、多式联运五大服务体系为支撑建设中国（河南）自由贸易试验区，总结形成225项改革创新举措（案例），企业投资项目承诺制、区域整体评勘、跨境电商“网购保税+实体新零售”印发全国通报经验，累计入驻企业达到4.99万家，累计注册资本达到6190亿元。以“四个一批”为抓手建设郑洛新国家自主创新示范

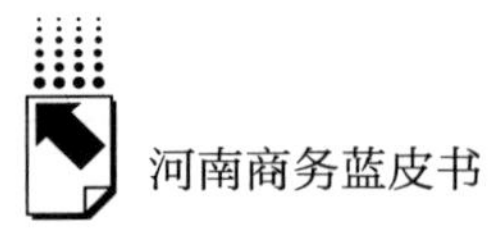

区，突出抓好创新引领型企业、人才、平台、机构建设，16 项成果荣获国家科技奖励，全国首个生物育种产业创新中心落户河南，新增高新技术企业突破1000 家。以“1210 监管模式”创新为突破口建设中国（郑州）跨境电子商务综合试验区，坚持“跨境电商无边界，一顶帽子大家戴”，呈现出郑州示范引领、各地竞相发展的良好局面。河南保税物流中心首创的 1210 网购保税进口模式在全国复制推广，率先实现 O2O 现场下单、现场提货。2018 年全省跨境电商进出口 1289 亿元，增长 25.8%。国家大数据（河南）综合试验区建设加快推进，设立 100 亿元规模信息产业发展基金，中科院计算所郑州分所挂牌成立，累计引进大数据及相关企业 200 余家。

3. “四路并举”对外开放通道基本打通

破解“不沿边、不靠海、不临江”的开放瓶颈，统筹推进空中、陆上、网上、海上“丝绸之路”建设。以郑州－卢森堡“双枢纽”为主要依托的“空中丝绸之路”越飞越广，郑州机场获批第五航权，已开通航线 236 条，横跨欧美亚三大经济区国际枢纽航线网络初步形成，成为全国第二个实现航空、铁路、轨道交通、高速公路一体化换乘机场。以中欧班列（郑州）为依托的“陆上丝绸之路”越跑越快，中欧班列（郑州）每周“去九回八”高频次运行，全年开行 752 班，主要指标继续保持全国前列。以跨境电商为载体的“网上丝绸之路”越来越便捷，EWTO 核心功能集聚区启动建设，新签约项目 45 个；成功举办两届全球跨境电子商务大会，推出“郑州模式”和“郑州标准”，为全球跨境电商发展贡献了河南智慧。“海上丝绸之路”越来越顺畅，郑州至连云港、青岛、天津等港口海铁联运班列累计开行 206 班。

4. 开放领域进一步拓宽

科教文卫、旅游、金融、物流和农业等领域对外开放取得了新的突破。新增 4 家国家级国际科技合作基地，总数达到 17 家。新落地 5 家研发机构。在海外新建 2 所孔子学院，总数达到 9 所。新增中外合作办学机构（项目）33 个，其中本科机构（项目）6 个。郑州大学招收台湾本科生 50 余人，实现了河南省零的突破。开封恒大童世界等一批重大文化产业项目建成投用，深圳华侨城、大连海昌等纷纷来豫投资。卫生领域新签对外合作协议68个，国家“一带一路”中医药国际合作项目——中医特色微创技术（筋骨针法）国际传承基地落户河南中医药大学。河南省全年共接待海内外游客7.86亿人次，同比增长18.2%；实现旅游总收入8120亿元，同比增长20.3%。新增福森药业、中国春来、恒达集团控股3家香港上市公司，河南省境外上市公司达到41家。河南省在境外从事农业种植、养殖及深加工的企业72家，投资区域分布到世界42个国家和地区，境外经营土地面积超过250万亩，位居全国前列。

5. 开放环境进一步优化

召开非公有制经济健康发展大会，出台一系列政策措施，在审批服务、创新创业等8个重点领域，开展14个核心指标对标优化，构建清新型政商关系，全省营商环境不断改善。深入贯彻落实外商投资审批改备案管理制度，积极推进外商投资企业设立商务备案与工商登记“单一窗口、单一表格”受理。2018年，全省共受理外商投资企业设立和变更备案申请825项，已办结815项，备案完成率达98.8%。同时，构建了外商投诉权益保护机制，外商投诉结案率近95%，河南省在全国外资企业投诉工作会议上介绍了经验。积极应对中美贸易摩擦，加快开发替代市场，铝材、光伏产品、发制品、农产品等对美出口的大宗商品市场多元化成效明显。市场监管、商务等多部门出台实施“多证合一”深化改革意见，改革成果惠及更多企业。

6. 开放影响力稳步提升

成功举办第十二届中国（河南）国际投资贸易洽谈会、外交部河南全球推介活动、2018中国（郑州）产业转移系列对接活动、2018中国（郑州）国际旅游城市市长论坛、第二届全球跨境电子商务大会等国家级国际性活动，吸引大批国内外政要、知名企业、商协会参会，成功签约一大批高质量合作项目。特别是第十二届中国（河南）国际投资贸易洽谈会到会境外嘉宾2844人，世界500强企业、跨国公司、知名企业高管250余人，国际化水平明显提升；达成合作项目321个，投资总额4399亿元，河南省开放招商第一品牌效应进一步凸显。通过举办一系列经贸招商活动，河南对外知名度、影响力明显提升，2018 年临时来豫外国人达 60 万人次，增长超过 80%，是全国平均增幅的 13 倍，其中贸易经商人数增长 2 倍。

7. 全方位开放格局加快形成

在河南省委、省政府的统领下，各级、各部门普遍加大对开放工作的重视和支持力度，各有关部门树立开放“一盘棋”思想，更加积极主动参与服务对外开放，形成了开放合力。各地结合实际，坚持每年召开高规格的对外开放工作会议，出台对外开放工作年度行动计划和相关领域对外开放专项方案，研究制定开放招商纲领性文件，通过出台政策措施、理顺工作机制，形成了务实高效、运转协调的工作推进体系。省市县三级政府上下齐动，各有关部门携手联动，加力推动开放向更高层次、更大规模、更好效果迈进，全方位、宽领域、多层次的开放格局已经形成。

综上所述，2018 年河南省开放型经济发展水平进一步提升，开放机制进一步完善，但是仍有一些困难和问题必须引起我们重视。一是思想认识还有差距，有的地方和部门站位全局谋划和推动开放力度不够；二是体制机制不顺，各战略平台之间条块分割、权责不清、统筹不够、协调不畅；三是开放型经济质量水平有待提高，利用外资区域不平衡（仅郑州、洛阳两市利用外资数量就占了全省的近 40%），高层次有影响的外向型市场主体单一（富士康进出口占了全省的 61.5%），且综合外贸服务企业少，缺乏高端龙头企业和拳头产品，创新能力不足；四是招商引资的重视程度和工作力度有待加强，营商环境还需进一步改善；五是市场竞争激烈，河南省先发优势减弱（西安、武汉、四川、重庆等省市出台制定措施，增加补贴，降低物流成本）；六是企业融资难融资贵和土地、环境、人才等制约因素较多，部分企业出现招工难，运行成本增加。

二 2018年对外开放形势分析

当今世界面临着百年未有之大变局，世界多极化、经济全球化、社会信息化深入发展，形势更为复杂。这让很多人感到不适应、心里没底，甚至感觉充满危机，但在此大背景下，我国参与全球治理的话语权增多，要素加速在全球范围内流动和配置，新技术新产业新业态新模式蓬勃兴起，也给我们带来了难得的机遇。

从危机看，国际形势严峻复杂。世界经济受保护主义和单边主义、美联储加息、地缘政治冲突等多重因素影响，增长动能减弱，世界经济下行风险加大，国际货币基金组织、世贸组织、世界银行等国际权威分析机构纷纷调低2019年世界经济增长预期，判断2019年可能要出现拐点。特别是中美经贸摩擦的负面效应正在严重割裂全球供应链、产业链和价值链，由此带来要素流动约束、经济运行冲击、转型进程延期等一系列影响。同时，近年来，发达国家纷纷抢占新一轮产业变革制高点，美国先进制造业战略、德国工业4.0、英国工业2050、新工业法国等相继推出；发展中国家也奋起直追，印度制造、越南制造快速崛起，对我国形成前堵后追之势。当前，我们既处于跨越“中等收入陷阱”的关键阶段，又必须直面全球经济格局重构的激烈竞争。中美经贸摩擦，一定程度上说明我国高质量发展呈现强劲势头，让他们感到了竞争压力，顺差逆差上的博弈更多是表象，实质在于两国核心技术、产业水平、经济结构的竞争。

国内经济下行压力加大。受外部环境影响，2019年我国面临的困难挑战更多，经济稳增长诉求日益提升，政府工作任务艰巨繁重。改革开放40年来，我国取得举世瞩目的发展成就，但我们也面临非常艰巨的任务。党的十八大以来，我们完成了党中央提出的一些改革任务，取得一定成就，但遗留任务依然不少。比如十八届三中全会提出的“要建设统一开放、竞争有序的市场体系”，但当前市场的统一性仍然受到地方保护、行业保护等分割的影响，市场在一定程度上还保持着试点化的状态。改革任务艰巨复杂，稳增长压力同样巨大，我国经济增长需要“新三驾马车”：一是消费升级，要由城市化驱动的消费升级转变为知识经济驱动的消费升级；二是投资优化，要由政府主导的投资转变为民间创业驱动的创新投资；三是出口提质，要由“中国制造”的出口转变为“中国创造”的出口、“中国信用”的出口。另外，受中美经贸摩擦的影响，一些企业担忧情绪、避险情绪、观

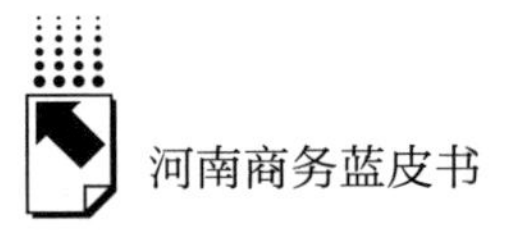

望情绪上升，发展信心不足，对开放发展的影响也不容忽视。

河南推动高质量发展任务艰巨。河南自身发展仍面临诸多问题。从发展方式看，我们尚未完全摆脱粗放式增长、外延式扩张。2017 年，河南省全员劳动生产率是全国平均水平的 62%，与发达地区的横向绝对差距呈扩大态势；每百元全社会固定资产投资新增的生产总值仅为 9.2 元，低于全国的 13 元、广东的 23.4 元、江苏的 15.9 元。从经济结构看，河南省新兴产业尚未形成规模、支撑不足，传统产业“底盘”较大，大量生产、大量消耗、大量持放的问题尚未根本扭转。从增长动力看，创新驱动仍是突出短板，全省研究与试验发展经费投入强度仅为全国平均水平的 60% 左右，科技部公布的全国 164 家“独角兽”企业，河南省无一上榜。同时，新一轮以高质量发展为导向的区域竞争全面开始，江苏提出要重点实现经济发展、改革开放、城乡建设、文化、生态建设、人民生活 6 个“高质量”，浙江全面实施数字经济“一号工程”，湖北大力培育国之重器——“芯”产业集群，安徽加快建设合肥综合性国家科学中心和滨湖科学城，周边兄弟省份竞相发力，重塑发展优势，河南高质量发展“前有标兵，后有追兵”，“逆水行舟，不进则退”。

从机遇看，发展仍是当代主题。虽然世界面临的不确定性突出，世界经济增长动能不足，地区热点问题此起彼伏，霸权主义和强权政治依然盛行，贸易保护主义和逆全球化思潮抬头，但发展的时代主题并未改变，世界多极化、经济全球化加快发展，全球治理体系和国际秩序变革加速推进，各国相互依存日益加深，国际力量对比继续朝着有利于世界和平与发展的方向发展，和平与发展的大势不可逆转。这就意味着在可以预见的未来一段时间内，我国依然可以争取总体和平的国际环境，集中精力搞现代化建设，继续实施全面深化改革开放的战略决策，不断加强与世界各国的经济合作，实现与世界各国的互利共赢。

我国发展仍处于重要战略机遇期。当前，我国供给侧结构性改革深入推进，经济结构不断优化，数字经济蓬勃发展，高铁、港口、机场等基础设施建设快速推进，巨大的市场对经济发展的拉动效应正在不断显现。这些都说明，我国经济发展健康稳定的基本面没有改变，支撑高质量发展的生产要素条件没有改变，长期稳中向好的总体发展势头没有改变。我国经济的体量在不断增大，仅每年新增长的部分就相当于一个中等国家的经济总量，在世界经济格局中的分量还会进一步加重。更重要的是，我国经济增长的质量在稳步上升，经济结构在持续优化，国际竞争力在逐步增强。在构建人类命运共同体理念的引领下，中国致力于开展中国特色大国外交，与世界各国建立各种形式的伙伴关系，积极倡导并推动“一带一路”建设，大力推动经济全球化朝着更加开放、包容、普惠、平衡、共赢的方向发展。中国主动塑造国际环境的重要举措有利于世界和平与发展，也有利于维护和延长我国发展的重要战略机遇期。

河南高质量发展优势进一步累积。比较优势显著上升。最突出的就是消费市场和人力资源，从市场看，河南有1亿人口，年社会消费品零售总额超过2万亿元，以郑州为中心点的两小时高铁经济圈，形成覆盖近4亿人口的货物集散和消费圈，在促进形成强大国内市场中我们优势突出。从人力资源看，河南省劳动适龄人口、农村劳动力转移就业规模、高考考生数量、考研生源数量都是全国第一，职业教育规模和质量走在全国前列。2018年河南高校毕业生省内就业比例达到76.5%，人才吸引力、吸纳力不断提升。战略潜力逐步释放。近年来，郑州航空港区、河南自贸区、郑洛新自创区、中原城市群等众多“国”字号战略落地中原，进一步提升了河南在全国大局中的战略地位。发展空间不断拓展，国家开放大门越开越大，构建全面开放新格局，河南在通道建设、平台发展、政策支持等方面与沿海差别越来越小，为加快建设内陆开放高地提供了更大舞台。同时，河南有扎实的农业基础，乡村振兴战略加快实施，农民工返乡总量已经超过120万人，累计带动就业超过760万人，返乡创业蔚然成风，农村成为创业发展广阔天地。

总之，当前对外开放工作面临的形势非同寻常，机遇与挑战同在，困难与希望并存。我们要把对外开放工作放到经济全球化大趋势中去思考，放到全省发展大局中去审视，既要充分认识当前开放发展面临的严峻挑战，也要注重把握有利条件，把压力变成动力，把机遇转化为优势，增强做好对外开放工作的信心和定力，在应对困难和挑战中实现开放型经济高质量发展。

三 对策与措施

2019 年，全省上下将以习近平新时代中国特色社会主义思想为指导，牢固树立新发展理念，围绕建设内陆开放高地总目标，深度融入“一带一路”建设，以“空中丝绸之路”建设为引领，“四路并举”“五区联动”，着力打造高品质营商环境，着力提升开放通道平台基础优势，着力促进创新要素开放合作，着力加快外贸优化升级，谋求更高层次、更宽领域的开放，加快推动形成河南全面开放新格局。

1. 持续推进“四路并举”，深度融入“一带一路”

积极落实中卢两国航权协议，持续提升郑州亚太物流中心、卢森堡欧美物流中心“双枢纽”功能，高水平建设“空中丝绸之路”。实施中欧班列创新发展专项方案，增强境内外集货分拨能力，打造以“一单制”为核心的“数字班列”，加密“陆上丝绸之路”。坚持“一顶帽子大家戴”，推动全省多点布局、多点支撑、多模式运作，完善支持跨境电商发展政策措施，打造“网上丝绸之路”。制定实施海铁联运支持政策，拓展海铁联运班列线路，对接“海上丝绸之路”。

2. 统筹推进“五区联动”，进一步提升开放水平

坚持自贸试验区、航空港区、自主创新示范区、跨境电商综试区和大数据综合试验区“五区联动”，建立高规格的协调机制，成立“五区联动”建设工作领导小组，通过省级地方立法赋予各平台省级经济社会管理权限，首先在河南省其他国家战略平台复制推广河南自贸试验区改革创新经验，实现要素整合、资源共享、功能叠加、效应协同、错位发展。高水平建设中国（河南）自由贸易试验区，加快建立与国际贸易投资规则相衔接的制度体系。高质量推进郑州航空港经济综合实验区建设，加快推进郑州航空国际枢纽和内陆开放门户建设。加快推进中国（郑州）跨境电子商务综合试验区

和 EWTO（电子世界贸易组织）核心功能集聚区建设，打造跨境电商完整产业链条。高标准建设郑洛新自主创新示范区，打造引领带动全省创新发展的综合载体。加快推进中国（河南）大数据综试区建设，培育形成大数据产业集群。

3. 进一步扩大开放领域，不断提高开放质量

加大招商引资工作力度，利用国家放开外资股比限制机遇，吸引已放开的专用车、新能源汽车、通用飞机、飞机维修、证券、保险等领域外资项目落地，吸引央企、大型民企、外企参与河南省国企混合所有制改革。加快外贸转型升级，壮大外贸市场主体，培育引进外贸龙头企业和外贸综合服务企业。抓好优势外贸产业基地发展，打造百亿乃至千亿级外贸产业集群。加强对“走出去”的服务和指导，以境外经济贸易合作区为依托，梳理发布境外园区主导产业链，组织省内相关企业全面对接境外合作产业园安全有序发展。筹备办好第十三届河南投洽会、农产品加工业投洽会等重大经贸活动。做好第二届进博会参展工作，适时开展长三角、珠三角和香港等地区产业招商活动。制定实施科技、教育、文化、卫生、人才和金融、旅游、物流、会展、农业、基础设施、矿产资源、国际产能等领域对外开放工作专项方案，形成深层次、多领域对外开放格局。

4. 进一步优化营商环境，加快构建开放型经济新体制

一是深入实施优化营商环境三年行动方案，强化顶层设计和政策协同，加大优质的制度供给、服务供给、要素供给力度，以营商环境高地带动内陆开放高地建设。二是坚持依法行政，努力营造公平、公正、透明、稳定的法治环境。完善考核评价和督办机制，着力解决“只爱凤凰不栽树，只引投资不服务”“新官不理旧账”“有政策欠落实”等突出问题。三是严格落实“非限则可”“非禁即入”原则，开放市场准入，认真落实 2018 版全国和自由贸易试验区外商投资准入特别管理措施（负面清单）以及市场准入负面清单。四是提升通关和贸易便利化水平。积极协调上级海关和部委加大支持力度，争取设立海关特殊监管区和海关机构。

5. 以“一带一路”建设为统领，推进新一轮对外开放

实施更加积极主动的开放战略，召开高规格的全省对外开放大会，进一步统一思想认识，全面加强党对对外开放工作的领导。发挥省对外开放工作领导小组统筹协调作用，强化部门配合、上下联动，形成工作合力。尽快出台实施以“一带一路”建设为统领加快构建内陆开放高地的意见，与已经出台的促进外贸、外经、外资健康发展等配套文件，共同构成河南省对外开放“1 + N”政策体系。

B.4

2018～2019年河南省国内经济合作形势分析与展望

刘 兵　刘汝良　杜 进*

摘　要： 2018年，面对复杂形势和严峻挑战，全省坚持稳中求进工作总基调，以新发展理念为引领，把握高质量发展方向，持续深化区域经济合作，提升开放招商水平，实际到位省外资金实现"量"的平稳增长和"质"的有效提升，为经济社会发展和对外开放工作做出了新的贡献。2019年，外部环境依然复杂严峻，经济面临下行压力，但中国经济发展长期向好的基本面没有变，危机并存。本文对2018年河南省国内经济合作工作进行了回顾，全面分析了2019年面临的形势，并提出了一些有针对性的措施意见。

关键词： 河南省　省外资金　提质增效

一　2018年河南省国内经济合作回顾

2018年，河南省认真贯彻省委、省政府决策部署，围绕推进招商引资提质增效，坚持解放思想，继续扩大开放，创新招商引资方式，实施精准招商，深化区域经贸合作，狠抓项目落实，全省实际到位省外资金9647.1亿

* 刘兵、刘汝良、杜进，河南省商务厅。

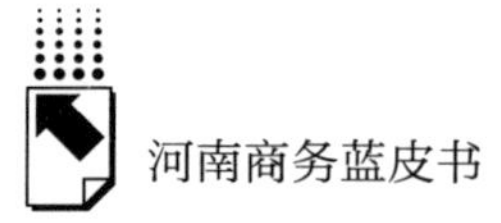

元，同比增长5.9%，较好地完成了预期目标，实现稳中有进。

1. 全省实际到位省外资金保持平稳增长

2018年，全省新增省外资金项目5160个，合同省外资金23495.7亿元，实际到位省外资金9647.1亿元，比上年增长5.9%。分季度看，分别增长6.2%、5.8%、5.9%和5.9%。分产业看，第一产业到位577.7亿元，比上年增长5.2%；第二产业到位4593.1亿元，增长4.2%；第三产业到位4476.3亿元，增长7.9%。

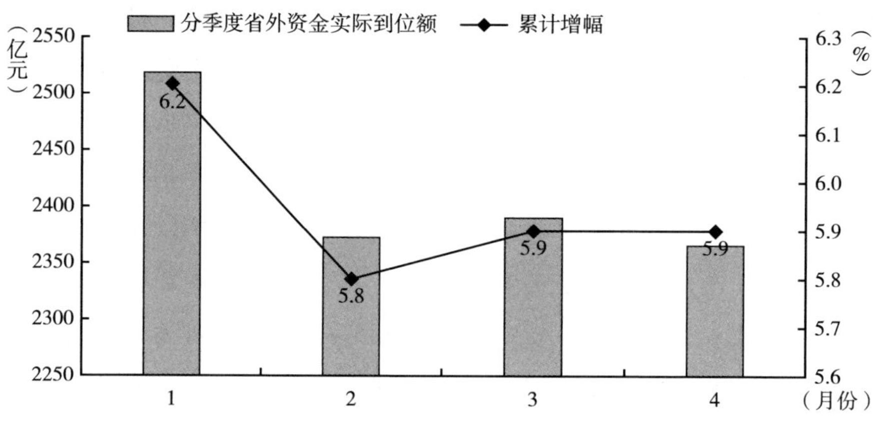

图1　2018年河南省分季度省外资金实际到位额及累计增幅

资料来源：河南省商务厅。

（1）区域经济合作持续深化

全省上下进一步解放思想，提高对内对外开放质量，区域经济合作不断深化。北京、广东、浙江、上海等6省市到位资金6498.4亿元，同比增长8.4%，占全省的67.4%，提高1.6个百分点。其中，北京市到位1515.8亿元，同比增长2.0%；广东省到位1457.1亿元，同比增长15.1%；浙江省到位981.1亿元，同比增长2.1%；江苏省到位965.6亿元，同比增长11.8%；上海市到位904.9亿元，同比增长19.1%，增长较快；山东省到位673.9亿元，同比增长2.0%。沿“一带一路”省份中，陕西省到位资金最多，达239.3亿元；宁夏回族自治区到位12.9亿元，同比增长50.0%，增速最快。

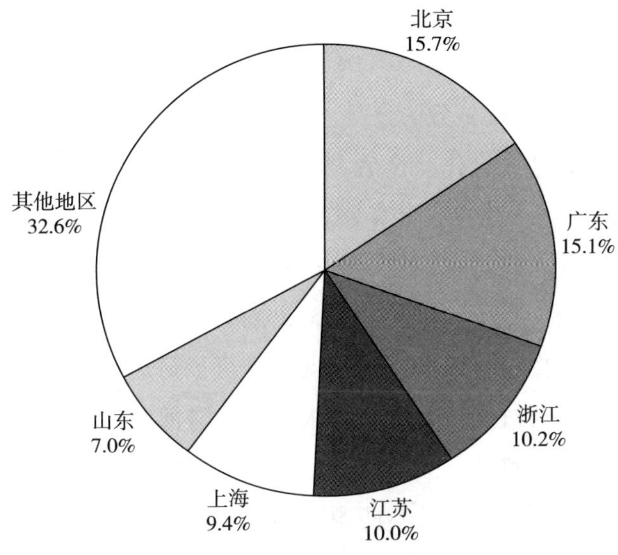

图2　2018年河南省实际到位省外资金来源地分布

资料来源：河南省商务厅。

（2）产业结构优化发展

全省持续推进第一、第二、第三产业协调发展，第三产业发展快于第二和第一产业。第一产业到位577.7亿元，同比增长5.2%，占全省的6.0%；第二产业到位4593.1亿元，同比增长4.2%，占全省的47.6%；其中，制造业到位3935.6亿元，同比增长6.0%。第三产业到位4476.3亿元，同比增长7.9%，增长最快，占全省的46.4%，较2017年提高0.9个百分点；其中，房地产业到位1577.9亿元，同比增长5.1%；租赁和商贸服务业到位774.9亿元，同比增长19.0%；批发和零售业到位331.6亿元，同比增长13.4%；教育业到位101.8亿元，同比增长26.3%。

（3）项目质量效益提高

全省瞄准高质量发展方向，深化供给侧结构性改革，注重转型发展，推动规模、质量和效益协调发展，先后吸引了珠海银隆新能源、浙江云谷科技、深圳创新科存储等投资建设的新能源材料、高端装备制造、电子信息等项目，发展前景好，市场潜力大，带动能力强，尤其在加快科技创新、产业升级中发挥着明显作用。据统计，合同省外资金10亿元以上项目达511个，合同省外资金约9876.5亿元。

2. 豫粤沪京合作初见成效

一是深化豫粤开放合作。全省共征集豫粤合作代表项目32个，总投资613.8亿元，涉及电子信息、装备制造、高新技术、现代物流等领域。根据项目前期进展情况，进行了筛选、分类和推进。二是深化豫沪开放合作。全省共征集38个合作项目，总投资933.8亿元，涉及先进制造、现代物流、文化旅游产业，根据项目前期进展情况，进行了筛选、分类和推进。三是深化豫京战略合作。通过座谈等形式积极洽谈推进河南与京东集团、中国外运股份、乐氏同仁药业科技、搜谷科技、北京控股集团等合作的23个重点项目，总投资453.3亿元，涉及新能源、物流、智能制造等行业领域。组织好想你枣业、伊赛牛肉、信阳文新茶叶、河南羚锐、淇花食用油、怀山堂、洛阳杜康、宋河酒业等159家企业，精心筛选果蔬、休闲食品、油脂类产品、山药及深加工产品、酒类等360余种农特优产品在北京集中展示，开展产销对接。

3. 省际经贸合作蓬勃发展

（1）2018年4月，第十二届中国（河南）国际投资贸易洽谈会在郑州举办。经过前期在上海、天津等地广泛推介，开展以商邀商、以商招商，中国机械设备工程股份有限公司、中能建控股集团有限公司、力帆控股、红星美凯龙、中国民族促进贸易委员会等企业、行业协会负责人参会，北京河南企业商会、上海市河南商会、山东省河南商会、青岛市河南商会、大连河南商会等境内外商协会作为协办单位。现场集中签约项目132个，投资总额2993亿元。其中外资项目16个，投资总额304亿元；内资项目116个，投资总额2689亿元。会议期间，河南省驻外省27家商协会和外省驻豫17家商协会负责人应邀与省商务厅、省辖市和省直管县（市）商务局负责人进行了座谈，共谋河南发展，推动经贸合作。

（2）坚持内外联动、双向开放，“引进来”和“走出去”相结合。山东、黑龙江、新疆哈密政府，福建、山东省河南商会及企业先后率团来豫考察交流、洽谈合作。河南先后组织省辖市和相关企业参加了2018中国·天津投资贸易洽谈会、2018中国（青海）藏毯国际展览会、第29届哈尔滨国际贸易洽谈会、第24届中国兰州投资贸易洽谈会，利用经贸活动平台，宣传了河南形象，推介了河南产品。

4. 内资签约项目跟踪督导服务工作扎实推进

第十二届投洽会签约内资项目116个。漯河市果糖及其制品生产项目、商丘市河南世贤科技有限公司项目、周口市太康合泰医养家园项目3个外资项目转为内资项目跟踪；安阳市AESC动力电池项目一期投资方放弃投资，项目终止。现跟踪内资项目118个，投资总额2713.1亿元人民币，合同省外资金2228.3亿元人民币。截至2018年底，115个项目履约，占比97.5%；77个项目开工建设，占比65.3%；到位资金357.5亿元人民币，占合同省外资金的16%。从合同履约率看，郑州、开封、洛阳、平顶山、安阳等市、县情况较好，均达到100%。从项目开工率看，洛阳、平顶山、濮阳、许昌等市、县情况较好，均达到70%以上。从资金到位率看，洛阳、平顶山、安阳、鹤壁、南阳等市、县情况较好，均达到20%以上。

二　2019年河南省国内经济合作面临的形势

2019年，国内经济合作面临的形势更加复杂严峻，不确定不稳定因素增多，机遇和挑战并存。

从外部环境看，世界经济仍处于低速增长和深度调整阶段，保护主义、单边主义、逆全球化思潮抬头，多边主义和自由贸易体制受到冲击，但是全球新一轮大发展大变革大调整正在进行，各国发展联系日益密切，世界经济复苏有所巩固，主要新兴经济体经济实现不同程度的复苏，已表现出回归实体经济、重塑平衡状态、锁定“低碳经济”和“绿色增长”等特点，新一轮技术革命和产业革命正酝酿突破，各国都在竞相发展，抢占制高点，预计2019年世界经济仍将维持弱增长态势。从国内经济形势和宏观政策看，2018年中国经济持续健康发展，实现了总体平稳、稳中有进，国内生产总值（GDP）达到900309亿元，首次突破90万亿元大关，比上年增长6.6%，实现了6.5%左右的预期发展目标。经济总量持续增加，其中创新产业和新兴技术产业对GDP的贡献在增长，有力支撑了经济高质量发展。近年来，中央出台的一系列宏观政策、结构性政策、社会政策相继落地生效，如实施积极的财政政策和稳健的货币政策，深化国资国企、财税金融、土地、市场准入等领域的改革，实施就业优先政策，等等，在稳就业、稳金融、稳外贸、稳外资、稳投资、稳预期方面正在发挥积极效应。中国经济长期向好的基本面没有改变，发展前景依然广阔，对河南推进经济持续健康发展和更好地开展国内经济合作工作十分有利。从全省发展态势看，河南抓住关键环节，统筹推进稳增长、促改革、调结构、惠民生、防风险，经济社会发展保持了“稳、进、好”态势，全年生产总值48055.86亿元，比2017年增长7.6%。当前，全省正处于爬坡过坎、转型攻坚的关键期，随着开放带动主战略的深入推进，粮食生产核心区、郑州航空港经济综合实验区等一系列国家战略加快推进，以及发挥郑州建设国家中心城市的辐射带动力，河南正在积极打造通道、平台、环境等新优势，顺应经济梯度转移趋势，对接国家区域发展战略，积极探索产业转移新模式，不断提升区域竞争新优势。

在看到有利条件的同时，也要清醒认识经济发展面临的困难和挑战。一是国际金融危机深层次影响依然存在，发达国家经济复苏曲折艰难，新兴经济体增长弱势难改，不稳定不确定因素增多。国际权威机构纷纷调低2019年全球经济增长预期，特别是中美经贸摩擦给国内经济持续平稳发展带来新的压力。如何在纷繁复杂的局势中把握规律、认清大势，抢抓招商引资、产业转移机遇，应对风险挑战，是全省国内经济合作工作面临的重要任务。二是中国正处于结构调整和动力转换的关键阶段，经济周期性和结构性矛盾并存、有效需求不足和有效供给不足并存、旧动力衰减和新动力成长并存，经济面临下行压力。三是全省经济发展仍面临增长方式粗放、结构矛盾突出、创新能力不强等问题，新产业、新业态、新模式较少，发展新动能不足。市场需求增长放缓，能源原材料、人工、用地成本较高，企业盈利空间受限，部分企业经营困难加重。国内招商引资难度逐年增大，2016 年全省实际到位省外资金增长 7.9%；2017 年全省实际到位省外资金 9106.8 亿元，同比增长 7.9%，与上年同期持平；2018 年全省实际到位省外资金 9647.1 亿元，同比增长 5.9%，引资增幅逐年缩窄。2019 年全省引进省外资金增速的下行压力依然较大。

三 发展对策

2019 年，以习近平新时代中国特色社会主义思想为指导，全面贯彻党的十九大精神，落实省委十届八次全会、省委经济工作会议、全国商务工作会议要求，坚持稳中求进工作总基调，坚持新发展理念，坚持推动高质量发展，坚持以供给侧结构性改革为主线，坚持深化市场化改革、扩大高水平开放，继续深化招商引资改革创新，瞄准国际国内市场，完善内外联动，突出招大引强引技引智，大力培育新产业新业态新模式，加快产业转型发展，优化投资环境。2019 年着力提升引进省外资金质量，力争全省实际到位省外资金增长 3%。

1. 认真谋划国内招商引资工作

一是坚持招商引资与招才引智并重。要充分认识招商引资、招才引智对经济增长、优化结构、自主创新等问题的关键作用，进一步解放思想，深化改革，创新制度，从单纯的招商、引才，向“人、财、项目”叠加引进的模式转变，实现人才与项目良性互动和高效融合。探索建立新模式、新机制，以灵活的政策吸引境内外高层次人才。以事业平台集聚人才。当前，国家战略相继落户河南，正在发生叠加效应，开展招商引资和承接产业转移要整合资源优势，立足龙头产业，利用珠三角地区、长三角地区招商引资项目对接活动，京津冀、环渤海及闽东南等发达地区的经贸活动及省内外知名商协会专题对接活动等开放平台，把人才引进和项目引进同步包装、共同推介，力争引进一批符合产业规划、科技含量高、辐射带动能力强的项目，进一步提高引进省外资金的质量和效益。以良好环境留住人才。发挥人才作

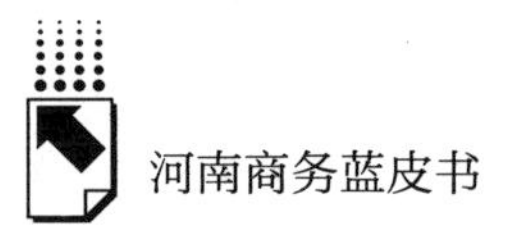

用，创造发展空间，解决后顾之忧，在全省营造尊重知识、尊重人才、支持创新、鼓励创业的良好氛围。

二是转变招商方式。在新常态下，招商引资出现了新难题，过去的普遍做法已很难奏效，要着力探索方式、创新路径，把提升招商实效性和针对性放在首位，突出市场化利用省外资金导向，引导省外资金由成本取向转为市场、创新取向，促使产业链高端环节进入，向产业链的两端延伸，促进开放招商良性发展。引导全省结合实际，在围绕产业延链、补链、产业链集群的过程中，注重多种具体招商方式的综合运用，不断拓宽项目信息渠道。围绕全省支柱产业和新技术、新业态、新模式实施产业集群招商、精准招商等“资本＋招商”方式，加快培育纵向链接、侧向配套的特色产业集群，打造一批百亿级和千亿级优势产业集群、外向型产业集群。围绕长三角、珠三角、京津冀、环渤海、闽东南等重点区域，坚持区域招商与产业链对接相结合，突出龙头带动作用，积极实施产业链招商，营造“引进一个项目，带动一个产业，营造一个大市场”的招商格局。

三是突出重点产业招商。立足深化河南企业与经济发达地区知名企业合作，认真研究目标地区产业布局特点和转移趋向，进一步完善客商资源库和招商项目库，围绕全省重点发展的产业领域和新技术、新业态、新模式，挖掘符合产业发展方向的重点招商项目及前沿技术项目，突出高层次产业链和价值链招商，梳理确定一批有可能、有需求的目标公司，组建专业招商团队，实施上门精准招商、点对点对接。

2. 不断开拓国内经济合作新局面

中央经济工作会议强调，要促进区域协调发展。党和国家高度重视中部地区崛起，这对河南开展国内经济合作工作是新时代新作为的一个重要机遇。河南是人口大省、经济大省、农业大省和新兴的工业大省，是重要的交通枢纽，具有巨大的市场、传统产业基础和交通区位优势。“一带一路”建设、自贸区、自创区、中原城市群等的实施，是开展国内经济合作的重要依托。一是重点做好第十三届中国（河南）国际投资贸易洽谈会和第十一届中国中部投资贸易博览会，以项目为基础，以活动为平台，突出河南特色，加强项目对接，务求取得实效。二是加强研究国内产业转移新趋势，紧盯京、粤等省市的产业和技术转移，深化区域交流合作，瞄准目标区域、相关产业和重点企业，针对先进制造业、现代服务业、生物医药、节能环保和新能源新技术等开展产业招商、专题招商、以商招商，依托自贸试验区、航空港区、跨境电商综试区等开放平台，着眼于产业链整合提升和优势集群培育，突出引进龙头企业和标志性项目落户河南。三是继续深化沿“一带一路”省份经贸合作，重点加大与中西部、东北重工业基地等省区的互补合作力度，利用沿“丝绸之路经济带”省份举办的各类经贸会展活动，大力宣传推介河南区位、产业、资源、环境优势，组织企业参会参展，鼓励更多企业“走出去”，抢抓机遇主动对接，提升河南名优特产品在国内市场的知名度和影响力。四是充分利用豫驻外及外驻豫商协会资源，积极开展协会企业间的沟通交流、精准对接和项目合作。

3. 持续优化营商环境

大力推进“放管服”改革，强化市场意识，发挥企业的责任主体和政府的重要保障作用，抓住关键环节，聚焦短板和弱项，多管齐下、共同发力，在资金扶持、信用体系建设、舆论导向、生态环境等方面下功夫，以制度、环境、服务吸引投资，激发活力。对于意向投资者，要围绕当地的功能定位和产业布局，充分发挥规划引领和项目带动作用，完善载体资源，做好营商环境宣传。对于新办企业投资入驻，要根据实际需求，简化市场准入，建立完善相关部门协作的综合服务工作机制，深化“互联网＋政务服务”，及时解决企业入驻过程中遇到的困难和问题，为企业提供“管家式”服务。对于已落户企业，要建立项目管理台账，分类做好跟踪服务，深入企业调研走访，了解企业的经营情况，加强重大项目的运营保障，以现有的产业资源为基础，搭建企业交流服务平台。同时，继续抓好河南省招商引资专项资金落实工作，完善重大招商引资项目和社会资本投资社会公益事业项目资金奖励办法，加快复制推广河南自贸试验区经验，做好客商投诉和权益保护工作，持续推进优化营商环境建设。

4. 完善引进省外资金统计体系建设

一是继续加强引进省外资金统计工作。结合新形势变化，及时修订和完善《河南省引进省外资金统计报表制度》，在统计类别上增加央企、国内500强、高新技术类、知名品牌类等指标；在统计范围上将投资1亿元以上项目作为统计门槛。严格按照制度要求，健全引进省外资金项目档案和台账，实行归档管理。二是规范使用全省引进省外资金统计管理系统。全省引进省外资金统计管理系统已升级，统计范围、指标、内容都有新变化，新增了签约项目跟踪查询、录入、分析以及商协会业务等功能，能够实现逐级管理、多样化分类检索及综合查询等。统计人员要加强学习，尽快适应并规范使用新系统，更好地完成基础工作。三是提升统计人员的工作技能和业务水平。在全省范围内择机举办引进省外资金统计业务培训或招商引资专题讲座。市、县商务部门、产业集聚区、专业园区、特色商业区和中心商务区要建立健全责任体系，稳定统计队伍，对统计人员加强法律、制度、业务学习培训，提升统计工作人员的整体素质和业务水平，提高统计工作的科学性和权威性。

5. 强化项目跟踪督导服务

创新管理方式，建立项目协调机制，坚持台账管理、动态监控、跟踪督导、定期通报，紧盯合同履约率、项目开工率、资金到位率，分类做好项目的跟踪督导服务工作。要把签约项目跟踪落实工作提到年度招商引资工作日程，通过实地调研、现场办公等方式，及时解决项目推进中的实际困难和问题，为项目单位提供优质服务。第十二届中国（河南）国际投资贸易洽谈会签约项目质量高、金额大、涉及产业面广，对各地完善产业链、带动产业升级具有较强的支撑作用，要继续实行季跟踪通报制度，确保签约项目取得实质性进展。建立项目跟踪督办机制，适时组成检查小组赴基层实地查验合同省外资金10亿元以上项目的建设进展情况，及时掌握项目建设中政策落实等方面的困难和问题，有针对性地提出建议对策。完善招商引资工作考核机制，增加对引进规模大、科技含量高、知名品牌多的主导产业项目的考核，以此作为全年评比各地先进的重要依据。

B.5

2018~2019年河南省利用外资形势分析与展望

王卫红　侯锐*

摘　要： 2018年，河南实际利用外资179亿美元，继续保持稳定增长，为全省经济社会高质量发展提供有力支撑。2019年世界经济不确定性增强，面临贸易冲突、英国脱欧等诸多风险，对利用外资工作形成一定挑战。本文对2018年河南利用外资工作进行了回顾，对2019年利用外资目标和前景做出预测，并对2019年引资重点领域和重点工作给出了政策建议。

关键词： 河南省　外资利用　营商环境

2018年，河南省营造良好营商环境，着力培育吸收外资新优势，投资领域不断拓宽，产业结构持续优化，实际利用外资实现稳中向好。

一　2018年河南省利用外资回顾

1. 全省利用外资金额保持增长

2018年，全省新增加外商投资企业217家，实际利用外资179亿美元，分别增长3.3%和3.9%，完成全年计划的100.9%，利用外资继续保持稳中

* 王卫红、侯锐，河南省商务厅。

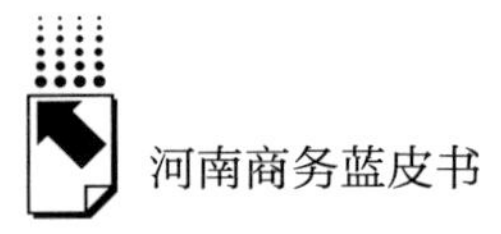

有进、稳中向好态势。

（1）重大项目支撑作用明显

2018 年，一批重大外资项目在河南成功落地、增资扩股，有力地推动了全省吸收外资平稳增长。在新批项目中，有 78 家投资额超千万美元，占项目总数的 35.9%，单个项目平均投资规模达 2.1 亿美元；投资总额 166.7 亿美元，占新批项目总投资额的 98.3%。其中 17 家项目投资额超亿美元。

（2）外商投资质量有所提升

一批世界 500 强成功落户河南。英国 BP、特斯拉、京东集团、中国石化等世界 500 强企业正式落户河南。英国 BP 投资 4.4 亿美元在郑设立东明英伦石油有限公司，经营范围为建设、管理加油站，经营加油站，润滑油和化工产品的批发及零售等。特斯拉公司在郑东新区投资的特斯拉汽车（郑州）销售服务公司，投资额 100 万美元，经营范围为汽车销售、技术咨询、充电桩设备租赁等。京东集团在郑州市投资 468 万美元设立了郑州星曜迪物流有限公司。中国石化在许昌投资 1580 万美元设立了许昌中石化万里能源发展有限公司。

知名企业相继在河南增资扩股。泰国正大把河南作为战略发展区域，分别投资 2.3 亿美元、1.6 亿美元、9542 万美元，加速在濮阳、商丘和平顶山投资。新加坡丰树集团在驻马店设立了丰兴仓储（驻马店）有限公司，总投资 1056 万美元；在漯河市设立了漯河丰陵仓储有限公司，总投资 2539 万美元。

省内企业境外上市融资实现新突破。作为河南吸收境外资金的重要渠道，2018 年又有新突破。2018 年在香港联合交易所上市的省内企业有医药领域的福森药业、教育领域的春来教育和房地产领域的恒达集团。借力境外资本市场，双汇发展融资 1009 万美元设立了漯河双汇物流投资有限公司，建业集团新投资 2872 万美元设立了河南建业新生活服务有限公司，心连心化肥新投资 1722 万美元设立了河南氢力能源有限公司。

环保、新能源仍是河南省投资热点。华润集团在安阳、商丘、平顶山分别投资2.6亿美元、7890万美元、6942万美元布局能源产业；台湾客商吴明动投资1530万美元设立了河南明龙环保科技有限公司。

（3）外资产业结构不断优化

2018年，服务业领域利用外资占比继续上升，传统制造业吸收外资保持平稳。其中，服务业领域新设外商投资企业137家，占比63%；合同外资39亿美元，占比57%；实际利用外资78亿美元，占比43.6%。服务业领域外商投资主要集中在批发零售、科学研究、租赁和商贸服务业等行业。制造业领域2018年新设外商投资企业66家，占比30.4%；合同外资22.7亿美元，占比33.3%；实际利用外资93.1亿美元，占比52%。第一产业新设14家企业，合同外资6.4亿美元，实际吸收外资7.7亿美元，占全省份额分别为6%、9.3%、4.3%。

（4）主要来源地高度集中

2018年，河南省吸收外资涉及40个国家和地区，主要集中在港台、美国、新加坡等国家或地区。其中33个国家（地区）在河南省新设外资企业，其中主要外资来源地：香港新设92家企业、台湾新设26家企业、美国新设24家企业、新加坡新设9家企业，以上4个地区合计151家，占全省的69.6%。新增合同外资主要集中在香港地区，合同利用外资50.9亿美元，占全省的74.6%。实际吸收外资方面，34个国家（地区）有资金到位，较多的国家（地区）有：香港115.5亿美元、台湾12.7亿美元、新加坡7.9亿美元、英国7.1亿美元、美国6.2亿美元，以上5个地区合计149.4亿美元，占全省的88.2%。

其中“一带一路”沿线国家（地区）新设外资企业25家，合同外资7843万美元，实际到位资金11.7亿美元，同比增长24.5%。其中，新加坡投资项目9个，实际吸收外资7.9亿美元。

（5）合资、独资方式为主

2018年，全省共设立独资企业96家，合同外资33.1亿美元，实际到位109亿美元，分别占44.2%、48.5%、60.9%。设立合资企业119家，合同外资34亿美元，实际到位63亿美元，分别占54.8%、48.5%、35.2%。

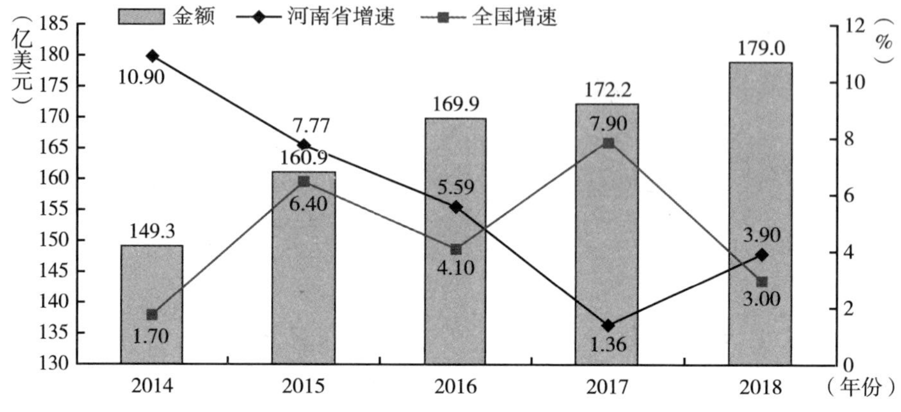

图 1　近 5 年河南省实际利用外资金额及增速

2. 重大招商引资活动务求实效

2018 年，全省围绕空中、陆上、网上、海上四条“丝绸之路”，积极创新招商方式，在境内外开展小分队、精准化、点对点招商，举办了一系列经贸合作活动，为中外客商搭建交流平台，构架起合作的桥梁，取得丰硕的成果。

（1）办好重大活动推进招商平台载体建设

成功举办第十二届中国（河南）国际投资贸易洽谈会。2018 年 4 月 17 日至 20 日在郑州成功举办了第十二届中国（河南）国际投资贸易洽谈会。本届投洽会引起众多国家、地区、国际组织以及商协会的高度关注，产生了广泛影响。来自美、英、德、俄及港澳台等 89 个国家和地区的 2800 多名客商参会，其中英国 BP 石油、美国通用电气、法国电力、德国博世等世界 500 强、跨国公司高管 129 人，境外采购商 534 人。世贸组织副总干事易小准、德国国防部原部长沙尔平、国际航空城市会议主席卡萨达等一批知名专家到会发言。国内 22 个兄弟省区市组团参会，带团副省级领导 19 人。参会嘉宾达 1. 97 万人。成功组织了中原开放发展论坛、中卢“空中丝绸之路”经贸合作高峰会、两岸智能装备制造郑州论坛、工商企业跨境投资与贸易项目对接会、“一带一路”多式联运创新发展合作交流会、产业基金投资合作高峰会、豫台绿色农业发展合作对接会等15场主体活动，联合国采购贸易对接会、韩国进口商品（郑州）集散中心推介会、河南与澳门－葡语国家商贸合作服务平台商机推介会以及各省、自治区、直辖市等24场自办活动。首次设置进出口商品展，共204家出口企业、118家进口企业、98家服务贸易企业参展，吸引了大批采购商和专业观众，观展采购人数突破6万人次，成交总额突破40亿元。老百姓在家门口实现了“买全球、卖全球”。本届投洽会经会前会中洽谈对接达成合作项目321个，投资总额4399亿元；集中签约项目132个，投资总额2993亿元，平均单个项目22.6亿元。其中，先进制造业项目1720亿元、现代服务业项目1207亿元，两项合计占比达97%。项目整体呈现产业结构优、投资强度大、带动能力强的鲜明特点，将促进河南经济社会高质量发展。河南省与卢森堡就推动建设中比卢产业园、构建郑州与卢森堡“双枢纽、多节点、多线路、广覆盖”发展格局进行对接。

（2）利用境内外活动平台吸引外资

一是精心组织了2018年豫籍香港企业家春茗系列活动。2018年2月25日至3月1日，河南省代表团赴香港、澳门成功举办2017年豫籍香港企业家春茗系列活动。其间，举办了第十二届投洽会香港新闻发布会、2018豫籍香港企业家春茗活动、河南－澳门高层推介恳谈会等活动，郑州、洛阳、信阳、济源4个省辖市分别进行了专题推介。拜访了香港、澳门中联办及澳门贸易投资促进局、招商局集团、恒通资源集团等港澳知名企业和商协会，进行了座谈交流。春茗活动为豫港澳三地企业家搭建了交流平台，凝聚了乡情、深化了友谊，在招商引资、拓展合作及投洽会推介等方面均取得了良好效果。二是举办了英国－中国（河南）商务圆桌会议、澳门·河南——“中国与葡语国家商贸合作服务平台”商机推介会，参加了“营商环境：内地税务及员工福利研讨会”、第十届泛北部湾经济合作论坛暨第二届中国－中南半岛经济走廊发展论坛、第23届澳门国际贸易投资展览会、第21届西洽会、第二十届中国国际投资贸易洽谈会（厦洽会）和第十七届西博会。三是全省组织9000人的河南代表团参加上海举办的首届进口博览会（进博会）。

（3）抓好团组接待扩大招商成果

接待了泰国 BNH 医院考察团、奥地利克恩顿州政府代表团、比利时瓦隆大区经贸代表团、加拿大阿尔伯塔省代表团、英国驻武汉总领馆代表团、澳大利亚驻华使馆代表团、香港特区政府驻武汉经济贸易办事处代表团、香港贸易发展局调研团、马来西亚驻沪使馆代表团、三井物产株式会社高层代表团、马来西亚森美兰州政府代表团等境内外客商团组。

（4）项目跟踪推进签约项目落地

对第十二届投洽会签约项目实行动态跟踪，每季度末定期通报。第十二届投洽会共签约 132 个项目，投资总额 2993 亿元人民币。截至 2018 年底，3 个境外投资项目转为境内投资，1 个境外投资项目转为省内投资不再跟踪，2 个项目终止。目前跟踪的 129 个签约项目中，125 个项目已履约，履约率 96.9%；83 个项目已开工建设，开工率 64.3%；内外资共到位资金 362.94 亿元人民币，资金到位率 15.2%。

3. 外商投资平台载体不断取得新进展

河南自贸试验区建设稳步推进，在 160 多项改革试点任务中，多证合一、内资融资租赁试点等 99 项已落实。以“放管服”改革、跨境电商、多式联运、金融开放、贸易便利化为重点，河南自贸试验区进一步推进政务、监管、金融、法律、多式联运等五大制度体系建设，探索形成 100 多项创新成果，梳理总结了原产地信用签证、企业投资项目承诺制、多式联运“一票制”、政务服务“一次办妥”、“三双三联”事中事后综合监管等 225 项改革创新举措。2018 年新入驻企业 26289 家，注册资本 3057.6 亿元。其中，外商投资企业 149 家，注册资本 46.6 亿元。目前在河南自贸试验区投资的国内外 500 强企业达 118 家。普华永道等四大会计师事务所全部入驻自贸试验区，台湾合晶八寸晶圆项目、恒大旅游集团投资的恒大童世界项目、珠海银隆投资的新能源汽车产业园项目、海马汽车整车项目、上汽集团乘用车二期项目等一批重大项目落地建设或经营投产。飞机租赁、跨境融资、重大技术装备保险等新业务快速发展，郑州商品交易所 PTA 期货引入境外交易者获批，期货国际化迈出一大步。

二　2019河南省利用外资形势分析

2019年，全球资本市场出现了新的情况和特征，国际贸易环境局部恶化、竞争更趋激烈，但河南省区位、市场及环境优势在持续扩大，河南仍处于利用外资的重要机遇期。

1. 整体上国内外竞争环境更加复杂

2019年全球经济出现了新的变化，在美国贸易保护主义政策阴影下，中美、欧美贸易摩擦引起企业对投资区域再抉择，影响跨国公司供应链，造成跨国公司的再布局。随着中国经济转为中高速增长以及传统劳动力资源优势减弱，面临着新兴市场国家和发达经济体的双侧挤压，投资环境成为竞争新优势的关键因素。在经济全球化的过程中，国内市场国际化、国际市场国内化日趋明显，尽管河南市场外向度不如东部沿海地区，但世界经济走势对河南利用外资的直接、间接影响依然不可低估。沿海省份出于区域整体协调发展的考虑，加大省内产业转移力度，部分资金及项目当地“分流”。外资企业从“超国民待遇”变为国民待遇，在融资、上市、招投标等方面存在“低国民待遇”现象，外商投资意愿下降。周边省份利用国家战略及政策优势，纷纷出台招商优惠措施，对河南形成挤压态势。发达地区产业升级带来的“虹吸效应”将吸引内地企业研发中心及高端科研机构入驻。省内各地招商引资竞争激烈，相互“抢商”现象屡见不鲜。据部分地区招商部门反映，受大环境影响相关外资政策优惠减少，外商投资意愿下降，外资增幅下滑，外资项目储备不足。

2. 河南省利用外资新的动向

从河南利用外资实际情况看，吸引外资的难度越来越大，特别是近年来跨国公司等企业在国内市场基本完成布局，大型企业再投资意愿减弱，小企业投资能力不强，外资招商较为困难。从河南利用外资（省口径）数据看，2010～2014年河南省实际利用外资始终保持两位数增长，最高时增速达30%，2014年以来由于河南利用外资基数增大，增速有所回落，降到个位

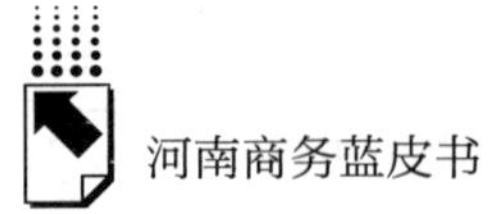

数，近两年利用外资基本保持稳定，2018 年河南利用外资增速实现了反弹，达到 3.9%，高于全国平均水平。

3. 河南利用外资仍处于重要机遇期

一是消费快速增长。河南社会消费品零售总额年均增长 10.3%。2018 年全省电子商务交易额达到 1.5 万亿元，其中跨境电商 1296.2 亿元。河南快速增长的消费规模为外商投资企业提供了市场基础。二是基础能力不断增强。“米”字形高速铁路网初步形成，郑州机场二期工程建成投运，信阳明港机场基本建成，高速公路超过 6600 公里，现代综合交通体系初步建成，全国十大通信网络交换枢纽地位确立，为外商投资提供了强有力的基础设施支撑。三是开放载体更加完备。郑州航空港经济综合实验区、郑洛新国家自主创新示范区、中国（河南）自由贸易试验区、中国（郑州）跨境电子商务综合试验区、国家大数据（河南）综合试验区等一批国家战略平台获批建设，战略叠加优势凸显。建成 3 个国家一类口岸、8 个功能性口岸、3 个综合保税区、2 个保税物流中心，成为内陆地区指定口岸数量最多、功能最全的省份。29 个省级以上经济技术开发区、32 个省级以上高新技术开发区、183 个产业集聚区成为对外开放的重要阵地。四是通道优势更加凸显。河南正处于工业化、城镇化、农业现代化和信息化的快速发展阶段，发展转型潜力巨大，产业配套齐全，基础设施完善，市场需求空间广阔，具有以高水平开放促进高质量发展的良好支撑条件。特别是河南充分发挥承东启西、连南贯北的独特区位优势，“空中丝绸之路”越飞越广，郑州新郑国际机场货运运力、全货机航线数量、航班量及通航城市数量均居全国第 5 位。“陆上丝绸之路”越跑越快，中欧班列（郑州）每周“九去八回”均衡往返，货值、货重等主要经济指标保持在全国中欧班列前列。“网上丝绸之路”越来越便捷，全国首创“网购保税 1210”监管服务模式，EWTO（电子世界贸易组织）核心功能集聚区加快建设，成功举办两届全球跨境电子商务大会。“海上丝绸之路”对接越来越顺畅。五是发展环境更加优化。全面实施外商投资负面清单管理和市场准入负面清单管理模式，全面放开一般制造业，扩大电信、金融、教育医疗、养老等领域开放。“放、管、服”改革深入推进，外资企业商务备案与工商登记实现“一口办理”，真正实现让“信息多跑路，企业少跑腿”。

三 2019年河南省利用外资展望

2019 年是中华人民共和国成立 70 周年，是决胜全面建成小康社会第一个百年奋斗目标的关键之年，全国商务工作会议、全省经济工作会议提出了新的开放要求。利用外资工作必须更加注重制度建设，不断创新招商思路，拓宽引资渠道，聚集招商实效，确保引资成果。多策并举，加大稳外资工作力度。研究制定加大吸引外资力度的工作举措，统筹和指导全省境外招商引资工作，紧盯全年目标，保持工作韧劲，持续精准发力，全力推动和加强境外招商引资工作，确保完成全年利用外资目标任务。

1. 围绕重大活动开展投资促进

重点筹备好第十三届中国（河南）国际投资贸易洽谈会，突出国际化、高端化、精准化，认真做好项目发布、对接和签约工作，精心谋划好重大及专题活动。做好第十一届中国中部投资贸易博览会、“一带一路”投资大会暨 2019 厦门国际投资贸易洽谈会等境内大型经贸活动，筹备组织好 2019 港澳企业家春茗活动、中国（河南）－英国经贸合作推介暨汽车及零部件产业对接活动、豫港澳经贸交流系列活动等境外招商活动。

2. 面向重点地区开展投资促进

加强与重点国家（地区）的深度对接，按照深耕日韩、拓展欧美、做强港（澳）台的思路，根据双方产业优势和河南省地市、企业诉求组织小分队开展精准招商，增加小分队出访频度，办好精准对接活动。以习近平总书记在告台湾同胞书发表 40 周年纪念会上的重要讲话为引领，组织好豫台经贸交流活动，宣传河南省对台优惠政策，推进两岸经贸合作。

3. 紧盯重大项目开展投资促进

加快推进益海嘉里、泰国正大等在谈重大项目的签约落地。加强与世界 500 强企业、行业龙头企业等建立和拓展良好合作关系，建立定期拜访机制，组织专业性招商小分队开展针对性招商，不断加大招大引强力度，推动大项目在河南落地。

4. 突出重点产业开展投资促进

贯彻国务院系列扩大开放促进利用外资增长的政策措施，围绕河南优势产业和发展方向，分产业建立投资促进机制，有针对性地加大先进制造业、战略性新兴产业、新兴先导型服务业和现代农业等专题产业招商力度。落实外商投资负责清单制度，持续深化开放投资领域。督促各地围绕“延链补链强链”绘制产业链图谱，围绕建链、补链、强链积极开展投资促进工作。

5. 强化以展招商开展投资促进

充分借助“进博会”等国家级重大活动平台及中国在境外举办的大型展览、国际知名行业专题展览等平台，举办专题投资推介活动。参加中国五金工具（美国）品牌展、中国品牌商品（中东欧）展、中国机构与智能制造（马来西亚）品牌展、中国品牌商品与服务（波兰）展、中国汽车工业（法国）品牌展览会等活动，通过专题推介、定向走访和针对性对接加结合的方式，借展招商，提升全省招商质量和水平。

6. 强化服务保障提升投资促进实效

完善外资大项目跟踪服务协调机制，做好重大签约项目跟踪，定期通报项目进展情况。开展招商引资服务提升年活动，解决项目落地过程中政策落实、要素保障等困难，推进签约项目落实。不断更新完善客商资源库，梳理省内招商资源，加强信息沟通和协调服务。落实国家和河南省鼓励利用外资政策，鼓励各市出台符合当地实际的奖励政策，着力打造要素成本洼地。以持续提升的服务保障能力确保项目引得来、留得住、能发展。

B.6 2018~2019年河南省对外贸易形势分析与展望

张新亮　周彤　井鹏　吴安安*

摘　要： 2018年河南进出口总值再创历史新高，增幅超出预期。2019年，外贸工作依然严峻复杂，面临巨大挑战，河南省将在巩固贸易大省地位、增强核心竞争力、提升发展质量效益、畅通贸易渠道上下功夫，推动外贸高质量发展，为贸易强省做出更大贡献。

关键词： 河南省　对外贸易　进出口总值

2018年，河南省认真落实国家和省促进外贸回稳向好政策措施，克服各种复杂因素影响，扎实推进外贸稳增长、调结构、转动力，全省进出口平稳运行、稳中向好。

一　2018年对外贸易运行分析

2018年，河南省进出口额再创历史新高，首次突破5500亿元，达到5512.7亿元，增长5.3%。其中出口3579亿元，增长12.8%；进口1933.7亿元，下降6.2%。全省出口增幅高于全国平均增幅5.7个百分点，出口居全国第8位、中部第1位，进出口居全国第11位。

* 张新亮、周彤、井鹏、吴安安，河南省商务厅。

（一）运行特点

1. 出口商品结构明显优化

2018 年，机电产品、高新技术产品出口分别增长 10.0%、11.2%，其中第一大出口商品手机出口 2115.8 亿元，增长 9.4%。全省发制品出口增长 28.5%，服装出口增长 29.3%，汽车出口增长 16.0%，农产品出口增长 13.5%。“河南制造”品牌打响海外市场，郑州成为全球最大的高端智能手机生产基地，宇通成为世界规模最大的新能源客车生产基地，河南省发制品出口占全国的一半以上，西峡成为全国食用菌出口第一大县。

2. 外贸经营主体不断壮大

2018 年，全省有进出口业绩企业 7747 家，其中民营企业 7239 家，占比 93.4%，比 2017 年同期增加 1040 家。民营企业进出口 1505.8 亿元，增长 23.3%，增速最快，占比较 2017 年同期提高 4 个百分点至 27.3%。外商投资企业进出口 3562.1 亿元，下降 0.8%，占比 64.6%。其中，富士康在豫企业进出口 3389.1 亿元，增长 0.6%，占全省比重 61.5%，位居全国外贸企业前列，“顶梁柱”作用明显。全省出口超 5 亿元企业 31 家。

3. 国际市场布局更趋多元

2018 年，对全省最大贸易伙伴美国进出口 1382.7 亿元，增长 27.6%，占全省的比重为 25.1%，比 2017 年同期提高 4.4 个百分点；对东盟进出口增长 38.8%；对香港进出口增长 4.2%；对欧盟进出口增长 2.0%。在对美国等传统贸易市场保持快速增长的同时，新兴市场进一步拓展，对俄罗斯、巴西进出口分别增长 19.1%、15.0%；对“一带一路”沿线国家进出口额达到 1187.9 亿元，增长 23.0%，增速高于全省外贸增速 17.7 个百分点，占全省进出口总值的 21.6%。

4. 贸易方式趋向合理

2018 年，一般贸易进出口 1856.1 亿元，增长 16.3%，占全省比重较上年同期提高 3.2 个百分点至 33.9%；加工贸易进出口 3563.5 亿元，增长 1.8%，占全省的比重为 64.6%；一般贸易增幅高于加工贸易增幅 14.5 个百分点。

5. 跨境电商成为增长新动力

跨境电商持续高速增长，2018 年，全省跨境电商进出口（含快递包裹）1289.2 亿元，增长25.8%，其中出口928.2 亿元，进口361.0 亿元。郑州海关监管跨境电商零售进出口清单9507.3 万票，货值120.4 亿元，增长5.7%。

（二）主要措施及成绩

1. 积极研究促进政策体系

河南省政府出台了促进外贸转型发展的22 条新举措。相关部门共同在政策创新上精准发力，在政策落实上持续给力，外贸政策协调性、精准性和有效性进一步提高。继续对企业开展境外专利申请、商标注册、管理体系认证、产品认证和境外参展等给予扶持，2000 多家企业得到支持。第十二届河南投洽会首设进出口商品展，对企业免收展位费、特装费给予扶持，420 多家进出口企业参展，签订进出口订单近50 亿元。持续扩大出口信用保险覆盖面，对企业投保出口信保保费给予50%的支持，其中对出口额小于300 万美元的小微企业保费全额支持。2018 年中信保对全省外经贸企业承保额89.2 亿美元，增长60.3%。进出口银行河南省分行向55 家重点外贸企业发放贷款118.8 亿元。出口退税资金池、“外贸贷”等“稳外贸”试点政策基本成熟，近日将正式开展试点。

2. 有效应对中美经贸摩擦

河南省商务厅成立了以厅长为组长的应对中美经贸摩擦工作组，召开6 次座谈会摸底分析，引导企业提振信心，实施市场多元化战略，在深耕细作六大传统市场的基础上，大力开拓拉美、非洲、“一带一路”沿线国家和地区等新兴市场。全省对“一带一路”沿线国家进出口1187.9 亿元，增长23%，高于全省进出口增速17.7 个百分点；对东盟进出口638.8 亿元，增长38.8%。全省铝材出口由美国转向东盟、欧盟、加拿大，出口增长31.8%；光伏产品出口转向澳大利亚、日本等，增长59.6%；服装出口增长29.3%，发制品出口增长28.5%，农产品出口增长13.5%，有效降低了贸易摩擦风险。

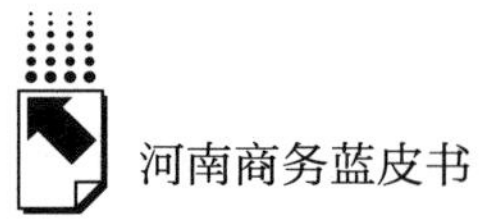

3. 加强外贸转型升级基地建设

2018 年河南新获批 10 个国家级外贸转型升级基地，数量居全国第 8 位、中西部第 1 位，省级以上基地出口额占全省出口额 70% 以上。省商务厅等部门联合优选 10 家优势外贸产业基地，精准施策，重点培育，形成了智能终端、装备制造、汽车及零部件、太阳能光伏、纺织服饰、有色金属、发制品、食用菌等一批特色出口产业集群。智能手机出口达到 2115.8 亿元，增长 9.4%。分产业推进，选重点突破，举办了推进智能终端产业发展座谈会、航空物流企业与发制品企业对接合作洽谈会、服务平舆县户外休闲产业发展座谈会。积极争取河南丰利石化获批原油非国营贸易进口资质，每年可自营进口原油 222 万吨。

4. 积极发展外贸新业态

持续推进跨境电商综试区建设，“三个平台、七个体系”建设初见成效，呈现出郑州示范引领、各地竞相发展的良好局面，越来越多的企业“上线触网”、加快转型，外贸发展新动能正在集聚。省商务厅与全球贸易通、敦煌网、思亿欧等签订合作协议，推进与阿里速卖通、PingPong 的战略合作，引导更多企业利用成熟平台开拓市场。成功举办了第二届全球跨境电商大会，谋划推进 EWTO 核心功能集聚区建设，搭建全球跨境电商交流平台，全方位展现河南特色优势和发展成果。2018 年全省跨境电商进出口 1289 亿元，增长 25.8%。省商务厅联合有关部门出台了《河南省外贸综合服务企业认定管理办法》，评审认定 7 家省级外综服企业，其中郑州宝聚丰实业出口 40.4 亿元，增长近 2 倍。

5. 首届进博会取得丰硕成果

河南省代表团组织 3274 家企业和机构、近 9000 人参加首届进口博览会，成功举办了河南交易团采购需求发布暨现场签约会、河南“网上丝绸之路”对接采购暨现场签约会等活动，签约采购合同、意向 170 个，签约金额 423 亿元，纳入大会成交统计 15.2 亿美元。经过全省上下的共同努力，河南省参会人数、成交金额均居全国第一方阵，在国家主场外交中展示了河南风采，贡献了河南力量。

二　2019年对外贸易发展形势

（一）外贸发展面临的机遇

世界经济持续回暖，内生增长动力增强，国际市场需求持续回升。国家继续实施积极的财政政策和稳健的货币政策，更大规模减税降费，保持流动性合理充裕，着力解决民营企业和中小微企业的融资难融资贵问题，将进一步巩固和提振进出口企业信心，激发企业活力。河南积极融入“一带一路”建设，积极推进自由贸易试验区和跨境电商综合试验区建设，持续强化交通区位优势，加快推进各类指定口岸和海关特殊监管区等平台载体建设，开放平台不断完善，贸易便利化平不断提高，外贸政策体系逐步完善，支持力度不断加大，支撑外贸发展的基础不断巩固，外贸发展的环境不断优化。特别是近年来河南持续推动开放招商工作，积极承接国际国内产业转移，培育形成了一大批特色产业集群；很多进出口企业积极适应国际市场竞争，主动优产品、提质量、创品牌；跨境电子商务、外贸综合服务企业等新业态迅速发展，都将进一步推动对外贸易提质增效、转型发展，外贸发展后劲更加充足。

（二）河南外贸发展面临的挑战

1. 国际形势严峻

当前，外贸发展面临多种因素制约，既有市场需求不足、国际竞争加剧和贸易保护主义浪潮涌动等因素，也有要素成本持续上升、外贸传统竞争优势弱化和贸易结构不优等因素。受贸易摩擦加剧、主要发达经济体货币政策收紧、地缘政治紧张局势升温等影响，世界经济下行风险可能增大，世贸组织预计全球货物贸易量增速持续回落。虽然总体看 2019 年河南省对美国进出口仍保持了较快增长，但加征关税造成部分企业对美进出口额外成本增加；有些行业虽未正面波及，但已出现客户下单观望保守、订单下降的迹

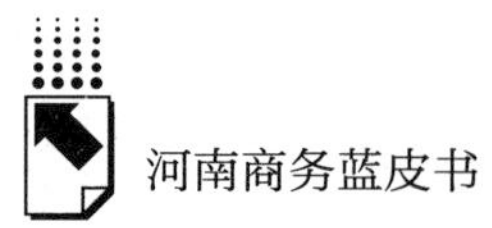

象。近日中美元首会晤达成共识，停止相互加征新的关税，并就如何妥善解决存在的分歧和问题提出了一系列建设性方案。但最终具体协议达成前，对可能出现的反复不能掉以轻心，一旦中美贸易摩擦出现反复和升级，对全省进出口影响可能会“来得迟、影响深、走得慢”。

2. 国际竞争加剧

承接产业转移竞争日益激烈，一方面受到发达国家和发展中国家“双向挤压”，部分产业和订单向周边国家乃至发达国家转移；一方面国内区域间竞争白热化，沿海地区鼓励产业就地升级、就近转移，中西部地区多瞄准相同区域、相同企业招商抢资。要素成本制约因素更加凸显，劳动力、土地、资源等生产要素成本持续上升，中低端劳动密集型产业传统优势明显弱化。

3. 外贸结构不优

河南省外贸主体多为中小微企业，除手机、客车等商品外，出口超 10 亿元的多为资源型和劳动密集型产品，高技术、高附加值出口产品少，竞争力不强。中小微企业融资难、融资贵的制约还很突出，往往有单不敢接、有单无力接，多采用传统外贸方式“守成”传统市场，开拓新兴市场的意愿不强、能力不足。

4. 外贸后劲不足

河南省跨境电商发展与特色产业融合度不高，产业链、生态圈仍需进一步完善；省级外贸综合服务企业数量少、链条短、水平低，部分企业选择供货出口或通过外省外综服企业出口，造成出口“外流”；目前河南还没开展市场采购试点，推动河南特色产业发展动力有待进一步加强。

总体来看，下一步外贸发展既面临严峻挑战，也蕴含新的发展潜力，预计河南省外贸将在合理区间内波动，2019 年总体将继续保持增长。

三　河南省对外贸易发展的对策和建议

2019 年，河南省将以习近平新时代中国特色社会主义思想为指导，深入贯彻习近平总书记在庆祝改革开放40周年大会上的重要讲话精神，坚持稳中求进工作总基调，坚持高质量发展方向，围绕“进出口稳中提质”的目标，在巩固贸易大省地位、增强核心竞争力、提升发展质量效益、畅通贸易渠道上下功夫，既立足当前，扩增量优环境，稳定发展规模和速度；着眼长远，调结构转方式，努力提升发展质量和效益，向着贸易强省目标迈进。

1. 完善外贸政策体系

在全面落实国家“稳外贸”政策基础上，结合河南实际，推动出台能够切实解决问题的政策措施，促进外贸发展。一是会同财政厅出台退税资金池、“外贸贷”等政策创新试点，解决企业融资难、退税慢问题。二是推动支持EWTO核心功能集聚区发展专项政策尽快落地。三是研究境外品牌商品展示中心和公共海外仓发展政策，力争在北美、欧洲等主要出口市场开展试点。

2. 加快培育外贸新业态

一是深挖跨境电商进出口潜力。督促EWTO核心区专项政策落实，打造河南跨境电商高地，增强园区吸引力，快速提升跨境电商进出口规模，力争2019年有重大突破，成为外贸增长新亮点。会同郑州市高规格办好第三届全球跨境电商大会，提升大会影响力，推动跨境电商产业快速发展。力争2019年全省跨境电商交易额达到1500亿元。二是大力发展外贸综合服务企业。加强与阿里、京东、全球贸易通、思亿欧、敦煌网、PingPong等省外龙头企业战略合作，打造外贸服务生态圈。落实各项便利化政策，重点支持省级外贸综合服务企业做大做强，服务带动更多河南中小企业和特色产品进入国际市场，推动出口“回流”和新增出口，扩大外综服企业出口规模。三是积极争取市场采购贸易试点。会同许昌市做好顶层设计，争取尽早启动建设发制品内外贸一体化专业市场，为争取国家市场采购贸易试点创造条件。

3. 深入推进“五个优化”

一是优化国际市场布局。引导企业多元化开拓国际市场，深度拓展传统市场，大力开发新兴市场，着力加强与“一带一路”沿线国家的经贸合作，通过市场开发加快市场置换，及时消化对美订单损失。2019 年重点组织好广交会、加博会、东盟博览会，中国品牌美国展、波兰展、法国展等系列经贸活动，抢抓出口订单，增加在手合同。二是优化省内区域布局。加强引导、精准施策，积极推动商丘、鹤壁、驻马店等进出口在全省相对落后、具备一定产业基础、具有一定发展潜力的市县加快发展，提高在全省外贸中的占比，促进区域平衡发展。三是优化出口商品结构。鼓励企业加强自主品牌建设，增加技术投入，积极开展境外商标注册、专利申请、管理体系认证、产品认证，提升河南出口产品核心竞争力，提高全省高科技含量、高附加值产品的出口比重。四是优化进出口主体结构。坚持大中小并重，着力培育一批类似宇通客车、风神轮胎、中铁隧道等具有全球资源整合能力和国际行业标准制定能力的龙头企业，发挥示范带动作用。加快培育一大批小而全、小而专、小而精的中小微外贸企业，壮大外贸经营队伍。五是优化贸易方式结构。做大一般贸易，强化加工贸易，发展其他贸易。持续提高一般贸易比重，推动加工贸易从委托加工向设计、研发、品牌、服务扩展，探索发展转口贸易、离岸贸易、市场采购等。

4. 持续抓好“三项建设”

一是加强外贸产业基地建设。在全面指导河南省基地建设工作的同时，突出抓好国家级和河南省重点培育的 10 大外贸产业基地，从宣传推广、产业招商、政策扶持、扩大出口等方面整合资源、精准发力，快速转化出口优势，夯实外贸发展基础。二是加强贸易平台建设。发挥河南现代综合交通枢纽优势，高标准建设一批国际化、有影响的会展、专业市场、电子商务、进口促进贸易平台。2019 年重点办好河南投洽会进出口商品展，推动提升 EWTO 核心区建设水平，支持许昌发制品专业市场建设。三是加快国际营销网络建设。支持企业设立境外商品展示、品牌推广、仓储物流、批发零售等营销服务网络，打开目标市场通道。在广泛调研基础上，2019 年争取在部分市场开展商品展示和公共海外仓试点，推动更多企业和优质产品走出国门。

5. 着力弥补进口短板

研究扩大进口政策措施，加快出台扩大进口促进对外贸易平衡发展的实施意见。用足用好国家进口贴息政策，加大省级支持力度，积极扩大有助于产业转型升级的先进技术、关键设备及零部件进口，稳定优质农产品、重要资源性产品进口，增加日常消费品、医疗用品进口。2019 年力争在中国国际进口博览会进口采购、丰利石化原油自营进口、扩大汽车平行进口等方面实现重大突破。

6. 营造外贸发展环境

一是持续提升贸易便利化水平。落实省政府关于促进外贸转型发展文件精神，推动建立贸易便利化厅际联席会议制度，密切部门协同配合，形成促进外贸发展合力。二是积极应对贸易摩擦。会同国际关系等相关处室，加强涉案企业跟踪服务，落实好贸易摩擦应对工作，降低贸易摩擦影响。三是加强政策业务培训。组织开展外贸政策、进出口实务、外贸新业态和贸易摩擦应对培训，提升外贸干部队伍和企业从业人员业务素质。

B.7

2018 ~2019年河南省对外投资和经济合作形势分析与展望

张旭升　张志立　潘菊芬*

摘　要： 2018年，世界经济形势复杂多变，“逆全球化”思潮及贸易保护主义影响国内企业在国际市场业务的拓展，尽管如此，河南省对外投资合作工作仍取得了不少新成绩、新突破。2019年，影响对外经济合作的外部挑战和困难在相当长的一段时间内仍将继续存在，但同时国际市场的巨大需求、国际合作的良好机遇及国内政策的红利将成为对外投资合作持续稳步发展的基础。

关键词： 对外投资　对外承包工程　劳务合作

一　2018年河南省对外投资合作情况

2018年，河南省对外承包工程及劳务合作全年新签合同额为374425.75万美元，与上年持平，全国排第12位；完成营业额为344841.57万美元，同比下降27.7%，完成年目标的70.2%，全国排第12位；外派劳务31761人次，同比下降45.0%，全国排第5位；期末在外人数63336人次，同比增长2.8%，全国排第5位；对外投资项目新备案126个，其中新设68个，变

* 张旭升、张志立、潘菊芬，河南省商务厅。

更（含增资）30 个，注销 28 个。中方协议投资额 22.37 亿美元，同比增长 27.25%，全国排第 11 位。

1. 商务系统参与“一带一路”建设工作取得新成效

（1）配合商务部加快推进“空中丝绸之路”建设取得新的突破

商务部国际贸易经济合作研究院负责编制的《中国河南与卢森堡“空中丝绸之路”经贸合作发展规划》（简称《发展规划》）2018 年 10 月中旬已完成初稿并已两次征求河南省相关单位意见。

（2）积极推动“空中丝绸之路”重大项目取得新进展

在配合编制好《发展规划》的同时，促成建设中比医药产业园（依托郑州航空港临空生物医药科技园）《项目落地战略合作协议》的签订；将中德（许昌）双跨经贸合作区列入省政府鼓励省内企业扩大对“空中丝绸之路”重点区域投资的重大项目，积极推动德国环保和再生资源产业园落户长葛市。

（3）推进“一带一路”建设工作取得新成效

按照河南省委、省政府统一部署，抢抓“一带一路”建设重大机遇，发挥河南优势，河南自贸区、郑州航空港区、郑洛新自主创新示范区和河南跨境电商试验区“四区联动”，空中丝绸之路、网上丝绸之路和陆上丝绸之路“三路并举”，主动与“海上丝绸之路”对接，打造高端平台，加快建设境外经贸合作区，积极引导对外投资，大力拓展对外承包工程和外派劳务市场，推动“空中丝绸之路”建设，支持企业建设海外仓等，在积极参与“一带一路”建设上进行了探索，彰显了特色。

2. 境外经贸合作区发展加快

省级境外经贸合作区发展政策支持体系逐步完善。2017 年，河南省商务厅联合河南省财政厅出台了《河南省支持省级境外经济贸易合作区建设实施意见》，明确经贸合作区建设的总体思路、发展目标、基本要求、分类标准及加强指导、积极扶持、规范管理政策措施，在初步构建境外经贸合作区阶梯型、可持续发展机制和支持政策体系的基础上，2018 年继续积极推动，两家又联合出台了《河南省省级境外经济贸易合作区申报审核工作指南》，同时启动2018年度省级境外经济贸易合作区申报工作。

通过积极推动、综合施策，近年来，河南省境外经贸合作区建设取得了阶段性成效。2016年8月，贵友实业集团在吉尔吉斯投资建设的“亚洲之星农业产业合作区”通过国家确认考核，实现了河南省国家级境外经贸合作区的“零突破”。2017年，河南省关注的12个园区有8个纳入商务部境外经贸合作区统计范围，总数排全国第3位。2018年，河南省推荐的8个园区全部纳入商务部统计范围，总数排全国第4位。省级境外经贸合作区建设已作为省委、省政府确定的“豫企出海”工程重要内容，成为河南对外经济合作工作的新亮点。全省境外经贸合作区建设工作进入目标重点明晰、工作机制基本建立、政策体系初步健全、发展速度明显加快、作用逐步显现的新阶段。2018年9月9日，商务部举办了境外经贸合作区国际研讨会，河南省是唯一应邀发言的省份，河南省商务厅张延明厅长做了专题发言。河南省的做法得到了商务部和与会境内外嘉宾的肯定。

3. 出台了促进对外投资发展的政策措施

为贯彻落实国务院《关于进一步做好境外投资的若干意见》（国发〔2014〕9号）、《关于规范企业海外经营行为的若干意见》（国发〔2017〕47号）、《关于改进境外企业和对外投资安全工作的若干意见》（国发〔2017〕51号）精神，经广泛组织调研，多次讨论研究，两次征求意见，反复修改完善，最终形成《河南省人民政府办公厅关于促进对外投资工作持续健康发展的实施意见》（简称《对外投资实施意见》）。12月14日，省委全面深化改革委员会第一次会议通过了《实施意见》。12月底，省政府办公厅已正式印发。《实施意见》是河南省首次以政府规范性文件形式出台促进对外投资工作发展的政策措施，必将进一步推动全省的企业对外投资工作。

4. 强化为外经企业服务取得新进展

（1）强化对外经济合作业务统计工作

严格按照商务部《对外经济合作业务统计制度》和统计工作要求，督促指导企业按规定在每月限定时间内完成统计数据报送工作。专门印发

《关于进一步做好对外经济合作业务统计台账工作的通知》，要求坚持实事求是，严格执行《统计法》和相关规定，提高统计数据上报率和数据质量，不得报送虚假统计数据。在日常工作中，建立对外投资、对外承包工程、对外劳务合作和境外经贸合作区统计台账和数据报送情况通报机制，每半年进行一次通报，并将统计工作开展和统计数据报送情况作为申报财政专项支持资金的评分依据之一。截至年底，河南省 2018 年发生对外投资业务的 712 家企业统计月报率超过 90%，纳入商务部统计范围的 8 家境外经贸合作区月报率达到 100%，对外投资企业整体年报率超过 80%，在商务部 2018 年度统计工作考核中被评为优秀并予以表彰。

（2）主动为“走出去”企业提供指导服务

推动并协调解决河南中亚控股集团有限公司、河南省黄泛区实业集团公司、河南贵友实业集团在中亚地区投资企业运营困难和问题。服务并做好河南大森机电股份有限公司并购德国 GTA 机械系统股份有限公司备案及增资，及时了解并推动 GTA 公司德国原股东投资在许昌建立 GTA（中国）高端机械制造园，参与谋划由中方全资的新 GTA 公司形成研发中心在德国、生产中心在中国、销售市场在全球的整体战略布局。帮助指导河南天辰环保集团在澳大利亚投资设立新型环保处理企业，河南育林控股有限公司在巴基斯坦瓜达尔港规划建设产业园、洛阳万邦优选供应链管理有限公司在乌兹别克投资设立厚疆国际农业发展有限责任公司并谋划建设经贸合作区，郑州安图生物工程股份有限公司并购参股芬兰高科技企业及投资设立莫比诊断有限公司，博爱新开源生物科技有限公司并购参股瑞典、美国医药研发企业及开展返程投资，河南能源化工集团有限公司在澳大利亚昆士兰州投资建设中部煤炭产业区，郑州煤矿机械集团股份有限公司、新天科技股份有限公司、河南阳光油脂集团有限公司谋划在匈牙利投资设立企业及建设高科技综合产业园区。

（3）积极组织企业参加重大经贸活动和培训学习

在 4 月举办的第十二届河南省投洽会期间，河南省商务厅联合商务部合作司、中国对外承包工程商会，成功举办了豫企对外合作洽谈对接会，来自

16个国家和地区的政要及驻华使节、超过50家央企和国内“走出去”龙头企业高管、专家学者和企业代表参会，活动规模超过450人，现场组织境外经贸合作区和省内对外直接投资、对外承包工程、对外劳务合作重点企业宣传展示，会前和会后还组织了洽谈对接，效果显著，备受关注。组织企业参加了亚欧博览会、东盟博览会、厦洽会等国家级重大经贸活动，以及中国对外承包工程商会七届四次理事会暨2018年行业年会，与相关机构和企业进行了对接。组织部分企业分别参加赞比亚北方省代表团、卢森堡金融推广署郑州金融推介会、河南省与非洲国家国际合作洽谈会、河南省与法国专家“一带一路”建设座谈会等专题活动，就加强经贸合作事宜开展座谈和对接。组织部分企业分别参加了商务部举办的统计工作和境外安全专题培训班。

（4）推动搭建企业“走出去”服务平台

进一步改版了“河南企业走出去网”，搭建信息交流、政策发布、风险预警平台。推动并促成将加快“走出去”公共服务平台建设列入河南省政府《对外投资实施意见》，明确提出整合各方资源，提供“一站式”服务并逐步扩大服务平台覆盖面的要求。积极推进服务平台建设各项筹备工作，力争尽快实现为全省“走出去”企业提供政策解读、信息查询、风险预警、在线办事等各项服务的目标。指导河南省企业国际合作协会顺利完成换届，并推动在协会理事会设立与企业“走出去”业务相关的7个专门委员会。积极推动以协会为依托和实施主体，加快推进组建河南省“走出去”企业联盟，促进强强联合、异业联合，带动省内更多的企业“走出去”。

5. 对外劳务合作和外派劳务扶贫工作取得实效

精心制定方案，积极组织开展对外劳务扶贫工作。认真贯彻落实商务部、财政部、国务院扶贫办、共青团中央四部委联合印发的《进一步加大对外劳务扶贫力度工作方案》和《商务部办公厅关于进一步做好对外劳务扶贫有关工作的通知》精神，及时联合省财政厅、省扶贫办、团省委转发国家《工作方案》并提出做好贯彻落实工作的要求。2018年上半年，为切实做好河南省的外派劳务扶贫工作，结合河南优势和特点，对照四部委《工作方案》和《通知》相关要求，经过认真研究、反复讨论，按照助力精准扶贫和打赢脱贫攻坚战的工作总目标，把实施“走出去”战略、积极融入“一带一路”、加快“空中丝绸之路”和“陆上丝绸之路”及“网上丝绸之路”建设，同进一步加大对外劳务扶贫工作力度相结合，研究制定了《河南省进一步加大对外劳务合作扶贫力度工作方案》，明确了指导思想、主要目标，提出了6项具体措施、4项工作要求，并在强化政策支持、责任落实、统计考核等方面进行创新、寻求突破，为河南省全面深入开展外派劳务扶贫工作奠定了扎实的基础，营造了良好的氛围。

加强督导检查，全力推动外派劳务扶贫工作取得实效。一年来，先后赴三门峡、濮阳两个市和卢氏、台前两个国家定贫困县，对外派劳务扶贫工作开展情况、对外劳务合作服务平台建设情况及农村电商扶贫情况进行督导检查。进村入户，实地了解情况，查看统计台账，调研相关企业，听取意见建议，现场指导工作。为强化外派劳务扶贫工作检查督导，在《河南商务简报》上编发了6期外派劳务扶贫工作专题，分别总结推广了三门峡市、安阳市、新县、濮阳市开展外派劳务扶贫工作的成功做法和经验。收集汇总各省辖市和全省26个对外劳务合作服务平台外派劳务扶贫工作开展和外派劳务扶贫统计数据报送情况并通报全省，对存在的主要问题认真进行分析，对相关单位提出批评并对下一步工作提出明确要求。

强化服务能力，为对外劳务合作业务健康发展打好基础。为支持各省辖市商务局进一步做好对外劳务和外派劳务扶贫工作，多次向商务部申请，为河南省17个设区的省辖市商务局全部开通了对外投资合作信息服务系统“对外劳务合作业务”管理端口，并按照深化改革、下放权力、简化程序的原则，将这些省辖市辖区内对外劳务合作企业资格审批、对外劳务合作风险处置备用金管理、对外劳务合作业务统计及月报审核、对外劳务合作业务事中事后监管，以及对外劳务合作经营资格证书打印、对外劳务合作业务日常管理工作全部交由所在省辖市商务局负责。这些工作举措和政策，为推动全省对外劳务业务发展、切实做好外派劳务扶贫工作创造了良好外部条件，打

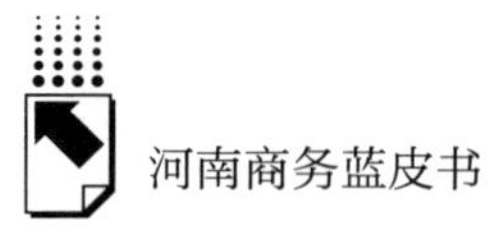

下了坚实的工作基础。

据初步统计，2018 年全省外派劳务企业从贫困县共派出劳务人员 4010 人，其中建档立卡人员 1151 人（从国家定贫困县派出 2272 人，其中建档立卡人员 798 人；从省定贫困县派出 1738 人，其中建档立卡人员 353 人）；从中西部地区共派出劳务人员 6510 人，其中建档立卡人员 1908 人。

6. 对外经济合作业务规范监管进一步加强

一是认真组织开展“双随机一公开”监督检查工作。按照省政府和商务部强化各领域“双随机一公开”监管工作的要求，为深化对外经济合作管理体制改革，进一步规范对外经济合作事中事后监管行为，全面推行“双随机一公开”工作，在对外直接投资业务上，通过商务部业务办理系统，先后开展了 2 次“双随机一公开”监督检查；在对外承包工程业务上，分别通过商务部业务办理系统和在省级层面共组织开展了 2 次“双随机一公开”监督检查；在对外劳务合作业务上，通过商务部业务办理系统开展了 1 次“双随机一公开”监督检查，配合商务部合作司开展了 2 户省内企业的监督抽查。在整个“双随机一公开”监督检查过程中，严格按照相关规定要求，明确抽查事项清单，按最高抽取比例和频次标准，执法检查人员从厅内执法检查人员库中随机抽取，企业（项目）从检查对象库中抽取并全程记录，监督检查结果公示，存在问题限期整改，全面体现了依法依规、公正高效、公开透明原则，做到了全程留痕。

二是切实加强对外承包工程项下对外劳务合作风险处置备用金管理。适应国家对外承包工程资质管理和投标（议标）核准改革新要求，进一步规范了对外承包工程项下对外劳务风险备用金退还流程并在河南省商务厅网站上公布。

二　2019年外经工作形势研判

2019 年影响对外经济合作的外部挑战和困难在相当长的一段时间内仍将继续存在，但国际市场的巨大需求、国际合作的良好机遇及国内政策的红利将成为对外投资合作持续稳步发展的基础。

从全球视野来看，国际政治经济形势变化所带来的不确定性不容忽视。双向投资的压力加大。“逆全球化”思潮及贸易保护主义，影响国内企业在发达市场上进行业务拓展。以欧美为代表的部分发达国家和地区贸易保护主义升级，对外国投资的审查更趋严格，国内企业通过参股或收购的方式进入发达国家市场必将面临更高的门槛和更严格的政治安全审查，在跨国结算、知识产权及环境保护等方面会面临更苛刻的技术壁垒；部分国家因政权更迭带来的风险更为凸显。2018 年国内企业部分重点市场，如马来西亚、斯里兰卡、巴基斯坦等国，经历政府变更后多个已签约项目被暂停或取消，相关财政投资政策也出现了调整，企业经营风险陡然增加；非洲国家改善财政环境尚需时日。部分国家尚未彻底摆脱经济下行周期的影响，财政状况紧张、债务违约风险增大、基础设施建设资金严重不足、工程款支付难和项目融资难等问题会在相当长的一段时间内影响企业国际业务的拓展；美元加息将加剧国际基础建设市场的汇率波动。美元连续加息使新兴国家市场货币起伏波动，发展中国家基础设施建设融资成本增加，同时多国货币大幅贬值使得国内企业在东道国面临更大的汇率波动风险。部分国家外籍劳工的引进政策收紧，对外劳务合作拓展难度加大。在“逆全球化”风潮中部分国家为保障国内就业率，对外籍劳工的语言和技能等方面提出更加严格的要求，我国的劳务资源供给与国际市场需求之间的结构性矛盾更加突出。从机遇来看，保持经济稳定快速发展仍是各国政府的首要任务，各主要经济体对外来投资的需求依然强劲，并购依旧是主要形式。发展中国家和新兴经济体基础设施建设需求将持续扩大。据麦肯锡（国际知名咨询公司）测算，到 2030 年为适应全球经济增长步伐，各国将在道路、港口、桥梁、供水、发电厂及其他基础设施建设领域投入 57 万亿美元。从国际货币基金组织公布的《世界经济展望报告》预测来看，2019 年亚洲的经济增长将达到 5.4%，继续保持全球的领先地位；撒哈拉以南非洲地区经济增长将达到 3.8%，超过 2018 年的 3.1%。各国工业化、城镇化进程的加快及亚非地区经济的较快增长，将推高对基础设施建设及外来投资的需求。

从国内宏观政策来看，继续深化“一带一路”国际合作的总体环境保持向好。“中非合作论坛”北京峰会和“一带一路”五周年座谈会明确了中非合作“八大行动”和推动“一带一路”向高质量发展转变的重要举措。习近平主席在首届中国国际进口博览会上宣布了中国将进一步扩大开放重大举措，特别强调了要推动多双边合作的深入发展。为解决好投资环境、金融支撑、重大项目、风险管控及安全保障等共建“一带一路”关键性问题，政府相关主管部门及金融机构将陆续出台并完善支持政策。为扩大中非合作，中国政府提出同非洲联盟编制《中非基础设施合作规划》，将支持中国企业以“投建营一体化”等模式参与到非洲基础设施建设中来，与非洲各国实施一批互联互通的重点项目，并承诺将以政府援助、金融机构及企业投融资等方式向非洲提供资金支持。截至2018年底，我国已同超过140个国家及国际组织签署了“一带一路”建设合作协议，与有关国家政策沟通力度进一步加大，双边合作框架下对外投资和对外承包工程将保持一定规模。随着“一带一路”倡议在国际上的影响持续扩大，西方国家政府和多边金融机构也开始将目光投向中国企业，参与“一带一路”项目意愿日益增强，为将来在第三国开展业务合作提供了重要契机。

德国、英国、瑞典、澳大利亚、日本、韩国等国政府正在积极筹划并务实推进本国企业与中国企业在第三国市场开展业务合作。亚洲基础设施投资银行、欧洲复兴开发银行及非洲开发银行等多边金融机构，均对与中国企业开展业务合作持积极主动态度。国内企业主动“走出去”进行全球布局，开展国际化经营的热情高涨、实力增强。以境外经贸合作区建设为主要形式和重要渠道的国内企业对外投资将进一步加快。

总的来看，2019年国际市场的巨大需求、国际合作的良好机遇及国内政策的红利将成为对外投资合作持续稳步发展的基础，对外直接投资、对外承包工程及对外劳务合作发展形势喜忧参半。河南省须紧抓政策和市场机遇，积极妥善地应对各种挑战，采取切实有效的措施，实现新时期河南对外经济合作的平稳快速发展。

三　2019年工作举措

1. 继续做好“一带一路”相关工作，加快推进“空中丝绸之路”建设和豫欧经贸合作

按照省委、省政府和商务部的部署，扎实推进河南省商务系统参与“一带一路”建设的各项工作，组织河南企业参加第二届“一带一路”国际合作高峰论坛，积极争取参与境外经贸合作区分论坛活动；积极参与中欧、中日第三方市场合作，争取河南企业承担更多的第三方市场合作项目。继续配合做好《中国（河南）与卢森堡共建郑州－卢森堡“空中丝绸之路”经贸合作发展规划》编制、签署和实施工作，从国家层面推动“空中丝绸之路”建设；分批组织省内有意愿“走出去”的企业赴“一带一路”沿线和共建国家开展考察对接活动，重点推动资源、农业和加工制造等领域的经贸合作，以对外投资、对外承包工程带动境外经贸合作区、对外劳务合作提质增效和装备、技术、服务出口。

加快推进重大经贸合作项目，重点推进中比医药产业园（航空港区）、国内冷链物流枢纽（郑州）、欧洲医药物流集散分拨中心（比利时）和中德（许昌）双跨经贸合作区等重点项目，加快推动德国工商总会北京办事处、德国百菲萨（Befesa）钢铁服务有限公司在河南省建设环保产业园首批项目尽快落地。

2. 推动对外经济合作业务工作创新发展，努力实现转型提质强效目标

贯彻落实省政府《关于促进对外投资工作持续健康发展的实施意见》，全面实施“豫企出海”工程，围绕带动出口、产能合作和提高企业盈利能力，加强引导，完善政策，健全机制，强化服务，积极推进对外直接投资发展、规范企业海外经营行为、改进境外企业和对外直接投资安全等各项工作。及时对接落实商务部创新方式、完善制度的部署和安排，建立对外投资项目评估机制，准确把握并认真贯彻落实国家和省有关政策要求，关注重点项目和重大资金动向，强化对企业“走出去”的监管和服务。立足于“走

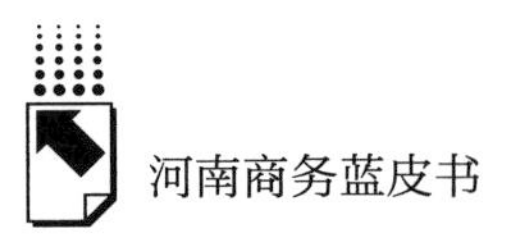

出去”与“引进来”相结合，着眼于扩大出口、产能合作和提高企业盈利能力，把境外好资源、先进技术装备和好团队引入河南，适时启动河南省企业“走出去”规划编制工作。完善全省对外经济合作项目库，及时筛选并向金融保险机构推荐重点项目，每半年至少举办一次“走出去”企业（项目）银企对接会，推进重点领域产能合作。

加强河南省“走出去”企业与央企、省内重点“走出去”企业之间的对接。组织企业参加第四届丝绸之路博览会、首届中国－非洲经贸博览会、2019（中国）亚欧商品贸易博览会、中国－俄罗斯博览会、中国中部博览会、厦门国际投资贸易洽谈会、中国－阿拉伯国家博览会、中国－东盟博览会相关活动。主动对接争取以色列、澳大利亚、德国、奥地利对外劳务合作试点，巩固完善韩国雇佣制外派劳务试点，积极拓展日本等国家护理专业技能人员派出业务，进一步拓宽河南省外派劳务渠道，提升河南外派劳务质量和水平。继续加大外经贸发展专项资金对符合条件的对外经济合作企业（项目）的支持力度，强化使用财政支持资金的绩效评价工作，进一步简化程序、提高效率，让“走出去”企业更便利地得到政策资金支持。

3. 推动境外经贸合作区建设取得新突破

在尽快完成2018年度省级境外经贸合作区申报审核和支持资金拨付工作的基础上，启动2019年度省级境外经贸合作区申报工作，统筹安排好境外实地考核确认和评审工作，争取进一步加大专项资金支持力度。与商务部境外经贸合作区高质量发展工作方案相衔接，争取河南省更多的境外产业园区纳入商务部境外经贸合作区统计范围，争取符合条件的省级境外经贸合作区申报并通过国家境外经贸合作区考核确认。

4. 推动加快建成并用好“走出去”各类服务平台

加快建设并不断完善河南省“走出去”公共服务平台，更好地为全省“走出去”企业提供政策解读、信息查询、风险预警、在线办事等各项服务。加强指导并用好河南省企业国际合作协会平台，依托并督促办好河南投洽会“一带一路”境外经贸合作论坛，加快组建河南省“走出去”企业联盟，推动组建省级“走出去”企业融资担保平台。积极推动分批组建境外河南企业商协会，加强工作指导和服务联络。加强业务培训，年内组织300人左右规模不同内容的商务系统和“走出去”企业人员培训，提高业务办理、合规经营的意识和水平。

5. 继续抓好对外劳务扶贫工作

强力推进对外劳务扶贫工作，确保工作落实、政策落实、责任落实。抓紧出台支持政策，加快贫困县对外劳务合作服务平台建设，指导推动国家定和省定贫困县建立对外劳务合作服务平台。继续加大对现有对外劳务合作服务平台的政策资金支持力度。研究出台建立外派劳务人员境外人身保险统保体系意见，对纳入统保体系的外派劳务人员小额贷款和人员保费给予补贴，逐步实现外派劳务人员出国就业前“零收费”。

B.8

2018 ~2019年河南省消费品市场运行分析与展望

郭海燕　张亮哲　陆 军　邹 君*

摘　要： 2018 年，全省上下认真贯彻落实党中央和省委省政府各项决策部署，坚持稳中求进工作总基调，坚持以高质量发展为根本方向，以供给侧结构性改革为主线，狠抓各项政策落实，新旧动能接续转换，经济结构持续优化，质量效益不断提高，河南省经济运行总体保持平稳，消费品市场运行稳定，消费成为拉动经济增长的主要动力，消费规模逐步扩大，消费水平进一步提高，消费结构不断改善，消费升级态势持续。预测 2019 年，在国民经济运行持续稳中向好、居民收入稳步提高等多因素驱动下，商品零售业有望延续较快增长态势，新兴业态保持较快增长，消费升级步伐加快，全省消费品市场将会保持平稳增长。

关键词： 河南省　消费品市场　新业态

一　2018年河南省消费品市场运行特点

随着全省供给侧结构性改革效应不断显现、居民收入稳步增加、消费能

* 郭海燕，河南省商务厅；张亮哲、陆军、邹君，河南省博览事务局有限公司。

力稳步提升、消费需求持续增长，全省消费品市场进入消费规模不断扩大、消费结构加快升级、商品结构不断优化的新阶段，消费继续发挥着经济增长主要驱动力的作用。初步核算，2018 年全省生产总值实现 48055.86 亿元，增长 7.6%，高出全国平均水平 1.0 个百分点。其中第三产业增加值增长 9.2%。社会消费品零售总额实现 20594.7 亿元，增长 10.3%，增速高于全国平均水平 1.3 个百分点。总量在全国居第 5 位、中西部首位，增速在全国居第 8 位、中西部第 4 位。

1. 消费品市场运行总体平稳，增速小幅回落

2018 年，全省消费品市场运行总体保持平稳，增速则延续上年逐月小幅波动回落态势，与全国零售额增速回落趋势基本一致。全省全年累计增速为 10.3%，比上年回落 1.3 个百分点。从零售额各月度增速走势来看（见图 1），全省社会消费品零售额当月增速高开低走，在小幅波动中逐月回落。上半年各月零售额增速保持在 10% 以上，3 月当月增速达峰值 11.8%，下半年多数月份增速低于 10%，到 8 月回落到最低点为 8.6%，9 月受“双节”消费拉动当月增速反弹到 9.6%，四季度各月增速虽有回升，但均未达到 10% 水平。

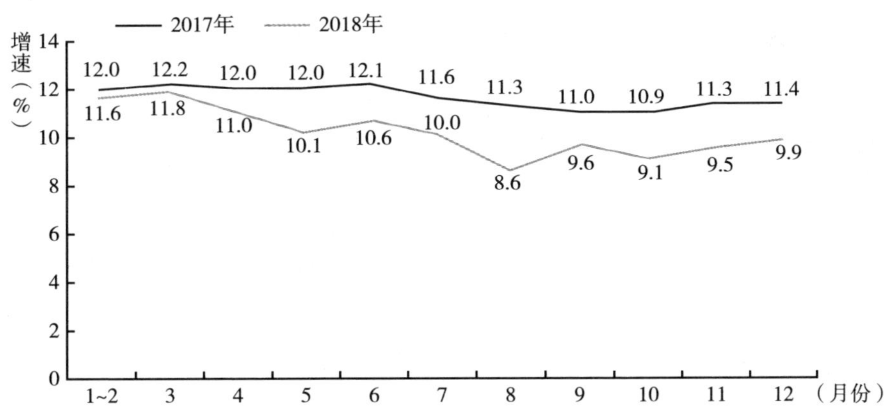

图 1　2018 年全省社会消费品零售额各月增速对比

2. 限额以上单位消费品零售额增速偏低

2018 年，限额以上单位消费品零售额累计完成 5692.48 亿元，增长

8.0%，低于全省零售额累计增速2.3个百分点。城镇消费增速快于农村。按经营单位所在地分，城镇消费品零售额5249.96亿元，增长8.0%；乡村消费品零售额442.82亿元，增长7.1%。餐饮收入增速快于商业零售。按消费类型分，餐饮收入429.86亿元，同比增长9.9%；商品零售5262.61亿元，增长7.8%。

3. 基本生活类商品消费增长较快

从全省限额以上企业商品零售分类看，2018年全省基本生活类商品零售额增速平稳，仍保持两位数的增长。粮油食品类、饮料类、烟酒类、服装鞋帽针纺织品类分别增长12.3%、11.5%、12.5%、10.9%，分别高于全省限额以上单位消费品零售额增速4.3个、3.5个、4.5个、2.9个百分点（见表1）。

表1　限额以上批发零售企业商品零售分类情况

单位：万元、%

商品类别	2018年	增长	占限上零售额的比重
粮油食品类	4930626	12.3	9.4
饮料类	1151442	11.5	2.2
烟酒类	1735791	12.5	3.3
服装、鞋帽、针纺织品类	4438274	10.9	8.5
化妆品类	1390998	13.7	2.7
金银珠宝类	860185	8.8	1.6
日用品类	2065069	9.9	3.9
五金、电料类	570548	8.1	1.1
体育娱乐用品类	171049	10.7	0.3
书报、杂志类	626046	20.6	1.2
电子出版物及音像制品类	31224	-35.4	0.1
家用电器及音像器材类	3131186	9.6	6.0
中西药品类	1811684	13.7	3.5
文化、办公用品类	1008493	7.0	1.9
家具类	953654	13.5	1.8
通信器材类	970004	12.2	1.9
煤炭及制品类	106198	-3.8	0.2
石油及制品类	6921653	11.0	13.2

续表

商品类别	2018 年	增长	占限上零售额的比重
建筑及装潢材料类	707188	13.3	1.3
机电产品及设备类	411391	25.1	0.8
汽车类	17465912	1.8	33.3
棉麻类	8053	-6.7	0.0
其他类	938496	1.6	1.8
总计	52405164	7.8	—

资料来源：河南省统计局。

4. 升级类商品消费加速增长

美容、保健、文化娱乐、通信等反映居民消费升级类商品快速增长，消费结构升级不断深化。2018 年全省限额以上单位化妆品类、计算机及其配套产品类、通信器材类、体育娱乐用品类分别增长 13.7%、13.3%、12.2%和 10.7%，分别高出限额以上单位零售额增速 5.9 个、5.3 个、4.2 个和 2.7 个百分点。

5. 新业态消费继续保持快速增长

2018 年，全省电子商务交易额实现 1.3 万亿元，增长 20%；网络零售额实现 3203 亿元，增长 28.4%。全年全省新认定备案电子商务企业 5991 家，累计认定 11961 家。全省拥有省级电商示范基地达到 56 个、示范企业达到 218 家。前四批 34 个国家级和前两批 27 个省级电商进农村示范县（市）电商交易额 1608.1 亿元，网络零售额 798.6 亿元。

二　当前河南省消费品市场存在的困难与问题

1. 纵向看，全省社会消费品零售总额增速放缓成为必然趋势

随着全省国民经济进入中低速增长的新常态，社会消费品零售总额在高基数、大总量的情况下，增长速度维持较高水平的难度越来越大。连续观察近 12 年来河南省社会消费品零售总额及增速的变化情况：2006~2010 年（“十一五”期间），全省消费品零售总额从 3900 多亿元增加到 8000 多亿

元，净增4100亿元，年均增速为18.9%；2011～2015年（“十二五”期间），零售额总量从8000多亿元增加到15740亿元，净增7740亿元，年均增速为14.5%；“十三五”时期的2016～2018年全省零售额总量净增4855亿元，年均增速为11.3%。由此可以判断未来3～5年全省社会消费品零售总额增长将继续保持逐年回落态势，增速将滑落到10%以下。

2. 广大农村居民的消费潜力亟待进一步挖掘和释放

河南是人口大省、农业大省，乡村人口基数大、占比高。2018年末全省乡村常住人口为4638万人，占总人口的比重为48.3%，而乡村社会消费品零售额占比仅达19.2%，所以农村地区消费潜力巨大。当前，农村消费潜力释放仍面临较多障碍。一是农村流通基础设施相对薄弱，如百货商场、大中型超市等网点较少，消费环境欠佳。二是农村信息化基础设施相对滞后，如光纤不入村、网速较慢等问题影响网上购物需求的释放。三是受商品流通链条较长等因素影响，农村商品零售价格持续偏高。

3. 消费品市场主体规模普遍较小，缺乏超大企业的引领

与工业相比，河南省商贸行业市场主体资产和销售规模都普遍较小，盈利能力较差，网络化布点比较滞后，带动和引领作用较弱，全省10亿元以上规模的零售企业不足40家。本土如丹尼斯百货、新玛特购物广场、大张实业、西亚和美、国美电器、大商集团、世纪联华等实力较强企业，目前还未能实现省内全面布局，全国战略布局更是刚刚起步，欠缺商业领袖风范。

4. 消费品市场消费环境有待于进一步优化

健身、美容美发等服务消费领域预付卡问题较为突出，擅自终止服务、设置“霸王条款”、存在虚假宣传、诈骗行为等导致大量付款消费者蒙受损失。互联网领域消费陷阱防不胜防，“假疫苗”“毒辣条”“假鸡蛋”等负面新闻不断刷新人们对道德沦丧的认知，“非洲猪瘟”等敏感词接连刺痛公众敏感神经。种种触目惊心的食品、药品乃至教育、医疗等领域危及人们生命健康安全的案件时有发生，暴露出当前商品与服务的供给和质量都有待提升，我国消费环境仍有很大改善空间。

三 2019年河南省消费品市场环境分析和形势展望

1. 2019年全省消费品市场增长的有利因素

（1）宏观经济总体平稳

“十三五”以来，我国宏观经济进入中速平稳增长的新常态，2019 年全国预期增长 6.0% ~6.5%。河南省经济结构不断优化，新旧动能接续转换，质量效益持续提高，全省经济运行保持稳中有进发展态势。

（2）政策红利密集释放，消费升级环境更加有利

2019 年，为了应对国内消费增速持续下滑的情况，国家和省级相关部门将陆续出台一系列进一步扩大消费的政策措施，解决影响消费的堵点和障碍，提振国内消费。例如进一步加大减税降费力度，逐步取消省界高速公路收费站，通信网络可携号转网、降费提速，降低工商业电价 10% 等措施。通过深化改革、体制创新等举措消除制度性堵点，降低物流成本，激发消费的潜力、市场的活力、社会的创造力。

（3）居民收入增长稳定、就业形势良好，为进一步扩大消费夯实基础

2018 年河南省居民人均可支配收入 21963 元，增长 8.9%；居民人均消费支出 15169 元，增长 10.5%。按常住地分，城镇居民人均可支配收入 31874 元，增长 7.8%，城镇居民人均消费支出 20989 元，增长 8.1%；农村居民人均可支配收入 13831 元，增长 8.7%，农村居民人均消费支出 10392 元，增长 12.8%。

（4）以电子商务为代表的新型流通方式快速发展，消费潜力不断释放

随着河南省“电子商务进农村”“电商扶贫”等工作深入推进，电商正在快速改变广大农村地区消费者的购物方式，电商激发了农村居民消费潜力，网络消费增长势头强劲。随着互联网金融科技的迅猛发展，移动支付加快向农村市场渗透，极大地提高农村居民消费的便利化程度。

2. 制约河南省消费品市场增长的不利因素

（1）受产业政策影响，居住类和汽车消费拉动作用有所减弱

当前国际国内环境复杂多变，尤其是与汽车和住房相关商品出现周期性

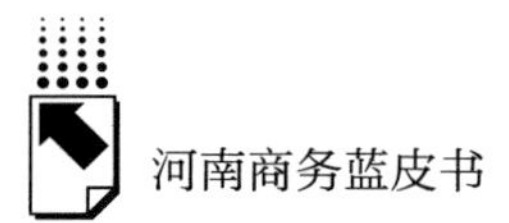

增长放缓，使2018年全省零售额增速比上年回落1.3个百分点，说明消费品市场运行还存在诸多不确定因素。以占社会消费品零售额比重较大的汽车消费为例（33.3%），汽车消费增速回落4.6个百分点，直接拉低全省社消零增速。另外，国家对房地产行业调控力度加大，各地相继出台了一系列限购限贷政策，扼制房价上涨，部分有购房意愿的居民持观望态度，短期内在一定程度上抑制了家用电器、家具类，建筑及装潢材料类等居住类商品的消费需求。

（2）生活必需品价格持续上涨一定程度上影响零售额增长变化

2018年全省居民消费价格上涨2.3%，涨幅提高0.9个百分点。分城乡看，城市消费价格上涨2.4%，农村上涨2.0%。分类别看，衣着上涨1.1%，食品烟酒上涨1.5%，生活用品及服务上涨1.6%，居住上涨2.2%，教育文化和娱乐上涨3.0%，交通和通信价格上涨2.2%。

（3）限额以上企业零售额增速低，占比下降，影响全省零售额的增长

2018年全省限额以上单位零售额比重仅占27.6%，比上年下降14个百分点，比全国平均水平低10.5个百分点。2018年全省限额以上单位消费品零售额累计完成5692.48亿元，增长8.0%，低于全省零售额累计增速2.3个百分点，对全省零售额增长的支撑作用减弱。

综上分析，2019年河南消费品市场机遇与挑战并存、压力与动力并行，困难和挑战可能比预想的多一些。在国内经济增长放缓的大背景下，消费市场承压增大，零售额增速有可能进一步放缓；同时，河南省拥有近1亿人口的大市场，其中中等收入群体近3000万，消费市场潜力大、韧性强，这是保证消费品市场稳定增长的最大优势。只要全省坚持全面贯彻党中央经济工作会议精神和省委十届八次全会精神，坚持稳中求进的工作总基调，坚持推动高质量发展，坚定不移地深化改革开放，推动供给侧结构性改革，进一步稳就业、稳金融、稳外贸、稳外资、稳投资、稳预期，就一定能够实现经济持续健康发展和社会大局稳定，为河南省全面建成小康社会收官打下决定性基础，在中原更加出彩的征程中迈出更大步伐。预计2019年全省社会消费品零售总额增速保持在9.5%～10%区间。

四　促进河南省消费品市场健康发展的对策建议

1. 确保政策落地生效

2019年河南消费领域面临非常有利的政策环境，近期国家出台了《关于进一步优化供给推动消费平稳增长，促进形成强大国内市场的实施方案》，推出了深化收入分配改革、加大消费者权益保护力度等24条具体政策举措。河南省各部门要认真贯彻落实这些政策举措。

2. 提升城市消费

一是加快推进城镇化建设，扩大城市消费规模。目前，河南城镇化率仅50%左右，消费品市场拓展空间巨大。要加快人才引进，放宽落户限制、农民工市民化，提升城镇消费能力。二是改善城市消费环境，增加高品质商品供给。着力推进步行街的提升改造，培育建设郑州国际消费中心城市。三是扩大服务消费。推动生活性服务业扩容提质，打造一批精品消费服务中心。

3. 促进乡村消费

加快补齐镇村级层商贸流通领域基础设施短板的步伐，释放广大乡村居民消费潜力。优化乡镇、乡村服务网点，继续深化“电商进农村”综合示范县建设，引导企业共建共享农村服务网点，鼓励举办品牌消费、品质消费进乡村的“双品购物节”等系列活动。

4. 保障居民增收

从需求端来看，住房、教育等刚性消费领域过重的支出负担不可避免地对其他领域消费形成“挤出效应”，致使居民潜在的消费需求难以全面释放。在这种背景下，通过建立房地产调控长效机制、个税改革、完善社会保障体系等举措进一步增强人们的消费能力，是未来持续扩大内需的应有之举。例如，持续推进“放管服”改革和小微企业减税降费政策，提高中等收入群体的收入水平；大力发展农产品加工，做好电子商务进农村、家政扶贫等产业扶持工作，让农民更多地分享农业增值带来的红利。

5. 创新流通方式

大力推进传统流通业态创新发展，积极推动千亿级商品交易市场优化升级，开展城乡高效配送专项行动，扶持一批线上线下融合创新发展的优秀企业。

B.9

2018 ~2019年河南省电子商务形势分析与展望

张 巍　袁文卓*

摘　要： 2018年既是全面贯彻党的十九大精神的开局之年，又是实施“十三五”规划承上启下的一年。河南省委、省政府高度重视电子商务工作，深入贯彻落实党中央、国务院决策部署，深刻把握数字经济发展机遇，将大力发展电子商务作为实现动力转换、经济转型的重要抓手，以电商扶贫、跨境电商、农村电商、电商物流等为重点，多策并举，强力推动，加快推动业态创新、模式创新，电子商务呈现良好、快速发展态势，对推动河南经济的供给侧结构性改革、助力脱贫攻坚、助力乡村振兴等方面发挥了重要作用。

关键词： 数字商务　扶贫　跨境电商

一　2018年河南省电子商务发展回顾

2018年，河南省实现电子商务交易额15048亿元，同比增长20%，其中网络零售额3203亿元，同比增长28.4%，占全省社会消费品零售总额的15.6%。全省跨境电商进出口交易额1289.2亿元，同比增长25.8%，其

* 张巍、袁文卓，河南省商务厅。

中，出口 928.2 亿元，同比增长 21.7%，进口 361.0 亿元，同比增长 37.7%，B2B 出口 515.1 亿元，同比增长 27.4%。快递包裹出口 7549.0 万件，货值 159.4 亿元，同比增长 11.0%。全省快递服务企业业务量累计完成 15.26 亿件，同比增长 42.14%；业务收入累计完成 152.94 亿元，同比增长 31.92%。深入实施电商进农村综合示范，国家级、省级示范县合计 95 个，累计建成县级电商公共服务中心 121 个、乡镇服务站 1378 个、村级服务点 18790 个。示范县覆盖了 53 个贫困县（其中国定贫困县 38 个、省定贫困县 15 个），实现贫困县全覆盖。已经开展电商业务的 38 个贫困县电商交易额 1317 亿元，增长 131.5%。农村电商服务站点覆盖建档立卡贫困村 5806 个，是年度目标的 2.9 倍；免费培训贫困户 8.4 万个，轮训乡镇村干部 16.1 万人，培育电商带头人 4778 人，分别完成年度目标的 116%、113%、112%；带动贫困群众就业创业 4.3 万人，帮助贫困户增收 1.24 亿元，为全省脱贫攻坚做出了积极贡献。

1. 电商进农村综合示范成绩斐然

2018 年，继续开展电子商务进农村综合示范，在争取国家级电子商务进农村综合示范县的同时，省级示范县创建工作也有条不紊，全年新增国家级示范县 6 个、省级示范县 13 个。截至目前，河南已有 40 个县被确定为国家级示范县、55 个县被确定为省级示范县，国家、省两级示范县累计达 95 个，已覆盖全省 2/3 以上县市，投入之大、覆盖之广，全国少有。已建成县级电商综合服务中心 121 个、乡镇服务站 1378 个、村级服务点 18790 个，新开设农村网店 8.1 万个，累计开展电商培训 64 万人次，带动就业创业 30 多万人，促进贫困地区农产品上行 191 亿元。

2. 电商扶贫助力脱贫攻坚

河南电商扶贫工作呈现出政府协调联动，企业热情参与，基层扎根布点，农民踊跃“触网”，阿里、拼多多、京东、苏宁等大型龙头电商企业和喜买网、菜篮网等本土电商企业共同发力的态势，有力地推动了“工业品下乡”和“农产品进城”。电商扶贫转变了贫困地区发展的思路和观念，激发了贫困群众脱贫致富的内生动力，对贫困地区农业供给侧结构性改革起到了助推作用。为充分发挥电子商务在扶贫开发、助农增收、方便群众生产与生活等方面的重要作用，在电子商务进农村综合示范评定中优先支持贫困地区，河南省53个贫困县已实现电商进农村综合示范全覆盖。已建成县级电商扶贫公共服务中心94个、乡镇电商扶贫服务站886个、村级电商扶贫服务点16935个，覆盖5806个建档立卡贫困村，服务贫困户近70.8万人次，帮助贫困户增收1.39亿元，带动贫困群众就业创业4.3万人。

3. 示范创建优胜劣汰

健全国家、省、市（县）三级电商示范创建体系，实行分级培育、逐级择优推荐，培育创建电商示范企业、示范基地。开展国家级电商示范企业创建工作，河南省6家企业入选2017～2018年度国家级电商示范企业。继续开展省级电商示范创建工作，2018年认定省级电商示范基地21个、示范企业58家。目前，全省累计创建了2个国家级电子商务示范城市、3个国家级示范基地、6家国家级示范企业；认定了77个省级示范基地、276家省级示范企业。开展国家级电子商务示范基地、示范企业综合评价工作，同时严格省级示范单位的动态管理，对已不符合省级电子商务示范单位创建标准的单位，取消其示范称号，对创建水平不断提升、成效突出的单位，给予重点扶持，优先推荐申报国家级电子商务示范单位。

4. 跨境电商探索前行

全省跨境电子商务快速发展，跨境电商交易额稳步增长，“网上丝绸之路”越来越便捷，在促进外贸转型升级、优化产业结构、拉动物流和金融支付发展、助推双创、满足群众新需求新消费等方面取得了积极成效。2018年，坚持以促进产业发展为重、以扩大出口为主，做大做强B2B，规范发展B2C的发展模式，积极推进中国（郑州）跨境电子商务综合试验区建设。发挥河南省商务厅牵头统筹作用，着力推进“三平台、七体系”（即跨境电商线上综合服务平台、线下综合园区平台、人才培养和企业孵化平台，信息共享、金融服务、智能物流、信用管理、质量安全、统计监测、风险防控体系）建设，做好商务部等14部委推出的综试区成熟经验在河南省的复制推广工作。举办第二届全球跨境电子商务大会，发布了郑州跨境电商零售发展

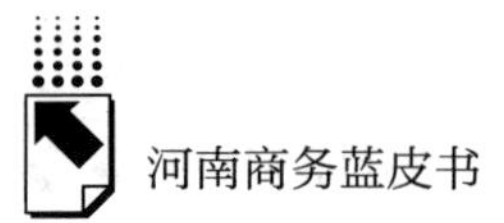

蓝皮书，倡议成立跨境电子商务标准与规则创新促进联盟，探索实践 EWTO 贸易制度和规则，45 个项目现场签约，投资总额 230 亿元。首创 1210 网购保税进口模式在全国各综试区复制推广；形成“秒通关”综合信用服务平台，实现全球首家跨境零售 O2O 现场提货；率先建设包括全球网购商品集疏分拨中心、“一带一路”商贸物流合作交流中心、全球跨境电子商务大数据服务中心、内陆地区国际消费中心等在内的 EWTO 核心功能集聚区，成立国内首家 EWTO 研究院。

5. 电子商务与快递物流协同发展

河南省深入贯彻落实《国务院办公厅关于推进电子商务与快递物流协同发展的意见》精神，出台《关于推进电子商务与快递物流协同发展的实施意见》《河南省冷链物流转型发展工作方案》《河南省电商物流转型发展工作方案》等文件，指导全省电子商务与快递物流协同发展。深化“放管服”改革，简化快递业务经营许可程序，实现许可备案事项网上统一办理。突出管理创新，强化电子商务与快递物流相关规划间的有效衔接和统一管理。解决突出矛盾，研究制定城市配送车辆专用标识式样和管理规范，合理确定通行路段和时段，完善停靠、装卸、充电等设施，给予通行、作业便利。加强短板建设，提升末端服务能力，包括推广智能投递设施，支持传统信报箱改造，鼓励建设快递末端综合服务场所，开展联收联投等。明确绿色发展方向，鼓励开展供应链绿色流程再造，推广使用绿色包装、减量包装，探索建立包装回收和循环利用体系。

6. 多渠道培养电商人才

利用院校资源培养电商专业人才，目前，包括郑州大学等 30 所省内高校开设电子商务类本科专业，河南经贸职业学院等 98 所高校开设有电子商务专科专业。依托继续教育基地培训电子商务人才，结合河南省百万专业技术人员知识更新工程，依托继续教育基地，以全省高、中级专业技术人员为重点，开展电子商务知识培训，将电子商务人才队伍建设纳入继续教育范畴。加大对农村电子商务人才的培训力度，依托电子商务进农村示范工程，与知名院校、专业电商培训机构合作，选派高校教师、企业培训师深入农村进行培训。建设电子商务双创基地和孵化平台，推进4家国家双创示范基地和69家省级双创基地建设，布局建设7家省级制造业与互联网融合双创基地和20家小微企业双创示范基地。鼓励建设电子商务双创孵化器和众创空间，依托4家电子商务双创孵化器、9家电子商务众创空间，加快电商服务业集聚发展。

7. 电商与多行业融合发展

制造业与电子商务高效协同，开展制造业与互联网融合发展试点。河南阿尔本公司建设服装定制电商平台，推动面辅料开发、品牌策划、服装设计、个性化定制、市场营销等环节互联互通，提供个性化设计定制服务，实现柔性定制生产。商贸流通业线上线下深度融合，深入实施“互联网＋流通”行动计划，鼓励商贸流通企业整合现有品牌、供应链、物流配送、网销平台、实体店铺等资源，推动线上线下互动融合、创新发展。积极稳妥推进“互联网＋教育”发展，通过购买引进、汇聚整合等方式，为学校和教师提供专业化、系统化学科教学资源。“互联网＋餐饮”发展迅速，全省重点餐饮企业“上线率”超过80%，餐饮业线上营业额占总额的10%以上，菜篮网、莲菜网、锅圈网等餐饮业平台企业快速发展。

8. 多部门规范电商市场

加大电子商务企业备案力度，建立了河南省网络市场监管联席会议制度，按照“以网管网、依法管网、信用管网、协同管网”的原则，完善网络监管、案件排查处理、纠纷调处和问责机制，加快建设河南省网络交易监管系统。对省内电商企业开展行政约谈，督促网络经营者诚信经营，依法合规开展网络集中促销活动。压实网络交易平台主体责任，推行网络经营者身份标识（亮照亮标）制度和网站（店）实名制，保障网络经营活动的规范性和可追溯性。开展网络市场定向监测，针对特定行业、特定时段，加强监测监管。制定电子商务和电商物流地方标准，引导行业规范发展。成立河南省反“炒信”联盟，共同签署了《反“炒信”信息共享协议》，推动知名电商、快递企业诚信信息互通。开展河南省电子商务立法调研，推动出台《河南省电子商务发展条例》。

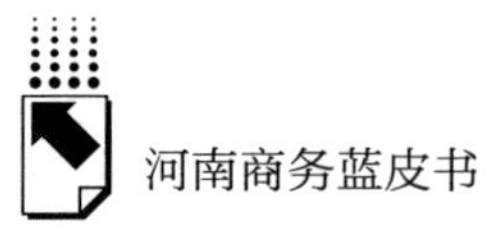

二 2019年河南省电子商务发展形势分析

2019 年是新中国成立 70 周年，是习近平总书记视察指导河南工作 5 周年，也是全面建成小康社会的关键之年，河南乃至全国的电子商务发展面临着日趋复杂的国内外形势，宏观经济下行压力增大、中美贸易摩擦持续不断、数字经济浪潮席卷全球，电子商务必须把握机遇、应对挑战，加快推进高质量发展，努力在更高层次上为河南省经济增长做出更大贡献。

1. 消费升级需要电商高质量发展

2017 年，习近平总书记在党的十九大报告中指出，中国特色社会主义进入新时代，我国社会主要矛盾已经转化为人民日益增长的美好生活需要和不平衡不充分的发展之间的矛盾。我国稳定解决了十几亿人的温饱问题，总体上实现小康，不久将全面建成小康社会，人民美好生活需要日益广泛，对物质文化生活提出了更高的要求。2018 年，中共中央、国务院出台的《关于完善促进消费体制机制进一步激发居民消费潜力的若干意见》也为促进消费体制升级绘制了美好蓝图。电子商务作为居民消费的重要途径，对于消费升级、扩大内需承载着更多期望。

2. 政策环境护航电商高质量发展

2019 年，《电子商务法》正式实施，为电商发展提出法治化规范化发展的新要求。电商法规定电子商务各方主体的权利和义务，明确了电子商务经营者在登记、纳税、诚信经营、公平竞争、知识产权保护等方面的权利和责任，对商品、商家、信用、消费者权益保护等方面均明确做出了相应的法律规范，为电子商务市场侵权假冒、炒信刷单、恶意投诉等电商“顽疾”开具了一剂“良方”。可以说《电子商务法》正式实施，电商行业将告别野蛮生长的粗放式发展阶段，进入了规范、有序的高质量发展阶段。

3. 网络零售从注重速度向注重质量转变

全国网络零售自进入移动互联网时代以来，一直呈高速发展态势，年均增长率高达 41.6%。河南省也不例外，2018 年全省互联网用户达 1.1 亿户，移动互联网总数高达到8700万户，几乎覆盖了全部社会群体，网络零售额更是突破了3000亿元，连续数年增长率超过30%。各大平台网络零售对中低端市场的渗透已基本完成，网络零售已覆盖全省80%以上的消费群体，网络零售市场已逐步进入成熟阶段。无论是顶层设计的推动，还是民生点滴需求及消费升级的倒逼，河南网络零售均宣告以流量红利支撑网络零售高速发展的时代终结，同时伴随着河南省经济从高速发展向高质量发展转变，河南网络零售业也进入向质量要发展的新阶段。

4. 跨境电商面临新挑战

2019年，中国外贸发展面临的环境更加复杂严峻，世界经济下行风险增大，贸易保护主义、单边主义明显抬头，影响和制约着全球贸易的稳定增长，河南外贸也难以独善其身。跨境电商亟待转动力调结构，更需要通过电子商务拓展出口和优化进口。从出口来看，企业“走出去”面临越来越多的政策限制和贸易壁垒，传统经营成本不断上升，亟须通过跨境电商实现外贸转型升级，一些开拓海外市场能力不足、渠道不多的中小企业，只有通过跨境电商零售出口，减少中间环节，精准匹配生产和消费，产品才能获得海外消费者认可。从进口看，跨境电商零售进口有利于弥补国内中高端供给不足，同时带领中国消费力量走向世界，将中国经济和全球贸易结合得更深。可以预见，在不断完善的政策规范与市场良性竞争的背景下，跨境电商已经进入一个新的阶段。

5. 数字商务推动电子商务进入新阶段

数字商务作为数字经济的重要组成部分，将是未来商务发展的新方向，而电子商务又是数字商务的主要组成部分，其全球性、开放性、高效率、低成本的特点也注定要在数字经济领域承担重要角色。从数据分析，近年来，河南省数字经济规模快速增长，对GDP增长的贡献率占近1/3，在这样环境下，各电商市场主体必须主动拥抱数字经济，加快数据赋能、模式创新和技术应用。从宏观看，数字商务也反过来催生新的电子商务市场主体，共同推动理论创新、模式创新、服务创新。

6. 乡村振兴助力农村电商发展

2017 年，党的十九大上习近平总书记首次提出“实施乡村振兴战略”，描绘出一幅“产业兴旺、生态宜居、乡风文明、治理有效、生活富裕”的乡村振兴宏伟蓝图。2018 年，河南省出台《关于推进乡村振兴战略的实施意见》提出实现“乡村全面振兴，农业强、农村美、农民富”的目标。从宏观看，全省大力发展农村经济，农村基础设施不断改善，农村收入不断提升，消费观念消费水平不断提升，返乡下乡农民工不断增多，农村电商发展前景大有可为。从企业看，近两年互联网企业、电商平台对于农村市场的高度重视日益高涨，不断倾斜资源，也会快速促进农村电商发展。

三　保持河南电子商务健康持续发展的对策

1. 加快立法、地方标准建设

2019 年是《电子商务法》正式实施的第一年，各地要以贯彻落实《电子商务法》为主线，加大宣传培训力度，抓好对政府各有关部门、行业协会、电商企业的宣讲培训，形成全社会学法、懂法、用法的良好氛围。积极推进河南省电子商务地方立法工作，出台适合河南电商发展的地方法规。目前，河南省电子商务地方标准已推出 9 个，是全国电商地方标准最多的省份，但与全省电商的快速发展仍不相适应，应继续加快地方电商标准建设，重点加快通用基础、运营服务等重点领域标准制定，促进电子商务规范化发展。

2. 大力发展数字商务

各级领导高度重视数字商务工作。党的十九大报告中，习近平总书记又作出“数字经济等新兴产业蓬勃发展”的科学判断。2019 年，李克强总理在《政府工作报告》中指出要“壮大数字经济”。数字商务作为数字经济最集中、最活跃、最前沿的领域，已逐渐成为驱动经济快速增长的新动能。发展数字商务，就是要全面应用数字技术，充分发掘数据价值，加快商务活动全链条的数字化、网络化、智能化。

3. 精准扶贫电商可为

以“推进线上产销对接”为重点，以“助农增收”为目标，紧紧围绕农村产品上行、培训就业、服务保障等工作，持续提升贫困人口利用电商创业就业和脱贫致富能力。加强贫困地区农村产品品牌建设，开展“三品一标”认证，打造区域公用品牌。精心培育电商带头人，以返乡创业青年、大学生村官、第一书记、巧媳妇和有潜力的残疾人等为重点，在有条件的贫困村每村培育1名电商扶贫带头人，通过电商扶贫带头人的宣传发动，提高贫困户对电商扶贫的参与度。做深做实电商扶贫频道，推动电商企业与深度贫困县建立对口帮扶和利益联结机制。引导贫困县农村产品拓展网络销售范围、提升网络销售实效。

4. 巩固电子商务示范成效

为加快培育本土电子商务特色园区和骨干企业，自2012年以来，河南省已累计开展5批次省级电子商务示范创建活动，成功培育出国家级电子商务示范基地3家、示范企业12家，创建省级电子商务示范基地、示范企业300余家。下一步要进一步拉高示范标准，对示范单位开展定期评估，实行动态管理，优胜劣汰。要加强对示范单位创建情况进行跟踪和指导，帮助协调解决发展中的困难和问题，及时总结、发现、宣传典型经验和做法，巩固扩大示范成效。

5. 加快跨境电商创新步伐

利用中欧班列（郑州）优势，积极扩大与“一带一路”沿线国家贸易往来，实施“运贸一体化”发展战略。在现有EWTO框架下，顺应国际贸易发展新趋势，完善、优化、提升现有组织方式、监管方式和服务方式，继续探索规范跨境电子商务监管与服务、创新跨境电子商务标准和规则体系的新路径，打造全球跨境商品集疏分拨中心、“一带一路”商贸物流合作交流中心、全球跨境电子商务大数据服务中心，构建跨境电商全产业链，打造高层次、高水平建设EWTO核心功能集聚区。积极推动河南“单一窗口”平台面向全省18个省辖市推广应用，将发制品、纺织服装、农产品等河南特色商品推向国际市场。

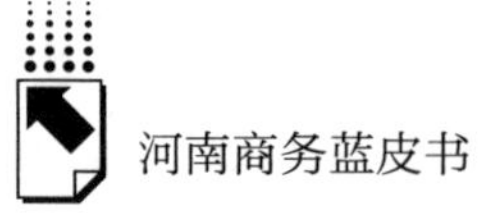

6. 积极推进快递物流发展

落实河南省推进现代物流业转型发展决策部署，以冷链物流、快递物流和电商物流为突破口，明确建设现代国际物流中心和打造全产业链现代物流强省的战略定位，集中力量构建“一中心、多节点、全覆盖”的现代物流空间网络体系。推进多式联运体系建设，扎实推进铁海公多式联运、空陆联运、高铁物流铁公空多式联运3个国家多式联运示范工程项目建设，加快推广步伐。加强农村电子商务物流网络建设，开展“快递下乡”工程，引导快递企业向乡镇农村延伸网络。持续推进城乡高效配送专项行动，完善电商配送绿色包装标准。

7. 构建多层次电商人才体系

要全面梳理电子商务领域的人才构成和行业需求，有针对性地解决供需错配问题，增强电子商务工作人员培训的政策性和企业应用人才培训的实操性。对高层次电商人才，要引育结合，研究制定政策，使人才能成长、有发展，人才能引进来，更能留得住。对于广大农村，要加大电商扶贫培训和宣传力度，对适合搞电商的贫困户尽快实现培训全覆盖。广泛宣传电商扶贫政策，推广电商致富典型，让电商扶贫家喻户晓，促进贫困户认识电商、相信电商、学习电商、用好电商。

专　题　篇

Special Reports

B.10

河南建设内陆开放高地专题研究

苏国宝　李玉瑞　王振飞*

摘　要： 党的十八大以来，河南省委、省政府以习近平新时代中国特色社会主义思想为指导，全面贯彻落实党中央国务院新时期对外开放工作战略部署和重大举措，立足河南省“不靠海”“不沿边”“不临江”的特点，着力探索内陆省份以开放促改革、促发展、促转型的新途径，加快建设内陆开放高地，对外开放进入历史最好时期。本文从开放高地概念的提出入手，分析了建设内陆开放高地的现状，提出了内陆开放高地建设中存在的问题，并对如何实现内陆开放高地建设目标进行了对策研究，提出了意见建议。

* 苏国宝、李玉瑞、王振飞，河南省商务厅。

关键词： 河南 内陆开放高地 对外开放

一 内陆开放高地概念的提出

中国的对外开放经历了从沿海到沿边再及内地的发展历程。内陆地区开放型经济发展起步较晚，发展相对滞后。随着改革开放进入新时代，加快内陆地区开放步伐、建设一批内陆开放高地已成为经济社会发展的必然要求，也是加快形成国家对外开放新格局的重要战略步骤。2009 年以来国家在有关战略规划中陆续提出“内陆开放高地”的概念，重庆、河南等地也先后提出了建设内陆开放高地的目标。

2009 年在《国务院关于推进重庆市统筹城乡改革和发展的若干意见》基本原则中提出：坚持改革开放，推进体制机制创新。全面提高对内对外开放水平，加快建立内陆开放型经济体系。2011 年《国务院关于支持河南省加快建设中原经济区的指导意见》中明确提出：建设内陆开放高地。打造对外开放平台，营造与国内外市场接轨的制度环境，完善涉外公共管理和服务体系，加快形成全方位、多层次、宽领域的开放格局。2015 年《推动共建丝绸之路经济带和 21 世纪海上丝绸之路的愿景与行动》中提出：利用内陆纵深广阔、人力资源丰富、产业基础较好优势，依托长江中游城市群、成渝城市群、中原城市群、呼包鄂榆城市群、哈长城市群等重点区域，推动区域互动合作和产业集聚发展，打造重庆西部开发开放重要支撑和成都、郑州、武汉、长沙、南昌、合肥等内陆开放型经济高地。2016 年《中国共产党河南省第十次代表大会关于中共河南省第九届委员会报告的决议》明确了今后五年决胜全面小康、让中原更加出彩要实现的主要目标，即建设经济强省，奋力建设中西部地区科技创新高地，基本形成内陆开放高地，加快构筑全国重要的文化高地“三个高地”。

内陆开放高地概念主要由内陆、开放、高地三个基本要素构成。内陆指与沿海和沿边城市相比，地处内陆腹地，远离海岸线和边境线。开放就是开放型经济，指在资源优化配置基础上，充分利用境内外两个市场、两种资源，以实现本区域和他区域共同发展的开放的、不断变化的经济发展态势。

高地从字面理解为比较突出的部分，可以形象地理解为追求的一种目标或者达到的某种状态。内陆开放高地可以理解为远离海岸线、边境线的内陆地区中，开放型经济发展程度较高，处于领先水平的地区。内陆开放高地的内涵和目标应包括以下几方面的内容：一是开放型经济较快发展，构建起比较完备的现代经济体系，水平居中西部前列；二是对内对外双向互济、宽领域开放格局初步形成；三是开放平台载体日益完善，且能级达到一定水平；四是具备适应高水平开放的国际化、市场化、法制化的营商环境；五是大都市区城市的国际化水平显著提升。

二　河南建设内陆开放高地现状

1. 统筹推进“四路并举”，开放通道优势彰显

近年来，河南抓住“一带一路”建设重大机遇，在开放通道建设上下功夫，建设连通境内外、辐射东中西的物流通道枢纽，在内陆腹地筑起开放高地，正朝着“买全球、卖全球”目标迈进。“空中丝绸之路”越飞越广。2014 年，河南省与卢森堡货航开展资本合作，开创郑州 - 卢森堡“双枢纽”合作新模式。2017 年 6 月，习近平主席会见卢森堡首相时明确表示支持建设郑州 - 卢森堡“空中丝绸之路”。2018 年，郑州机场完成旅客吞吐量 2733 万人次，增长 12.5%，完成货邮吞吐量 51.5 万吨，客货运规模继续保持中部双第一，郑州机场水果、海鲜等占全国进口商品的 60% 以上，初步形成了以郑州为中心，“一点连三洲、一线串欧美”的航空网络。“网上丝绸之路”越来越便捷。创新发展“网上丝绸之路”，引领建立全球 E 国际贸易制度和规则体系，探索启动建设 EWTO（电子世界贸易组织）核心功能集聚区。河南保税跨境电商首创 1210 通关监管模式

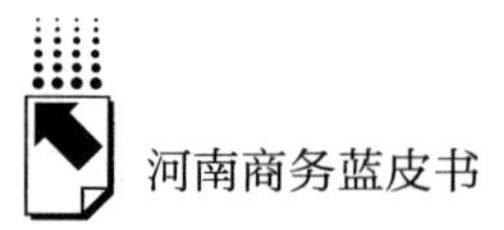

并在全国复制推广，实现了一秒通关，大大降低了企业成本。“陆上丝绸之路”越跑越快。以差异化战略推进中欧班列（郑州）全面创新发展，开辟延伸运行至汉堡、慕尼黑、中亚的新线路，拓展冷链运输等高附加值新服务，完善境外分拨集散中心和海外仓网络，打造“数字化班列”，全面推进运贸一体化。中欧班列（郑州）开行由起初的每周两班到现在的18班，一个货站点发展到现在的多个站点，一个连接境内外、辐射中东西的铁路货运通道正在形成。对接“海上丝绸之路”越来越顺畅。加强与东部沿海地区重点港口的合作，打通至连云港、青岛、天津等港口的铁海联运通道，实现与“海上丝绸之路”的高效衔接。郑州、洛阳、焦作、新乡、安阳、濮阳先后开通到青岛港、连云港（601008）等9条货运专线，2018年开通了206班，公路、铁路、航运、航空、水运多式联运物流体系基本形成。

2. “五区联动”功能提升，开放平台日益完善

以高水平开放平台为目标建设郑州航空港经济综合实验区。郑州机场开启“双跑道+双候机楼+双铁”的“三双”时代，现代综合交通枢纽优势不断提升。电子信息产业产值突破3000亿元，卢货航、UPS、俄罗斯空桥、菜鸟等知名物流企业相继落户河南，5架经营性租赁飞机交付，现代产业基地和国际物流中心地位加速确立，现代航空都市框架基本形成。以政务、监管、金融、法律、多式联运五大服务体系为支撑建设中国（河南）自由贸易试验区。总结形成225项改革创新举措（案例），企业投资项目承诺制、区域整体评勘、跨境电商“网购保税+实体新零售”印发全国通报经验，累计入驻企业达到4.99万家，累计注册资本达到6190亿元。以“四个一批”为抓手建设郑洛新国家自主创新示范区。突出抓好创新引领型企业、人才、平台、机构建设，16项成果荣获国家科技奖励，全国首个生物育种产业创新中心落户河南，新增高新技术企业突破1000家。以“1210监管模式”创新为突破口建设中国（郑州）跨境电子商务综合试验区。坚持“跨境电商无边界，一顶帽子大家戴”，呈现出郑州示范引领、各地竞相发展的良好局面。河南保税物流中心首创的1210网购保税进口模式在全国复制推

广，率先实现 O2O 现场下单、现场提货。2018 年全省跨境电商进出口 1289 亿元，增长 25.8%。国家大数据（河南）综合试验区建设加快推进。设立 100 亿元规模信息产业发展基金，中科院计算所郑州分所挂牌成立，累计引进大数据及相关企业 200 余家。

口岸体系开放载体进一步完善。建成 3 个国家一类口岸、8 个功能性口岸、3 个综合保税区、2 个保税物流中心。进境水果、冰鲜水产品、食用水生动物口岸业务量实现较快增长，成为内陆地区指定口岸数量最多、功能最全的省份。29 个省级以上经济技术开发区、32 个省级以上高新技术开发区、183 个产业集聚区和近 200 个商务中心区、特色商业区成为对外开放的主阵地，多层次、多区域分布的开放平台载体体系更加完备。

3. 开放型经济提质增效，高质量发展基础奠定

（1）开放招商推进产业体系不断完善

2017 年，全省实际吸收外资 172 亿美元，是 2012 年的 1.4 倍，增幅居全国第 4 位。2018 年实际吸收外资 179 亿美元（省全口径数据，含外商投资企业资本金、外商投资企业再投资、境外借款、境外上市融资、设备出资等），增长 3.9%。泰国正大、富士康、法国电力、百事可乐、瑞士迅达、华润、中国化工、中股投资基金等国内外 500 强及跨国公司不断扩大在豫投资，形成了智能制造、电子信息、现代物流、电子商务、现代商贸服务等优势产业；资金来源地进一步拓展，欧美、日韩等地区的企业来豫投资大幅增长。在豫投资的世界 500 强企业达到 129 家，国内 500 强企业达到 160 家。

（2）对外贸易实现跨越式发展

2017 年货物进出口总额达到 5233 亿元，比 2012 年净增 2000 亿元，跻身全国十强，出口跃升至全国第 8 位，外贸依存度升至 11.6%，占全国比重从 1.9% 上升到 2.1%；跨境电商交易额 1025 亿元，居全国前列，成为外贸增长新动力。2018 年，全省进出口总值再创历史新高，首次突破 5500 亿元，达到 5512.7 亿元，增长 5.3%。其中出口 3579 亿元，增长 12.8%；进

口 1933.7 亿元，下降 6.2%。全省出口增幅高于全国平均增幅 5.7 个百分点，出口居全国第 8 位、中部第 1 位，进出口居全国第 11 位。2018 年，全省跨境电商进出口（含快递包裹）1289.2 亿元，增长 25.8%。积极应对中美贸易摩擦，加快开发替代市场，铝材等对美出口受阻的大宗商品市场多元化成效明显。

（3）对外投资合作成效明显

2017 年对外承包工程和劳务完成营业额 47.7 亿美元，对外投资协议额 17.6 亿美元，对"一带一路"沿线国家投资大幅增长。2018 年，全省对外直接中方协议额 22.37 亿美元，增长 27.3%，对外承包工程和劳务合作完成营业额 34.5 亿美元。中吉亚洲之星农业产业合作区成为河南省首家国家级境外经济贸易合作区，省级境外经济贸易合作区达到 8 个，纳入全国统计范围的合作区数量居全国第 4 位。郑煤机、河南国合、河南国基、平高集团、森源电器、栾川钼业等龙头企业国际经营能力显著提升。

4. 高规格举办国际性活动，国际影响力稳步提升

成功举办了外交部河南全球推介活动，上合组织成员政府首脑（总理）理事会第十四次会议、中欧政党高层论坛经贸对话会等高规格国际性会议在郑州举办，河南的国际美誉度和影响力不断扩大；中国（河南）国际投资贸易洽谈会已成为河南省开放招商第一品牌；全球跨境电子商务大会永久落户郑州，在引领制定跨境电商规则体系、推动跨境电商联动发展和创新发展、搭建跨境电商交流合作平台等领域达成了"郑州共识"，首创的"1210 模式"成为全国复制的蓝本，并向俄罗斯、比利时、加拿大等国家推广。

5. 宽领域开放步伐加快，合作领域不断拓展

建成 181 家省级以上国际科技合作平台，与世界上 50 多个国家和地区建立了合作关系；全省各级各类院校共与国外院校合作举办中外合作办学机构和项目 270 个，涉外办学在校生总人数约 3.8 万人；建成中美（河南）荷美尔肿瘤研究院、中美（河南）结核病防治工程、河南省人民医院梅奥国际中原中心、郑州大学马歇尔医学研究中心等重点合作项目；在境外从事

农业种植、养殖及深加工的省内企业 72 家，投资区域分布世界 42 个国家和地区，投资总额 75 亿美元；与 49 个国家建立了 117 对友好城市关系，友城数量位居全国前列。

三　内陆开放高地建设中存在的问题

河南在内陆开放高地建设中还有不少差距和问题。开放型经济水平有待提升。吸引外资六成以上是港资，欧美、日韩等发达经济体占比较小；区域利用外资不平衡，郑州、洛阳两市实际利用外资占全省比重大（40% 左右），部分市县、开发区利用外资是零。外向型市场主体较少，缺少龙头企业和拳头产品；综合外贸服务企业少，服务能力弱，市场竞争力不强，外贸进出口高度依赖富士康（占比超过 60%）。经济技术开发区数量少、功能作用发挥不够。省级经开区只有 20 个，远远少于河南周边的山东省（145 个）、湖北省（119 个）、江西省（77 个）、安徽省（72 个），且规划统筹不够，功能定位较为雷同，主导产业不够清晰，影响了开发区升级和转型发展。落实国家战略部门协同推进不够有力。航空港区、自贸区、跨境电商综试区作为国家战略，出台的宏观意见多，推进的具体措施少，推进的路径不明晰，一定程度上影响了国家战略的实施效果。省直有关部门配合形成的推进合力不足、节奏慢，存在上热下冷的现象。开放通道功能有待完善。多式联运服务水平亟待提高，各种运输方式之间尚未实现“无缝衔接”。郑州机场航空货运量增速从 2018 年 2 月到 10 月持续下降，10 月当月出现负增长，形势严峻复杂。营商环境有待优化。精细化服务不到位，还存在招商承诺不兑现等现象。企业融资难融资贵、土地制约等问题尚未很好解决，人力资源制约因素逐渐显现，部分企业出现招工难。国际人文交流亟待加强。人文交流国际化程度低，表现在教育国际交流合作水平偏低，文化交流重政府轻民间的问题突出，国际友好城市作用未得到充分发挥。口岸体系有待进一步完善。功能型口岸主要集中于郑州，个别口岸业务量偏小，口岸平台联动发展不足。

四 打造内陆开放新高地的对策

1. 持续推进“四路”并举，深度融入“一带一路”建设

打造国际航空枢纽口岸，高水平建设“空中丝绸之路”。利用好国家赋予郑州机场“第五航权”的政策优势，积极落实中卢两国航权协议，强化郑州和卢森堡“双枢纽”功能。加密国际货运航线航班，新开直飞欧洲、大洋洲、美洲等洲际客运航线，形成覆盖全球的国际客货运航空网络。规划建设卢货航专属货站，积极引进国际货代企业在郑设立分拨转运中心和货物集散中心。提升现有功能性口岸运营水平，加快郑州国际邮件转运中心、药品进口口岸建设。提升中欧班列运营水平，加密“陆上丝绸之路”。实施中欧班列创新发展专项方案，构建河南省至欧洲、中亚及东盟的“一主两翼”国际货运班列体系，拓展完善境外、国内和省内中欧班列枢纽网络，打造以“一单制”为核心的“数字班列”，拓展多式联运海关监管中心集拼、中转、保税等功能，扩大特种集装箱、冷链物流、跨境电商、商品展示体验等增值业务，高标准建设“一干三支”海公铁多式联运国家示范工程。创新跨境电商监管服务，打造“网上丝绸之路”。坚持“一顶帽子大家带”，推动全省多点布局、多点支撑、多模式运作，培育认定一批跨境电子产业园区和平台企业，推动线上线下融合发展。加强与“一带一路”沿线国家合作，探索建设中欧“网上丝绸之路”经济合作试验区。拓展海铁联运班列线路，对接“海上丝绸之路”。制定实施海铁联运支持政策，加强郑州铁路口岸与连云港、青岛、天津、上海、宁波、广州和福建、广西等沿海港口合作，建设以东向、南向为主的海铁联运国际通道，逐步实现网络化常态运行。

2. 统筹推进“五区联动”，进一步提升开放水平

坚持“五区联动”，实现要素整合、资源共享、功能叠加、效应协同。发挥航空港实验区开放门户功能。全面实施郑州国际航空货运枢纽战略规划，完善郑州机场货运设施布局，打造卢森堡货航亚太地区分拨转运中心。大力发展临空经济，推动Inditex、UPS等大型物流集成商落地，推进菜鸟中

国智能骨干网、友嘉精密数控、上海合晶单晶硅等重大项目建设，带动高端制造业、现代服务业集聚发展，引进培育电子信息、精密制造、生物医药等产业集群，打造全球智能终端研发制造基地。加快发展飞机租赁产业，不断扩大业务规模，协同发展飞机维修、航空培训、高端服务等关联产业。提升河南自贸试验区开放引领作用。围绕“两体系一枢纽”战略定位，加快构建政务、监管、金融、法律、多式联运五大服务体系，持续推动自贸试验区各项改革试点任务落实。大力引进外向型经济市场主体，促进高端产业集聚。选择基础条件较好的开发区和海关特殊监管区，探索建设自贸试验区联动发展区。高标准建设中国（郑州）跨境电商综合试验区。加快推进中国（郑州）跨境电子商务综合试验区和EWTO（电子世界贸易组织）核心功能集聚区建设，完善“三平台、七体系”功能，巩固提升在平台建设、监管模式、标准规范等方面的优势，集聚电商、物流、金融支付等要素，推动省内布局建设跨境电商产业园，支持全球布局海外仓，打造跨境电商完整产业链条。探索创新、复制推广跨境电商“郑州模式”，参与制定全球电子商务国际贸易制度和规则体系。加大郑洛新自创区开放合作力度。加强与美国、欧盟、以色列等发达国家的科技园区、高校院所、创新型企业的合作，探索与世界发达国家建立技术转移机制，加快中以科技城、欧洲物理（新乡）研究院等重点合作项目建设。积极对接中科院及其直属院所、“双一流”高校、央企所属研究机构等大院名校，支持其到自创区设立分支机构或共建新型高端研发平台。深化与北京以及中关村的合作，加快“郑洛新自创区·中关村创新创业基地”建设，探索建立“成果中关村·转化郑洛新”的常态化合作共赢机制，举办高水平国际技术转移对接大会，积极融入中国与中东欧“16+1国际合作”网络，引进一批高水平科技成果在自创区落地转化。加快国家大数据（河南）综合试验区建设，重点实施数字经济六大工程，加快构建数字经济发展新生态。加快构建以郑东新区龙子湖智慧岛为引领，以郑州高新区、金水科教园区、云湖智慧城和科学谷为主要支撑的大数据核心区，统筹推进全省18个大数据产业基地建设，培育打造国内一流的数字经济发展高地。

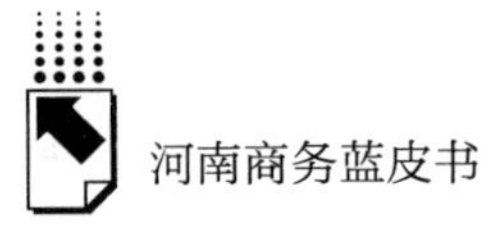

3. 优化区域布局，加快形成对外开放新格局

聚焦河南地处中原、不沿海、不沿边、缺少出海口等短板，强化与京津冀、环渤海经济圈的交流合作，主动融入长江经济带国家战略，呼应珠三角等地区开放开发，积极参与晋陕豫黄河金三角等跨省域经济区建设，在产业转移、要素集疏、人文交流、品牌培育等方面开展协作联动和互通共享，共同打造高层次区域联动开放合作平台。加快郑州国家中心城市建设，强化郑州对外开放门户功能。支持郑州、平顶山、许昌、漯河等市融合发展。提升郑州、洛阳、开封、三门峡“一带一路”建设重要节点城市功能，强化对新亚欧大陆桥国际经济走廊的战略支撑作用。支持安阳、鹤壁、濮阳等市参与京津冀协同发展，积极承接非首都功能疏解。支持南阳、三门峡建设豫鄂陕、晋陕豫区域中心城市。支持商丘建立区域物流综合枢纽。加快建设周口港，打通中原内陆地区直通华东地区的水运通道。进一步加强与港澳台地区的经贸合作和文化交流，积极对接融入粤港澳大湾区战略。

以全面贯彻落实国家利用外资最新版负面清单为契机，进一步扩大外资准入领域，鼓励外商投资先进制造业、参与基础设施建设，扩大服务业对外开放。在新能源汽车、通用飞机制造及关键零部件配套、高端装备制造、教育、文化、电信、医疗等领域积极谋划一批重大项目。同时，继续推动教育、农业、文化、金融、科技等省直重点行业管理部门分行业制定对外开放专项工作方案，从工作层面加快推进全方位、宽领域、深层次对外开放。

同时，支持郑州、南阳海关特殊监管区和焦作、商丘保税物流中心完善功能、优化升级，推动洛阳、鹤壁、许昌等具备条件的省辖市申建综合保税区或保税物流中心，建设全球性要素资源配置中心，打造内陆外向型经济发展示范区和先行区。发挥开发区吸引投资、转型升级、科技创新的主平台作用，完善综合服务和投资促进体系，复制推广自贸试验区经验和政策措施，率先在实体经济、科技创新、现代金融、人力资源协同发展方面取得突破。加大开发区整合提升力度，支持符合条件的省级开发区创建国家级开发区。建立双向协作引资机制，吸引沿海省市开发区在河南省设立产业转移园区。

4. 提升开放型经济质量和效益，推动高质量发展

进一步提高招商引资质量水平。结合河南发展实际，围绕航空物流、高端制造、现代服务业等重点产业，引进促进供给侧改革、产业转型升级的龙头型、500强企业项目，积极引进企业总部和功能性机构。对接国家高速公路、智能电网、航空航天等重大战略、重大工程包实施计划，加强与央企合作。抓好产业链招商，强化高层对接，突出招大引强，推动重大招商引资项目尽快落地建设。坚持引资与引技引智相结合，加强创新人才资源和技术双向开放和流动，推动创新资源共享、创新优势互补，增强国际创新要素配置能力。加快外贸转型升级。培育引进外贸龙头企业、综合服务企业，壮大外贸主体。抓好优势外贸产业基地建设，打造百亿乃至千亿级外贸产业集群。大力培育和发展计算机信息服务、离岸服务外包等新兴业态。加强对“走出去”的服务和指导。以境外经济贸易合作区为依托，梳理发布境外园区主导产业链，组织省内相关企业全面对接境外合作产业园，推动集群式“走出去”。推动中小企业海外抱团发展、集群发展，鼓励企业并购海外品牌、营销渠道、研发设计等，加快培育一批本土跨国公司。办好重大经贸活动。突出精准化、实效化、国际化，筹备实施好第十三届河南投洽会、全球跨境电商大会等重大经贸活动。组织参加好国家级经贸活动，适时举办珠三角、长三角、京津冀、环渤海、闽东南地区产业招商活动，着力引进一批重大项目。

5. 加强国际人文交流，增强河南国际影响力

梳理各类外事资源，整合友城交流关系、特定领域合作关系、工作关系，调整优化友城布局，加大各省辖市友城工作力度，形成合力，发挥好友城工作在对外开放中的作用。加强与国家驻外使（领）馆的联系沟通，对接国家“一带一路”沿线及重点国家政策信息平台，搜集发布“一带一路”沿线国家法规政策、政治经济形势、产业发展、民情社情等信息，指导民间人文交流和经贸往来。发挥好“中国·河南招才引智创新发展大会”等平台作用，加大对境外高层次人才引进力度，突出技术创新、高端制造和教育领域人才的合作培育工作，吸引更多专业型人才来豫工作。

6. 深入推进“放管服”改革，进一步优化营商环境

坚持不懈推动“放管服”改革，最大限度减少审批事项和环节，进一步提高办事效率，降低企业成本。深入实施优化营商环境三年行动方案，强化顶层设计和政策协同，增加优质的制度供给、服务供给、要素供给，以营商环境高地带动内陆开放高地建设。坚持依法行政，努力营造公平、公正、透明、稳定的法治环境，确保各种所有制经济依法平等使用生产要素，公开公平公正参与市场竞争、同等受法律保护、共同履行社会责任。完善考核评价机制，着力解决“只爱凤凰不栽树，只引投资不服务”“新官不理旧事”“有政策欠落实”等突出问题。严格落实“非限则可”“非禁即入”原则，开放市场准入，全面落实新版外商投资负面清单。全面提升通关和贸易便利化水平。加快口岸监管模式创新，深化“三互”大通关改革，实现企业“一点报关，全域验放”。推进跨部门一次性联合检查，实施无纸化审批、联网核放、联合登临检查“一站式”便利通关等措施，持续压缩货物通关时间。继续清理口岸涉企收费，完善收费公示制度。推动“一带一路”沿线国家关检机构与河南省深度合作、结果互认。实施“7×24 小时”预约通关保障机制。进一步完善项目落实常态化工作机制。分级分类建立省市县三级联动、各有侧重、分工推进的项目跟踪落实服务体系，推广一个项目、一名领导、一个工作组、一套方案、一抓到底“五个一”工作法，开展重点企业大回访和大走访活动，建立完善重点项目联系机制，提高签约项目的合同履约率、资金到位率和项目开工率。

五　有关建议

第一，建议加强顶层设计，尽快研究出台《中共河南省委河南省人民政府关于以“一带一路”建设为统领，加快构建内陆开放高地的意见》。与近期已经印发的《河南省优化营商环境三年行动方案（2018～2020）》《河南省人民政府关于积极有效利用外资推动经济高质量发展的通知》《河南省人民政府关于印发优化口岸营商环境促进跨境贸易便利化工作实施方案的通

知》《河南省人民政府办公厅关于促进外贸转型发展的通知》《河南省关于促进对外投资健康发展的实施意见》等构成指导河南进一步扩大开放的“1 + N”政策体系。

第二，建议加强与有关部委的协调沟通，报请国家批准尽快将郑州航空港经济综合实验区部分区域纳入河南自贸区郑州片区范围，以便更好地“为国家试制度为河南谋发展”。

第三，建议加强省委对对外开放工作的领导，进一步完善对外开放工作领导小组及其办公室的统筹协调和顶层设计职能，统筹“五区联动”，推进“四路”建设，尽快研究出台河南省现代物流、综合交通枢纽和多式联运发展专项扶持政策，支持国际航空、国际班列、海铁联运、内陆国际港建设和功能性口岸业务拓展等体系建设发展。

B.11
河南省现存外商投资企业发展分析

张 艳 谷 雨 张海波 孙 丹*

摘 要： 随着改革的深入发展和加入世贸组织，外商投资成为推动我国经济发展的重要力量。而地处中原的河南更应该借助当前“中原崛起”的有利时机，充分利用外商直接投资促进经济发展。本文通过对河南利用外资规模、盈利、经营、来源地等现状的分析从实证的角度研究了外资对河南经济发展的重大促进作用。但现存外商投资企业还存在一些问题，本文针对这些问题对河南今后如何吸引外资及提高外资质量，进一步促进河南经济发展提出了政策建议。

关键词： 河南省 外商投资企业 现状

改革开放以来，河南省始终重视利用外资工作，不断提高利用外资的质量和水平，引进外资取得了可喜成就，为推动全省国民经济发展做出了突出贡献。截至 2018 年底，全省累计设立外商投资企业 12733 家，合同利用外资 1166 亿美元，实际吸收外资 1471 亿美元。外资的大量流入有力地弥补了全省经济建设资金的不足，引进了先进的产品、技术和经营理念，推动了现代企业管理制度的建立，优化了企业结构和经济结构，加快了国内企业与国际市场接轨的步伐，促进了城市化进程。利用外资已成为河南国民经济乃至社会生活中不可分割的一部分。

* 张艳、谷雨、张海波、孙丹，河南省商务厅。

为准确了解河南省外商投资企业最新的存续、投资经营发展情况，根据商务部、财政部、国家税务总局、国家质检总局、国家统计局、国家外汇管理局《关于开展2018年外商投资企业年度投资经营信息联合报告工作的通知》要求，河南省商务厅、财政厅、国税局、地税局、质监局、统计局、外汇局等部门高度重视，多策并举，紧密推进2018年外商投资企业年度投资经营信息联合报告工作，并圆满完成了信息申报采集工作。数据显示，2018年全省共有1996家现存外商投资企业，比2017年增加了79家，同比增长4.12%。通过企业申报的经营数据，基本掌握了河南省现存外商投资企业2017年出资、经营、纳税等方面的情况，进一步摸清了当前外商投资企业存活经营现状，达到了依法确认企业经营资格，规范企业经营行为，优化市场主体，对河南省利用外资工作和促进外商投资企业健康发展起到了积极的推动作用。

一　多措并举，确保数据有效

1. 高度重视

河南省高度重视外商投资企业联合年报工作，2018年3月商务部在广东珠海举办了全国外商投资企业联合年报工作会议，会后，河南省商务厅按照工作需要召开了专门会议就联合年报工作进行提前布置，要求各省辖市、省直管县（市）和有关国家级开发区做好联合年报的准备工作，并将联合年报工作作为2018年外资工作重点来抓，与全年先进单位评比相挂钩。4月初，接商务部、财政部、国家税务总局、国家质检总局、国家统计局等五部门联合通知后，河南省于4月7日正式启动该项工作，与省财政厅、省国税局、省地税局、省质量监督局、省统计局等部门联合会签并印发通知文件，经各系统及时下发给各省辖市、省直管县（市）相关部门，确保了联合年报工作的有序进行。

2. 积极宣传

为在新形势下做好外商投资企业联合年报工作，河南省商务厅、财政厅、国税局、地税局、质量监督局、统计局、外汇局等部门广泛宣传，使企业周知。同时要求各省辖市、省直管县（市）、国家级开发区积极开展宣传动员工作，召开各种形式的动员会议，在报纸、电视等媒体上发布联合年报工作公告，要采用发送信函、电话、信息等途径将申报工作通知逐个送达企业，确保应申报企业能够按时参加申报。

3. 强化培训

为确保各单位能够顺利组织外商投资企业参加联合年报工作，5 月 9 ~ 10 日，省商务厅在郑州举办了 2018 年全省外商投资企业联合年报工作培训会，各省辖市、省直管县（市）、郑州航空港经济实验区、郑东新区及部分国家级开发区联合年报工作人员，部分县（市、区）商务部门外资业务人员 150 余人参加了培训。会上，省商务厅传达了 3 月在珠海召开的全国外商投资企业联合年报工作培训会议精神。商务部中国国际电子商务中心的技术人员向参会人员介绍了全国外商投资企业联合年报操作系统特点，分别就管理端和企业端的操作流程进行了详细演示和讲解，并就联合年报工作中的热点问题进行了解答。为确保 2018 年全省外商投资企业联合年报工作顺利开展，省商务厅公布了全省联合年报工作热线电话、咨询邮箱和微信群，以便外商投资企业和基层商务部门在联合年报数据申报过程中随时进行咨询。

4. 提升服务

2018 年，河南坚持把外商投资企业联合年报工作作为推进外商投资改革进入纵深，加强外商投资事中事后监管，改善外商投资环境的一项重大举措来抓。省直相关部门均安排专人负责联合年报工作。各基层单位也积极了解企业运营动态，对企业的增资、变更等工作做到提前掌握和指导，企业存在的困难与问题，积极出谋划策、协调解决。对企业因经办人员变更导致密码遗忘或丢失而不能上网的情况，商务部门积极帮助其重新获得权限，使企业及时参加网上申报。

5. 加强协调

由于 2019 年的联合年报工作增加了质检部门，并处于新旧系统过渡期，工作量加大，外商投资企业网上申报也出现一定难度。为推进工作顺利开展，河南省商务厅积极做好各项协调工作。横向上，加强与省财政厅、国税、地税、质量监督、统计、外汇等各职能部门的沟通协调，密切掌握各环节进程和存在的问题，及时进行处理。纵向上，要求各单位掌握年报工作状况，加强指导和督促。

6. 强化督导

为确保 2018 年外商投资企业联合年报工作落到实处，商务厅采取多项有力措施，确保了参检企业数量和质量均有一定程度突破。一是建立微信随时通报、文件定期通报制度，下发多期《关于全省外商投资企业联合年报工作进展通报》，对各单位外商投资企业联合年报进度情况进行全省通报。二是召开部分联合年报进度落后单位工作推进会，召集部分进度较慢的单位座谈，分析具体原因，提出明确要求，帮助其解决相关问题。

二　外商投资企业发展状况良好

2018 年联合年报数据显示，目前河南省现存外商投资企业 1996 家，比上年增加 79 家，同比增长 4. 12%。其中，独资企业 990 家，比上年增加 128 家；合资企业 880 家，比上年增加 1 家；合作企业 75 家，比上年增加 5 家；股份制企业 49 家，比上年减少了 14 家。从现存外商投资企业运营情况看，河南省外商投资企业发展状况良好，经济社会效益稳增，外资的进入推动了技术进步，带动了河南省产业结构的优化升级，提升了企业管理水平，扩大了就业渠道。主要表现在以下几个方面。

（一）外商投资企业规模日益增大

现存的 1996 家外商投资企业，投资总额为 951. 4 亿美元，比 2017 年增长 173. 7 亿美元，同比增长 22. 34%。单个项目平均投资额为 4767 万美元，项目规模增大，同比增长 17. 5%。

从投资额区间看：投资额 1000 万美元（含 1000 万美元）以上企业 852 家，比 2017 年增加 84 家，占企业总数的 42. 7%，比 2017 年占比提高 2. 7 个百分点。其中：投资额 1 亿美元以上（含 1 亿美元）的企业有 168 家，同比增加27家，总投资额671亿美元，比2017年增加145.2亿美元。投资额5000万美元至1亿美元的企业有172家，同比增加23家，总投资额87.1亿美元，同比增加16.3亿美元。投资额1000万美元至5000万美元的企业512家，同比增加34家，总投资额128.8亿美元，同比增加12.3亿美元（见表1）。

投资额1000万美元以下企业1114家，同比减少51家，总投资额27.3亿美元，与2017年持平。

表1　2017～2018年现存外商投资企业按投资额分布情况

年份	企业数	投资额1亿美元以上（含）企业数	投资额5000万美元（含）至1亿美元企业数	投资额1000万（含）～5000万美元企业数	投资额1000万美元以下企业数
2017	1917	142	149	477	1149
2018	1996	168	172	512	1144
趋势	增加	增加	增加	增加	减少

2018年现存外商投资企业中，投资额排名前10的项目主要集中在电子元器件生产、能源、园区开发领域。分别如下。

（1）鸿富锦精密电子（郑州）有限公司，投资额59.5亿美元，经营范围为生产经营第三代及后续移动通信系统手机、基站、核心网设备以及网络检测设备及其零组件、新型电子元器件、数字音视频解码设备及其零部件。

（2）郑州逸凯新世代科技有限公司，投资额43.1亿美元，经营范围为TFT-LCD（薄膜晶体管液晶显示器件）等平板显示屏（含低温多晶硅TFT-LCD）的开发、制造及销售。

（3）郑州辣木食品科技有限公司，投资额30.6亿美元，经营范围为食品技术开发、技术转让、技术咨询、技术服务、食用菌种植技术研究及推广。

（4）郑州科德圣绿色电力科技有限公司，投资额30亿美元，经营范围为永磁发电设备的研发、生产及销售。

（5）河南赛宝实业有限公司，投资额30亿美元，经营范围为生产生物燃油（不含危险化学品）、环保材料；农作物秸秆资源综合利用、有机肥料资源开发生产；生物技术研发推广服务、生物工程与生物医学工程技术与服务、生物质能源开发技术与服务；养老服务（限分支机构经营）。

（6）河南亿之祥实业有限公司，投资额 16.8 亿美元，经营范围为农业产业园开发、农业生态观光、旅游开发等。

（7）华润电力登封有限公司，投资额 11.5 亿美元，经营范围为电力开发、建设、生产、销售及电力生产相关的燃料、粉煤灰等附属经营及综合利用。

（8）天瑞水泥有限公司，投资额 11 亿美元，经营范围为原料矿山开采、石灰石销售；水泥及辅料、熟料、建材产品的生产、销售、出口等。

（9）平顶山姚孟发电有限责任公司，投资额 10.1 亿美元，经营范围为拥有、运行电厂，生产和出售电力，兼营与电力有关的产品及服务；仓储；热力生产及销售；新能源项目的建设和经营。

（10）河南天伦燃气集团有限公司，投资额 9 亿美元，经营范围为中小城市燃气经营（凭经营许可证经营）；燃气新技术开发、应用。

（二）外商投资企业认缴外资金额有所提高

2018 年现存外商投资企业利用外资质量上升，资本规模扩大，认缴资本增加。现存外商投资企业注册资本共 500.3 亿美元，比 2017 年的 455.3 亿美元增加 45 亿美元，同比增长 9.9%；其中，外方认缴注册资本 327.6 亿美元，比 2017 年的 315.3 亿美元增加 12.3 亿美元。中方认缴注册资本 172.6 亿美元，比 2017 年的 140 亿美元增加 32.6 亿美元。实收资本共 296.8 亿美元，同比下降了 4.72%。其中外方实缴 182 亿美元，同比减少 24 亿美元，主要原因是济源富士康等外资企业转内资影响；中方实缴 114.8 亿美元，同比增长 9.2%。2018 年外商投资企业注册资本出资率为 55.5%。认缴外资金额较大的企业有鸿富锦精密电子（郑州）有限公司（认缴外资 17 亿美元）、天瑞水泥集团有限公司（认缴 3.4 亿美元）、双汇实业集团（认缴 2.9 亿美元）、建业住宅集团（中国）有限公司（认缴 3.3 亿美元）、河南华润电力首阳山有限公司（认缴 1.2 亿美元）。

（三）外商投资企业盈利能力增强

（1）企业盈利情况。2018 年，现存外商投资企业实现销售收入 6996 亿元人民币，同比增长 8.06%。利润总额总计 445.5 亿元人民币，同比增长 14.4%；净利润 356.7 亿元人民币，同比增长 11.6%。2018 年净利润为正的外商投资企业有 755 家，比上年增加 13 家，净利润总额 433 亿元，比 2017 年的 394.5 亿元增加 38.5 亿元。盈利企业主要集中在制造业，电力、热力、燃气及水生产和供应业，房地产业，批发和零售业以及租赁和商务服务业，企业数量分别为 430 家、72 家、58 家、48 家、30 家，与 2017 年相比，制造业盈利企业数减少 4 家，电力、热力、燃气及水生产和供应业减少 1 家，其他三个领域分别增加了 4 家、2 家、3 家（见表 2）。

表 2　2018 年现存外商投资企业盈利企业行业分布

行业类别	2018 年 企业总数(个)	比重(%)	2018 年 利润总额(万元)	比重(%)
制造业	430	56.95	2991819.7	57.19
电力、热力、燃气及水生产和供应业	72	9.54	254778.5	4.87
房地产业	58	7.68	616358.9	11.78
批发和零售业	48	6.36	158495.8	3.03
租赁和商务服务业	30	3.97	141973.2	2.71
交通运输、仓储和邮政业	21	2.78	58933.0	1.13
建筑业	16	2.12	25548.4	0.49
科学研究和技术服务业	15	1.99	115493.1	2.21
农、林、牧、渔业	14	1.85	27625.0	0.53
采矿业	13	1.72	642999.2	12.29
居民服务、修理和其他服务业	10	1.32	26780.8	0.51
住宿和餐饮业	9	1.19	4206.2	0.08
金融业	9	1.19	162002.2	3.10
信息传输、软件和信息技术服务业	4	0.53	103.2	0.00
水利、环境和公共设施管理业	3	0.40	3381.9	0.06
文化、体育和娱乐业	2	0.26	939.9	0.02
卫生和社会工作	1	0.13	103.3	0.00
合计	755	100.00	5231542.3	100.00

净利润排名居前的企业分别为河南双汇投资发展股份有限公司（39.9 亿元）、洛阳栾川钼业集团股份有限公司（36 亿元）、天瑞水泥集团有限公司（28.3 亿元）、河南省漯河市双汇实业集团有限责任公司（23.7 亿元）、牧原食品股份有限公司（23.7 亿元）、鸿富锦精密电子（郑州）有限公司（15.1 亿元）、建业住宅集团（中国）有限公司（13.3 亿元）、东方希望（三门峡）铝业有限公司（12.2 亿元）、百瑞信托有限责任公司（10.4 亿元）、郑州丹尼斯百货有限公司（7.5 亿元）。

（2）企业亏损情况。亏损企业主要集中在制造业，房地产业，电力、热力、燃气及水生产和供应业以及批发和零售业，共 852 家，比上年增加了 4 家，亏损额 77.6 亿元。其中制造业亏损企业 399 家，比上年减少了 8 家，亏损额 44.9 亿元；房地产业亏损企业 76 家，比上年减少了 15 家，亏损额 6.1 亿元；电力、热力、燃气及水生产和供应业亏损企业 42 家，比上年减少了 5 家，亏损额 16.9 亿元；批发和零售业亏损企业 76 家，比上年增加了 14 家，亏损额 2.2 亿元（见表3）。

表 3　2018 年现存外商投资企业亏损企业行业分布

行业类别	2018 年企业总数(个)	比重(%)	2018 年利润总额(万元)	比重(%)
制造业	399	46.83	-449457.3	57.91
房地产业	76	8.92	-60731.1	7.82
批发和零售业	76	8.92	-21662.7	2.79
租赁和商务服务业	60	7.04	-7656.9	0.99
电力、热力、燃气及水生产和供应业	42	4.93	-168539.9	21.71
农、林、牧、渔业	32	3.76	-11520.6	1.48
住宿和餐饮业	31	3.64	-12000.4	1.55
科学研究和技术服务业	27	3.17	-3141.4	0.40
交通运输、仓储和邮政业	26	3.05	-4238.9	0.55
信息传输、软件和信息技术服务业	17	2.00	-1243.9	0.16
采矿业	14	1.64	-16307.7	2.10
文化、体育和娱乐业	13	1.53	-1079.5	0.14
居民服务、修理和其他服务业	11	1.29	-104.5	0.01
建筑业	11	1.29	-4041.8	0.52
水利、环境和公共设施管理业	8	0.94	-13947.8	1.80
金融业	6	0.70	-479.7	0.06
教育	2	0.23	-1.7	0.00
卫生和社会工作	1	0.12	-0.5	0.00
合计	852	100.00	-776051.8	100.00

亏损额较大的企业有河南豫联能源集团有限责任公司（亏损额5.2亿元）、郑州日产汽车有限公司（亏损额4.7亿元）、平顶山姚孟发电有限责任公司（亏损额4.3亿元）、卡特彼勒（郑州）有限公司（亏损额4.1亿元）、河南新飞电器有限公司（亏损额2.2亿元）。

（3）外商投资企业整体经营状况良好，河南省现存外商投资企业2017年度实现营业收入6996亿元，比上年增加522亿元，同比增长8.1%。从收入规模看，年营业收入额在1亿元以上的企业有414家，同比增加3家，营业收入合计6840亿元，比上年的6320亿元增加520亿元，占总额的97.8%，同比微涨；其中10亿元以上的有87家，同比增加10家。销售收入排名居前的企业有：鸿富锦（郑州）精密电子有限公司，年销售额2784.7亿元人民币；河南双汇投资发展有限公司，年销售额322.7亿元人民币；洛阳栾川钼业集团股份有限公司，年销售额241.5元；黄河国际贸易（郑州）有限公司，年销售额183.5亿元人民币；牧原食品股份有限公司，年销售额100.4亿元人民币；郑州丹尼斯百货有限公司，年销售额84.2亿元人民币；郑州煤矿机械集团股份有限公司，年销售额75.5亿元人民币；第一拖拉机股份有限公司，年销售额73.6亿元人民币；郑州日产汽车有限公司，年销售额69.9亿元人民币；河南心连心化肥有限公司，年销售额68.1亿元人民币。与上年相比，牧原食品、郑州煤矿机械、郑州日产、心连心化肥销售收入进入前十位，上年销售收入前10位的众品食品、鑫苑置业、富泰华精密（郑州）、金龙精密铜管等四家企业位次下降。

从行业看，制造业企业仍是销售收入的主要组成部分，占77.9%。除批发和零售业，房地产业，建筑业，农、林、牧、渔业，文化、体育和娱乐业及水利、环境和公共设施管理业等行业外商投资企业销售收入下降外，企业行业均保持增长态势。具体情况如表4所示。

（4）外商投资企业社会效益明显，全省现存外商投资企业2017年度纳税总额243亿元，同比增长6.5%。户均纳税1217.4万元，同比增长2.3%。按行业分，制造业、采矿业、房地产企业纳税比重靠前，三个行业外商投资企业纳税总额占近八成（见表5）。

表 4　现存外商投资企业销售收入按行业分布情况

行业类型	销售收入(万元)	比重(%)	同比增长(%)
制造业	54522860.1	77.93	6.59
批发和零售业	3946830.8	5.64	-18.14
采矿业	3532297.0	5.05	126.3
电力、热力、燃气及水生产和供应业	3118334.3	4.46	7.1
房地产业	2031184.8	2.9	-10.44
建筑业	588613.4	0.84	-11.72
科学研究和技术服务业	468617.4	0.67	584.94
交通运输、仓储和邮政业	448434.8	0.64	103.05
农、林、牧、渔业	333099.5	0.48	-0.93
居民服务、修理和其他服务业	302606.9	0.43	31.32
租赁和商务服务业	242290.1	0.35	109.7
金融业	232113.2	0.33	31.62
住宿和餐饮业	166879.3	0.24	37.78
文化、体育和娱乐业	10830.6	0.02	-24.39
水利、环境和公共设施管理业	9251.1	0.01	-88.21
信息传输、软件和信息技术服务业	7551.9	0.01	398.44
卫生和社会工作	1690.3	0	1.74
教育	0.2	0	0
合计	69963485.7	100	8.06

表 5　现存外商投资企业纳税按行业分布情况

行业类型	纳税额(万元)	比重(%)	同比增长(%)
制造业	1414947.4	58.23	1.05
采矿业	278635.2	11.47	98.56
房地产业	227056.0	9.34	12.59
电力、热力、燃气及水生产和供应业	165255.9	6.8	-42.29
批发和零售业	110287.1	4.54	28.79
金融业	54811.1	2.26	3.65
科学研究和技术服务业	50478.8	2.08	622.66
建筑业	38640.5	1.59	55.35
租赁和商务服务业	25417.0	1.05	5.65
交通运输、仓储和邮政业	24574.8	1.01	43.94
居民服务、修理和其他服务业	16730.1	0.69	107.3

续表

行业类型	纳税额(万元)	比重(%)	同比增长(%)
水利、环境和公共设施管理业	8488.5	0.35	-46.7
农、林、牧、渔业	7294.8	0.3	19.32
住宿和餐饮业	6508.0	0.27	-35.95
文化、体育和娱乐业	440.5	0.02	-47.08
信息传输、软件和信息技术服务业	315.6	0.01	171.98
卫生和社会工作	56.4	0	28.4
合计	2429937.8	100	6.51

1374 家企业有纳税，纳税金额较大的企业有：洛阳栾川钼业集团股份有限公司，纳税 11.4 亿元；鸿富锦精密电子（郑州）有限公司，纳税 11.3 亿元；东方希望（三门峡）铝业有限公司，纳税 7.9 亿元；河南龙宇能源股份有限公司，纳税 6.89 亿元；郑州丹尼斯百货有限公司，纳税 6.85 亿元；河南双汇投资发展股份有限公司，纳税 6.3 亿元。

外商投资企业 2017 年末直接就业人数 53.5 万人，同比下降了 15.5%，其中外籍人员 1375 人，同比下降了 2.9%。外商投资企业研发投入 47.5 亿元，同比增长了 25.6%，有力地提高了企业的市场竞争力。

（5）产业布局更加广泛，结构逐渐优化。从产业分布看，河南省现存外商投资企业仍以第二产业为主，但占比逐渐下降；第三产业次之，第一产业占比较少，二者占比稳步上升。其中第二产业有 1034 家，占 51.8%；第三产业其次，有 885 家，占 44.3%，比重上升 2 个百分点；第一产业占比最少，有 77 家，占 3.9%。从行业看，制造业，房地产业，电力、热力、燃气及水生产和供应业，批发和零售业所占比重靠前，其中外商投资制造业企业 1002 家，占 50.2%，主要集中于食品、纺织、化工、非金属矿物制品、装备制造等行业。第三产业以批发和零售业、房地产业、租赁和商务服务业为主（见表 6）。

（6）外资来源地集中度高，现存企业中，共有 83 个国家和地区在河南省设立投资企业，投资来源主要集中在中国香港、中国台湾、美国等地区。

表 6　2016 年、2017 年河南省外商投资企业行业分布情况

行业类型	2017 年		2016 年	
	企业家数(个)	占比(%)	企业家数(个)	占比(%)
农、林、牧、渔业	77	3.86	68	3.55
采矿业	32	1.6	31	1.62
制造业	1002	50.2	995	51.9
电力、热力、燃气及水生产和供应业	145	7.26	137	7.15
建筑业	32	1.6	33	1.72
批发和零售业	174	8.72	155	8.09
交通运输、仓储和邮政业	51	2.56	45	2.35
住宿和餐饮业	50	2.51	50	2.61
信息传输、软件和信息技术服务业	28	1.4	26	1.36
金融业	15	0.75	12	0.63
房地产业	158	7.92	152	7.93
租赁和商务服务业	113	5.66	99	5.16
科学研究和技术服务业	56	2.81	46	2.4
水利、环境和公共设施管理业	12	0.6	14	0.73
居民服务、修理和其他服务业	22	1.1	24	1.25
教育	4	0.2	4	0.21
卫生和社会工作	3	0.15	4	0.21
文化、体育和娱乐业	22	1.1	22	1.15
合计	1996	100	1917	100

第一位，香港。香港是河南省吸收境外资金的主要来源地，新设企业数、合同外资及实际到位均居河南省利用境外资金首位。现存外商投资企业中，香港地区在河南设立企业 818 家，占全省的 41.6%。

港资企业在河南投资领域非常广泛，涉及河南省允许投资的所有领域。规模较大的项目主要集中在制造业，电力、热力、燃气及水生产和供应业等领域。较大的项目如：鸿富锦精密电子（郑州）有限公司，由香港中坚企业有限公司投资，投资额 59.5 亿美元，是目前河南省规模最大的境外投资企业。华润电力登封有限公司，由华润电力投资有限公司投资，投资额 9.1

亿美元。神华国华孟津发电有限责任公司，由华阳投资（香港）有限公司投资，投资额8.3亿美元。华润电力焦作有限公司，由华润电力控股有限公司投资，投资额8亿美元。

第二位，台湾。现存企业中，台湾地区投资项目177个，占全省的9%，居河南省利用境外资金地区第2位。台资在河南省投资领域广泛，行业类别较多，在电子产品制造、食品饮料等行业具有龙头地位。如台湾鸿海集团在河南省郑州市、济源市、鹤壁市、南阳市、濮阳、兰考等市县投资的富士康项目；统一集团在郑州市设立的郑州统一企业有限公司；康师傅集团在郑州市设立的郑州顶益食品有限公司，在洛阳市设立的洛阳顶津饮品有限公司；台塑集团下属华阳投资公司投资的华阳（洛阳）电业有限公司2×60万千瓦电厂项目，投资总额高达7.27亿美元；台湾东裕集团投资的郑州丹尼斯百货有限公司，投资总额1.67亿美元；台湾统一集团在河南省设立的郑州统一企业有限公司，投资总额7400万美元。

第三位，美国。美国对河南的投资占较大比重，属于河南利用外资的主要来源地。现存企业中，美国在河南投资企业140家，占全省的7.1%。美国在河南的投资涉及电力、电子、机械、房地产、食品加工、饮食服务等多个领域。

在来河南投资的世界500强企业中，美国企业较多。如江森自控、可口可乐、百事可乐、杜邦、百胜、麦当劳、空气化工、通用汽车、美国西部、爱迪生国际公司、美国哈斯曼、美国AES公司、沃尔玛、KKR公司、美国高盛、美国联邦快递、百思买、雷曼兄弟等。

较大的项目有：美国空气化工投资的空气化工产品（新乡）有限公司，投资额7886万美元；美国林肯电气河南投资有限公司在郑州投资的林肯电气合力（郑州）焊材有限公司，投资额6833万美元；美国JP摩根在郑州投资的百瑞信托有限责任公司，投资额4.6亿美元；可口可乐投资的漯河太古可口可乐饮料有限公司，投资额3.2亿元人民币，经营范围为生产、销售国产及授权品牌饮料、相关包装材料、对外承接代加工饮料业务，提供产品宣传纪念品和相关附属服务；美国江森自控在河南省济源市设立的河南江森自控能源动力有限公司，投资额 2 亿美元，经营范围为高容量全密封免维护铅酸蓄电池，其他动力蓄电池及其零部件的制造、销售、研发，上述产品同类品以及蓄电池生产原材料和模具的批发（见表 7）。

表 7 现存外商投资企业中资金来源地前 10 位情况

单位：家，%

国别/地区	2017 年度企业数	2016 年度企业数	同比增长比例
中国香港	818	827	-1.09
中国台湾	177	180	-1.67
美国	140	135	3.70
中国	136	127	7.09
英属维尔京群岛	108	115	-6.09
日本	77	81	-4.94
新加坡	63	60	5.00
韩国	42	43	-2.33
萨摩亚	37	38	-2.63
加拿大	33	33	0.00

三 存在的问题

（一）外资存量较少

河南省目前现存外商投资企业 1996 家，占改革开放以来累计设立外商投资企业 12733 家的 15.7%，仅占全国 28.7 万家的 0.7%，与发达省份差距很大（见表 8）。与此同时，外商投资企业转内资或终止，外资存量进一步减少。2017 年以来，全省有近百家外商投资企业转内资或终止，占全省现存外资企业总量的 4.4%。同时，全省年新设外资企业数多年维持在 250

多家，增幅不大。1～12月，全国新设立外商投资企业60533家，同比增长69.8%。河南省新批外资企业207家，仅占全国的0.34%，总量占比过小。

表8　2017年度重点省市现存外商投资企业一览

单位：家

序号	省(市)	现存外商投资企业家数
1	广东省	84980
2	上海市	49759
3	江苏省	36405
4	浙江省	22293
5	福建省	17294
6	山东省	15377
7	北京市	15128
8	天津市	7794
9	辽宁省	7708
10	四川省	3335

（二）资金来源结构相对单一，产业结构不尽合理，区域引资不平衡

河南省吸引外资来源结构比较单一。虽然来豫投资的国家和地区超80个，但其主要来源于中国香港、中国台湾、美国、新加坡等国家或地区。以上国家（地区）现存企业占全省七成以上，这种外资来源结构高度集中的格局，使河南外资来源相对狭窄，易受国际经济发展形势波动的影响。

（三）外资工作方法亟须调整

随着外资管理体制改革的深入，外资企业设立变更网上备案、注册资本实缴改认缴、商务工商“一口办理”等投资便利化措施不断完善，但现存外资企业后期监管尚缺乏手段；商务部门与外资企业接触和沟通减少，对企业的动态情况不能及时掌握。

四　工作建议

（一）高度重视利用外资工作

外资是河南省经济发展的重要力量。外商投资企业在贡献税收、创造就业、引进管理经验和促进技术外溢等方面发挥了重要作用。新时期推动经济高质量发展，仍要把吸收外资作为对外开放的主要工作来强力推进。不断加强督导考核，完善激励机制，形成齐抓共管、层层落实的良好工作局面。

（二）认真抓好外资政策落实

贯彻落实《国务院关于扩大对外开放积极利用外资若干措施的通知》（国发〔2017〕5号）、《国务院关于促进外资增长若干措施的通知》（国发〔2017〕39号）、《国务院关于积极有效利用外资推动经济高质量发展若干措施的通知》（国发〔2018〕19号）及河南省配套出台的系列文件措施，开展落实情况督促检查，确保各项政策落地见效。制定跨国公司地区总部和功能性机构认定奖励办法、中介机构引资奖励办法等配套措施，开展招商引资专项资金奖励申报、审核、发放，推动形成有效的外资促进政策体系。

（三）加大对现存外商投资企业的服务力度

深化外资“放管服”改革，持续完善外资企业设立商务备案与工商登记“一口办理”，适时优化系统、完善流程，密切跟进各省辖市相关单位工作开展情况，加强业务指导与培训。加大对现存外商投资企业的服务力度，特别是在豫500强外企的跟进服务，通过跨国公司座谈会、外企服务日等方式听取对河南省扩大开放、深化改革、优化产业结构等方面的意见建议，及时协调解决外资项目落地、运营中的困难和问题。抓好投资环境评价工作，对标国际标准，进一步营造公平、透明、更具有吸引力的引资环境。

B.12
河南省稳外资对策研究

薛建鲁　李祥卿　孟 悦*

摘　要： 本文通过丰富的数据和实例，从外资在河南省产业结构、来源地结构、省内区域分布等方面，深入分析了当前利用外资形势，系统阐述了多措并举稳定外资的做法，为下一步积极有效扩大开放、促进外资稳定增长，从狠抓政策落地、精准招商、完善载体、改善环境等方面提出了措施和建议。

关键词： 河南　稳外资　精准招商　完善载体　改善环境

2018 年，全省上下高举习近平新时代中国特色社会主义思想伟大旗帜，深入学习贯彻党的十九大精神和习近平总书记在博鳌亚洲论坛 2018 年年会、首届进口博览会开幕式上的主旨演讲精神，在省委、省政府的坚强领导下，全面落实国家稳外资系列决策部署，积极推进外资管理制度改革，不断提升外商投资“放管服”工作水平，推动外商投资领域不断拓宽，产业结构更加优化，以外资稳定发展促进河南经济高质量发展的作用更加凸显。

一　2018年全省吸收外资情况

（一）全省吸收外资情况及中部六省对比

2018 年，全省设立外商投资企业 217 家，同比增长 3.3%；实际吸收外

* 薛建鲁、李祥卿、孟悦，河南省商务厅。

商投资179亿美元（省全口径数据，含外商投资企业资本金、外商投资企业再投资、境外借款、境外上市融资、设备出资等），同比增长3.9%，完成全年计划的100.9%，总量居中部六省第1位（见表1）。

表1　中部六省2018年1～10月全口径实际吸收外资情况

单位：亿美元，%

序号	省份	金额	同比
1	河南省	179	3.9
2	安徽省	170	7
3	湖南省	161.9	11.9
4	湖北省	119.4	8.6
5	江西省	125.7	9.7
6	山西省	13.3	38.3

按照商务部系统数据，全省实际直接利用外资15.1亿美元，同比增长3.9%，总量居中部六省第3位（见表2）。

表2　中部六省2018年1～10月实际直接利用外资情况

单位：亿美元，%

序号	省份	金额	同比
1	湖北省	15.9	-23.2
2	江西省	17.6	10.5
3	河南省	15.1	3.9
4	安徽省	13.7	0.2
5	湖南省	7.9	9.9
6	山西省	11.7	419.6

（二）实际吸收外资整体向好

第一，从新设项目数量看，2018年新设企业较多且同比增长的省辖市有郑州市（82家，增幅3.8%）、洛阳市（28家，增幅21.7%）、新乡市（13家，增幅30%）、漯河市（10家，增幅66.7%）和周口市（10家，增

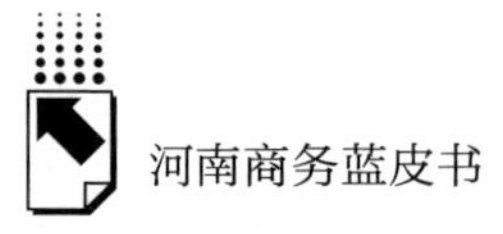

幅150%）。

第二，实际吸收外资方面，规模较大的单位有郑州市（42.1亿美元）、洛阳市（28亿美元）、新乡市（11.4亿美元）、三门峡市（11.1亿美元）、漯河市（9.4亿美元）、焦作市（8.5亿美元）。增幅较大的单位有商丘市（5.7%）、驻马店市（5.7%）、新乡市（5%）、安阳市（5%）、漯河市（4.1%）、平顶山市（4.1%）。

二　吸收外资面临的形势及存在的问题

（一）面临的形势

当前经济运行稳中有变，国际国内环境发生明显变化。中国利用外资进入由高速增长向高质量增长转变的新阶段，进入由传统审批制管理体制向新的基于负面清单的开放型外资管理体制转变的新阶段，进入由以优惠政策为主向以优化营商环境、提高便利化水平为主转变的新阶段，"稳外资"机遇和挑战并存。

从机遇看，世界经济延续回暖态势，美国经济保持相对健康增长，欧元区经济仍在持续复苏，日本经济维持温和复苏态势，中国多边合作成绩显著。从国内看，国家高度重视外资工作，近两年国务院连续出台三个鼓励外商投资的政策文件，对外开放步伐进一步加快，外商投资环境进一步优化，为促进外商投资增添了新动力、拓展了新空间。特别是7月，中央政治局会议作出"当前经济运行稳中有变"的重大判断，部署做好稳就业、稳金融、稳外贸、稳外资、稳投资、稳预期工作，进一步增强了外商在中国投资的信心。

从挑战看，一是美国与全球多个国家和地区发生贸易摩擦，影响全球贸易增长和资金流动，对世界经济稳定发展造成威胁。特别是对中国引进高端制造、先进设备、研发人才等限制约束收紧，拓展利用外资空间的难度进一步加大。2018年上半年，全球外国直接投资总额约4700亿美元，较2017

年同期骤降41%。2018年10月，国际货币基金组织（IMF）发布《世界经济展望报告》，将2018年世界经济增速预期由3.9%下调到3.7%，将进一步影响外资流动的积极性。二是国际引资竞争加剧。美国大力推进制造业振兴，东盟等发展中国家纷纷出台政策法规，各国新出台外资政策的70%~75%是加强招商引资、实施税收减免政策，不断放宽外资市场准入，对中国形成激烈竞争态势。国内部分省份外资出现撤离现象，如希捷、尼康、松下、夏普、东芝、飞利浦、索尼、霍尼韦尔等外企在中国撤退动向明显。河南省也出现了外商投资企业转内资增多现象，部分外企对整体预期信心不足。三是叙利亚、乌克兰等地缘政治风险、局部战争风险对全球资本流动带来了不确定因素。四是国内经济面临下行压力，国际资本回报率有所回落。国内传统发展模式正在转换，而经济增长的新动力尚未形成。要素成本快速上升，影响了中国市场对境外资本的吸引力。

（二）存在的问题

1. 利用外资的氛围不浓

一是在体制机制方面，外资工作合力发挥不够充分。利用外资是对外开放的重要组成部分，需要各个部门大力支持、通力协作。有些部门和地方对国家利用外资政策理解不透彻、执行不到位，工作中存在政策偏差，在平等保护产权、平等参与市场竞争、平等使用生产要素等方面还较落后。二是部分地方政府认识不到位。片面认为现在国内资金已经充足，不需要外资，没有认识到利用外资引进国外先进技术、管理经验、开展对外合作、“三外”联动的重要性，对外资的重视程度不够，投入的精力有限，坐等上门而非主动出击。三是外资招商人才短缺。外资政策多、更新快、工作头绪多，同时外资招商部门人员流动较快，熟悉政策、了解产业的招商人才短缺。

2. 平台载体作用有待提升

一是河南自贸区利用外资高端平台的优势没有充分发挥，根据商务部口径，1~12月河南自贸区新设外商投资企业42个，占全省19.4%；合同外

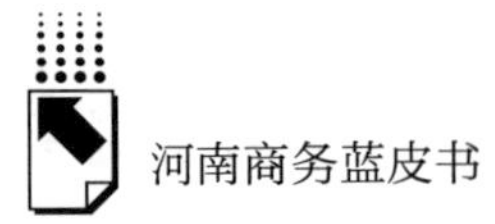

资30608万美元，占全省总额的4.5%；实际到位资金2092万美元，占全省总额的1.4%。二是国家级开发区利用外资情况不理想，全省列入统计的16个国家级开发区中，7个新批项目与合同外资均为零。平顶山高新区、焦作高新区和南阳高新区实际吸收外资均为零。

3. 合同外资降幅较大

作为实际吸收外资的风向标，全省合同利用外资规模下降，保持增长动力不足。2018年1～12月，全省新增合同外资68亿美元，同比下降21.1%。存在的问题，一是各地普遍反映有针对性的境外招商活动少，与外资企业接触的联系渠道少，外商资源匮乏，扩大新批项目与合同外资增量压力很大。二是各省辖市发展不均衡。洛阳市、平顶山市、鹤壁市、新乡市、濮阳市、漯河市增幅较大，特别是洛阳市，新增合同外资23.2亿美元，增长137.2%。部分省辖市合同外资出现大幅下降，如焦作市同比下降99%，开封市同比下降89.5%，南阳市同比下降85.5%。

4. 外资存量企业少

2018年外商投资企业联合年报数据显示，河南省目前现存外商投资企业1996家，仅占全国28.7万家的0.7%，与发达省份差距很大，如广东省8.5万家、上海市4.97万家、江苏3.6万家。即使与中部其他省份相比也有一定差距，如江西2819家、湖北2751家、安徽2539家。2019年以来，河南省新增存量外资企业也较少。一是新设外资项目总量偏少。1～12月，河南省新批项目217家，占全国60533家的0.36%。个别省辖市、省直管县（市）新设外资项目偏少，5个直管县和7个国家级开发区新设项目为零。二是部分现存企业转内资、终止。根据最近对全省外商投资企业转内资、终止排查情况看，2017年以来，全省有89家外资企业转内资或终止，占全省现存企业总量的4.4%。企业反馈的撤资原因，主要集中在：经营不善的有38家，占42%；国内资本市场IPO的有15家，占17%；市场前景预估不足的有11家，占12.5%；僵尸类企业终止的有10家，占11.4%；产业政策原因的有3家，占3.4%；经营期限到期的有2家，占2.3%；其他原因的有10家，占11.4%。

5. 营商环境需进一步优化

个别部门服务意识还不强，在办理项目手续时，不按要求一次性告知，外商感觉手续麻烦。有的部门不愿担当，随意要求企业提供其他部门预先审批材料，部门之间相互推诿，存在“隐形门”“旋转门”，影响项目落地。个别地方仍存在招商承诺事项兑现不及时现象，或“新官不理旧账”，国家鼓励政策无法贯彻落实到位。还有部分外商投资企业因环保等政策“一刀切”，运营成本增加，经营陷入困境。

三　稳外资主要举措

第一，为贯彻国务院促进外资增长系列文件精神，河南省政府出台了《关于促进外资增长的实施意见》（豫政〔2018〕3号）、《关于积极有效利用外资推动经济高质量发展若干措施的通知》（豫政〔2018〕36号），围绕扩大外资准入领域、加大财税支持力度、增强招商引资实效、优化外资营商环境等方面，提出完善资金支持政策、加大招商引资考核力度等有含金量、可操作性的举措，为河南省扩大开放促进外资增长提供了政策支撑。修订印发了《河南省省级招商引资专项资金管理办法》，进一步降低招商引资项目奖励门槛，标准由实际到位境外、省外资金3000万美元以上调整为1000万美元以上；鼓励吸引总部经济落户河南，对新设立的境外、省外企业地区总部和功能性机构，最高给予1000万元奖励。

第二，全面提升外商投资便利化服务水平。一是持续推进简政放权。通过梳理权责清单、清理中介服务事项、优化审批流程，凡是商务部下放省里的事项，如无特别规定，全部下放或委托省辖市、自贸试验区、国家级开发区办理，提高了服务的透明化、规范化水平。二是深入贯彻落实外商投资审批改备案管理制度。截至目前，各省辖市、省直管县（市），自贸试验区、国家级经开区按照授权均开展备案工作。2018年全省共受理外商投资企业设立和变更备案申请825项，全部按时办结。外商投资备案手续办理时间大幅缩短到3个工作日，无须提交纸质材料，全部网上办结，为企业生产经营活动赢得了时间和效率，让外资企业和投资者扎扎实实享受到了改革的红利。三是积极推进外商投资企业设立商务备案与工商登记“单一窗口、单一表格”受理工作，加强对“一口办理”工作的统筹指导，如期完成国家部署的6月30日前完成“一口办理”的目标任务。全省外资企业设立工商登记和商务备案能够在工商窗口同时办理，企业不用再跑两个部门，重复填报信息，整个受理过程“无纸化”“零收费”，真正实现了让“信息多跑路，企业少跑腿”。

第三，发挥重大招商引资活动作用。一是利用重大招商活动促项目签约。成功举办第十二届中国（河南）国际投资贸易洽谈会，邀请来自89个国家和地区的境外客商近3000人，围绕优势产业对外发布3000个合作项目，通过对接洽谈，促成132个项目在会上成功签约，总投资2993亿元。精心举办了“跨国公司河南行”等系列活动，促成香港华润等多个项目成功落地。积极组团参加第二十届中国国际投资贸易洽谈会、第二十一届中国西部国际投资贸易洽谈会、第十七届中国西部国际博览会等重大活动，进一步扩大河南省的影响力。各省辖市也积极开展招商活动，洛阳市通过牡丹花会、信阳市通过茶文化节、开封市通过菊花展、漯河市通过食品博览会、驻马店市通过豫商大会，搭建了活动平台，促进了项目合作。二是建立跟踪落实机制促使重大经贸活动签约项目落地。对第十二届投洽会签约项目实行动态跟踪，每季度末定期通报签约项目进展情况，促进签约项目尽快落地投产。

第四，狠抓重大项目建设促外资提质增效。一是项目规模较大。2018年，一批重大外资项目在河南成功落地、增资扩股，有力地推动了全省吸收外资平稳增长。在新批项目中，有78家投资额超千万美元，占项目总数的35.9%，单个项目平均投资规模达2.1亿美元；投资总额166.7亿美元，占新批项目总投资额的98.3%。其中17家项目投资额超亿美元。二是世界500强、跨国公司投资保持增长态势。BP、特斯拉、京东集团、中国石化等一批世界500强企业成功落户河南，在豫投资世界500强企业达129家。法国电力、泰国正大集团、新加坡丰树集团等跨国公司把河南作为战略投资区域，相继增资扩股，加速在河南投资步伐。三是利用境外资本市场实现新突破。更多产业开始积极利用境外资本市场，医药领域的福森药业、教育领域的春来教育、房地产领域的恒达集团先后成功登陆香港证券交易所。双汇集团、建业集团、心连心化肥利用境外资本市场募集资金，拓展物流、新能源等领域投资。四是外资结构进一步优化。服务业领域利用外资占比继续上升，传统制造业吸收外资保持平稳，环保、新能源持续成为外商投资热点领域。

第五，紧盯目标区域稳定外资来源。针对河南省利用境外投资来源地比较集中的特点，紧紧围绕港台、美国、新加坡等河南省吸引境外资金的主要区域开展招商对接活动，稳定外资来源。2018 年，河南省吸收外资涉及 40 个国家和地区，主要集中在港台、美国、新加坡等国家或地区。其中 33 个国家和地区在河南省新设外商投资企业，较多的有：中国香港 92 家、中国台湾 26 家、美国 24 家、新加坡 9 家，以上 4 个地区合计 151 家，占全省的 69.6%。新增合同外资主要集中在中国香港地区，合同利用港资 50.9 亿美元，占 74.6%。实际吸收外资方面，34 个国家和地区有资金到位，较多的国家和地区有：中国香港 115.5 亿美元、中国台湾 12.7 亿美元、新加坡 7.9 亿美元、英国 7.1 亿美元、美国 6.2 亿美元，以上 5 个地区合计 149.4 亿美元，占全省的 88.2%。“一带一路”沿线国家实际到位外资同比增长 24.5%。

第六，继续扩大外资准入领域。全面放开一般制造业，扩大电信、医疗、教育、养老、新能源汽车等领域开放合作。制造业领域，制定了《河南省推进制造业对外合作 2018 年专项工作方案》，修订了《河南省产业转移指导目录》。医疗领域，建成中外联合疾病诊疗中心和实验室 11 个，中美荷美尔肿瘤研究院、河南省人民医院梅奥国际中原中心、郑州大学马歇尔医学研究中心、中澳头颈肿瘤合作研究中心等重点合作项目取得成效。教育领域，中原工学院中原彼得堡航空学院获教育部批准设立，华北水利水电大学乌拉尔学院挂牌，洛阳师范学院与马来西亚城市大学合作设立河洛学院。养老服务领域，全面放开养老服务市场，出台《关于全面放开养老服务市场提升养老服务质量的实施意见》《关于鼓励外国投资者在河南设立营利性

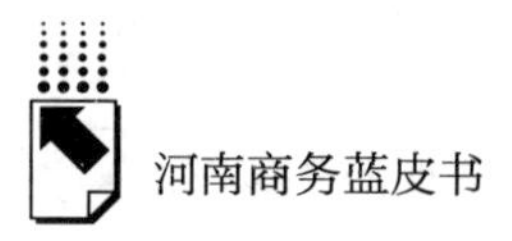

养老机构从事养老服务的通知》，境外资本投资养老服务业与内资享受相同政策，美国、德国、新加坡、香港地区投资者在河南省新批了养老项目。

第七，创新招商方式，开展精准化对接合作。加强与跨国公司产业对接，与中国外商投资企业协会共同举办了跨国公司河南行活动，其间举行了中国外商投资企业协会中国（河南）自由贸易试验区服务中心揭牌仪式，融资租赁企业、医药健康企业圆桌对接会两场专题对接活动以及实地考察，为业界搭建了交流合作的高端平台。积极利用进口博览会平台，抽调精干力量组成10支小组开展驻地邀商招展工作。通过领导会见、参加活动、展位拜访等方式，对接邀请日本贸易振兴机构、韩国贸协、丰田汽车、通用汽车、索尼、三星等境外企业及机构1000余家，大力宣传河南，推介河南省投洽会，取得明显成效。加强与港澳地区交流合作，举办了2018豫籍香港企业家春茗活动、“澳门·河南－‘中国与葡语国家商贸合作服务平台’商机推介会”等活动。

第八，多策并举优化外商投资环境。一是在商事登记领域率先实施“三十五证合一”，在投资领域率先选择已取得用地的市政基础设施、社会事业、工业和现代物流等备案类企业投资项目，实行承诺制试点。二是大力简化整合投资项目报建手续，探索区域评价、容缺办理、多规合一、多评合一和多图联审5项机制。全省投资项目从立项到开工全程审批时间由原来180个工作日以上压缩到60个工作日以内。三是组织开展外商投资企业知识产权保护行动。印发了《外商投资企业知识产权保护行动实施方案》，组织协调相关部门，以涉外商标为重点，严厉打击傍名牌等侵犯商标权违法行为，破获了一系列典型案件，有效保护了外商的合法权益。

四　下一步思路和工作举措

针对吸收外资工作中存在的问题和困难，坚持稳中求进工作总基调，紧紧围绕“稳外资”要求，找准问题、突出重点，优化外资存量和扩大增量并重，做好稳定政策预期、开展精准招商、优化营商环境等工作。

（一）抓好政策落实，稳定政策预期

进一步完善对外开放顶层设计和利用外资政策支持体系，强化部门配合、上下联动，形成利用外资工作合力。一是继续贯彻落实好国发〔2017〕5号、39号文、国发〔2018〕19号文及河南省配套出台的系列文件，适时开展全省实施意见落实情况的督促检查，确保各项政策落地见效。二是按照修订后的《河南省省级招商引资专项资金管理办法》，开展招商引资专项资金奖励申报、审核、发放工作，争取让更多符合条件的外资项目得到省级财政资金支持。

（二）精准招商提高实效

结合利用外资的新特点、新趋势，督促各地围绕“延链补链强链”绘制产业链图谱，围绕优势产业和发展规划，探索由商务厅牵头，以地市为主体，以产业为中心，组织小分队开展针对不同地区、不同产业的精准招商。一是加强与英国、德国、日韩等重点地区的深度交流合作，依托产业优势，开展精准对接。提升与英国合作水平，重点围绕汽车、新能源汽车、装备制造等领域开展产业对接。借力德国工商总会，制订与德国经贸合作行动计划，促进双方产业和经贸园区加强合作。二是组织好豫台经贸专题交流活动、美加墨经贸专题交流活动。针对珠三角、长三角、京津冀、环渤海、闽东南地区定期开展点对点招商。三是筹备好第十三届省投洽会，重点开展客商邀请，精心谋划重大及专题活动，更加突出国际性、针对性、实效性。认真组织好2019豫籍香港企业家春茗活动，积极开展高层拜访对接。

（三）发挥平台载体优势

一是郑州、开封、洛阳要围绕各自贸试验区片区功能定位，切实担起主体责任，加大外资招、引力度，发挥开放龙头作用。探索建立自贸试验区发展状况量化评价指标体系，加大对片区发展的全面考核激励力度，同时利用省级专项资金加大对片区招商引资、招才引智、项目建设的奖补力度，把自贸试验区打造成为河南省利用外资的桥头堡、主阵地。二是加大国家级开发区“放管服”改革力度，为开发区利用外资增添动力。重点围绕充分赋权和支持开发区体制改革，通过财政、金融等支持开发区投融资。赋予经开区地市级经济管理权限，发布赋权清单，在有条件的国家级开发区试点赋予省级经济管理审批权限，支持国家级开发区稳妥高效用好相关权限，提升综合服务能力，为外商投资项目顺利落地提供便利。

（四）加强重大项目跟踪服务

加快推进富士康滑县项目、益海嘉里、泰国正大等在谈重大项目的签约落地，继续做好重大签约项目跟踪，完善项目台账，每季度通报项目进展情况。加强对在豫500强外企的跟进服务，通过座谈会、外企服务日等方式听取对河南省扩大开放、深化改革、优化产业结构等方面的意见建议，及时协调解决外资项目落地、运营中的困难和问题。

（五）进一步优化营商环境

一是推进外商投资便利化。全面落实新版外商投资准入特别管理措施，大幅度放宽外资市场准入。进一步优化完善外商投资企业商务备案与工商登记“一口办理”流程，提升外商投资企业注册、变更便利化水平。加强与工商等部门的信息共享，完善事中事后协同监管机制。二是借助外商投资营商环境评价试点工作，对标国际标准，加快打造法治化、国际化、便利化的营商环境。三是要进一步完善外商投诉权益保护机制。落实完善河南省外商投资企业投诉工作厅际联席会议制度，加强横向协作，进一步保护外商知识产权，协调有关省直单位及时解决涉及本部门职能的外商反映的突出问题，打造优良的营商环境。

（六）加强对利用外资工作的考核督导

一是加强对利用外资招商工作的考核督导，进一步完善利用外资通报制度，按月向各省辖市、省直管县（市）政府通报各地新批项目、合同外资、实际到位情况。重点考核各单位招商工作实效，对利用外资工作成效突出的省辖市、县（市、区）给予肯定，对利用外资工作进度缓慢的给予通报批评。二是加大对国家级、省级经开区利用外资情况的考核力度，每月将国家级经开区实际吸收外资情况向各省辖市政府通报。在全省经开区综合发展水平考核评价和全国国家级经开区考核评价中，连续 2 年排名最后的国家级经开区不得扩区。实际吸收外资为零的经开区，当年不得被评为先进单位，不列入推荐升级国家级经开区名单。在全省经开区综合发展水平考核评价中连续 2 年排名最后的省级经开区取消其省级经开区资格。三是加强对自贸区利用外资工作考核督导，督促其发挥开放高地作用。

B.13
河南省发展服务贸易的对策建议

河南省商务厅课题组*

摘　要： 当前，服务贸易成为国际竞争的制高点，大力发展服务贸易已成为世界各国深度参与经济全球化的重要途径和我国外贸发展及对外开放的新引擎。为更好地了解服务贸易发展形势，掌握河南省服务贸易发展情况，有针对性地开展促进工作，由河南省商务厅张延明厅长牵头，组成调研组，先后到北京、湖北开展调查研究。调研组对国内外服务贸易发展形势和河南省服务贸易发展情况进行了总体分析研判，探讨了河南省服务贸易发展存在的问题，通过借鉴先进省市发展经验和好的做法，对促进河南省服务贸易发展提出了相关建议。

关键词： 河南　服务贸易　对外开放

一　服务贸易成为我国外贸发展和对外开放的新引擎

（一）国际服务贸易发展趋势

当今世界经济已步入服务经济时代，服务业占世界经济总量的近

* 课题组组长：张延明；课题组副组长：李若鹏；课题组成员：张进才、王军、王苏、吕珣、任秀苹。执笔人：任秀苹。

70%，主要发达经济体服务业比重接近80%。随着全球货物贸易不确定性增加，服务贸易将逐步成为国际竞争的制高点，成为推动全球经济新增长的重要动力。大力发展服务贸易已成为世界各国深度参与经济全球化的重要途径。

1. 服务贸易成为引领全球贸易增长的新引擎

长期以来，货物贸易在全球贸易中一直占据绝对主导地位。金融危机以后，伴随全球产业结构调整、产业分工细化和大数据、物联网、云计算等技术的迅速发展，服务贸易成为世界经济和贸易复苏的新动力。近年来，国际服务贸易增速整体高于货物贸易增速（见图1），2016年服务贸易占世界贸易的比重为23.2%，较2012年提高3.7个百分点。

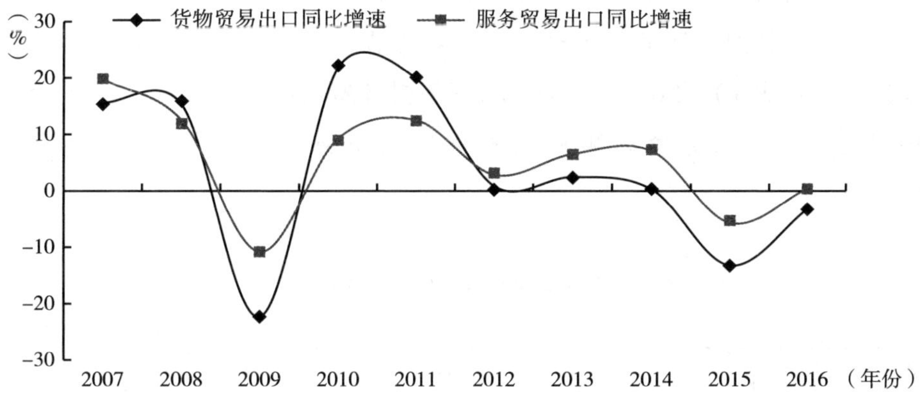

图1　2007～2016年世界货物贸易出口与服务贸易出口增速比较

资料来源：世界贸易组织官网。

2. 服务业梯度转移快速推进

全球对外直接投资重点已经逐渐由制造业领域向服务业领域转变。联合国贸发组织《2016年世界投资报告》显示，2015年服务领域跨国投资占全球FDI存量的比重保持在63%的水平，较10年前提高了约10个百分点。随着全球资本不断向服务业聚集，直接提升了东道国的服务业国际竞争力和外包承接能力。2017年我国高技术服务业实际使用外资1846.5亿元，同比增长了93.2%。其中，信息服务、科技成果转化服务、环境监测及治理服务分别增长162%、41%和133%。

3. 服务贸易在全球价值链中作用日益凸显

没有服务业的制造业是大而不强的。随着制造业服务化、服务业数字化和制造业服务业融合步伐加快，服务贸易越来越成为价值链的重要增值环节。联合国贸发组织数据显示，2010年按照新的增值贸易统计方法计算，在出口增加值的创造上，服务业（46%）大大高于制造业（43%），成为拉动经济增长和扩大就业的驱动力。

4. 发达国家主导国际服务贸易格局

欧美等发达国家凭借科技、金融、知识产权等优势在国际服务贸易领域占领制高点，占全球服务贸易出口的70%左右，服务贸易顺差持续扩大。其中美国在技术服务领域占绝对优势，是全球第一大服务贸易顺差大国（见表1）。2005～2016年，G7服务贸易顺差由537亿美元增至3097亿美元，服务贸易顺差占其货物贸易逆差的比重由9.3%升至55.1%。

表1　2016年全球服务贸易十大进出口国

单位：10亿美元，%

排名	出口	金额	占比	增速	排名	进口	金额	占比	增速
1	美国	733	15.2	0	1	美国	482	10.3	3
2	英国	324	6.7	-5	2	中国	450	9.6	4
3	德国	268	5.6	3	3	德国	311	6.6	4
4	法国	236	4.9	-2	4	法国	236	5.0	2
5	中国	207	4.3	-4	5	英国	195	4.1	-6
6	荷兰	177	3.7	1	6	爱尔兰	192	4.1	15
7	日本	169	3.5	7	7	日本	183	3.9	3
8	印度	161	3.4	4	8	荷兰	169	3.6	1
9	新加坡	149	3.1	1	9	新加坡	155	3.3	1
10	爱尔兰	146	3.0	9	10	印度	133	2.8	8

资料来源：世界贸易组织官网。

5. 新兴服务成为未来服务贸易新的增长点

联合国贸发组织数据显示，计算机与信息服务、通信服务、技术服务等新兴服务增速较快，其中电信、计算机与信息服务增速最快，2010～2016年年均增速为7%，高出运输、建筑等传统服务6个百分点。

（二）我国服务贸易发展状况

1. 规模不断增长，逆差持续扩大

2017年我国服务贸易额6957亿美元，是2012年的1.4倍，五年年均增速7.6%，高出同期货物贸易增速6.4个百分点。2017年我国服务贸易中旅行、运输、建筑和加工服务等传统服务占比达68%，电信、计算机和信息服务，知识产权使用费，保险和养老金服务等新兴服务占14%（见图2）。但同时，服务贸易逆差额迅速扩大，由2012年797亿美元扩大到2017年的2395亿美元，逆差年均增速高达24.6%（见表2）。

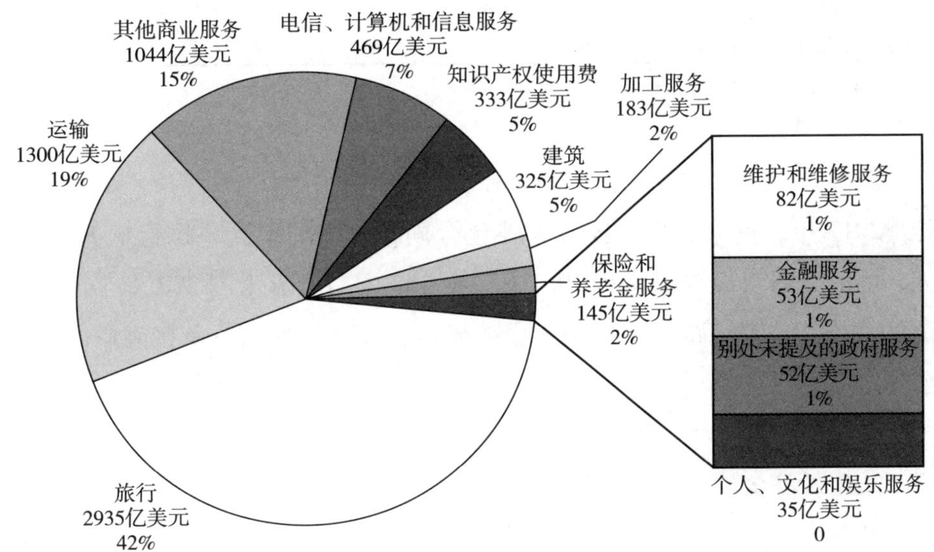

图2　2017年我国服务贸易分项情况

资料来源：商务部。

2. 区域布局改善，试点地区引领作用明显

2017 年，我国东部沿海 11 个省市服务贸易占全国的 85.9%，其中，上海、北京、广东服务贸易额突破 1000 亿美元，分别为 1512 亿美元、1434 亿美元、1231 亿美元，占全国的 60% 以上。中西部地区服务贸易同比增长 8%，高于全国增速 1.2 个百分点。2017 年，15 个服务贸易创新试点省市服务贸易合计 24406 亿元，出口和进口分别增长 11.1% 和 7.4%，高于全国平均水平。

表 2　2012～2017 年我国货物贸易与服务贸易发展比较

单位：亿美元，%

全国	2012 年	2013 年	2014 年	2015 年	2016 年	2017 年	2012～2017 年均增速
货物贸易额	38671.2	41589.9	43015.3	39530.3	36855.6	41045	1.20
货物贸易差额	2303.1	2590.1	3830.6	5939	5097	4225.4	12.90
服务贸易额	4829	5376	6520	6542	6616	6957	7.60
服务贸易差额	-797	-1236	-2137	-2169	-2426	-2395	24.60
贸易总额	43500.2	46965.9	49535.3	46072.3	43471.6	48002	2.00
贸易总额差额	1506.1	1354.1	1693.6	3770	2671	1830.4	
服务贸易占比	11.10	11.40	13.20	14.20	15.20	14.50	

资料来源：《2017 年中国统计年鉴》。

3. 服务外包发展势头良好，离岸外包增长较快

2017 年，我国企业承接服务外包合同额 12182 亿元，执行额 8502 亿元，同比分别增长 26.8% 和 20.1%，业务范围遍及五大洲 200 多个国家和地区，与“一带一路”沿线国家服务外包合作日益紧密。承接离岸服务外包执行额 797 亿美元，增长 13.2%。

4. 服务贸易成为我国深化开放的重要标志

适应经济全球化的新变局，以货物贸易为主的“一次开放”正在向以服务贸易为重点的“二次开放”过渡，这是经济转型升级的内在需求，是未来我国深化改革开放的重要标志，交通运输、金融、电信、教育、文化、旅游等服务业领域将进一步开放，育幼养老、建筑设计、会计审计、商贸物流等领域外资准入限制逐步放开，服务贸易自由化便利化将推动我国供给侧

结构性改革，促进全面开放新格局形成。

不论从世界服务贸易还是我国服务贸易发展情况看，服务贸易发展与世界经济发展、国际分工与科技发展高度同步。服务贸易已成为国际经贸关系的重要纽带，把世界联系得更为紧密。服务贸易的高度发展使国际贸易发展更加便捷和低成本。服务贸易增加了货物贸易的附加值，做大了货物贸易规模。服务贸易使人们能够获得更多物质和精神享受。

二　河南服务贸易发展现状分析

（一）发展现状

1. 服务贸易规模不断扩大,增速高于货物贸易

据商务部统计，2017 年河南省服务贸易额 80.35 亿美元，是 2012 年的 2.3 倍，同比增长 0.17%，居全国第 13 位，较 2012 年前移 2 位，位于中部六省第 2 位（见图 3）。五年间，全省服务贸易年均增速达到 18%，高出货物贸易增速近 10 个百分点。2017 年全省服务贸易占贸易总额的比重达到 9.4%，较 2012 年提升 3 个百分点。

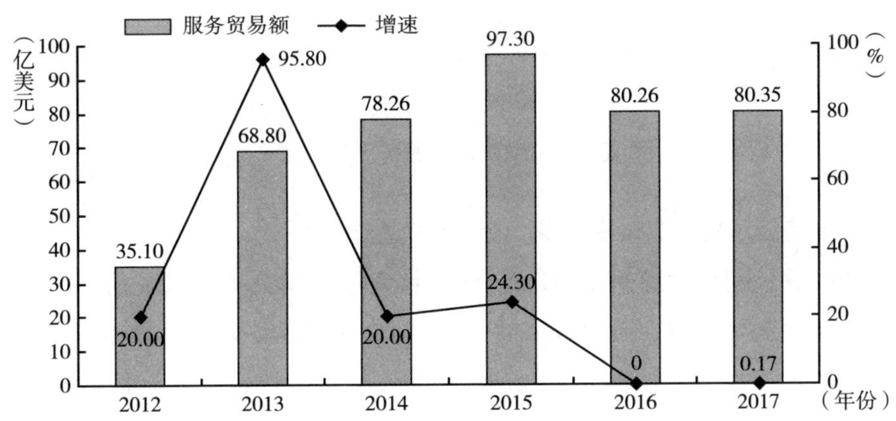

图 3　2012～2017 年河南省服务贸易额及同比增速

注：商务部服务贸易统计口径 2014 年和 2016 年调整幅度较大，2016 年无同比增速，其他年份也有微调，统计数据仅做参考。

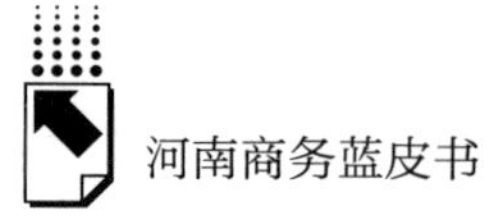

2. 新兴服务发展迅速，出口结构有所优化

2017 年，全省新兴服务贸易发展迅速，知识产权使用费 4211 万美元，增长 111%；金融服务 5322 万美元，增长 62.8%；文化娱乐服务 941 万美元，增长 19.5%；电信、计算机和信息服务 1821 万美元，增长 14.9%。离岸服务外包接包合同执行额 8488 万美元，是上年的 16 倍。运输服务出口较 2013 年增加近 1 亿美元，占比由 2% 提升至 12%；电信、计算机和信息服务出口增加 704 万美元，占比提升至 1%（见图 4）。

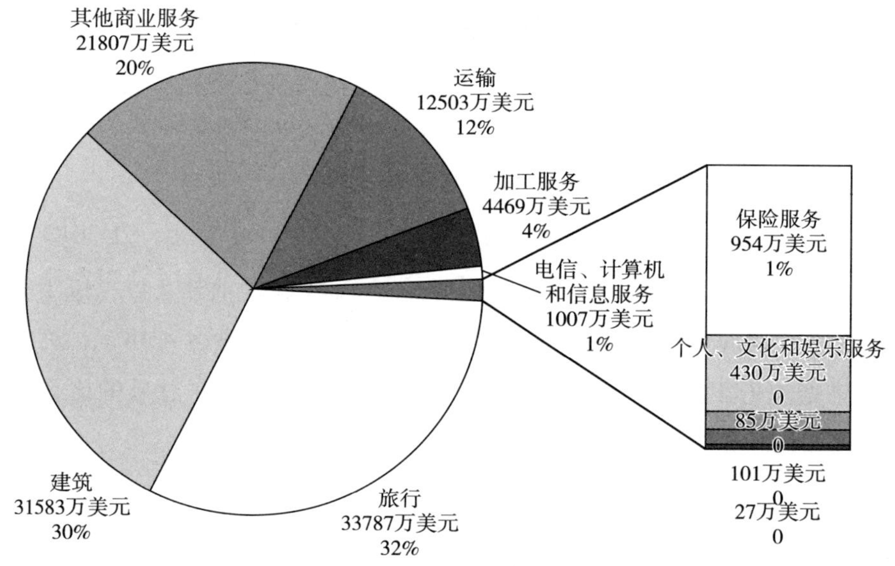

图 4　2017 年河南服务出口情况

3. 服务业承接产业转移增多，企业主体逐步壮大

近年来，河南省引进了 NEC、日本京瓷等跨国公司，以及信大捷安信息技术、中关村在线、中国诚信信用管理、大数据算法与分析技术国家工程实验室、西安交大中原大数据研究院等一批服务外包企业。目前全省有 2620 家开展服务贸易业务的企业，其中 44 家被商务部列入服务贸易重点企业，中石化中原石油工程有限公司、洛阳栾川钼业集团股份有限公司分别居全国技术贸易出口和金融服务进口第 3 位。

4. 促进体系逐步完善，加快培育平台载体

近三年河南省出台了《关于加快发展服务贸易的实施意见》《关于促进服务外包产业加快发展的实施意见》《河南省加快发展对外文化贸易的实施意见》《关于进一步促进展览业改革发展的实施意见》等政策文件。2016 年郑州市成为中国服务外包示范城市，2015 年、2017 年河南省分两批认定了 13 个省级服务外包示范园区，开展了中医药服务贸易骨干企业、重点项目、重点区域评审申报工作，南阳市成为国家中医药服务贸易先行先试区域。

5. 服务贸易创新发展取得初步成效

2017 年，河南省积极创新服务贸易发展模式，改善服务贸易发展环境，以提升“河南服务”的国际竞争力和影响力为主要任务，大力发展郑州 - 卢森堡、郑欧班列跨境运输服务等优势服务贸易，在推进内贸流通体制改革和服务贸易创新发展等方面成效明显，2018 年 5 月得到国务院通报激励。

（二）存在的问题

1. 服务贸易规模小，结构不合理

河南省服务贸易基础薄弱，2016 年在全国居第 12 位，2017 年被服务贸易创新发展试点城市重庆市超越退至 13 位，与先进省市的差距拉大（见表 3）。结构方面，传统旅行服务贸易占比过高（81%），加上建筑、运输、加工服务等传统服务，占比高达 92%。金融服务，知识产权使用费，电信、计算机和信息服务等新兴服务贸易占比较小（见图 5）。

表 3　2013 年、2017 年河南省服务贸易占对标省市的比重及规模差额

单位：%，亿美元

对标省市	2013 年占比	2013 年差额	2017 年占比	2017 年差额
浙江	15.2	384.3	26.1	227.5
江苏	19.5	284.0	18.1	364.1
山东	30.2	158.7	26.6	221.6
四川	71.7	27.2	54.8	66.3
湖北	95.1	3.5	66.2	41.1
重庆	104.7	-3.1	96.0	3.3

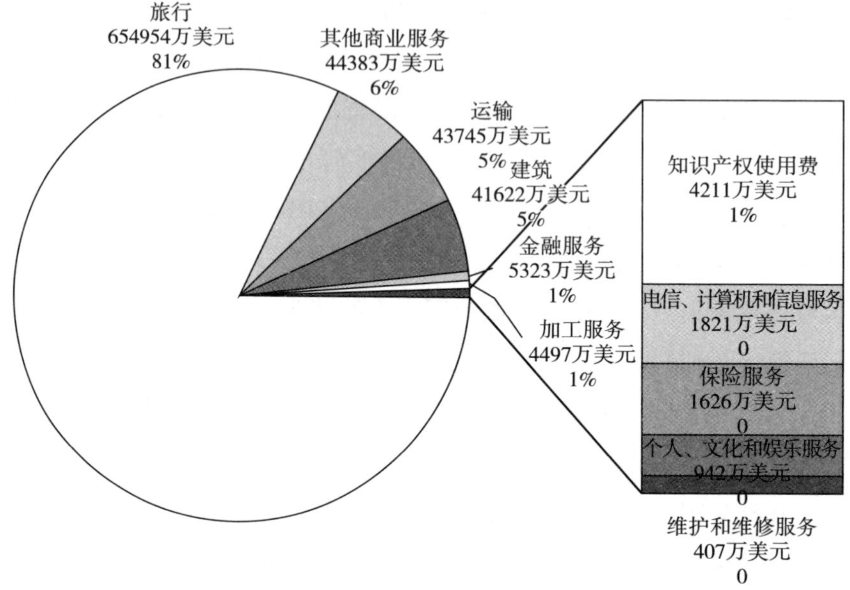

图5　2017年河南省服务贸易分项情况

2. 新兴服务贸易发展不足，企业竞争力偏弱

知识产权使用费，电信、计算机和信息服务，技术服务，咨询服务和研发成果转让费，离岸服务外包等新兴服务贸易虽增长快，但规模小。河南省服务贸易企业小散弱，承接国际服务外包业务能力不足，专利技术、设计等自主知识产权缺乏竞争力。

3. 发展环境有待改善，人才缺乏

与先进地区相比，河南省在人才培养和引进、基础设施和投资环境建设等方面存在差距，特别是从事金融、服务外包、文化创意、研发设计等高端人才短缺，已成为发展瓶颈。

4. 在服务贸易推进过程中存在诸多问题和难点

服务贸易的发展与地区服务业的发展水平、中心城市的国际化程度、居民人均可支配收入、科技教育的基础条件及当地服务贸易企业的实力等都有直接关联，同发达地区相比，河南省在许多方面存在不足和差距。在推进服务贸易发展过程中也存在诸多困难，服务贸易涉及领域多、范围广，行业监管、体制改革等工作职能分散在不同部门，在统筹协调方面也存在一定难度。

三 对标先进省市情况

浙江、江苏、山东服务贸易突破300亿美元，四川、湖北突破100亿美元，重庆、河南80亿美元以上，分属三个档次（见表4）。从新兴服务贸易占比看，重庆、江苏在30%以上，四川、浙江在25%左右，湖北、山东在15%左右，河南占比最低，仅为7.3%。山东的金融服务，四川和浙江的电信、计算机和信息服务，重庆、江苏的知识产权使用费占比都较高。传统服务贸易中，湖北建筑服务贸易主要集中在工程设计方面，武汉在桥梁工程、高速铁路、城市规划等方面的领先优势是湖北建筑服务贸易增长快的重要原因，河南省这方面主要集中在一般性劳务。

表4 2017年对标省市服务贸易分项情况

单位：亿美元

分项	江苏	浙江	山东	河南	湖北	重庆市	四川
运输	36.13	59.54	72.84	4.37	5.37	6.95	3.72
旅行	217.23	152.81	136.36	65.50	80.66	39.28	81.67
建筑	11.54	13.24	26.97	4.16	12.89	1.39	23.06
保险服务	1.16	0.82	1.38	0.16	0.35	0.15	0.66
金融服务	1.19	0.80	10.85	0.53	0.44	0.26	0.25
电信、计算机和信息服务	12.96	26.16	2.61	0.18	1.55	3.89	16.31
知识产权使用费	34.74	13.14	4.59	0.42	7.10	6.86	1.71
个人、文化和娱乐服务	1.29	2.25	0.19	0.09	0.43	0.12	0.16
维护和维修服务	11.04	1.01	3.31	0.04	0.36	0.49	5.90
加工服务	44.09	6.48	21.19	0.45	2.18	3.86	1.76
其他商业服务	73.10	31.59	21.65	4.44	10.07	20.42	11.45
#技术相关服务	20.97	6.69	8.30	2.72	4.81	2.71	4.97
#专业管理和咨询服务	24.98	9.59	5.06	1.15	1.78	15.02	3.19
#研发成果转让费及委托研发	19.34	10.58	3.29	0.18	6.26	6.48	1.37
总额	444.47	307.84	301.93	80.35	121.42	83.67	146.65

资料来源：商务部。

四　发展启示

（一）第三产业是服务贸易发展的基础

服务贸易的发展依靠服务业整体水平的提升，现代服务业发展水平直接决定了服务贸易发展的规模和质量。2017 年，浙江、江苏、四川、山东和湖北第三产业增加值占 GDP 的比重分别为 52.7%、50.3%、49.7%、48%和 45.2%，河南只有 42.7%（见图 6）。河南省电信、计算机和信息服务出口仅 700 万美元，主要是由于软件和信息技术服务业发展水平低。

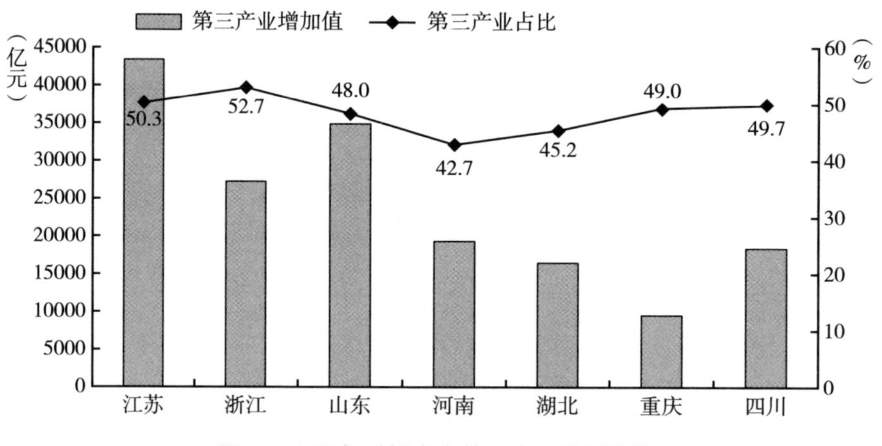

图 6　2017 年对标省市第三产业发展比较

（二）区位、资源禀赋是服务贸易发展的天然优势

以运输为例，江苏、浙江和山东地处沿海，海洋运输和沿海港口业发达，重庆是内河航运发达，运输服务贸易规模较大。郑州地处我国地理中心，郑州应该围绕综合交通枢纽做文章，打造多式联运国际物流中心。

（三）科技教育是服务贸易发展的关键

服务贸易尤其是新兴服务贸易，是典型的知识和技术密集型产业，科技教育是其发展的必要条件。近年来，全国各地人才争夺战折射出中国经济发展动力与区域经济版图变化新动向。以湖北省为例，武汉市有 7 所 211 高校、2 所 985 高校，师资力量雄厚、研发能力强、知识产权市场活跃，不断吸引境内外科技类企业落户。相比之下，河南 211 高校只有 1 所，优质教育资源少，研发能力弱。

（四）促进政策是服务贸易发展的重要推动力

近年来，国家高度重视服务贸易发展，出台了一系列政策文件，开展了服务外包示范城市、服务贸易创新发展试点和深化服务贸易创新发展试点等相关工作。武汉市设立了市级服务贸易发展专项资金，采取业绩奖励和项目补贴相结合的方式，支持服务贸易发展。河南省由于未列入服务贸易创新发展试点和深化服务贸易创新发展试点，目前促进政策不足。

（五）开放便利的营商环境是服务贸易发展的软实力

对外开放程度高，开放平台载体多，国际航线、领事馆及签证机构多，涉外事务和对外交流活动多等开放便利的营商环境，是服务贸易发展的软实力。如成都、重庆、武汉分别有领事馆 17 个、10 个、5 个，为国际旅行、留学培训、对外交流、商务合作提供了便利，河南尚无一家。2018 年以来英国大使馆移动签证郑州分中心成立、卢森堡旅游签证（郑州）便捷服务平台设立，规划建设领事馆片区，河南国际化营商环境值得期待。

（六）中心城市是服务贸易发展的高度集中区

服务贸易相较于货物贸易，有高度聚集发展的特征。中心城市凭借现代服务业发达、科教人才聚集等优势，在服务贸易发展方面首位度很高。武汉、成都、西安分别占所在省服务贸易总额的 79%、87%、86%，郑州占比 52%，洛阳占比仅 8%，首位度偏低。重视和强化郑州中心城市、洛阳副中心城市服务贸易发展是扩大河南服务贸易规模的有效途径（见表 5）。

表 5　六省重点城市服务贸易占比比较

单位：亿美元，%

省、市	进出口金额	城市占比
江苏省	444.5	
#南京市	128.3	65
#苏州市	162.4	
浙江省	307.8	
#宁波市	76.0	75
#杭州市	153.8	
山东省	301.9	
#青岛市	120.7	44
#威海市	12.0	
湖北省	121.4	
#武汉市	96.4	79
四川省	146.7	
#成都市	127.2	87
陕西省	73.7	
#西安市	63.5	86

五　对策建议

（一）把服务贸易发展摆上重要议事日程

大力发展服务贸易，尤其是知识和技术含量高的新兴服务贸易，是河南省对外贸易转型发展和对外开放的重要内容，也是顺应全球贸易发展大势的必然选择。应把服务贸易发展摆上重要议事日程，建立由省政府负责同志挂帅、商务部门牵头，行业主管部门参与的服务贸易跨部门联席会议或工作领导小组，加强对服务贸易工作的统筹、领导、协调和推进。

（二）力促郑州、洛阳、开封等重点区域发展服务贸易

充分发挥郑州、洛阳、开封等中心城市的带动作用，整合各类资源，出

台扶持政策，建立部门、协会与企业联动发展机制，引进培育龙头企业，提高“首位度”。郑州市重点加强郑东新区与卢森堡在金融服务等领域的深度合作；经开区重点发展汽车设计、创意产业；航空港区以引进扎哈建筑设计为基础打造建筑设计产业园，大力引进手机创意设计，发展手机产业园，发挥高铁南站、空港展区的建设优势，举办国际性展会。洛阳市重点发展国际旅行服务、制造业跟随服务等。鼓励开封市积极发挥文化资源优势，扩大文化服务贸易规模。

（三）大力引进和培育服务贸易关联企业和项目

开展服务贸易龙头企业引进计划，积极承接服务外包产业转移，与国际服务企业战略联盟等合作，吸引跨国公司在河南省设立运营总部、研发中心、采购中心等功能性机构。引进有实力的文化创意企业和先进的技术服务，扩大服务进口，并通过吸收借鉴促进服务出口的提升。利用全省招才引智创新大会平台，大力开展重大科技项目引进、高端创新人才引进、领军型创新创业团队引进。实施服务贸易中小企业成长计划，培育一批中小微服务贸易企业创新创业集群。

（四）瞄准重点领域发力

1. 稳固旅游服务传统优势领域

目前，旅行服务在河南省服务贸易中占八成，扩大旅游服务贸易，尤其是大力发展入境游，是提升河南省服务贸易规模的有效途径。要着力开展入境游提振行动，挖掘河南省自然资源与历史文化资源，大力发展国际认知感高的旅游品牌，加强国际旅游精品线路建设。要提高入境游的通达性和便利化水平，增加郑州新郑机场国际客运通航城市数量，争取国家支持开展 72 小时过境免签及设立口岸进境免税店。要积极开展国际合作和旅游推广活动，探索在主要客源国家和地区设立河南旅游推广中心。

2. 抢抓机遇优先推进领域

一是建筑服务。积极推动河南省建筑设计单位“走出去”，加强与“一

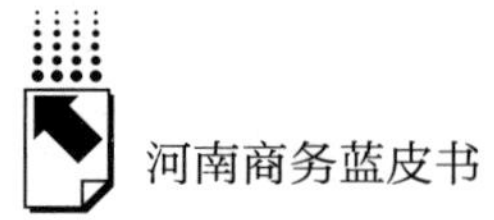

带一路”沿线国家和地区的合作，扩大建筑服务出口。二是运输服务。近5年来河南省运输服务出口年均增长46%，潜力很大，可能成为服务贸易快速做大的增长点。应抢抓郑州－卢森堡“空中丝绸之路”合作机遇，加快卢森堡货航亚太物流分拨中心建设。实施郑欧班列创新发展专项方案，打造“一带一路”示范线路，不断拓展郑欧班列增值服务。培育发展保税物流、跨境电商物流，大力发展多式联运跨境服务和供应链管理服务，培育一批国际运输服务企业。三是文化贸易。挖掘河南省特色文化资源，培育一批文化出口基地和中原文化贸易品牌，积极探索举办国际文化贸易博览会。扶持发展文化信息、创意设计、动漫游戏、电子出版物等新兴文化产业，发展数字出版、艺术品交易等文化贸易。

3. 积极培育新兴领域

一是计算机和信息服务。加快发展基于移动互联网、云计算、物联网的新技术、新模式信息服务，推动软件和信息技术服务出口，创新跨境电商服务贸易模式。培育高端信息产业集群，引进一批国际知名的大数据研发、服务运营公司龙头企业和区域总部。支持龙子湖大数据交易中心建设，推进大数据资源开发深度应用。二是技术服务。发挥郑洛新国家自主创新示范区、河南自贸区优势，大力引进有效促进产业升级和急缺的先进技术和专利，培育数字技术服务贸易。借助国家技术转移郑州中心、国家专利审查协作河南中心及科技技术交易市场等资源，推动技术贸易公共服务平台建设，培育一批熟悉技术贸易国际规则、具备实际操作能力的高端知识产权服务机构。三是服务外包。加快服务外包产业向高端化、数字化、融合化、标准化方向创新发展，向高技术、高附加值、高品质、高效益方向转型升级，积极同“一带一路”沿线国家合作，努力提升“河南服务”品牌影响力和国际竞争力。

（五）完善政策体系

按照《商务部、发展改革委、科技部财政部、人民银行、海关总署、税务总局、市场监管总局、统计局、银保监会、知识产权局关于推广服务贸易创新发展试点经验的通知》，积极复制推广服务贸易创新试点经验，完善河南省政策体系。积极支持洛阳市争创中国服务外包示范城市。

（六）建立健全促进机制

一是完善平台载体。持续推进服务外包示范工程，打造服务外包公共服务平台。二是建立政府部门、科研院所、高校、企业紧密合作人才培养机制，强化人才培养与引进。三是建立重点服务贸易企业联系制度，及时掌握企业发展动态，强化企业跟踪服务。四是成立服务贸易专家咨询委员会和省服务贸易协会，发挥专家智库作用。

B.14

河南省实体商业转型发展对策探讨

任秀苹　张进才*

摘　要： 本文通过梳理河南省实体商业发展现状，剖析了实体商业发展面临的困境：经济下行压力叠加有效供给不足、线上外地分流叠加本地市场饱和、成本居高不下叠加创新转型艰难、关店撤柜歇业现象多发等，面临消费需求深刻变化、电商巨头加快布局线下市场等严峻形势，从供给侧改革、消费需求引领、强化管理、减税降负、优化环境、政策支持等多方面提出了针对性的对策建议。

关键词： 河南　实体商业困境　创新转型　商业模式

一　河南省实体商业发展现状

1. 消费规模平稳增长

2018 年全省社会消费品零售总额实现 20594.74 亿元，同比增长 10.3%，增速高于全国平均水平 1.3 个百分点（见图 1）。总量和增速分别在全国居第 5 位和第 8 位。近年来，河南社会消费品零售总额从高速增长迈入中低速增长阶段，增速由 2008 年的 24.0% 回落到 10.3%，增速稳中趋缓。

2. 产业贡献较为稳定

2017 年，全省批发零售、住宿餐饮业增加值 4577.71 亿元，占全省第

* 任秀苹、张进才，河南省商业经济研究所。

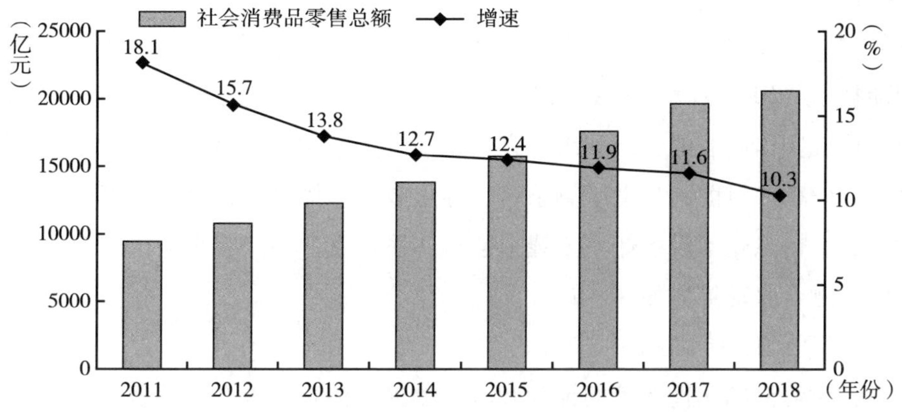

图1　2011～2018年河南省社会消费品零售总额增速

资料来源：《2018年河南省统计年鉴》《2018年河南省国民经济和社会发展统计公报》。

三产业增加值的23.7%，占全省国内生产总值的10.3%，占比分别较2012年下降6.6个和提高0.9个百分点；从业人员877.1万人，占全省从业人员的13.0%，比2012年提高1个百分点。

3. 网络体系日益完善

连锁超市、社区便利店、品牌集合店、专卖店、百货商场、购物中心、商业综合体等业态日益丰富，特色商业街区、品牌消费集聚区、商圈加快发展，社区商业、区域商业中心、市级商业中心、商品交易市场、物流配送中心等网络体系日益完善。2017年，全省限额以上连锁零售企业门店总数6130个，实现商品销售额882.1亿元；亿元以上商品交易市场摊位数122514个，实现成交额3623.88亿元。郑州朗悦公园茂城市综合体以周边35万消费人口为依托，旨在“西中心、非传统、公园购乐地”，细化儿童、家庭和年轻客群不同的目标消费群体，关注社交、游乐空间设计和环境营造，注重消费者的参与、体验与感受，分别打造了儿童茂、家庭茂和潮流茂三家主题店，开启了全家欢享体验式生活的新选择。

4. 信息化水平不断提高

随着实体商业竞争进一步加剧，企业日益重视信息化在实现精细化管理、推动差异化经营、提升管理效率和服务水平方面的重要作用，不断加大物联网、大数据、云计算、电子商务技术、供应链管理技术（ERP）、商业智能技术（BI）和无线射频识别技术（RFID）等现代信息技术的应用力度，改变传统实体商业的管理和组织方式，提升企业对市场的快速反应能力，提高流通效率。目前，自助结算系统、称重收银一体机、扫码支付等在省内应用广泛，信息化建设多侧重于线上会员体系建立、多点获客与精准营销、线上线下融合联动等方面。

5. 行业创新转型加快

在供给侧结构性改革的推动和电商倒逼、消费需求升级的压力下，面对主力消费阶层年轻化和消费、流通方式的深刻变化，省内实体商业企业加快创新转型，从顶层设计、区域布局、业态调整、经营模式重构等方面进行战略性调整，加速新旧业态融合，创新商业模式，实行买手制，发展买断经营、去代理化，打造自主品牌，强化管理和服务，线上线下融合发展，探索全渠道经营，不断提高核心竞争力。面对日渐饱和的城市市场，洛阳大张、信阳西亚、巩义金好来等区域性本土零售企业选择渠道下沉，向县城、乡镇布局经营网点，拓展市场空间。以农产品批发市场起家的河南万邦国际农产品物流城，积极开展省内区域布局，上线网上千禾商城，拓展运营前程物流、种子、生产基地和万邦生鲜实体店等，开发电子支付结算系统，打造闭环生态圈。

二　河南省实体商业发展面临的困境

1. 经济下行压力叠加有效供给不足

当前，国内经济处于改革的阵痛期和经济发展的新常态，增长方式粗放、创新能力不强的状况尚未根本改变，发展新动能仍然不足，经济下行压力加大，带来消费信心低迷不振、市场需求增长放缓、居民消费增长后劲不足，对实体商业市场空间拓展形成制约。同时，实体商业的结构性矛盾——有效供给不足、无效供给过剩尚未有效解决，既造成了资源浪费，又无法满足日益升级的消费需求。

2. 线上外地分流叠加本地市场饱和

随着近年来电子商务的蓬勃发展，电商凭借低价、方便、快捷、突破时空限制的优势，销售商品品类由标准化的图书、3C 产品、家电、化妆品、服饰迅速扩展到日用消费品、生鲜食品、农特产品等，几乎无所不包，传统商超百货生存与利润空间被逐步压缩，对河南传统实体商业造成了巨大的冲击。以快递进出港件为例，2013 年河南省民营快递（占全省快递业务量的近 80%）出港件与进港件的比例为 1∶1.7，进出失衡，表明河南本地消费分流至网络零售发达的省份。同时，随着城市框架的拉大，几年来商业地产竞相发展，部分地区商业地产项目井喷式开发，市场日趋饱和，部分区域已经出现供大于求的现象。以郑州市为例，基本上是四五公里范围内就有一个甚至两三个购物中心或商场，过度竞争不可避免，品牌同质化，模仿式经营层出不穷，进一步分流着本就不多的消费需求。

3. 成本居高不下叠加创新转型艰难

随着国家减税降费政策的陆续出台，实体商业企业的税费成本有所下降，但受物流成本、房屋租金、人工成本、贷款成本等上升影响，企业经营压力仍然偏大。企业创新转型离不开庞大的资金支持，实力雄厚的大型企业更具扩张发展意愿和创新发展动力，微利甚至亏损经营的企业对创新转型无能为力或进展缓慢。

目前的实体商业企业创新转型多侧重于引入体验业态、线上线下联动、向自营转型等方面。百货、购物中心通过引入餐饮、电影院、儿童游乐项目等体验业态，餐饮等体验业态红火，聚集了大批客流，但其他品牌店铺冷清，两者之间联动较少，难以共享客流，对于提升整体销售业绩则有待观察。以某商场最具人气的平价餐饮为例，其客流与其他配套品牌的消费群体不同，难以给其他店铺带来人气。线上线下融合发展是商业发展趋势，也是行业内的共识，但由线下走向线上需要大量的资金支持和过硬的技术团队，要面对漫长的市场培育期，这对传统实体商业是个巨大的挑战，从大润发创立的飞牛网由 B2C 改版至大润发优鲜 App 就可见一斑。目前，省内实体商业企业自建电商平台者不多，多借助于成熟的电商品台，以移动电商、社交电商、O2O 介入耕耘同城或社区市场，比如大张上线大张同城、丹尼斯上线移动 App、河南世纪联华借助京东到家、美团外卖开展 O2O 运营等。区域市场覆盖消费群体有限，加大与消费者互动力度，增加客户黏性，完善消费信息数据，并利用数据开展精准营销及通过线上引流至实体店均需要一定时间的积累。对于联营向自营转型方面，一些企业认识到自营的重要性，由于联营模式致使商业企业对货源渠道、库存情况和商品价格掌握有限，难以形成对市场的快速反应，但受制于资金短缺和买手缺失以及面临的经营风险，自营转型乏力。

4. 关店撤柜歇业现象多发

近年来，大量实体商业聚客能力下降，销售业绩下滑，省内实体商业“关闭退租歇业”现象较为严重，特别是百货和大型超市、临街服装店铺收缩态势非常明显。根据中华全国商业信息中心的统计数据，从 2012 年到 2017 年，全国百家重点大型零售企业零售额从 10.8% 跌落到 0.7%，不少百货商店、便利超市等零售企业甚至出现频繁关店的现象，河南也不例外。自 2016 年起，省内先后有沃尔玛、百盛、华润万家、家乐福、大商等多家商场关门停业，中小型商场亏损经营和曾经的旺铺、品牌店空置多现。2018 年全省限额以上批发零售业商品销售额增长 8.3%，增速低于全省社会消费品零售总额总体增速，从 2011 年的 38.3% 降为 2018 年的 8.3%，下降明显。

三　河南省实体商业发展面临的形势

1. 消费需求发生深刻变化

随着经济的发展，人们的收入水平不断提高，具备较强消费能力的中产阶层扩大，主流消费群体年轻化，“90 后”成主力消费人群。伴随消费能力的提升和新生代消费群体的入围，人们越来越注重生活品质和舒适性的提升，消费理念向健康、环保、个性化、特色化、定制化转变，消费转型升级态势明显。近几年热销的运动服饰反映出人们对运动、旅游和健康生活方式的关注。同时，经过电商十多年的洗礼，尤其是“80后”“90后”等消费者不再局限于某种特定场所，随意、随时、随地消费盛行，网购已不再是一种购物时尚，而是一种生活习惯和方式，线上线下融合发展是大势所趋。

2. 电商巨头加快布局线下商业

随着互联网营销获客难度越来越大、成本越来越高，阿里、京东、腾讯等传统电商巨头已不再满足于线上市场的发展，借助各自在资金、技术、人才、物流、信息等方面的优势，线下零售布局已经展开。腾讯从 2017 年底开始，频繁进行线下布局，先后战略投资永辉超市和家乐福，入股万达商业和海澜之家。阿里巴巴继入股苏宁、收购银泰后，收购了中国最大的线下零售商高鑫零售，高鑫零售所经营的大润发超市在河南省有 6 家门店，线上线下强强联合、一体化发展或将对线下零售市场竞争产生深刻影响。以传统家电卖场起家的苏宁，近几年在河南积极布局区域物流中心、苏宁小店（便利店）和红孩子母婴店，不同于天猫小店、京东小店的加盟方式，作为整合苏宁集团服务直面消费者的苏宁小店全部自营，且根据门店针对性场景精准布局门店单品，提供智慧化服务，目前苏宁小店在郑已有 14 家（截至 2018 年 7 月）。

3. 电子商务已成为企业不可或缺的销售渠道

电子商务深刻地改变了传统商业模式。无“电”不活，无“商”不稳，对于电子商务，传统生产企业、品牌商、分销商经历了由最初的怀疑、消极观望到尝试、积极发展的不同阶段。生产企业通过自建电商平台，或外包给第三方电商运营商，或在成熟的电商平台上开设旗舰店或企业店铺，积极发展线上营销渠道。以天猫“双十一”活动为例，2009 年参与的品牌仅有 27 个，2018 参与品牌已达到了 18 万余个，品牌商对线上渠道的重视度和参与度越来越高。众多生产商和品牌商均在京东、天猫等知名电商平台上开设了旗舰店和企业店铺，如小米、海尔、秋水伊人、逸阳等生产企业。

四　对策建议

1. 以供给侧改革促进供需有效衔接

（1）加强商贸规划引领。强化规划引领，加强内贸流通规划与土地利用总体规划、城乡规划、旅游发展规划的衔接，制（修）订相关规划征求商务部门意见。建立商业面积预警制度，对商业面积实行总量预警和核心区域面积预警，引导市场科学配置商业资源、合理把握开发节奏；建立商业网点项目库，定期发布商业网点建设指导目录，合理引导市场预期；建立城市大型商业网点听证制度。

（2）优化城乡市场体系。优化城市流通网络，构建以中心商圈、特色商业街区为核心，以社区商业为基础的多层次城市流通网络体系。整合商务、供销、邮政等现有流通资源，加强农村商业网点建设，加强专业市场、物流配送中心等城乡流通设施建设，引导流通企业向农村延伸服务网络，支持农村电子商务发展，引导商品双向流通，加快城乡市场一体化进程，逐步形成统一开放、竞争有序、互动融合的城乡市场体系。

（3）构建现代物流体系。实施“大枢纽、大物流、大产业、大都市战略”，力促省会郑州构建全国重要的国际物流中心。以航空港和国际陆港、中欧班列为重点，发展航空物流、保税物流和多式联运，努力建成联通境内外、辐射中东西的国际物流中心。拓展以集散型物流为骨干的区域性集疏运服务网络，积极发展电商物流、快递物流等行业物流，大力发展第三方物流和第四方物流，加快形成覆盖中部、辐射全国的物流服务网络。建立以城市共同配送为支撑的三级物流配送体系，完善城市共同配送联盟，优化设施网点布局，促进城乡配送高效衔接。开展城市共同配送模式创新工程和配送标准化、信息化示范工程，提高配送标准化、信息化水平。

2. 以消费者需求引领商业创新发展

（1）创新商业业态。从满足需求向满足与创造需求并重转变，创新商业业态，营造消费场景，培育新型消费需求。引导购物中心、大型商业综合体进行差异化主题定位，丰富体验业态，提升服务环境，向集文化艺术、休闲健身、教育培训、影音娱乐等功能于一体的社交体验、家庭消费、时尚消费、文化消费中心发展，继续开展品牌消费集聚区创建。引导传统百货店向主题型精品百货发展。引导品牌专卖店由空间改造和创意设计，升级为品牌之家、旗舰店等高端业态，增强与顾客互动，提升服务附加值。大力发展买手制百货、主题概念店、品牌集成店、个人定制商店等新业态，探索发展智慧商店、无人商店、自助售货机等无人服务自助设备，提倡发展儿童类、银发类等专业型、主题型业态，满足不同年龄层、不同消费群体需求。争创省级品牌消费集聚区。

（2）创新经营模式。回归商业本质，推动实体商业向自主经营转变，向商品和服务要效益，提升核心竞争力。鼓励实体零售企业转变联营扣点、引厂进店、出租柜台等传统经营模式，通过实行集中采购、买断经营、独家代理和开发自有品牌，加强品类管理，提高自营比重，提高商品毛利率和盈利能力。鼓励老字号企业推动名品名店名区联动、线上线下融合联动，拓展老字号商品销售渠道。支持发展原始设计制造商模式，借助线上渠道，打造自营品牌。引导商业企业利用大数据强化市场需求研究，注重商品设计创意和开发，适时发展订单制造加工、个性化经营。引导实体商业企业树立绿色经营理念，加大商业建筑和设施节能改造力度，推广节能环保技术、设备，积极开展绿色商场创建。

3. 以强化管理带动企业降本增效

鼓励企业创新组织、商品、信息、资金、人才、供应链等管理，提高资源利用效率。支持有实力的大型商业企业利用资本、品牌和技术优势，进行跨地区、跨行业兼并重组，形成一批有较强品牌影响力和市场竞争力的大型集团，提升行业的组织化、连锁化和集约化水平。强化供应链管理，积极支持实体商企与供应商构建优势互补、信息协同、利益共享、风险共担的新型零供关系，增强产品设计、生产、采购、销售、交付、售后服务等供应链管控能力和资源整合、运营协同能力。鼓励大型企业建立集中采购分销平台，统筹整合采购、配送和服务资源，充分发挥供应链协同优势，切实带动中小企业降本增效。鼓励大型商业企业物流向社会开放，实现资源共享。引导商业企业建立健全买手制度，培养高素质的买手队伍，拓展采购能力，增强对商品购销渠道和品牌价格的控制力。支持商贸企业开展员工持股计划，建立收益共享、风险共担的长效激励约束机制，调动员工积极性，助推企业发展。鼓励企业应用射频设备、大数据、云计算、物联网等现代信息技术，科学选址、智能选品、精准营销、协同管理，不断提高发展质量。

4. 以减税降负缓解企业经营压力

认真贯彻落实已出台的一系列减税降费政策，促进实体商业降本增效。认真贯彻落实税务总局《跨地区经营汇总纳税企业所得税征收管理办法》，推动连锁企业汇总纳税，通过分支机构盈亏相抵合理合法减少纳税支出。支持商业企业加大信息技术等研发投入力度，按规定享受税前研发费用加计扣除和15%的所得税税率。继续落实商业用户自主选择执行行业平均电价或执行峰谷分时电价政策，落实国家银行卡刷卡手续费政策，切实减轻零售企业及商户经营成本负担。

5. 以优化环境促进行业快速发展

（1）推进简政放权。全面落实《河南省简化住所（经营场所）登记手续的规定》（豫政〔2014〕22号），为连锁企业提供便利登记服务。对连锁便利店企业统一搭载便民服务项目，可由总店统一办理经营范围增项，各分店不再单独办理增项。允许品牌便利店现场制售熟食，依法设置便民药柜，申请二类医疗器械经营备案的，参照北京市做法，由企业总部统一配备质量管理人员。在保障公共安全的情况下，放宽对临街店铺装潢装修及户外营销活动的限制。完善城市配送车辆通行制度，适当增加涉及民生的配送车辆“城市道路通行证”发放数量，在不违反大气污染和交管限行政策的前提下，对符合规定技术特征的新能源车辆放宽或取消进城区域、路段和时段限制，制定便利停靠政策。

（2）促进公平竞争。认真贯彻落实《电子商务法》，促进线上线下公平竞争。研究完善零售商、供应商公平交易行为规范及相关制度，打击通过垄断协议、滥用市场支配地位等形式排除、限制竞争的行为。健全连锁经营监管机制，着重强化企业总部管理责任，重点检查企业总部和配送中心。建立完善实体商业企业信用信息归集、披露和应用制度，建立覆盖线上线下的信息归集、共享及使用机制，建立健全守信激励与失信惩戒联合机制。鼓励引导商业企业、行业组织、第三方机构开展消费体验或专业评价，营造诚信经营氛围。

（3）完善公共服务。实施商贸物流装备标准化示范工程，重点推广托盘、装卸/搬运设施、配送中心等物流装备标准的应用。加强商业统计分析，建立健全涵盖品牌、经营效益、消费者、商圈等多维度的商业运行指标评价体系，发布商业发展报告，为政府决策提供依据，为企业投资提供参考。健全重要商品追溯体系，切实提高追溯体系运行效率，逐渐实现“生产有记录、信息可查询、流向可跟踪、责任可追究、产品可召回、质量有保障”的质量安全可追溯管理。建立常态化政企交流机制，提供“一企一策”的精准式综合服务保障，协调解决企业在创新发展中遇到的体制性障碍。

6. 以政策支持助力行业转型发展

探索采取政府引导、市场化运作方式，设立省级实体商业创新发展基金，引导社会资本加大对新技术、新业态、新模式的投入力度，重点对批发市场转型、业态创新、便利店建设、线上线下融合发展、便民服务中心建设、特色商业街区、绿色商场创建、智慧商圈建设、供应链、总部经济、生活必需品储备、汽车平行进口等予以支持，促进实体商业创新发展。探索设立政策性商贸业融资担保机构，为商贸企业融资提供专项咨询服务和担保服务。积极争取和用足用好国家和省级各类商贸业发展资金，发挥财政资金引导带动作用。加大供应链融资力度，推动金融机构依托供应链核心企业开展上下游企业、消费客户融资服务。鼓励金融机构开展适合商业需求的商铺经营权、应收账款、仓单、知识产权等质押融资、商圈融资，降低商业企业贷款成本。鼓励商业银行加大中长期贷款投放力度，促进商业企业固定资产投资和长期发展。鼓励大型商业企业（集团）设立消费金融公司、财务公司、小额贷款公司等非银行金融机构。落实为生产配套的冷链物流项目用地执行工业用地政策。

参考文献

李骏阳：《当前我国零售行业发展态势和供给侧改革》，《中国流通经济》2016 年第 11 期。

陈红华、徐芬：《基于不同 O2O 模式的实体零售商融合策略——以步步高集团、永辉超市、天虹商场调研为例》，《中国流通经济》2017 年第 10 期。

郭燕、王凯、陈国华：《基于线上线下融合的传统零售商转型升级研究》，《中国管理科学》2015 年第 1 期。

张旭兰、姚蕾：《电子商务冲击下线下实体店发展模式创新》，《商业经济研究》2016 年第 19 期。

陈丽芬、黄雨婷：《我国零售业发展困境转型升级路径及支撑体系研究》，《时代经贸》2017 年第 28 期。

商务部：《2017～2018 年中国百货零售业发展报告》。

B.15
河南省电子商务发展评价

王 军　刘海涛　张 伟　丁 敏　乔云飞*

摘　要： 近年来，河南省委、省政府高度重视电子商务工作，深入贯彻落实党中央、国务院决策部署，把握数字经济发展机遇，以跨境电商、农村电商、电商物流等为重点，加快推动业态创新、模式创新，全省电子商务继续保持快速发展的良好态势。本文评价了“十三五”以来河南电子商务发展情况，总结了创新做法和阶段性成效，分析了存在的主要问题，顺应电子商务创新发展趋势，结合河南实际，提出了今后的工作方向和思路，以期对促进全省电子商务持续快速健康发展起到重要参考作用。

关键词： 电子商务　跨境电商　农村电商　电商物流

一　河南省电子商务发展情况

“十三五”以来，河南省电子商务保持高速增长态势。2016 年全省电商交易额突破 1 万亿元，达到 10033 亿元，增长 30%；网络零售额 1906 亿元，增长 43.3%。2017 年全省电商交易额 12535 亿元，增长 24.9%；网络零售额 2493 亿元，增长 30.8%。2018 年全省电商交易额 15048 亿元，增长 20.0%；网络零售额 3203 亿元，增长 28.4%。2016 ~ 2018 年全省电商交易

* 王军、刘海涛、张伟、丁敏、乔云飞，河南省商务厅。

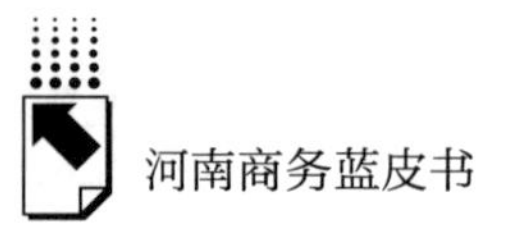

额、网络零售额年均增速分别为24.9%和34.0%，高于全国平均增速，规模保持中部地区前列。

1. 提质升级，电子商务加快成为经济发展新动能

（1）电商平台快速发展。成功引进了甲骨文、微软、淘宝、京东、苏宁、国美等国内外知名电商平台，以谷歌、eBay、阿里巴巴、网易考拉等为代表的跨境电商平台企业加速布局河南市场。评选省级优秀电商平台、特色电商平台，支持本土电商平台做大做强，世界工厂网、中钢网、中国制造交易网、中华粮网、鲜易网等本土B2B电商平台位居细分行业前列，涌现出一步用车、UU跑腿、狸家近、魔飞公寓等具有区域影响力的共享经济平台。

（2）商贸流通业线上线下深度融合。深入实施“互联网+流通”行动计划，鼓励商贸流通企业整合现有品牌、供应链、物流配送、网销平台、实体店铺等资源，推动线上线下互动融合、创新发展。河南省新华书店运营的云书网上线商品超过300万种，形成以云书网为主体，以天猫店、京东店、亚马逊店为骨干，以微信店、移动客户端为补充，以实体体验店为支撑的O2O销售平台。在洛阳、安阳、南阳等8个市开展内贸流通体制改革发展省级试点，突出地方特色，推动商贸流通企业线上线下融合发展。引导餐饮企业拓展线上预定、营销、团购、外卖、餐厅索引和评价服务，全省重点餐饮企业“上线率”超过80%，餐饮业线上营业额占总额的10%以上。2018年下半年，郑州消费者在餐厅用手机点单数量月均增长1倍以上，居全国第7位。

（3）制造业电商应用深入发展。开展制造业与互联网融合发展试点，鼓励企业开展以集中采购、智能物流、互联网金融为代表的供应链管控与服务，发展以网络化协同制造、大规模个性化定制、循环经济、工业云为代表的新模式新业态。支持传统制造企业与电商企业合作，拓展网络销售渠道，引导大型制造企业集采集销平台向第三方电商平台转型。河南黎明重工公司电子商务覆盖零配件采购、仓储、制造、产品推广、销售、维护等环节，利用搜索引擎和B2B平台开展网络营销，通过社交媒体建立客户圈，精准推

送产品服务内容，将更多询盘转化成订单。郑州云顶服饰公司建立了“实体店+电商”多元化营销体系，电商旗舰店注册用户159万户，日均浏览量200万人次，日均发货1万件。

（4）电商示范基地、企业带动作用增强。“十三五”以来，健全国家、省、市（县）三级电商示范创建体系，实行分级培育、逐级择优推荐，培育创建电商示范基地、示范企业。全省6家企业入选2017～2018年度国家级电商示范企业，新认定省级示范基地32个、示范企业107家。目前，全省累计创建国家级电商示范城市2个、示范基地3个、示范企业6家，认定了省级示范基地56个、示范企业218家，各省辖市、直管县（市）培育本级示范单位400家以上。依托全省商务公共服务平台，开发了电商示范单位信息管理系统，定期网上报送关键数据、运行情况，实施动态管理。省级以上示范基地入驻企业年电商交易额近4000亿元，示范企业年电商交易额超过3000亿元，示范带动作用明显。

2. 进出口并重，跨境电商成为对外贸易新增长点

（1）推进中国（郑州）跨境电子商务综合试验区建设。坚持跨境电商无边界，一顶帽子大家戴，持续推动跨境电商多主体运行、多模式发展、多点布局、全省联动发展，呈现出郑州示范引领、各地竞相发展的良好局面。统筹推进“三个平台、七个体系”建设，出台66项创新举措已有55项落实到位。打造了跨境电商“秒通关”综合服务平台，通关速度由2015年的每秒2单提高至每秒100单以上，峰值可达每秒500单；在特定区域推出保税自提新模式，商品立等可取，消费更加便利。“十三五”以来，全省跨境电商迅猛发展，交易规模持续增长。2016年全省跨境电商交易额111.5亿美元。2017年全省跨境电商交易额1024.7亿元人民币（含快递包裹），增长33.3%；快递包裹出口6803.0万件，货值147.3亿元；郑州海关共监管跨境电商零售进出口清单9128.7万票，货值113.9亿元。2018年全省跨境电商交易额1289.2亿元（含快递包裹），增长25.8%；快递包裹出口7549.0万件，货值159.4亿元；郑州海关共监管跨境电商零售进出口清单9507.3万票，货值120.4亿元。

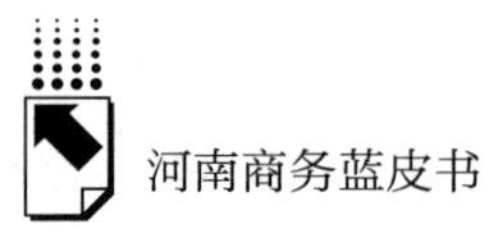

（2）参与跨境电商规则制定。首创1210网购保税进口模式，已复制推广到全国各综试区，正在向俄罗斯、比利时等国推广。启动建设EWTO核心功能集聚区，致力于打造全球网购商品集疏分拨中心、“一带一路”商贸物流合作交流中心、全球跨境电商大数据服务中心、内陆地区国际消费中心。2017年、2018年举办两届全球跨境电商大会，成立国内首家EWTO研究院，为“网上丝绸之路”建设提供高端智力支撑。与12家境内外知名企业和商协会代表共同发起成立跨境电商标准与规则创新促进联盟，为引领新型国际贸易市场规则贡献河南智慧。

（3）完善跨境电商产业链。促进跨境电商与传统产业融合发展，打造新型工贸一体产业链，建成各类跨境电商产业园180个，吸引优质电商综合服务平台和相关生产企业入驻，形成了发制品、食用菌、机械制造、服装鞋帽、休闲食品等一批特色鲜明的跨境电商出口产业集群，认定了21家省级跨境电商示范园区，入驻跨境电商企业800多家，跨境电商年交易额超100亿元。

3. 部门联动，农村电商成为乡村振兴、精准扶贫的有力抓手

（1）商务系统开展电商进农村综合示范工程。2014年，河南省被列为首批电商进农村综合示范省。在争取国家级示范县的同时，积极推进省级示范县创建工作，逐年加大对贫困地区的支持力度。截至目前，全省共有40个国家级示范县、55个省级示范县，国家级、省级示范县合计95个，实现了本省贫困县全覆盖，建成县级电商服务中心121个、乡镇服务站1378个、村级服务点1.88万个，电商服务站点覆盖建档立卡贫困村5806个。2018年，全省农村网商6.1万家，农村网络零售额798.6亿元；已经开展电商业务的38个贫困县电商交易额1317亿元，增长131.5%，带动贫困群众就业创业4.3万人，帮助贫困户增收1.24亿元。

（2）农业系统开展信息进村入户工程整省推进示范。2017年，河南省被列为首批信息进村入户工程整省推进示范省。全省加快建设村级益农信息社，新建益农信息社38725个，加上2014~2016年试点期间建设的1560个，累计建设益农信息社40285个，占全省行政村总数46938个的85.8%，

覆盖了本省 90% 以上贫困村，推动农产品上行、工业品下行和农资下乡，带动贫困户脱贫增收。

（3）供销社系统开展农村电商惠农工程。依托全国供销合作总社“供销 e 家”电商平台，搭建省级电商平台和县级服务中心，重点打造了“豫百味”农特产品、“棉棉絮语”棉制品、“御谷丰”农资产品和“丝路话豫”跨境产品四个省级品牌和“一县一品”地方特色品牌，推进电商扶贫与贫困地区产业融合发展。截至目前，全省供销社系统注册电商企业 63 家，开展电商业务的企业 158 家，自建电商平台 45 个，入驻商户 2400 多家。

（4）加强农村电商培训。依托电商进农村示范工程，与知名院校、专业电商培训机构合作，选派高校教师、企业培训师深入农村进行培训；开设电商沙龙，引导企业开展内部培训。2018 年，免费培训贫困户 8.4 万个，轮训乡镇村干部 16.1 万人，培育电商带头人 4778 人。依托信息进村入户工程，遴选 3.96 万名村级信息员，采取上门培训、集中培训、网络培训等方式开展电商培训。成立河南省农村电商技能人才培训专家委员会，由 110 位首席培训师、300 位骨干培训师组成讲师团，开展农村电商巡回讲座、技术指导。科协系统组织上千名专家，走进乡村举办 1300 多场电商培训会、专题讲座，培养了 1.1 万名懂农业懂互联网的新型农民，建设了 108 个示范商铺，12.8 万人次受益。

（5）组织电商扶贫专项行动。支持 21 个贫困县在阿里巴巴开通电商扶贫频道，推进阿里农村淘宝店、天猫“河南商品官方旗舰店”、京东线上地方馆和扶贫馆、苏宁易购电商扶贫实训店等平台建设。2017 年“双 11”期间，省商务厅开展电商扶贫专题活动，销售特色农产品 8 亿多元，镇平、台前、封丘 3 个县进入国家级贫困县销售额前 20 名。2018 年“双 11”期间，在央视“中国电商扶贫行动”中，镇平县销售额位居国家级贫困县之首，封丘县列第 11 位。每年夏秋季、冬季组织农村经纪人和农民购销大户参加农产品网上购销对接会，购销信息发布量和成交额均居全国前列。在郑州举办了“2018 全国农产品产销对接行启动仪式暨首场对接活动”，签约农特产品 103 亿元，其中对贫困地区采购 31 亿元。省商务厅联合省委组织部，开

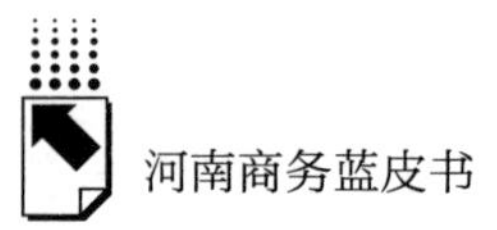

发了农村商务信息服务移动平台；联合省农业农村厅，在深度贫困县开展农产品电商出村试点；联合省残联开展电商助残扶贫行动；联合省通信管理局共同推进电商帮扶试点工作。

4. 高效协同，电商物流成为物流业转型发展的重要突破口

（1）推进电子商务与快递物流协同发展。贯彻落实《国务院办公厅关于推进电子商务与快递物流协同发展的意见》，河南省政府出台了《关于推进电子商务与快递物流协同发展的实施意见》。指导洛阳市推进国家电子商务与物流快递协同发展试点城市建设，在商务部、财政部等部门组织的绩效评价中，洛阳市综合评价结果为“良好”。全面总结洛阳市试点工作典型经验和创新成果，在全省复制推广。

（2）促进电商物流转型发展。贯彻落实全省推进物流业转型发展决策部署，以冷链物流、快递物流和电商物流为突破口，梳理出15项重点任务、20项重大工程，明确了建设现代国际物流中心和打造全产业链现代物流强省的战略定位，提出了构建“一中心、多节点、全覆盖”的现代物流空间网络体系。收集全省2017年开工建设或在建总投资1亿元以上的电商物流重大项目，实施台账管理，推动项目建设。省商务厅举办了全省电商物流园区建设经验交流培训会，通过政策解读、经验交流、观摩学习，提高电商物流服务创新能力。研究制定省级电商物流示范园区申报标准，将认定一批省级电商物流示范园区，发挥引领带动作用。

（3）推进农村电商物流体系建设。邮政系统开展“快递下乡”工程，引导快递企业向乡镇农村延伸网络，实现全省乡镇快递服务全覆盖，乡镇网点规范化率达80%，全面实现“县县有分拨，乡乡有网点，村村通快递”。目前，全省共有2730个农村快递综合服务站点、33829个邮乐购店，服务能力不断提升。供销社系统通过自建、整合第三方、众包等方式，搭建以省级平台为中心、县级物流综合服务中心为支撑、乡镇村负责分拨配送的农村电商物流体系，在县城城区实现“当日达”“次日达”，在乡镇村提供代收代寄、配送、零售等便民服务，打通城乡配送“最后一公里”，实现地区物流配送网络全覆盖。

5. 优质便捷，电子商务民生服务功能日益完善

（1）推进全民健康信息化建设。建设全民健康信息系统，促进健康医疗信息跨机构、跨区域互联互通、整合利用，实现服务事项在线办理、健康信息在线查询。推动河南省预约挂号网、郑州大学第一附属医院“省远程医学中心”、河南省人民医院互联智慧等服务平台完善功能，促进优质医疗资源下沉，缓解群众看病难问题，为医疗卫生领域开发利用大数据和人工智能打下基础。

（2）积极稳妥推进“互联网 + 教育”发展。通过购买引进、汇聚整合等方式，为学校和教师提供专业化、系统化的学科教学资源。鼓励众筹型资源共享联盟发展，推广应用各类学科资源网站和教学服务平台。三门峡市组织乡村教师参加“全国乡村青年教师社会支持公益计划”，建立农村小规模学校“互联网 +”发展联盟。开封市借助远程教育“烛光行动千校计划”，将北京四中网校优质教育资源引入本地。郑州一中网校已有加盟校 48 所，超过 2.6 万名学生通过同步课堂，在线学习郑州一中优质课程。全省在线教育行业渗透率已由 2015 年的 16.8% 提升至 27.5%，成为传统学历教育的重要补充。

6. 多措并举，电子商务发展环境不断优化

（1）健全政策促进体系。全面贯彻国家支持电子商务发展、推进“互联网 +”行动的各项政策措施，省政府先后出台了《关于大力发展电子商务加快培育经济新动力的若干意见》《关于深入实施“互联网 + 流通”行动计划的意见》，省商务厅、省发展改革委等部门联合出台了《关于开展加快内贸流通创新推动供给侧结构性改革扩大消费专项行动的实施意见》，研究制定了《河南省“互联网 + 流通”行动计划》等专项行动方案。评审确定了一批省级电商扶持项目，给予资金支持。指导各地结合实际，研究制定电商发展规划，出台促进电商发展的配套措施，加大财政资金支持力度，健全电商政策促进体系。

（2）打造多元化电商孵化培训体系。加强“政、校、协、企”合作，省商务厅与郑州大学共建电子商务与物流协同发展研究院，与郑州师范学院

共建电子商务发展规划研究院。省级以上电商示范基地建设电商孵化平台200多个，每年培训超过50万人次。省级跨境电商人才培养暨企业孵化平台2018年开展培训近200场，培训3.5万人次，孵化企业1500多家。省内128所高校、41所技工院校开设了电子商务类专业，71所院校被认定为省级电商职业教育实训基地。将电商人才队伍建设纳入继续教育范畴，依托继续教育基地，对各类专业技术人员进行电商培训。每年举办河南省电子商务双创技能大赛，培养电商应用人才，支持电商领域创新创业。

（3）拓展电子商务金融服务功能。人民银行郑州中心支行、河南省银监局引导金融机构推出跨境电商领域特色业务，鼓励、支持跨境电商活动中使用人民币计价结算，部分银行已完成针对跨境电商的金融产品研发，并投放市场。加强电子商务类上市后备企业培育，支持符合条件的电商企业挂牌上市。引导股权投资机构参与股改，帮助电商企业提高对接多层次资本市场能力。云工社、元亨利、碧佳实业、酒便利等超过40家省内电商企业在资本市场挂牌上市。

（4）提升电子商务科技支撑能力。支持符合条件的电子商务企业申报国家高新技术企业，培育认定了河南真二互联网科技有限公司、郑州王道乐途出行服务有限公司、郑州华粮科技股份有限公司等电商领域高新技术企业。推动省内高校、科研院所、相关企业开展电商技术研发和应用，解决电商交易技术、加密与电子认证、系统集成、网络安全技术等关键技术问题，降低电商建设和应用成本。开展"物联网和信息安全"创新引领型产业集群建设，重点推进郑州信大捷安信息技术股份有限公司"自主可信的SoC安全芯片设计与应用研究"、郑州信大先进技术研究院"面向物联网的高精度安全北斗模块研发及应用"等课题，为电子商务健康快速发展提供有力的科技支撑。

（5）强化网络市场监管。《电子商务法》立法过程中，省商务厅结合河南实际提出建议；全国人大常委会审议通过后，对全省电商平台、电商经营者进行普法培训。同时，加快推进《河南省电子商务发展条例》立法调研工作。持续开展电商企业认定备案，截至2018年底，累计认定备案电商企业 11961 家。省工商局牵头建立了河南省网络市场监管联席会议制度，完善网络监管、案件排查处理、纠纷调处和问责机制，加快建设网络交易监管系统。推进网络市场监管信息归集，将各类企业信息归集到企业名下，形成企业的全景多维画像，实现相关部门间的企业信息互联共享和联动监管。

（6）加强电商领域信用建设。建成国家企业信用信息公示系统（河南），2018 年日均访问量达 120 万人次，累计访问量 20 亿人次，社会影响持续扩大。省商务厅会同省发展改革委等部门，指导世界工厂网、中钢网、鲜易网、顺丰速运等 16 家省内知名电商、快递企业，共同签署《反“炒信”信息共享协议》，组成河南反“炒信”联盟；组织开展诚信兴商宣传月活动，提高全省企事业单位、个体工商户的诚信意识和信用水平。省工商局建立异常经营名录制和严重违法失信企业名单制，对失信主体全面施行“黑名单”管理，使失信企业“一处违法，处处受限”。省质监局积极推进全省企业质量信用数据库建设，引导重点企业建立完善质量诚信制度，公开发布质量信用报告。

二 存在问题

1. 电子商务发展整体水平有待提高

小微企业、草根创业者应用电子商务的积极性高，大中型企业与电子商务融合的紧迫感相对较弱。不少传统企业仅是在原有运营架构上叠加电子商务作为营销渠道，没有把互联网作为一种要素渗透到创意设计、生产制造和供应链管理等流程中，尚未实现以客户为中心、以互联网为基础的流程再造和企业转型。

2. 跨境电商创新发展、政策突破难度较大

现行通关、质检、税收、结算、物流、保险等贸易规则多是面向传统大宗国际贸易需求建立的，难以适应跨境电商发展需要。建设跨境电商综试区核心任务是监管模式、发展模式的创新，但政策创新、制度制定的大部分权限在国家部委，有的涉及国际监管协作，各地对政府监管体系、模式进行创

新面临较大困难。

3. 农产品上行渠道不够畅通

农村电商处于初级发展阶段，市场主体发育不充分，许多农村产品没有注册商标，标准化程度低、产品认证及质量追溯体系不健全，尚未达到网上销售的标准和条件，影响了农村产品网络销售。农村物流配送体系薄弱，存在生鲜农产品出村出山进城难的问题。

4. 电子商务人才结构不合理

目前，全省能够熟练驾驭电子商务创新活动的复合型中高级人才紧缺，无法满足电子商务快速发展的需要。电商企业工作节奏快，人才流动性大，普通员工低龄化、跳槽频繁，高端人才互相“挖角”，影响到企业稳定发展。

三　下一步打算

1. 深入学习贯彻《电子商务法》

通过政府网站、新闻媒体广泛宣传《电子商务法》，营造电子商务依法守信经营环境，促进全省电子商务持续快速健康发展。加快推进《河南省电子商务发展条例》立法工作。

2. 高水平推进中国（郑州）跨境电子商务综合试验区建设

围绕“三个平台、七个体系”建设，在交易、支付、物流、通关、税收、外汇等环节的技术标准、业务流程、监管模式和信息化建设等方面先行先试。办好第三届全球跨境电商大会，持续创新跨境电商“郑州模式”。加快EWTO核心功能集聚区建设，出台实施支持政策，尽快在打造“零费区”、增强产业招商吸引力、扩大出口等方面有新进展。引导各地将综试区建设与产业集群发展统筹谋划，推动条件较好的市县创建跨境电商产业园，再培育认定一批省级跨境电商示范园区、跨境电商人才培训暨企业孵化平台。支持建设一批跨境电商仓储物流中心、公共海外仓。争取开展跨境电商进口药品监管服务试点工作。

3. 持续推进电商进农村综合示范工程

总结推广典型经验，抓好项目建设，加强跟踪问效和督查通报。加强特色农产品分等分级、加工包装、物流仓储、冷链等基础设施建设，推进农产品电商标准化建设，创新农产品电商销售模式，提高农产品上行综合服务能力。实施农村电商万名带头人计划，探索公益性培训与市场化培训相结合的可持续发展机制，建立覆盖对象广泛、培训形式多样、服务支撑有力的农村电商培训体系。

4. 扎实推进电商扶贫攻坚

以促进贫困户创业就业和增收为重点，建立电商扶贫指标体系，责任到人，精准帮扶，量化评价，定期报告。开展深度贫困县农产品电商出村试点，促进农产品商品化、品牌化、电商化，支持试点县在城市大型社区设立农产品体验店，建立农产品社区直供系统，组织农产品加工流通企业与电商企业建立委托生产、订单农业等长期稳定的产销关系。支持贫困县与省内外知名电商平台加强合作，鼓励电商平台设立更多扶贫频道或专区，引导企业入驻，争取给予流量支持等优惠。继续开展“双 11”精准扶贫专项活动，扩大扶贫成效。

5. 加快推进电商物流转型发展

落实省政府《关于推进电子商务与快递物流协同发展的实施意见》，细化分工，落实责任，明确时间节点，确保将各项任务落到实处。开展省级电商物流示范园区创建工作，评审认定一批省级示范园区，给予资金支持，发挥引领带动作用。引导电商平台与快递物流企业之间开展数据交换共享和业务联动，建立数据中断等风险评估、提前通知和事先报告制度，共同提升配送效率。支持仓储、快递、第三方技术服务企业延伸服务链条，优化电商企业供应链管理。

6. 继续推进电商示范创建

评审认定一批省级示范基地和示范企业，推荐符合条件的基地、企业申建国家级示范基地和示范企业。开展示范基地、示范企业信息报送工作，强化动态管理，推进诚信建设，提升网销商品和服务质量。

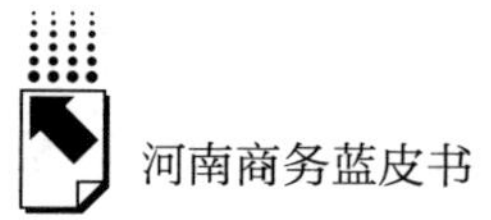

7. 开展电商进社区试点建设

选择条件适宜的城市社区、县城社区和新农村社区开展试点。依托连锁零售企业、龙头物流企业、居民服务企业及电商企业，整合线上线下资源，建成集网络购物、商品代收、智能终端配送、家庭服务等功能于一体的社区电商服务网点，解决物流配送“最后一百米”问题。

8. 深化电商领域信用体系建设

组织开展“诚信兴商”宣传月等活动，营造良好舆论氛围。加强电商行业管理和舆论引导，积极推动舆论监督，主动回应社会关切，曝光不良现象。发挥行业组织的引导推动作用，加强诚信宣传教育，研究信用制度建设，形成褒扬诚实守信和惩戒违规失信相结合的社会机制。鼓励行业协会开展信用评价，在规范信用服务的原则下，做好建立信用分类管理制度，完善电商领域信用信息管理系统。

B.16
提升农产品供应链质量探讨

于晓胜　方建佳　魏克龙*

摘　要： 在分析农产品供应链发展状况的基础上，分析现行的农产品供应链模式及质量安全困境，从建立追溯体系、完善农产品质量安全信息平台，优化运营模式、创新农产品供应链组织形态，创新流通业态、推广农产品冷链物流，探索智慧加工、实行农产品标准化生产几个方面提出提升农产品供应链质量的对策措施。

关键词： 农产品　供应链管理　质量安全

近年来，由于各种食用农产品质量安全事件层出不穷，如地沟油、毒大米、假鸡蛋、毒奶粉、瘦肉精、毒生姜、牛肉精膏、染色馒头等，不仅严重危害了人民群众的健康和生命安全，也给国家及地区带来了严重的经济损失。农产品质量安全问题进入公众视野，成了引发全社会关注的民生与经济问题。食品安全大于天。政府部门和专家学者从各个层面对农产品质量安全问题进行了分析和研究，认为农产品供应链是其中举足轻重的一个关键所在，影响农产品质量安全的关键因素贯穿了农产品供应链的始终。

农产品供应链是指对从农产品生产到消费的整个过程中各个环节所涉及的物流、资金流、信息流进行有效整合，包括农资供应、生产、加工，产品

* 于晓胜，河南牧业经济学院；方建佳、魏克龙，河南省商务厅。

流通、销售到消费的所有环节，同时还必须保障农产品的质量安全。在农产品供应链条中的每个环节的企业和个人都有可能因为故意或无意的行为导致产生农产品的不安全因素，最终给供应链末端的消费者群体带来伤害。所以，农产品供应链管理要兼顾时间和产品质量。本文旨在从河南省农产品供应链发展现状出发，分析河南省农产品供应链运行的基本模式和面临的质量安全困境，据此提出提升农产品供应链质量安全的对策措施。

一　河南省农产品供应链发展现状

河南省是我国重要的农业大省，也是全国重要的优质农产品生产、加工基地。近年来，全省强力推进种养业供给侧结构性改革，加快食品产业和种养业转型升级，提高优质农产品供应水平，做强先进农产品加工业，完善现代农产品流通体系，河南正努力实现由卖原料向卖产品、由创品牌向创标准转变。

1. 农产品产量稳步提高

河南省粮、棉、油、肉生产总量均居全国前3位。食品工业是河南省两个产值超万亿产业之一。2018年，规模以上农产品加工企业营业收入占全省规模以上工业的近1/3，占全国规模以上农产品加工业营业收入的10%以上。农产品加工业已成为河南省重要的支柱产业和经济增长点。优质花生、优质专用小麦及优质林果种植面积分别达到1900余万亩、840万亩、1200余万亩。优质草畜新增奶牛5.4万头和肉牛26.9万头。全省筛选出食用菌、肉类产品、食品添加剂、木柳制品、鬃羽制品等14个出口品种给予重点培育，分别形成10亿美元、5亿美元、2亿美元及1亿美元农产品出口梯队。

2. 农产品经营主体不断壮大

全省休闲农业经营主体达到16181个，实现营业收入153.98亿元，从业人数34.32万人。全省新型农业经营主体总量超过24.2万个，其中农民合作社、家庭农场和专业大户分别为15.7万家、3.7万家和4.3万家。河南省农村土地流转面积达3853万亩，约占家庭承包耕地总面积的39%；托管土地面积2007万亩，占家庭承包耕地面积的20.1%。全省培育农业产业化集群542个，规模以上农产品加工企业达到7900多家，实现营业收入2.45万亿元，占全国的11.6%，营业收入、利润总额和税金总额均占全省规模以上工业企业的1/3。部省认定的农产品定点批发市场和农业部认定农产品产地市场分别有58家和1家。

3. 农产品质量监管体系不断健全

全省累计制定、发布农业地方标准291项。南阳、三门峡、周口被评为全国农业综合标准化示范市。创建国家级农业标准化示范区、省级标准化示范区、省级标准化示范县分别达到35个、244个和4个。无公害农产品基地累计认定1973个。河南省有3597个有效期内“三品一标”产品。所有市、县成立了农产品质量安全检测机构，在全国率先开展畜牧兽医综合执法体制改革，顺利完成畜禽屠宰监管职能调整工作。农产品质量安全检测合格率在97%以上。

二 河南省现行农产品供应链模式及农产品质量安全困境

1. 以批发市场为中心的产地供应链模式

此种模式下，或是批发商上门收购，或由农民到批发市场与批发商交易。作为供应链的核心，批发市场把合作社、农户和零售商组织起来，使农产品从产地经由流通领域进入消费者手中。据全国城市农贸中心联合会调查，农产品经过批发市场流通的比重在70%以上。目前，河南省农产品批发市场运行模式大多仍处在批量进货、零星批发销售的传统阶段。大部分农产品市场管理水平较低，仅承担交易场所功能，很难发挥商品集散、价格形成、信息传递和安全保障等市场功能。目前仅有以万邦国际农产品物流批发市场为代表的小部分企业正在逐步建立现代意义上的农产品批发市场。通过对农产品批发市场加大力度配备检测设备和升级信息化设备，增加鲜活农产

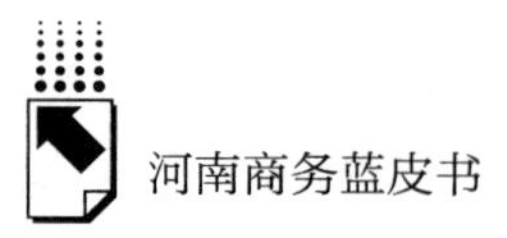

品冷藏冷链技术及设备投入，切实保障产品质量安全。

以批发市场为核心的模式是当前河南省最主要的农产品供应模式。此模式的质量安全困境在于，货源分散，以短期和个体交易为主，信息链在批发市场环节极易断裂。此模式下，主要依赖末端控制，质量安全无法得到有效保障。

2. 以农产品加工企业为核心的流通加工供应链模式

此模式以加工企业为核心，农户按企业要求对农产品进行标准化生产，加工企业将农产品统一加工后推向市场。此模式减少了个体农户生产的盲目性，以加工企业生产标准为质量标准，加工企业作为责任人，保证了农产品一定程度上的可溯源性。

此模式的质量安全困境主要表现在，作为核心的加工企业需要较大投资和对农户进行监督指导。由于农户较为分散，非标产品多，质量安全把控难度大，很难有效形成核心竞争力。另外，加工企业承担的质量责任占比高，一旦发生问题企业将会损失惨重。

3. 以销售商为核心的终端销售供应链模式

此模式下，整个供应链中的产品流通由销售商负责协调管理；或者由农户向超市等直接供应农产品，建立农产品直接采购基地，即“农超对接”模式。与传统的农贸市场相比，此模式最大优势在于销售方对所售农产品的质量实施管控。终端销售商重视合同管理，具备较成熟的物流配送体系和管理制度，可以较好地保证农产品的质量安全。

此模式的质量安全困境主要表现在，由于农产品产销地跨度大、流转时间长，销售商对整个供应链实时监管难度大。尤其是作为核心企业的大型销售商，为保证农产品的新鲜度和安全性，需要自建配送体系，甚至全程冷链。

三　提升河南省农产品供应链质量的对策措施

1. 建立追溯体系，完善农产品质量安全信息平台

（1）制定统一标准，创新技术应用。在现有的农产品质量安全例行

监测规范（DB41/T 1389－2017）的基础上，面向农户、加工企业、流通商、批发零售商等全产业链，应利用最新技术的发展，创新编码技术，完善编码体系，规范使用标准，划定统一监管路径，为实现农产品统一监管奠定基础。制定出一项统一的农产品追溯标准规范，使得消费者在购买可追溯产品后使用查询方法更简便，无须在多种查询方式之间切换；使得各个部门协调方便，沟通便利，更加专注于部门职责，促进追溯体系的流畅运行。结合5G互联网时代带来的“蝴蝶效应”，实现“互联网＋”的理念的全面贯彻，实现可追溯技术突破。同时，建议各级政府出台相关政策，加强对平台的管制，打破信息壁垒，实现合作共赢的企业关系。加大对实施追溯体系企业的奖励力度，提高企业的实施意愿，加强企业理解实施可追溯体系的重要性和意义，完善市场经济制度，使得企业自愿、自主参与体系的构建，为农产品供应链的质量提升做出进一步的探索。

（2）实施全产业链管理，普及可追溯管理理念。树立“食品安全从源头抓起”“食品安全贯穿供应链”的理念，执行力与可追溯承诺一致，不搞噱头，避免供应链各环节中“可追溯体系”宣传工具化，真正增强消费者的信心，增加农产品附加值。加强对建立可追溯体系企业的管理，加强生产企业、加工企业与超市的紧密配合，保证信息采集的客观公正、信息记录的准确性、整体过程的可追溯性。同时，加强对供应链各个节点企业及消费者的标准化教育、可追溯体系普及，增强其追溯意愿。特别是要重视培养消费者的标准质量意识，增强消费者认可、识别和选择优质农产品的能力，真正实现农产品优质优价。

（3）加大财政补助力度，降低建设追溯体系成本。农产品从农田到餐桌的追溯环节较多且任一环节均需成本付出，受到很多方面的影响，企业及个体工商户不能有效地分摊成本从而无法实施构建，这就导致了“叫好不叫座”的现象。一方面，农产品追溯体系的构建是一项大规模的复杂系统工程，需要一定的资金运行，在政府管理市场中，不仅要有宏观的调控，还应在不干涉市场经济规律的前提下为企业进行一定的补贴，使得企业能够减缓成本压力，自主管理，从而提高创新机制，更好地实施体系构建。另一方面，从供应链的角度出发，创新管理方法，适当缩短环节，提高供应链的效率、流通、管理，结合互联网技术的发展创新追溯编码技术，从而降低构建农产品追溯体系的成本。

2. 变革运营形态，创新农产品供应链组织模式

一是推广“农户+合作社+产地批发市场”模式。此模式具有下列优势：将分散的点状供应模式变革为线状供应模式，有利于信息传递与责任溯源；有利于地方政府提高监管效率。二是推广“合作社+企业+销售商”一体化发展模式，从源头至终端实现质量检测体系全程可控化。三是推广农产品“农户+中央厨房+销售商”模式，随着互联网餐饮、共享经济模式的兴起，专业的第三方供应链互联网采购中心、仓储中心、配送中心等的不断兴起，为企业提供产品 OEM 代加工的服务成为一种新型农产品供应链模式。此种模式通过专业化的生产硬件和管理软件，在专业化人才操纵之下，推行净菜加工、半成品菜品加工，真正形成标准化、工业化、大批量生产、大批量定制的多元化的农产品加工管理系统及运营模式，充分体现集约化的特征，为高标准化的质量奠定基础。

3. 创新流通业态，推广农产品冷链物流

冷链物流是指物品在生产、储存等各环节中一直处于规定的低温环境下，保障质量、减少损耗的网络体系。在产地预冷环节，采后温度过高是果蔬品质快速下降的一个主要因素，加快产地预冷库建设，开发适应河南实际发展的产地预冷技术，将新采收的农产品迅速除去田间热，把其温度速降至适宜温度，切实保障产品品质。在冷储环节，重点解决冷库设施结构化矛盾，增加流通型冷库比例，增加果蔬类冷库数量，推广智能化绿色化冷库建设，科学调节冷库满负荷与闲置耗能状态，提高冷库利用率。在配送运输环节，发展快速高效的冷链运输、仓储和加工网络，建立第三方冷链物流体系，减少农产品在供应链中的损耗，保持农产品新鲜度。在终端销售环节，重点普及推广销售终端冷藏设备，探索把冷柜纳入温度自动监测管理平台，将温度监测功能扩展至销售终端，

实现实时监测。

4. 探索智慧加工，实行农产品标准化生产

标准化生产可以改变农户没有技术、学不会的困境，为农户提供简单易学的农产品生产技术和操作规程；加工企业对标准化的农产品统一加工，可以提高工作效率；销售者可以发挥标准化农产品较强的价格优势，方便打造品牌。标准化农产品可以节约运输空间、降低运输成本和减少运输时间，保证农产品的新鲜度。同时，各个环节成本下降，可以使产品在价格上更具竞争力。

5. 融合全产业链，构建农产品供应链运行机制

（1）创新组织运行机制。研究建立合理的利益分配机制。完善供应链内部运行保障机制和风险分担机制。

（2）创新信息共享机制。建立农产品质量安全信息共享平台，通过信息化处理，建立农产品“成长档案”，确保相关信息畅通传递。

（3）创新协调及反馈机制。加快研究建立供应链各个参与主体的“双核心”合作及协调机制，明确各方的义务与责任划分范围，在质量安全控制上做到目标统一、分工协作。研究建立安全追溯系统，并制定相应的处理预案。

（4）创新监管责任机制。建立健全农产品监管责任机制和责任倒查制度。一旦发现问题，迅速开展供应链前段倒查，直到从根源上找出问题、解决问题。监管部门要在不断的实践中完善监管制度、创新监管手段、更新检测设备，不断提高管理人员的素质和能力。要积极引导农产品供应链各个环节的参与方深入学习质量安全标准，通过补贴等方式支持开展相关农产品质量安全认证及名牌农产品认定。如有生产和销售不合格农产品的农户，一经发现应取消农业补贴，并加大惩罚力度。相关农产品质量的问题应及时在报纸、电视、网络、公共宣传栏等宣传媒介上曝光，及时给消费者提供信息的同时也可起到一定的警示作用。对严重违法或存在主观故意性的企业、个人，应加以列入黑名单、吊销营业执照等惩罚。

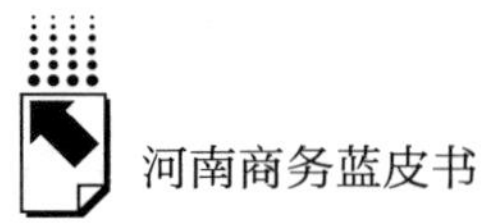

参考文献

邓文博：《河源农产品供应链的质量安全管理研究》，《物流工程与管理》2017 年第 5 期。

狄灵晓：《基于质量安全的农产品供应链组织模式研究》，《现代营销》（学苑版）2012 年第 10 期。

何卫中：《基于质量安全的农产品供应链管理创新研究》，《物流技术》2015 年第 13 期。

李睿：《基于质量安全的农产品供应链管理创新研究》，《江苏商论》2016 年第 10 期。

胡云锋、孙九林、张千力、韩月琪：《中国农产品质量安全追溯体系建设现状和未来发展》，《中国工程科学》2018 年第 2 期。

李红、赵姗姗：《农产品食品质量可追溯性研究进展》，《物流技术》2017 年第 9 期。

张驰、张晓东、王登位、王亚辉：《农产品质量安全可追溯研究进展》，《中国农业科技导报》2017 年第 1 期。

叶云：《农产品质量追溯系统优化技术研究》，华南农业大学博士学位论文，2016。

阿斯亚·买买提依明：《积极推进农产品质量安全追溯系统建设　实现特色农业从生产型向市场运营型转变》，国家标准化管理委员会 - 中国标准化协会：《国家标准化管理委员会．市场践行标准化——第十一届中国标准化论坛论文集》，2014。

贾娜、东梅、李瑾、魏涛：《我国农产品可追溯体系的现状及问题分析》，《农机化研究》2014 年第 2 期。

B.17

中美贸易摩擦对河南影响及对策研究

李 晋　李 惠　杨军岐　李伟华*

摘　要： 中美两国是全球前两大经济体，约占世界经济总量的37%。两国既是合作伙伴，又是竞争对手，其经贸关系是否稳定，直接关系着全球经济秩序稳定。在严峻的贸易摩擦形势下，两国虽已启动多轮谈判，但局势仍旧不稳定。中美贸易摩擦对河南省产生的影响，值得我们密切关注和研究。

关键词： 河南省　中美贸易摩擦　对外贸易

一　2018年中美贸易摩擦情况

2018年以来，中美贸易摩擦过程可大致分为三个阶段。第一阶段，始于2018年2月28日美国商务部对进口自中国铝箔“双反”调查裁定，反倾销税率为48.64%～106.09%，反补贴税率为17.17%～80.97%。3月23日美国对进口钢、铝产品动用232调查，分别加征25%、10%的全球性保障关税，我国不在关税豁免范围。3月23日我国商务部宣布将对进口自美国的30亿美元的商品征收关税。4月17日美国公布对华铝板带“双反”调查反补贴初裁税率为31.2%～113.3%，6月18日又公布反倾销初裁税率为167.16%。第二阶段，始于2018年7月6日起美国对价值340亿美元的中国商品加征25%的进口关税，自8月23日起对剩余的160亿美元加征关税，

* 李晋、李惠、杨军岐、李伟华，河南省商务厅。

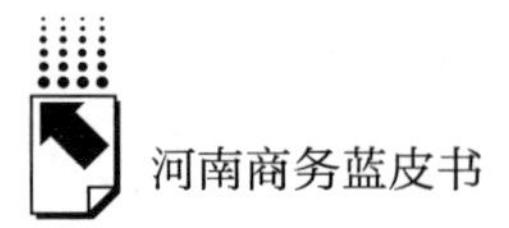

总规模为500亿美元。作为反击，我国也对同等规模的美国产品加征25%的进口关税。第三阶段，始于2018年9月24日起美国对约2000亿美元进口自中国的商品加征关税，税率为10%。我国商务部随即回应，为维护自身正当权益和全球自由贸易秩序，中方将不得不同步进行反制，对美600亿美元商品加征5%、10%、20%和25%的关税。

二　河南省对美开放合作基本情况

从对外贸易看，美国是河南省最大贸易伙伴。近年来，河南省对美贸易占全省对外贸易总额在20%上下波动。2015年河南省对美进出口17.2亿美元，增长20.6%，占全省总额的23.3%。2016年对美进出口864.1亿元，下降19.4%，占全省总额的18.3%。2017年对美国进出口1083.5亿元，增长25.4%，占全省进出口总额的20.7%。2018年，对美国进出口1382.7亿元，增长27.6%，占全省的25.1%，比2017年提高4.4个百分点，主要原因是对美出口手机及配件1085.1亿元，增长了33.9%。

2018年对美主要出口商品及占比：2018年对美出口1325.3亿元，同比增长31%。其中：手机及配件1085.1亿元，占81%；鞋靴制品57.1元，占4.3%；发制品44亿元，占3.3%；纺织服装19.1亿元，占1.4%；陶瓷制品11亿元，占0.8%；铝及制品10.1亿元，占0.8%。其他还有汽车及零件、轮胎、蔬菜、电线电缆、锂电池、塑料及制品、钢铁及制品等。

2018年对美主要进口商品及占比：2018年对美进口57.4亿元，同比下降24%。其中：飞机航空器13.6元，占23.7%；化妆制品8亿元，占13.9%；医疗设备7.5亿元，占13.1%；机电产品7亿元，占12.2%；大豆5.8亿元，占10.1%。其他重点进口商品还有木浆、铅矿砂、棉花、铜矿砂等。

从外资来源看，美国已成为河南省利用外资的主要来源地。近年来，美国不断加大河南省投资，江森自控在济源市投资2亿元高容量蓄电池项目，苹果公司在南阳投资6000万元新能源项目，UPS、联邦快递等国际巨头入驻河南，加速推动郑州成为国际航空物流中心。2018 年七八月，美国在河南省实际投资分别为 4.1 亿、4.3 亿美元，占到全省当时实际利用外资总额的一半。

从对外投资看，美国已成为河南省企业“走出去”的重要目的地。美国市场容量大、商机多、科技发达，近年来河南省企业对美国投资在迅速增长，如双汇通过并购美国史密斯菲尔德跃升为世界上规模最大的肉类加工企业，博爱新开源生物在美国投资 2.88 亿美元设立新开源生物技术（美国）公司，迈胜医疗科技集团出资 1.18 亿美元在美国并购设立迈胜医疗系统公司等。据统计，2015 ~2017 年河南省对美直接投资中方协议投资额 10.3 亿美元，占同期全省对外直接投资的 12.3%。

三 中美贸易摩擦对河南省影响分析

从稳外贸看，影响仍在可控范围。一是总体影响相对较轻。2018 年，全省进出口总值再创历史新高，首次突破 5500 亿元，达到 5512.7 亿元，增长 5.3%。其中出口 3579 亿元，增长 12.8%，全省出口增幅高于全国平均增幅 5.7 个百分点，出口位居全国第 8 位、中部第 1 位，进出口位居全国第 11 位。二是铝加工行业对美受影响大，但总体呈增长之势。虽然中美贸易战导致对美出口铝材受阻，但通过开拓替代市场，河南省铝制品企业主要出口市场多元化，对欧盟、东盟、加拿大出口铝材增长约 1 倍，2018 年，全省铝制品出口在对美出口同比下降 62.3% 的情况下，总出口额达 101.2 亿元，增长 31.8%。三是大豆进口企业受影响较大。受中美贸易战我反制措施对美进口大豆征收 25% 关税影响，益海粮油、阳光国际等大豆进口重点企业对美国连续 8 个月进口为零，2018 年全省进口大豆 37.7 亿元，下降 35.7%。四是跨境电商受影响相对较小。此次贸易摩擦目前主要影响的是大额传统贸易，河南省跨境电商仍保持快速增长。2018 年，全省跨境电商进出口（含快递包裹）1289.2 亿元，增长 25.8%。其中出口 928.2 亿元，增长 21.7%；进口 361.0 亿元，增长 37.7%。快递包裹出口 7549.0 万件，货

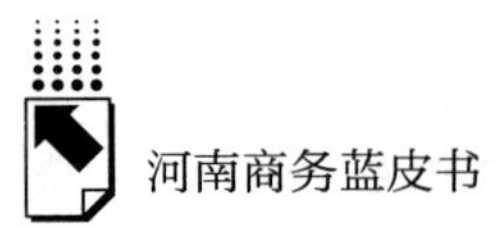

值159.4亿元，增长11.0%。但美国已开始严查中国出口的跨境货物，一定程度上造成货物物流周期增长和成本上升。五是企业海外并购受限。目前，美国正在加紧推出一系列针对全球外来投资的保护措施，禁止外国股权占25%以上，这不利于河南省企业收购拥有“重大工业技术”的美国企业。

从稳增长看，下行压力有所加大。一方面，河南省产业大都处于产业链的前端、价值链的低端，受影响特征是“来得迟、影响深、走得慢”。2008年国际金融危机时，河南省经济受影响时间较东南沿海地区迟了半年，但此次中美贸易摩擦影响传导速度加快，其中2018年9月，河南省规上工业增加值增速仅有5.3%，是2009年3月以来最低值。另一方面，接踵而至的股市、汇率、大宗商品价格的大幅波动，对外贸企业造成较大的负面影响，打击出口信心。有些行业虽未正面波及，但客户下单观望保守，订单量有所下降。此外，随着一些外贸企业为规避贸易摩擦风险出口转内销，国内市场竞争必将进一步加剧，由于技术水平低、竞争力不够强，河南省企业盈利情况有可能恶化。

从稳就业看，风险隐患不容忽视。一方面，就业岗位直接损失不大。美国2000亿美元商品加征关税清单中，河南省涉案产品超1/3具有强替代性，主要为卡客车轮胎、帘子布、钛白粉、果汁等，这些出口商品在美国市场竞争激烈，加征25%关税后可能大部分失去美国市场，直接影响就业，经中美磋商后，关税停止继续加征，所以就业岗位直接损失不大。另一方面，受间接影响省外务工人员回流压力较大。河南省是劳务输出大省，目前省外务工人员有1200万人左右，其中320万人在沿海地区电子、服装等受贸易摩擦较大的行业就业，一些企业已经开始裁员，2019年上半年农民工回流有可能会表现出来。

四　应对中美贸易摩擦的意见建议

中美贸易摩擦具有长期性、反复性和艰巨性，其影响不是暂时的，对河南来讲，是间接影响大于直接影响、工业影响大于农业影响、长期影响大于短期影响，我们要做好充分的思想准备。

一要着力增强发展的自觉性。我们必须清醒认识到，中美两国进入了前所未有的贸易摩擦期。我们要在以习近平同志为核心的党中央坚强领导下，按照省委、省政府的决策部署，认真做好河南省工作，保持战略定力，稳就业、稳金融、稳外贸、稳外资、稳投资、稳预期，加快推进供给侧结构性改革，优化产业结构，把准高质量发展的主攻方向。要把创新摆在发展全局的核心位置，抓好创新载体，壮大创新主体，完善创新机制，大力提升自主创新能力。要高度重视预期引导，引导社会各界看主流、看长远、看本质，增进对河南省经济持续向好的预期和共识。

二要着力增强工作的预见性。要加强中美贸易摩擦对河南省影响的跟踪分析，立足当前，着眼长远，研究建立河南省贸易摩擦监察预警和应对系统，密切关注企业出口订单变化，分层级分类别进行动态监测和案件预警，开展精准跟踪指导，引导企业未雨绸缪，早安排早准备早应对。认真贯彻落实好国家和省委、省政府稳外贸政策措施，积极争取国家政策支持，研究出台合力稳外贸政策举措，解决企业经营中存在的困难和问题，营造外贸良好发展环境。要高质量利用外资和产业合作，着力优化营商环境，加大招商引资力度，转变招商引资方式，谋划更加精准化、精细化招商对接，全力以赴打造高质量外资集聚地。着手梳理在美开展投资、并购活动的河南企业名单，及时发布国别和行业风险预警，加大对全省“走出去”风险通报平台的宣传推介和支持力度。富士康是河南省外贸支柱企业，在豫企业就业 30 多万人，约占全省进出口的六成。紧盯富士康这一龙头，建立健全沟通机制，及时协调解决问题，积极建议国家慎用针对苹果手机的反制措施，避免对河南省进出口、就业等产生重大影响。

三要着力增强措施的实效性。要建立对外贸易联席会议制度，加强各级各部门之间的统筹协调、上下联动，综合施策、形成合力。要大力开展“暖企行动”，加大对河南省涉案企业贸易摩擦案件应诉费用支持力度，减轻企业应诉负担。加强基层商务部门和外向型企业贸易摩擦应对培训，提升部门、企业协同应对贸易摩擦的能力水平。引导企业积极与供应商开展成本谈判，争取商谈成本分摊。郑煤机积极同美国前5位大客户开展谈判，增加的关税成本实现了平均分摊，经验值得借鉴。要加大政策扶持力度，量身定制扶持政策，研究支持外贸产业基地加快发展措施。设立5亿元规模的省级出口退税资金池，为外贸企业提供出口退税周转资金支持。发挥出口信用保险作用，加大对开拓新兴市场出口信保费率的支持。鼓励企业参加境内外知名展会，对境外展位费全额补贴。支持企业加快开发替代市场，指导河南省出口涉案企业大力实施市场多元化战略，鼓励企业积极开拓非洲、东南亚及欧洲等替代市场，引导企业充分利用阿里、京东等成熟平台拓展海外市场。要鼓励企业加速全球布局，全球化分工越来越广泛，很多商品的原材料来自不同国家，要指导企业研究运用好原产地规则和归类规则，从全球销售转向全球制造，再到全球服务和投资，消除贸易摩擦影响。

四要着力增强开放的主动性。2018年是改革开放40周年，历史经验告诉我们，面对美国贸易保护主义的挑战，我们正确的抉择不是复制保护主义，而是要坚持自由贸易，用开放回应保守。我们要抓住当前难得的契机，积极探索，继续在河南的交通区位优势上做文章，以推进交通枢纽建设为切入点，以打造国际航空物流中心为突破口，以航空港经济综合实验区为开放平台，深度融入“一带一路”建设，“四条丝路”并进，使“空中丝绸之路”越飞越广，“网上丝绸之路”越织越密，“陆上丝绸之路”越跑越快，“海上丝绸之路”越来越顺畅，着力形成四路协同并进的开放格局。持续拓展对外开放空间，打通高质量发展的国际通道，贯彻国家大幅度放宽市场准入部署，全面落实准入前国民待遇加负面清单管理制度，继续深化制造业开放，稳步扩大金融业开放，持续推进服务业开放，加快科技、教育、医疗、文化、电信等领域开放进程。扩大与沿线国家经贸合作，办好境外经贸合作园区，创新投资合作方式，推动河南企业、产品、服务“走出去”，引进“一带一路”沿线外资，为开放注入新的活力。统筹推进航空港实验区、自贸试验区、郑洛新自创区、跨境电商综试区、大数据综试区建设，强化体制机制创新，推进优势互补，加快形成国家战略互动联动格局和优势叠加效应，构建布局合理、功能完善、协同发展的开放平台支撑体系。持续推进贸易强省建设，积极应对贸易摩擦，配合商务部办好第二届国际进口博览会，组织河南企业积极参会洽谈采购。加大招商引资力度，着力招大引强，高质量办好第十三届中国河南投洽会，稳定外资健康发展，推进开放型经济提质增效。对标国际标准，优化开放营商环境，继续以更加开放、公平和自由竞争的政策环境，促进河南省经济高质量发展。

案　例　篇

Case Reports

B.18
抓住进口博览会重大机遇 加快推进外贸消费和产业转型升级

——河南省参加首届中国国际进口博览会综述

杨智慧　张　鑫*

摘　要： 进口博览会是党中央推进新一轮高水平对外开放的一项重大决策，是我国主动向世界开放市场的一个重大举措。河南省高度重视、积极筹备，圆满完成了首届中国国际进口博览会的组织参会工作，取得良好成效，参会人数、成交金额均居全国前列。

关键词： 河南　进口博览会　对外开放

* 杨智慧、张鑫，河南省商务厅。

2017 年 5 月，习近平总书记在“一带一路”国际合作高峰论坛上宣布，中国将从 2018 年起举办国际进口博览会。这是党中央推进新一轮高水平对外开放的一项重大决策，是我国主动向世界开放市场的一个重大举措。

河南省高度重视进口博览会参会组织工作，省委书记王国生、省长陈润儿多次做出指示批示，要求进一步提高政治站位，增强开放和机遇意识，精心策划，扎实准备，着力做好交易促进工作，确保实现一流成效，充分展示河南对外开放成效，加快带动河南省产业、消费和贸易转型升级，推动经济高质量发展。在大会筹委会和省委、省政府的统一领导下，经过全省上下的共同努力，河南圆满完成了首届中国国际进口博览会的组织参会工作，取得良好成效，参会人数、成交金额均居全国前列。

一　提高站位，充分把握进口博览会重大机遇

（一）深刻认识举办进口博览会的重大意义

习近平总书记多次强调，中国开放的大门永远不会关上，只会越开越大。国际进口博览会是世界上第一个以进口为主题的大型博览会，在国际贸易发展史上是一大创举，在当今世界贸易促进领域也独树一帜。习近平总书记强调，进口博览会不是一个一般性的展会，而是我们主动开放市场的政策宣示，有关部门要精心筹办好。2018 年李克强总理在政府工作报告中指出，要办好首届进口博览会。首届进口博览会是 2018 年我国四大主场外交活动之一，在改革开放 40 周年之际，办好进口博览会是一项重大的政治任务。

举办进口博览会是我们主动扩大进口的积极探索，是向进口、出口并重的重大转变，对促进贸易平衡具有重要意义。同时，有利于改善供给结构，引导国内企业走创新驱动发展之路；有利于丰富国内消费选择，引导境外消费回流，推动消费升级，满足人民群众消费需求，更好体现以人民为中心的发展理念。

（二）把做好进口博览会工作作为贯彻落实省委十届六次全会暨省委工作会议精神的具体体现切实抓紧抓好

省委十届六次全会暨工作会议，高举习近平新时代中国特色社会主义思想伟大旗帜，以党的十九大精神和习近平总书记调研指导河南时的重要讲话为统领，紧跟习近平总书记步伐，紧扣党中央节拍，紧贴新时代任务，紧系中原更加出彩使命，清醒分析了当前面临的形势，牢牢把握了新时代中原更加出彩的工作方向，动员全省以新担当展现新作为，以党的建设高质量推动经济发展高质量、奋力谱写新时代中原更加出彩新篇章。

当前，河南无论是在开放的层次上，还是在开放的领域、开放的水平上都存在一定差距，必须继续坚定不移扩大开放，深度融入“一带一路”建设，全面对接全球大市场，谋求更高层次、更宽领域的开放。大家一定要从讲政治的高度，把思想和行动统一到省委的决策部署上来，以高度的政治责任感和紧迫感，全力以赴做好进口博览会工作，确保取得与河南省开放地位相匹配的业绩，抢抓更多的开放机遇，为中原更加出彩贡献力量。

（三）充分利用进口博览会重大机遇推动河南省经济高质量发展

做好进口博览会工作，是展示河南形象、推动转型升级和扩大开放的重大机遇，一定要以此为契机，放大博览会的综合效应，助推河南经济高质量发展。一是推动河南产业转型升级。进口博览会设置了智能与高端装备展区。要充分洽谈对接，积极引进生产经营需要的原材料、先进技术、重大装备、关键零部件等，做好消化吸收和再创新工作，促进传统产业升级换代，积极培育战略性新兴产业，加快推动产业转型升级，提升国际市场竞争力。二是推动河南消费提档升级。河南是人口大省和消费大省，消费已成为拉动经济增长的主要动力。要根据市场需求，扩大优质、特色商品和服务的进口，满足人民群众的实际生活需要。同时，要充分发挥进口对推动消费升级的重要作用，谋划做好促进消费升级这篇大文章，推动河南由消费大省向消费强省提档升级。三是要推动河南外贸均衡发展。2017 年，河南存在 1100

多亿元的贸易顺差，外贸不平衡问题依然存在，进口方面还大有潜力可挖。要利用好博览会平台，提升进口发展水平，推动外贸优进优出、均衡发展，增强综合竞争力，加快贸易强省建设。

二　广泛发动，各类企业和机构参会报名踊跃

2018 年 5 月，河南正式启动了交易组织和招商工作，组建了高规格的河南省交易团，成立了由 18 个省辖市和省政府国资委组成的 19 个交易分团，印发了工作方案，制定了具体措施，广泛宣传发动，多次召开工作促进会和专题工作会，认真安排部署博览会参会筹备工作。

围绕“确保参会企业和人数，确保成交金额”工作目标，全方位宣传发动，层层压实责任。各省辖市、直管县（市）对照采购商组织的重点领域、重点对象，开展调查摸底，梳理出参会单位名录和重点进口企业名单，建立联系渠道，有目的、有针对性地宣传发动，对重点进口企业，明确专人负责推进。省政府国资委组建了交易分团，统一组织省管企业参会。工业、农业、商务、教育、科技、卫生健康、交通运输、文化、旅游、民政、体育等相关部门积极行动，认真安排部署，动员组织本系统企业报名参会。同时，交易团秘书处建立了沟通联系机制、跟踪督导机制、定期报告机制、周通报机制等，组织开展了会前预热宣传，编发了参会工作指南在网上发布等。经过全省上下的积极动员，认真组织，全省共注册报名单位 3200 多家，居全国各交易团前列。

三　积极对接，进口成交取得实实在在成果

国际国内各方面对博览会高度关注，如果成交不理想，博览会的作用就难以体现，可持续性就会成问题，招商招展工作就会越来越难。河南省交易团认真领会筹委会关于交易促进的总体要求，及早着手开展供需对接，做好调查摸底，提前锁定成交意向，为达成进口成交提供有力支撑。紧盯重点企

业、重点行业和大额成交，特别是重点抓好进口量大的手机元器件、铜、铁、铅、锌、铝等金属矿砂、档发材料、原油、大豆等重点商品企业，逐一摸清详细情况、安排专人负责对接、建立工作台账，做好充分的洽谈成交准备。坚持成交数量和成交质量并重，更加注重多进口尖端技术和重要装备，多进口群众需要的优质消费品和服务，多进口生产急需的原材料，放大博览会溢出效应，推动河南省产业升级、消费升级和对外贸易转型升级，为河南经济高质量发展做出积极努力。

通过会前主动与参展商对接和会中积极洽谈，河南省参会取得实实在在的成果，企业成交超过450笔，共采购了70多个国家（地区）的产品，成交金额较多的国家有澳大利亚、加拿大、新加坡等。成交主要品类有食品及农产品、服装饰品及日用消费品、智能及高端装备、医疗器械、服务贸易等。河南省成交企业主体是民营企业，占总成交金额的七成以上。

四　精心组织，专项经贸活动收获满满

为促进企业和参展商精准对接，进口博览会期间举办了河南省交易团采购需求发布暨现场签约会和河南“网上丝绸之路”对接采购暨现场签约会，取得了良好成效。其中，采购需求发布暨现场签约会发布了先进技术装备、农产品和资源性产品、消费品等重点领域的采购需求，吸引了30多个国家和地区的机构、参展商、采购商、签约商代表参加，达成了一百余个采购合同或意向。“网上丝绸之路”对接采购暨现场签约会重点推介了河南“网上丝绸之路”及跨境电商，吸引了100多家跨国公司、境外参会企业、境外签约商、国内知名电商等参加，有30多个企业采购合同在会上现场签约。

五　加强宣传，积极扩大河南对外影响

会前，进行了精心策划，组织省会主要新闻媒体开展了预热宣传，央视财经新闻播发了河南交易团参会准备情况，会议期间，各媒体多角度宽视角

地播发了大会及河南省参会情况，邀请光明日报、新华社、人民日报参加河南专项活动，光明日报以“206 亿！进博会河南再现超级批量采购订单”和“购物车收货满”为题，刊发了专门文章。新华社海外版在河南专项活动现场采访了国外嘉宾。新华社上海分社内参就外贸转型发展采访了交易团领导。截至 11 月 16 日，通过 360 引擎、百度引擎可搜索到 2410 多万条进博会河南宣传报道信息，形成了强有力的视觉、听觉冲击波。

扬帆起航正当时，牢记嘱托再出发。习近平总书记指出，中国真诚向各国开放市场，中国国际进口博览会不仅要年年办下去，而且要办出水平、办出成效、越办越好。河南交易团将在抓好首届进口博览会成交合同跟踪落实工作的同时，认真贯彻落实筹委会的安排部署，全力做好第二届进口博览会各项参会筹备工作，借助进口博览会这个重大平台，积极抢抓“一带一路”建设机遇，不断扩大对外开放，助推河南经济高质量发展。

B.19
郑州国际陆港融入“一带一路”建设

杨文俊*

摘　要： 郑州国际陆港作为国家第一批、河南省第一个国家多式联运示范工程项目实施单位，全面推进国家“一干三支”铁海公多式联运示范工程项目，充分发挥班列带动效应，全面实施“运贸一体化”战略，不断增大贸易规模，积极参与河南自贸区功能创新实践；推动汽车进口、粮食进口等口岸经济、一般国际贸易、冷链物流等业务多元化发展，为助推河南省积极融入“一带一路”，推进中原经济区建设贡献力量。

关键词： 郑州　国际陆港　“一带一路”

两千多年前，汉武帝派张骞出使西域，开创了一条连接中西方文明与贸易的“丝绸之路”。现如今，这条古老的中西经贸之路上又多出了一个全新的身影——中欧班列。随着国家“一带一路”建设的深化，中欧班列作为丝绸之路经济带的重要载体，增强了我国与沿线国家的互联互通，对推动欧亚经济与贸易合作具有十分重要的意义。

2013 年 6 月 27 日郑州国际陆港开发建设有限公司（简称陆港公司）成立，陆港公司是集国际物流、国际贸易于一体的国际化综合运营企业，负责郑州国际陆港开发建设及郑欧班列的运营。业务涵盖：国内外多式联运全程门到门服务（包括组货、订舱、集装箱管理、运输、场站操作、仓储、包

* 杨文俊，郑州国际陆港开发建设有限公司。

装、报关、保险、融资等）；跨境 e 贸易、一般国际贸易及电子商务；冷链物流；物流与贸易科技服务；项目投资管理与咨询服务；等等。

郑州国际陆港是河南省重点项目，2014 年 5 月 10 日习近平总书记视察郑州国际陆港，勉励“要建设成为连通境内外，辐射东中西的物流通道枢纽，为丝绸之路经济带建设多做贡献”。作为国家第一批、河南省第一个国家多式联运示范工程（全国十六家之一）项目实施单位，陆港公司以此为契机，全面推进国家“一干三支”铁海公多式联运示范工程项目实施；充分发挥班列带动效应，全面实施“运贸一体化”战略，不断增大贸易规模，积极参与河南自贸区功能创新实践；推动汽车进口、粮食进口等口岸经济、一般国际贸易、冷链物流等业务多元化发展。为助推河南省积极融入“一带一路”，推进中原经济区建设贡献力量。

一 “陆港丝绸之路”总体概况

（一）中欧班列基本情况

中欧班列是运行于中欧及“一带一路”沿线国家间的集装箱铁路国际联运列车，不仅是铁路通道，也是多式联运走廊，被誉为“陆上丝绸之路”，2014 年，各地“X 欧”班列统一称为“中欧班列”。中欧班列开行 6 年来，发展势头迅猛，已形成经阿拉山口或霍尔果斯、二连浩特、满洲里进出境的西、中、东 3 条大通道，国内开行城市达 56 个，到达欧洲 15 个国家 49 个城市，2018 年共开行中欧班列 6300 列，增长 72%。中欧班列速度快、安全、运距短等优势明显，运距比海运缩短了 9000 公里，运输时间是海运的 1/3、价格仅为空运的 1/5，发展势头广为看好。

（二）郑欧班列开行情况

郑欧班列的主体运行线路为郑州－汉堡/慕尼黑/列日。西线由新疆阿拉山口出境，经过哈萨克斯坦、俄罗斯、白罗斯、波兰和德国 5 个境外国家，终点是汉堡或慕尼黑或列日，全长约10214公里；中线由内蒙古二连浩特出境，经过蒙古国、俄罗斯、白罗斯、波兰和德国5个境外国家，终点汉堡或慕尼黑或列日，全长约10620公里；另一条线由黑龙江绥芬河出境，经过俄罗斯、白罗斯、波兰和德国4个境外国家，终点汉堡或慕尼黑或列日，全长约13877公里。三条线均历经2次转关、2次换轨，运行时间15天左右，比海运节约22~27天，比空运节约资金重货约80%，轻货约20%。

（三）班列开通的意义

中欧班列的开通，不仅引领中国经济快速向前发展，而且对欧洲以及全世界经济发展都有一定促进作用；中欧班列的开通，不仅打开了经济方面合作的贸易通道，同时加强了与沿线国家政治、文化、科技等多个领域的交流和合作。通过多方面的合作，可以让别的国家更好地了解中国文化和历史，和中国成为经贸合作的好伙伴、好邻居。同时，中欧班列初步探索了多国协作的国际班列运行机制，开创了沿途国家的铁路、口岸和海关密切合作的新模式，有力推动了我国中西部地区的外向型经济发展，为树立我国至欧洲铁路国际联运品牌和助力“一带一路”建设提供了有力支撑。

二　郑欧班列基本情况

为充分发挥河南省及郑州市承东启西、连南贯北的现代综合交通枢纽优势，2013年初，河南省委省政府、郑州市委市政府开始积极谋划建设郑州国际陆港的前期重要项目——郑欧国际铁路货运班列（以下简称郑欧班列）。按照“政府引导、企业运营”的原则，郑州经济技术开发区管委会和河南物资集团公司于2013年6月联合组建了郑州国际陆港开发建设有限公司，全面负责国际陆港的规划建设及郑欧班列的运营。

（一）郑欧班列运营情况

郑欧班列2018年相继开行了中亚线路和东盟线路，形成了多口岸和多线路国际网络布局。国内形成以郑州为核心的四个方向十字枢纽：一是向东与日韩连接，通过海公铁联运与亚太国家东中西的连通转运；二是向西由阿拉山口（西线路）出境到达欧洲，以及经由霍尔果斯、阿拉木图和塔什干等中亚目的站；三是向北经二连浩特（北线路）出境到达欧洲，打通东北线通道绥芬河出境口岸；四是南向经广西凭祥（南线路）出境达到东盟越南河内目的站，打通国内南向通道。

境外目的站点，在郑州－德国汉堡、慕尼黑基础上，2018 年新增比利时列日、塔什干/阿拉木图、越南河内目的站。织线成束、集束成网，通过开发新线路、扩大覆盖面，夯实郑欧班列国际物流通道基础，实现了国际物流多向布局，充实了参与国际竞争的业务规模容量。

经过 5 年的市场开拓，郑欧班列国内外集疏网络已辐射国内 23 个省份和 134 个地级以上城市，国外 24 个国家和 126 个城市。从 2013 年 7 月 18 日首班开行至 2018 年 12 月 31 日，郑欧班列总累计开行 1760 班，其中，1007 班去程，753 班回程，货重 84.69 万吨，总累计货值 84.62 亿美元，综合运营能力居中欧班列前列。详细开行情况如表 1 所示。

表 1　2013～2018 年 6 月郑欧班列开行情况

指标 年份	班次		
	去程	回程	合计
2013	13	0	13
2014	78	9	87
2015	97	59	156
2016	137	114	251
2017	266	235	501
2018	416	336	752
合计	1007	753	1760

（二）郑欧班列运行特点

郑欧班列作为中欧班列开行最早的班列之一，在全国目前开行的 56 家

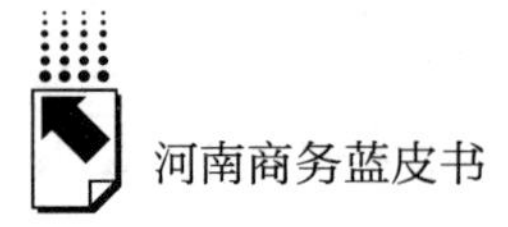

中欧班列中具有下列特点。

第一，国内唯一实现多口岸、多线路、高频次常态往返均衡对开；

第二，去程、回程满载率在中欧班列中居领先地位；

第三，运载总货值货重及业务覆盖范围在中欧班列中领先；

第四，国内唯一实现长运距（10000 公里以上）国际冷链业务常态化；

第五，国内唯一实现境内境外全程“门到门”“一单制”服务的平台公司；

第六，国内唯一具有自主产权的班列业务全线上操作综合服务信息平台；

第七，单位集装箱运营成本最低，中欧班列中市场化程度最高；

第八，国内唯一直接与全程沿线国家铁路直接合作（无中间代理）的中欧班列操作平台公司。

（三）郑欧班列做法

1. 构建多线路多目的地集疏网络

郑欧班列开行初期经阿拉山口出境至德国汉堡，2014 年又开发了经二连浩特出境至德国汉堡的第二条线路，形成“双口岸、双线路”的格局。2017 年 8 月，又将两条线路延伸到德国南部城市慕尼黑，增强了班列对南欧的辐射能力；2018 年 5 月 18 日开通了郑欧班列中亚线路，同年 9 月 19 日常态化开行。10 月 24 日又将欧线延伸到比利时列日。12 月 7 日开通郑州 - 东盟越南班列，郑东盟线路是郑欧班列继欧洲线路、中亚线路开行之后，新增的第三个地区性线路。

2. 境内境外双枢纽和沿途多点集疏格局形成

郑欧班列积极拓展境内业务，向东与沿海港口对接，通过空运与韩日台港等亚太国家和地区实现空铁、海铁联运，形成以郑州为中心的境内核心物流集疏枢纽，境内覆盖全国 3/4 省区市，集疏范围达到 1500 公里；在境外形成以哈萨克斯坦阿拉木图、蒙古国扎门乌德、越南河内等辐射亚洲周边国家和以汉堡、慕尼黑、列日为枢纽，持续推进中途上下货多点密布常态开展。

3.“东联西进”多式联运覆盖辐射范围持续扩大

依托郑欧班列常态化开行，拓展海铁和空铁、公铁等多式联运，实现班列去程和回程公路提送货、场站拆装箱、报关报检、铁路运输、融资预结算，全程“门到门”服务；郑欧班列通过“东联西进”，以公－铁－海－空联运与亚太国家建立业务合作关系。2016 年，郑欧国际铁路货运班列“一干三支”铁海公多式联运项目获得国家发改委和交通运输部首批多式联运示范工程项目。

4. 联运信息系统加快建设

自主开发中欧国际多式联运综合服务信息平台，包括班列订舱服务平台、箱管信息系统、公路物流系统、冷链综合服务平台等，实现班列运行全程信息监控，初步实现了一体联动、信息速达、快捷高效的“数字班列”，提升了郑欧班列的市场竞争力。

5. 运贸一体快速发展

通过实施“以运带贸、以贸促运、运贸互济”策略，依托遍布欧洲、中亚等地的网络，以直采、直运、直购等方式积极开展外贸业务。“运贸一体化”的持续推进在增强班列自身造血功能同时，不断扩大“一带一路”建设惠及的地区和民众范围。

6. 口岸经济快速发展

陆港公司依托郑欧班列物流通道，充分发挥班列带动效应，发展特色口岸经济，保障一般国际贸易、跨境电商、汽车进口、国际运邮、冷链物流等业务多元化常态开展。带动进口汽车、粮食、肉类、木材、水果、邮政等口岸相继落户，郑州成为全国功能性口岸最多的城市，口岸经济规模不断壮大，为全省开放型经济发展提供有力支撑。

（四）郑欧班列开行取得的成效

1. 助力河南对外开放和物流转型升级

2017 年，河南对外贸易取得了傲人的成绩，成为对“一带一路”沿线

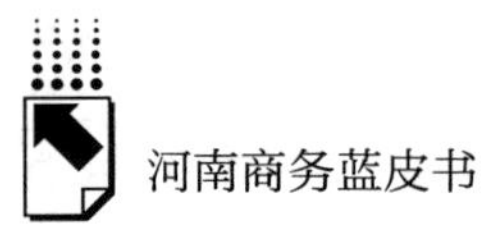

贸易增速最快的省份之一。郑州国际陆港经过5年的开发建设，在多式联运系统构建、冷链物流服务提升、城市共同配送、跨境电商服务、外贸综合服务、防伪溯源体系建设、大数据示范应用、智慧城市建设等方面取得了可复制可推广的经验。

2. 提升河南及郑州在国家战略中的地位

郑欧班列开行5年，已成河南参与国家“一带一路”建设的重要抓手。通过郑欧班列的开行，传统的内陆腹地河南郑州获得了以前没有的口岸开放优势，在2017年海关总署发布的中国外贸百强城市名单中，郑州以72.8分的综合得分，超越了传统口岸港口城市青岛和无锡，排第11位。

3. 提高河南对外开放的影响力

陆港公司积极融入国家“一带一路”建设，大力拓展“陆上丝绸之路”郑欧班列，助力河南打造内陆开放新高地。

在国家信息中心发布的《“一带一路”大数据报告》中，河南在省市参与度评价报告中的总体排名第8，国外影响力排名第2。借助郑欧大通道优势，引起较高关注，提升了河南在国际舞台上影响力。

4. 促进企业“走出去”扩大对外贸易与投资

目前，郑欧班列承运的产品附加值愈来愈高，产品包括汽车整车、飞机及零部件等生产资料及生活用品1300余种。借助郑欧班列的便捷优势，企业加快资金周转，提升商贸效率，为当地外向型企业“走出去”，开展对外贸易、对外投资提供了良好机遇。

5. 支持当地社会经济平稳发展

郑欧班列采取“政府引导、企业经营、市场运作”经营模式，在各级政府及部门的正确指导下，以市场为导向，以增收节支提效为目标，以科技、模式创新为驱动，通过加强管理向内使劲，大力提高班列运营的运营质量和信息化水平；同时开发了新的增值业务和相互支撑业务，为班列后续的市场化经营打下坚实基础。随着班列运营班次和货物货值的逐年增多，税收也逐年加大，为地方社会经济发展做出了积极贡献。

三　下一步工作打算

（一）拓展线路布局，构建班列线路网络体系

1. 提质增效，增开班次

继续提升欧洲线路班次，实现中亚和东盟线路往返常态并持续加密。

2. 拓展多口岸出入境

在已开通二连浩特、阿拉山口出境口岸、广西凭祥口岸的基础上，2019年实现经绥芬河至欧洲的班列常态化运行，实时开通满洲里出境口岸。

3. 持续推进多线路开行

在巩固现有线路基础上，实现东盟－桂－郑－欧线路班列常态化运营，开辟西欧、南欧、中亚和东盟等新线路，加强与“海上丝绸之路”对接，加快布局海铁联运网络。

（二）完善郑欧班列配套基础设施建设

1. 加快郑州国际陆港汽车整车进口口岸建设

郑州国际陆港汽车整车进口口岸业务已经常态展开，项目计划2019年底全部建成投用，项目建成后，汽车进口业务规模将大幅提升，配套功能进一步完善。

2. 加快多式联运海关监管中心项目建设

项目建成后可开展空铁联运、海铁联运、公铁联运、跨境电商等多式联运业务，为跨境电商企业提供备案、仓储、监管、运输、支付、分拨、集疏、报关等一站式服务，力争在2019年底全面建成并投入运营。

3. 加快申建郑州国际陆港保税物流中心（B型）建设项目

项目以整合“保税仓库和出口监管仓库”功能为基础，适应多式联运现代物流的发展要求，满足郑欧班列不断提量增效及平行汽车进口等运贸一体发展需要，为河南自贸试验区提供实体创新支撑。

4. 加快推进国家铁海公多式联运示范工程项目实施

以国家多式联运示范工程郑州国际陆港“一干三支”海公铁多式联运项目建设为契机，加快相关场站、信息系统、购置设备等软硬件基础建设，创新多式联运综合功能，构建铁路港、公路港、空港、海港无缝衔接的“四港一体”多式联运体系。

（三）建设丝绸之路经济带进口商品展示交易中心

推进“以运带贸，以运促贸”的经营思路，充分发挥郑欧班列进口商品“直采直运直营”的优势，依托线上线下全渠道销售的网络，以郑欧班列沿线国家进口商品为特色主题，建设丝绸之路经济带进口商品展示交易中心，服务于河南自贸试验区政策创新。

（四）建设中欧国际多式联运综合服务信息中心

以郑欧班列国内外多式联运业务为支撑，落实交通运输部和国家发改委对多式联运示范工程的要求，综合利用互联网、云计算、大数据等先进信息技术，依托陆港公司的信息科技开发团队，自主推进中欧国际多式联运综合服务信息平台建设整合订舱信息平台、箱管信息系统、公路物流系统功能，实现车、箱、货的全程信息监控，实现郑欧班列运营的提质增效。

（五）建设国际冷链物流中心

以郑欧班列国际冷链运营和技术为支撑，拓展长运距国际冷链物流，发挥陆港公司自有的冷藏集装箱、冷藏库、恒温库等冷链硬件资源优势，升级中欧冷链综合服务信息平台，提升中欧冷链货物品质监控水平，加快推进国内冷链干线物流，扩大国际冷链物流规模，建设国际冷链物流中心。

（六）建设国际集装箱租赁交易中心

充分把握“一带一路”建设带动的国际物流快速发展、国际集装箱租赁快速扩张的机遇，以陆港公司自有的普通箱和冷藏箱、挂衣箱、开顶箱等特种箱为基础，加强与丝路沿线国家铁路公司和租箱公司的合作，建立跨区域集装箱使用循环系统，扩大集装箱互使共用范围，降低集装箱调配运营成本，拓展集装箱设计、改造、维修等服务链条，建成中国内陆最大的国际集装箱租赁交易中心。

B.20 河南省级境外经贸合作区发展实践探索

张旭升　焦　静*

摘　要： 河南企业“走出去”在境外投资设立各类园区起步较早。近两年来，省委、省政府高度重视支持合作区发展工作，已列为“豫企出海”工程的重要内容，成为对外经济合作工作的新亮点。通过一系列的探索和努力，河南境外经贸合作区发展正在进入工作机制基本建立、政策体系初步健全、目标重点明晰、发展速度明显加快、作用逐步显现的新阶段。

关键词： 境外经贸合作区　分级指导　提质增效

境外经济贸易合作区是国家推进共建“一带一路”的重要抓手，是促进国际产能合作、加快中国企业“走出去”的平台。近年来，在商务部的大力推动和有志向海外发展企业积极努力下，境外经贸合作区应时而生并在“一带一路”开枝散叶。境外经贸合作区建设，既是中国创新对外经济合作模式，促进对外贸易和对外投资增效提质的需要，也是推动东道国加快工业化进程的途径。通过境外经贸合作区的建设，不仅使国内优势产业在境外形成了集聚效应，通过发挥境外经贸合作区的功能优势，吸引国内相关产业和企业在区内投资建厂并逐步形成产业链条，为东道国增加了就业、提高了税

* 张旭升、焦静，河南省商务厅。

收、扩大了出口创汇，还推动了工业化进程、促进了产业转型升级。境外经贸合作区建设发展所产生的重大意义和深远影响正在逐步显现。

河南企业“走出去”在境外投资设立各类园区起步较早，前期发展较慢。近年来，河南省立足于省内比较优势和企业“走出去”发展需要，着眼于促进省内产业优势、资源优势与境外生产要素、市场需求有机结合，把加快境外经贸合作区建设，作为推进融入“一带一路”，拓展国际产能合作领域和空间，推动企业全面参与国际产业布局、开展国际化经营的重要举措，提升河南省对外经济合作的重要抓手，重点围绕构建合作区发展政策体系和工作推进机制，进行了一些创新和探索并取得了初步成效。

经过近几年发展，河南企业在境外正在建设和近期拟规划建设的各类产业园区 10 余个，主要分布在中亚、非洲和中东欧，多数在“一带一路”沿线；从产业定位上看，主要是加工制造、农业及农产品加工、资源开发利用和商贸物流领域。

为了更有效地促进境外经贸合作区加快发展，河南省采取了以下推进措施。

一是构建政策支持体系。按照商务部《境外经济贸易合作区考核办法》和《境外经贸合作区创新工程实施方案》，结合河南实际，河南省商务厅会同有关部门 2017 年出台了《河南省支持省级境外经济贸易合作区建设实施意见》，明确了省级境外经贸合作区建设的总体思路、发展目标、基本要求、分类标准，提出了加强指导、积极扶持、规范管理的政策措施。2018 年，河南省商务厅会同有关部门印发了《河南省省级境外经济贸易合作区申报审核工作指南》并启动了 2018 年度省级境外经贸合作区的申报、评审工作。这些政策措施的实施，为加快河南省省级境外经贸合作区发展提供了政策依据和措施支撑。

二是明确原则和目标，强化规范运作和程序管理，提高工作针对性、实效性。按照合作区类型、标准和功能定位，明确提出省级境外经贸合作区发展必须坚持“企业主导、政府推动，突出重点、有序推进，分级指导、积极扶持，防控风险、互利共赢”原则，必须符合主导产业明确、服务功能健全、集聚辐射效应明显要求，以现有省内企业在境外投资建设的园区为基础，以商务部纳入统计范围的合作区为重点，经过自下而上由各级商务部门主导申报和由省商务厅牵头组织审核程序，按照重点支持、重点培育、重点关注分类，确定年度省级境外经贸合作区名单，综合施策，强化培育，加强服务，争取更多的省级境外经贸合作区通过国家确认考核，实现合作区可持续、梯次滚动有序发展。促进园区规模不断扩大，基础设施逐步完善，区内产业快速集聚，入区企业集群发展，成为加快国际产能合作、增加货物服务进出口、增强企业国际化水平、扩大河南制造和河南品牌影响力、带动东道国和河南发展的重要支撑。

三是突出重点，强化指导服务，推动境外经贸合作区提质增效。在省级境外经贸合作区发展推进工作中，河南省商务厅准确定位，拉高标杆，重点做好指导服务工作。2016 年，从省内企业在境外正在建设和规划建设的 20 个各类产业园区中筛选出 5 个园区进行培育。2017 年，从 35 个产业园区中筛选出 12 个园区给予关注。2018 年，从省直部门和省辖市申报的 10 个园区中，按照分类标准严格审核把关，选出 9 个园区作为省级境外经贸合作区并给予资金支持。在推进措施上，将近年来培育、关注的境外经贸合作区实施企业全部作为省商务厅“走出去”重点联系企业，建立对外投资备案便利化绿色通道，指导编制合作区规划，帮助制定吸引企业入区优惠政策，协助组织专题招商活动，督促建区和入区企业加强合规管理，规范经营行为，健全风险预警和处置工作机制。同时，还通过在省企业国际合作协会设立专门的境外经贸合作区建设委员会，协调推进企业强强联合、战略合作和融资支持，确保境外经贸合作区发展行稳致远。

通过不断探索实践，近年来，河南省合作区建设已取得阶段性成效。在商务部的支持下，2016 年 8 月，河南贵友实业集团有限公司在吉尔吉斯斯坦投资设立的“亚洲之星农业产业合作区”通过国家确认考核，成为全国批准的 20 个境外经贸合作区之一，实现了河南省通过国家确认考核合作区的“零突破”。2018 年，全省有 8 个省级合作区纳入商务部统计范围，总数排全国第四。境外经贸合作区建设在省内越来越得到关注和重视，已形成共识并连续两年列入省委工作要点和《政府工作报告》，列为“豫企出海”工程实施的重要内容，成为对外经济合作工作的新亮点，各级政府大力推动，“走出去”企业积极参与，河南省的境外经贸合作区建设已进入目标重点明晰、工作机制基本建立、政策体系初步健全、发展速度明显加快、作用逐步显现的新阶段。

要进一步推动河南省境外经贸合作区发展，需从三个方面予以关注。

一是加强规划布局与政策指导。河南省的境外经贸合作区，近一半分布在“一带一路”沿线国家和地区。这些合作区有力带动了河南省融入“一带一路”建设，推动了河南与相关国家的经贸合作。目前，共建“一带一路”倡议已引起越来越多国家热烈响应，正在成为我国参与全球开放合作、改善全球经济治理体系、促进全球共同发展繁荣、推动构建人类命运共同体的中国方案，正在向落地生根、持久发展的阶段迈进。合作区建设应顺应这一大势，凝聚各方共识，抓住历史机遇，明确以“一带一路”相关国家和地区为区域布局重点。在坚持企业主导、政府推动的同时，加强与东道国的沟通协调，通过双方高层官员互访、经贸团组互动、经济信息交换，建立有效的合作机制和良好的合作氛围，强化“贸易＋投资”融合互动，贸易开路、投资并行，带动双边贸易与双向投资发展。优化产业布局，采取有效措施，避免在同一国家或同一区域建设多个类型相似、产业相近的合作区，更好地发挥我国产能优势和企业积极性，更契合东道国发展战略和市场需求，使合作区布局更加科学合理。

二是合作区建设应凸显产业特色，提升核心竞争力。加快境外经贸合作区建设，是推动国际产能合作、促进我国和东道国产业优化升级、带动更多中国企业“走出去”的战略需要。河南省在推动合作区建设上，始终坚持充分发挥本省产业和企业比较优势，注重境内外产业的紧密衔接和互补共赢，推动在境外实现集群式、集聚式、全链条发展。正是基于以上战略考虑，明确省级合作区支持的重点是农业产业型、商贸物流型、资源利用型和加工制造型园区，充分体现了本省在相关领域的优势和特点，激发了省内企业加快建设和积极入区的内在动能。结合本省的探索和实践，为推动合作区

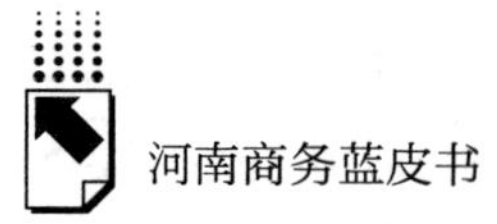

加快建设，首先应指导与合作区建设相关的企业，做好论证规划，着眼主导产业，突出特色和优势，围绕上下游产业链条和强化配套服务，构建协同推进发展模式。其次是要引导已建成或在建合作区提质升级，树立全球视野，胸怀大格局，用好境内外两种资源和两个市场，实现合作共赢。最后是要避免合作区建设的盲目性，充分了解东道国能源资源条件、投资环境、产业基础、市场需求和法律法规，做好做实前期论证评估，认真履行社会责任，完善境内备案（核准）和境外登记注册手续，强化合规和风险管理。

三是应推动与东道国构建合作区共建机制，实现长远健康发展。境外经贸合作区建设投资额大，建设周期长，涉及面广，实现长远健康发展目标，离不开东道国的支持和帮助。两个国家层面、双方政府之间需建立沟通协调共建机制，应成为双方经贸合作的“大舞台”，而不能仅仅是中国企业的“独角戏”。一是要推动更多的东道国与我国签署与投资、合作相关的政府间协议或双边规划等文件，维护双方利益和企业权益。二是鼓励支持东道国政府和企业通过参股、合资、合作等形式，参与合作区建设，发挥各方优势和积极性，实现共建共赢，协同发展。

B.21
美对华铝板双反案应诉借鉴

李 晋　李 惠　杨军岐　李伟华*

摘　要： 近年来，面对复杂多变的贸易环境，世界各国在积极参与国际竞争的同时，纷纷采用贸易救济手段和措施，保护本国产业安全。2017 年 11 月 28 日，美国商务部对进口自中国的普通铝合金板带产品自主发起“双反”立案调查。河南省明泰铝业以对美铝板出口第一位列为强制应诉企业。2018 年 11 月 7 日，美国商务部宣布对进口自中国的铝合金薄板做出反倾销和反补贴终裁，历经近一年的努力应诉抗辩，明泰铝业也最终实现了应诉目标。

关键词： 明泰铝业　贸易救济　铝板双反案

随着世界经济和贸易一体化的不断深入，国际经济、政治形势发生了深刻变化。面对复杂多变的贸易环境，世界各国在积极参与国际竞争的同时，纷纷采用贸易救济手段和措施，保护本国产业安全。2017 年 11 月 28 日，美国商务部对进口自中国的普通铝合金板带产品自主发起“双反”立案调查。这是时隔 25 年来，美国首次在国内产业没有提出申诉的前提下主动发起调查，其目的在于对中国铝板带产品征收高额的反倾销、反补贴税。此次调查针对普通合金铝卷材，厚度在 0.2 ~ 6.3 毫米的平卷铝产品，主要用于建筑材料、交通工程、基础电子元件、电器等，涉及我国出口美国铝

* 李晋、李惠、杨军岐、李伟华，河南省商务厅。

薄板带 13 亿美元。河南省明泰铝业以对美铝板出口第一位列为强制应诉企业。

一　铝板遭遇美国“双反”的原因

（一）美国方面的原因

由美国政府机关对来自中国的通用铝板自主发起的“双反”调查是美方出自自身经济利益的考虑。美国近几年经济不尽如人意，贸易赤字居高不下，国内经济结构面临着重大调整压力，其传统产业在调整中面临保护的问题，尤其是当前的特朗普政府的贸易政策更具保护主义色彩。中美贸易长期以来中方贸易顺差较大，随着中国经济的快速发展，中国制造业不断升级，中国产品的竞争力快速提高，美方感到中国产品对美方市场的压力和冲击。此前纺织、钢铁、铜板、铝箔等我国传统大宗优势商品美国都征收了高额的反倾销税。此次对铝合金板发起“双反”，美国政府的用意很明确，就是用这种强制手段来限制中国铝产品向美国出口，以保护国内产业。此批受“双反”调查的铝合金卷材，主要指厚度在 0.2 毫米至 6.3 毫米之间的平卷（flat-rolled）铝产品，主要用于建筑材料、交通工程、基础电子元件、电器等，2016 年中国向美国出口铝板带约 30 万吨、约 6.9 亿美元，2017 年，中国铝板带对美出口约 50 万吨、约 13 亿美元，美国方面的政府人员表示，美国自中国进口铝合金板的数量呈持续上涨态势，这势必对美国铝板产业产生冲击，促使美国政府自主发起“双反”调查。

（二）中国内部的原因

1. 中国当前的外贸发展模式，即正处于转型升级阶段的模式是引发他国对我发起贸易摩擦的主要原因

虽然我国是贸易大国，但是我国的对外贸易仍处在增长方式相对粗放，成长基础还相对较为脆弱的阶段，中国与美国等主要贸易伙伴的贸易仍不平衡。

2. 我国铝板带产品的巨大贸易顺差是导致美国对我“双反”调查的最关键因素

美国自中国进口普通合金铝片（铝合金板）的数量从2005年起上涨，最近3年有加速上涨态势，以河南省明泰铝业为例，2016年出口美国铝板9.3万吨，较2015年增加了50%，2017年出口11万吨，较2016年增加了18%。且来自中国的铝板产品价格远低于美国生产商的价格，这对美国产业造成了一定的影响。中美铝板贸易顺差不可避免地引起贸易摩擦。

3. 我国企业长久以来的应诉不利，是美国对华频繁发起“双反”调查的重要原因之一

在“双反”应诉博弈中，我国企业经历了由“意识淡薄”到“规则意识”，到“法律意识”逐渐强化的渐变过程。但当“双反”调查威胁到企业利益时，大多企业依然是采取沉默态度，“搭便车”思想和利益博弈现象较为严重，这大大影响了部分企业应诉的积极性。当前，我国的“双反”应诉存在经费不足、企业间难以形成联合及专业人才匮乏等问题，且反倾销反补贴机制也不是很完善，所以取得“双反”胜诉有较大困难。

二　应诉过程及结果

在“美国优先”政策和美国将中国视为战略竞争对手的背景下，美国商务部在本案中亦是进行了超规则执法，继续拒绝承认中国的市场经济地位，违规选择替代国和使用替代价，案件各方博弈激烈，调查应对过程艰难。为此，我们的各级商务部门、商协会、律师团队、应诉企业等齐心协力，回应调查答卷、应对实地核查、积极书面抗辩、举行听证会等，历经近一年的努力应诉抗辩，终于实现了应诉目标。2018年11月7日，美国商务部宣布对进口自中国的铝合金薄板做出反倾销和反补贴终裁：明泰铝业倾销幅度为49.85%，补贴率为46.48%，累计加征关税96.33%，这不仅降低了初裁税，也是我国所有涉案企业中的最低税，增强了中国铝制品企业应对美国贸易保护和发达国家贸易壁垒的信心。

三 应诉美国“双反”启示建议

积极应诉“双反”调查，既是维护国内企业合法权益的需要，也是维护国家利益的重要选择。为此，我们应在商务部贸易摩擦“四体联动”应对工作机制指导下，克服困难，全力应对。

1. 政府应发挥积极作用，保护本国铝板企业对外贸易中的合法利益

在应对铝板带“双反”调查中，省直、郑州市、巩义市等相关政府部门主动配合调查，尤其是在反补贴调查中，反补贴调查针对政策，从立案开始到结束的每个环节，相关政府部门都是高度重视并积极参与，尤其是商务、财政、发改、国土资源等部门注重与企业、与本部门间的上下级协调，确保政企、政府内部不出差错。同时，政府商务部门及时协调行业协会，律师协会等联手合作，制定“双反”应对机制，对应诉企业进行指导和帮助，统筹安排召开应诉会、集体研讨会、应诉培训等，积极动员、促进和指导涉案企业积极应诉，开展查后救济，为企业提供精神和物质支持力，有效保障本土产业在对外贸易中的合法利益。

2. 行业协会应主动发挥能动性，切实保护我国的产业安全

一是行业协会在信息的收集、整理与传播，在强化企业与企业，企业与政府间的联系，要积极发挥桥梁作用。二是行业协会要积极组织企业开拓新兴市场，并协调出口价格，充分发挥其协调组织功能，从根本上维护企业合法权益。三是在应诉过程中，充分发挥其联通上下功能，联合所有被诉企业应诉，为企业和政府及时提供信息，主动做企业的坚强后盾。

3. 企业作为“双反”合并调查的直接受害者，应承担起应对直接责任

首先，企业注意抗辩技巧，寻求应对“双反”调查的最佳措施，积极应诉。企业对反倾销比较熟悉，能熟练运用反倾销法律原则积极应诉，很多的法律规定也提供了不少应诉“突破口”，为最终能争取较低税率提供大量素材。从本次“双反”应诉中可以看出，反补贴作为政府主导行为，是企业较为陌生的，企业应寻求突破口，与政府达成有效衔接，在各个环节积极

配合相关调查，并联合利益一致的关系方共同抗辩，为取得案件的最后胜利担起应有的责任。

其次，应诉企业应转换经营战略，调整出口竞争策略。2018 年铝板带“双反”导致河南省对美出口受阻，但通过产业结构调整、品牌营销、开拓替代市场等，全省铝制品出口在对美出口同比下降 62.3% 的情况下，总出口额达 101.2 亿元，增长 31.8%。一方面，企业通过各级政府的引导支持，逐渐树立品牌意识，培养忠实客户，进而通过品牌营销获得更长远的利益和更大的利润。同时，企业抓住产业结构调整的机遇，加快转变营销策略，加大研发投入，提高技术含量，并综合运用包装、服务等非价格竞争手段吸引客户等。另一方面，涉案企业通过政府指导，大力实施市场多元化战略，加大对“一带一路”沿线国家和欧洲、拉美市场开拓力度，既实现在不同等级市场，同一产品先后流通获得更多的利润，又避免了单一市场过度竞争带来的压力，做到积极有效应对，确保生产销售稳定发展。

B.22
探索转型基地建设新路径 打造对外贸易升级强引擎

张新亮　张四国　张宏旭　井　鹏*

摘　要：　西峡县作为河南省食用菌出口第一大县，一直把食用菌产业作为强县富民的特色支柱产业，建成沿鹳河百公里香菇和标准化长廊和省级食用菌出口基地，通过健全组织机构、统领产业发展，重视企业服务、活用管理平台，紧盯目标市场、力促产业转型，培育龙头企业、出奇制胜，逐步形成了以香菇为主的食用菌出口货源集散中心、信息交流中心、价格形成中心和完整的生态产业链，取得了显著的经济和社会效益。

关键词：　西峡　食用菌出口基地　公共服务平台

西峡县作为河南省食用菌出口第一大县，一直把食用菌产业作为强县富民的特色支柱产业，按照“生态经济化、经济生态化”的发展理念，坚持30年一张蓝图绘到底，以“基地化种植、标准化管理、品牌化经营、产业化发展”的生产经营模式，形成了“以点穿线、连线成面”的发展格局，建成了沿鹳河百公里香菇标准化长廊，省级食用菌出口基地，走出了一条集种植、加工、生产、销售、出口为一体的发展道路，取得了显著的经济和社会效益。

目前，西峡已建成香菇专业乡镇15个、专业村140个、收购企业门店

* 张新亮、张四国、张宏旭、井鹏，河南省商务厅。

1000多家、加工企业150多家、标准化基地176处，标准化生产率达到90%以上；年产量达35万吨（鲜品），产值60亿元以上，综合效益突破125亿元，2018年食用菌出口额达到11.8亿美元，连续十年位居河南省同类产品第1位。全县4.4万户20万人从事香菇生产和经营，农民人均纯收入的60%来自食用菌产业。西峡已逐步形成了以香菇为主的食用菌出口货源集散中心、信息交流中心、价格形成中心和完整的生态产业链，成为西峡促进乡村振兴，打赢脱贫攻坚，推动农村发展、农民增收、农业繁荣的第一大支柱产业。

一　健全组织机构，高举发展“指挥棒”

一是健全领导机构统领产业发展。把食用菌产业发展作为全县“富民工程”“一号工程”摆上重要议事日程，成立以县长为组长、分管副县长为副组长的食用菌出口转型升级基地建设工作领导小组，按照工作要求统一部署、组织开展工作。成立正科级事业单位县食用菌产业发展办公室，配备10名工作人员，专业从事食用菌产业研发、规划、生产、管理工作，指导全县食用菌产业发展。二是健全管理机构引领产业发展。成立食用菌协会。组织县内53家食用菌深加工企业，成立“西峡县食用菌协会”，制定完善准入机制和管理办法，用行业自治来反对不正当竞争。先后出台了《西峡香菇标准化生产技术规程》《西峡香菇标准化生产操作20条》《西峡香菇技术培训资料》等标准材料，对香菇种植户进行宣传普及，使香菇标准化生产有据可依、有规可循。建立平台公司。由协会和企业成立“河南西农现代农业科技股份有限公司”，作为食用菌行业的平台型公司，专业解决香菇商贩、经营企业的融资渠道，制定行业出口标准、规范企业市场行为，稳定市场价格，结合“互联网+”拓展销路，提升“西峡香菇”品牌价值。三是健全管理机制规范产业发展。健全任务分解制度。结合工作实际，经县委、县政府研究同意，年初对乡镇下达目标任务，并实行跟踪监督、定期通报、目标分析等策略，加强过程管理，力促工作整体推进。健全部门联动机制。健全相关职能部门的信息沟通、规划统筹、联席会商、协调服务、跟踪问效等联动机制，进一步提高部门服务质量和工作效率，推动全县食用菌产业发展重大事项的落实。健全考评奖惩机制。把食用菌出口企业纳入全县工业企业考评奖惩序列，根据《西峡县规模以上工业企业及星级纳税人考核奖励办法》，对在外贸出口总量、纳税总额方面做出突出贡献的星级企业负责人给予享受副科级以上的政治殊荣。

二　重视企业服务，活用管理“运算符”

一是建立公共服务平台。投资1亿余元，在食用菌出口基地内建成6个公共物流服务平台，1个展示培训平台，2个质量追溯体系。向全县食用菌企业提供低于市场价格的冷藏物流服务，高于市场价格的香菇收购、质量追溯、展示培训等服务，让企业、菇农建立互动联系，提高发展积极性。二是协助争取扶持资金。建立企业互动交流群，及时收集信息，宣传政策，组织企业申报，提高资金申报成功率。近三年来，累计为80余家企业争取上级各类政策性资金5000万元。联合菌办、食用菌协会，对接中原银行、农商银行2家金融机构共同注资，建立困难企业帮扶数据库，充分发挥担保公司和资金池的作用，优先支持困难企业，破解企业资金短缺问题。三是搞好政策宣讲服务。主动深入食用菌生产加工企业开展质量管理体系认证、涉外政策、风险防控、跨境电商等政策培训活动，帮助5家企业申报6类认证，推动全县40家企业获得主要出口国家市场准入认证，为扩大销售市场奠定基础。每年邀请海关、商检部门专业人士来西峡对外贸企业进行集中培训，组织27家企业参加“全省进出口业务骨干培训班”，帮企业摸清“难点”和“堵点”，找准破解发展难题的着力点。四是提升食用菌文化内涵。制定相应的扶持政策和推动办法，县财政拿出专项资金，两年一度举行全球食用菌产业交流大会，加大食用菌产业宣传力度，开辟香菇生态旅游项目，开发“百菇宴”等食用菌系列特色文化，多形式提升“西峡香菇”文化内涵。五是健全质量安全体系。引导龙头企业按照“公司+基地”方式，建立企业自有的一体化生产基地，推行种养工厂化、基地车间化、农民工人化，逐步把传统基地无序、分散的农户生产改造为有序、组织化的农户生产。确保生产环节可监管，生产流程可溯源，逐步建成以仲景为首的从田间到餐桌、从生产到销售过程无缝隙对接的质量安全体系。

三　紧盯目标市场，用足转型“工具箱”

一是盯线上市场向跨境电商转型。依托县电子商务产业孵化园，积极申报跨境电子商务示范园，建成“单一服务窗口”，邀请阿里巴巴国际站等跨境平台深入西峡，组织 80 余家食用菌企业开展“传统企业转型跨境电商专题培训会”，帮助传统企业掌握全球市场脉搏，抢抓新兴市场机遇，借助跨境电商深度拓展海外市场，目前全县已经有 27 家外贸出口企业转型跨境电商。二是盯传统市场向品牌出口转型。引导传统食用菌出口企业在巩固传统市场的基础上，不断提高“西峡香菇”地理标志产品的知名度，形成以主导产业、产品为重点，优化组合各种生产要素，实行区域化布局、专业化生产、规模化建设、系列化加工、社会化服务、企业化管理，引导食用菌产业走上自我发展、自我积累、自我约束、自我调节的良性发展轨道，从而推动企业从传统出口向品牌化出口方向转型。三是盯“一带一路”向产品创新转型。围绕主导产业，依托技术优势，规避市场风险，扩大食用菌产业出口增量。同时，深入研究国外市场，根据市场需求和产品质量标准生产加工，提高出口产品附加值。家家宝公司依托香菇脆片的核心技术，将原香菇的产值提高 10 倍出口俄罗斯、乌克兰等国；仲景大厨房将 1400 箱香菇酱推向美国市场，按 2.8 美元每瓶单价销售，使香菇酱单瓶价值直接提升 10 元人民币。四是盯科研平台向集约生产转型。为更好服务产业发展，西峡县于 1984 年成立了食用菌科研中心，承担着全县食用菌新品种的引进、选育、试验示范、推广和技术服务工作，是全国少有的、历史较早的县级食用菌科研机构，成功选育出香菇品种“9608”，被业界誉为“食用菌发展史上的一次技术革命”。同时，西峡还依托上海农科院建立了“国家食用菌工程技术研究中心食用菌技术培训基地”；与河南农业大学合作建立了“新农村发展研究院西峡食用菌产业基地”；与中国农科院、中国农业大学、北京农业局农业技术推广中心、河南农科院建立了长久的深度战略合作关系。县财政遂将拿出1500万元专项资金，并和河南农科院合作，组建集育种、检测、推广为一体的食用菌研发中心，改善科研条件，为产业升级提供新动能。

四　培育龙头企业，出准制胜“杀手锏”

按照产业化经营的要求，修补完善产业链条，把小产品做成大产业。一是推广工厂化制棒，培育食用菌生产龙头。顺应食用菌产业发展需要，大力推广以香菇为主的食用菌工厂化制棒技术，实现食用菌产业向标准化、集约化、产业化、现代化发展。目前，百菌园、盛煌食品均已建成工厂化制棒车间，标准化培育大棚，实现了从木屑到香菇深加工的全产业链生产加工。二是建立专业合作社，培育合作经营龙头。引导香菇种植大户发起成立香菇专业合作社，带动和吸引菇农自愿入社，规避市场风险，维护菇农利益。目前，已组建104个香菇专业合作社，10个乡镇已经实现香菇专业村全覆盖。三是实行基地备案，引进购销龙头。把食用菌生产加工企业作为招商引资工作重点，规划产业集聚区，招引企业入驻西峡，与农户联合建立香菇标准化生产基地，参与基地备案，备案企业与香菇合作社或基地大户签订合同，按出口质量标准指导菇农生产，按保护价收购香菇，形成“公司+基地+合作社+农户”的产销模式。四是建设“西峡香菇城”，孵化加工龙头。培育仲景大厨房、明泰、家家宝、华邦等一大批食品深加工出口企业，大力发展香菇加工出口业务，2018年全县以香菇为主的出口企业达104家，农产品出口总量达11.8亿美元，占南阳市出口总量的67.2%，围绕香菇开发的干制香菇、保鲜香菇、香菇脆片、香菇罐头等产品远销欧盟、美国、日本、韩国、俄罗斯、东南亚等涉及十二个国家和地区。五是培育专业市场，拓展市场流通渠道。建成以干菇交易为主的双龙、丁河、西坪三个香菇交易市场，被业界公认为我国北方地区的香菇集散中心、信息交流中心、价格形成中心，被中国食用菌协会评为“全国食用菌先进市场”。

区 域 篇

Regional Reports

B.23
2018～2019年郑州市商务发展回顾与展望

张体伟　李宏伟*

摘　要： 2018年，全市商务系统围绕市委市政府中心工作，立足中部崛起和中原城市群建设，瞄准一线，不断赶超，多项工作实现“河南领跑、中部超越、全国示范”，主要商务指标在全国26个重点城市排名不断攀升，为中原更加出彩和郑州市国家中心城市建设提供了有力支撑。2019年，全市将继续深入贯彻党的十九大精神，坚持以习近平新时代中国特色社会主义思想为指导，以国家中心城市建设为统揽，以“三区一群”建设为引领，以四条“丝绸之路”为依托，突出抓好自贸区、跨境电商综试区、服务外包示范城市建设，统筹推进开放招商、对外贸易、内贸流通、对外合作、电子商务、监管执法等创新发展，

* 张体伟、李宏伟，郑州市商务局。

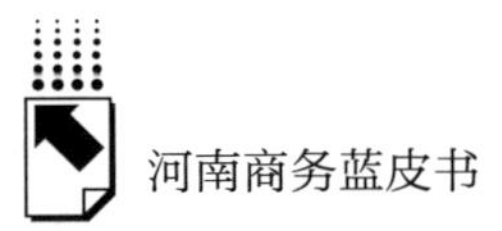

加快打造内陆开放高地，加快推进经贸强市建设，推动商务发展质量变革、效率提升、动力转换，持续超越、勇争一流，为郑州市国家中心城市建设和全市经济高质量发展做出新贡献。

关键词： 开放平台　自贸区　跨境电商

2018年，全市商务系统围绕市委市政府中心工作，立足中部崛起和中原城市群建设，瞄准一线，不断赶超，多项工作实现“河南领跑、中部超越、全国示范”，主要商务指标在全国26个重点城市排名不断攀升，为中原更加出彩和郑州市国家中心城市建设提供了有力支撑。

一　2018年郑州市商务发展指标完成情况

1. 招商引资

2018年，全市利用外资与引进域外境内资金达到2397亿元，其中，实际吸收外资完成42.1亿美元，同比增长4%。

2. 对外贸易

2018年，全市外贸进出口完成4105亿元，同比增长2.2%。

3. 对外经济技术合作

2018年，全市国外经济技术合作完成营业额16.6亿美元，增长35%；境外投资额6.9亿美元，同比增长54%。

4. 社会消费品零售总额

2018年，全市社会消费品零售总额4268.1亿元，同比增长9.7%。

二　2018年主要工作开展情况

1. 抓开放平台建设，“四条丝路”华丽出彩

（1）“空中丝绸之路”越飞越广。落实习近平总书记重要指示精神，加

快郑州－卢森堡“空中丝绸之路”建设，构建“双枢纽、多节点、多线路、广覆盖”的发展格局。目前，郑州机场已成为全国第二个实现航空、铁路、高速公路零换乘的机场，在全球前20位货运枢纽机场中已开通15个航点，货运运力、全货机航线数量、航班量及通航城市数量均居中部第1位，全国第5位，初步形成横跨欧美亚三大经济区、覆盖全球主要经济体的国际枢纽航线网络。

（2）“陆上丝绸之路”越跑越快。中欧班列（郑州）坚持以“一主两翼”体系为核心，拓展加密至欧洲的主体货运通道，开辟至中亚、东盟的分支货运通道，持续扩大“东联西进”覆盖辐射范围。目前中欧班列（郑州）网络遍布欧盟、俄罗斯及中亚地区24个国家126个城市，境内合作伙伴2300多家，境外合作伙伴780多家，全年开行752班，累计货值32亿美元，货重34万吨，主要指标保持全国前列。在原有航空、铁路、公路、邮政、跨境电商口岸的基础上，又相继获批肉类、食品药品医疗器械、汽车整车、粮食等指定口岸，郑州成为我国功能性口岸最多的内陆城市。

（3）“网上丝绸之路”越来越便捷。跨境电商向“买全球卖全球”目标迈进，成功举办两届“全球跨境电子商务大会”，全国首创“网购保税1210”监管服务模式，实现首家跨境零售O2O现场提货，搭建跨境电商交流合作平台，启动建设EWTO核心功能集聚区，引导建立相关贸易制度和规则。2018年，全市跨境电子商务交易额86.4亿美元，增长25.1%。

（4）“海上丝绸之路”对接愈加顺畅。通过铁海联运与“海上丝绸之路”对接，依托郑州国际陆港和郑州铁路集装箱中心站等场站、装备及信息系统，实现铁、海、公、空多种运输方式一体化发展。郑州至连云港、青岛、天津等港口海铁联运班列累计开行206班。

2. 抓招商引资，推进产业高质量发展

坚持开放式创新，以招商集聚全球高端要素资源，以项目落地建设促进新型产业体系构建，引领产业转型升级。全市新签约项目465个，签约总额

4792.9 亿元，同比增长 5.6%，新开工项目 378 个，投资总额 2875.8 亿元，同比增长 4.2%。引资结构不断优化，外来投资逐步从能源、电力、铝加工等传统产业向电子信息、装备制造、新材料、金融等优势产业发展。中铁盾构、上汽乘用车、中车四方地铁车辆生产、惠科薄膜晶体管液晶显示器、合晶科技单晶硅片、富士电梯、修正医药、华锐光电、耀德电子、比克电池、海尔热水器等一批先进制造业项目落地，强化了全市产业基础，延伸了产业链条，填补了部分产业空白，推动了产业结构调整和转型升级。目前，已有 63 家境外世界 500 强企业、107 家国内 500 强企业落户郑州。

3. 抓“引进来走出去”，对外经贸量质齐升

既注重“引进来”，又重视“走出去”，全市外经贸发展由弱到强，进出口质量和数额实现飞跃，海外投资不断增长。2018 年，全市外贸进出口完成 4105 亿元，增长 2.2%，在贸易摩擦不断加剧的不利局面下，保持了平稳增长。“走出去”步伐不断加快，2018 年，全市国外经济技术合作完成营业额 16.6 亿美元，增长 35%；境外投资额 6.9 亿美元，增长 54%，继续保持高速增长。

4. 抓扩大消费，商贸业持续提升

商贸流通业与市民生活息息相关，多年来全市大力开展消费促进工作，商贸业持续平稳增长，繁荣稳定，在扩大就业、增加税收方面贡献巨大。目前，全市拥有国家级、省级、市级特色商业街区 2 条、4 条、15 条，省级品牌消费集聚区 10 个、“中华老字号”3 个、“河南老字号”9 个，9 家企业获得省级“百强餐饮企业”称号。2018 年，全市社会消费品零售总额 4268.1 亿元，增长 9.7%。新业态快速发展，2018 年，全市电子商务交易额 7100 亿元，同比增长 18.3%。

5. 抓办展质量，会展业影响力中部第一

利用现有会展资源，努力实现会展经济从扩大规模向提升质量效益转变。郑州国际会展中心和中原国际博览中心的展场出租率中部第一，全国领先。2018 年全市共举办展览 239 个，与上年基本持平；展览面积 281.4 万平方米，增长 8.9%。

三　2019年商务发展思路和指标预测

2019年，全市将深入贯彻党的十九大精神，坚持以习近平新时代中国特色社会主义思想为指导，以国家中心城市建设为统揽，以“三区一群”建设为引领，以四条“丝绸之路”为依托，突出抓好自贸区、跨境电商综试区、服务外包示范城市建设，统筹推进开放招商、对外贸易、内贸流通、对外合作、电子商务、监管执法等创新发展，加快打造内陆开放高地，加快推进经贸强市建设，推动商务发展质量变革、效率提升、动力转换，持续超越、勇争一流，为郑州市国家中心城市建设和全市经济高质量发展做出新贡献。

预计2019年全市社会消费品零售总额增长9.5%；实际利用外资增长3%；对外贸易、对外承包工程和劳务合作完成额保持平稳增长；跨境电商交易额增长20%。

四　2019年商务发展对策建议

1. 强化“四条丝绸之路”建设，加快融入“一带一路”建设

（1）着力推进“空中丝绸之路”建设。实施郑州国际航空货运枢纽战略规划，打造全球航空网络的重要节点和全球航空物流的发展标杆，建设通达全球的空中通道。深化郑州、卢森堡“双枢纽”战略合作，构建以郑州为中心的亚太集疏分拨基地、以卢森堡为中心的欧美集疏分拨基地。完善以国内中远程和国际区域航线为主的航空客货运网络体系，强化与国内外其他航空枢纽远程航线航班的中转和联运，建设辐射中短程市场的地面物流集疏体系，发展中转贸易，着力打造24小时全球可达的航空服务体系。加快组建本土客货运航空公司，推动国内外知名航空物流服务项目落地。深入实施郑州－卢森堡“空中丝绸之路”专项规划，推动第五航权业务开展，加快组建卢森堡合资货航公司。鼓励卢森堡货航开辟1～2条洲际货运航线，增

加1～2个通航点。力争客运量突破3000万人次，货邮吞吐量达到52万吨以上。

（2）着力推进“陆上丝绸之路”建设。提高中欧班列（郑州）开行密度，拓宽覆盖网络，扩大集货范围，增强运营服务能力，打造“陆上丝绸之路”品牌价值最高的班列线路。加密现有出境班列，开行中亚、东盟班列，探索开通至欧洲其他目的站和新线路，打造中西部地区最大的“陆上丝绸之路”转运中心。挖掘中欧班列河南特色产品出口潜能，开展与沿线国家多领域国际贸易合作，扩大特种集装箱、冷链物流等增值业务，打造中国（河南）丝路商品交易集散中心。

依托中欧班列运邮试点城市建设铁路国际邮件集散中心，实现国际运邮常态化。打造“数字化班列”，推动与主要口岸、港口数据对接共享，实现班列智能化订舱、“一站式”报关报检、全程可视化跟踪、动态监管等功能。

（3）着力推进“网上丝绸之路”建设。做强进口，扩大出口，突出政策创新示范，为新时代全球跨境电商贸易规则贡献郑州智慧。支持与人民生活密切相关的日用消费品、医药和康复、养老护理等设备进口，积极向国家有关部门申请扩充跨境电商进口产品种类。畅通出口渠道，反向复制1210进口模式，打通跨境电商出口的税收、监管、通关等环节，开行直飞欧美包机，引导更多郑州制造、郑州产品走出国门。提升增值服务，聚焦全产业链、全供应链，提供金融、保险、认证、税收、数据等在线服务，不断为企业和产品赋能增值。持续办好全球跨境电商大会，围绕EWTO核心功能集聚区规划建设，深入研究跨境电商运行规律，扩大郑州在跨境电商领域全球话语权。

（4）着力推进“海上丝绸之路”对接。以三条丝绸之路为支撑，密切与丝绸之路经济带沿线中心城市和“海上丝绸之路”重点港口城市的经济联系，加强沿海港口合作。加快畅通东向通道，持续提升郑日、郑韩快线运输能力，推动与青岛、连云港等沿海港口城市的海铁联运。开行西南向通道，借路出行，通达越南、印度等东盟及南亚国家，将郑州打造成为沿海港口向西开放的桥头堡、中西部地区向东开放的内陆无水港。

2. 强化开放平台建设，持续提升对外开放深度

（1）突出抓好自贸试验区建设，复制推广成果经验。根据党的十九大报告“赋予自贸试验区更大改革权”精神，抢抓国家扩大自贸区改革自主权的政策机遇，持续推动郑州片区抓好各项改革试点任务落实，尽快形成一批具有郑州特色的可复制推广经验，推进投资自由化、贸易便利化、监管法制化，对标国际经贸规则体系，营造法治化国际化便利化营商环境。积极探索建设自由贸易港路径，申请将航空港实验区部分区域纳入自贸区郑州片区范围，依托区内新郑综合保税区、经开区综合保税区和郑州国际机场，探索建设内陆枢纽型自由贸易港。

（2）着力抓好航空枢纽建设，打造“临空经济”生态。加快航空、铁路、公路“三网融合”，构建航空港、铁路港、公路港、海港“四港一体”综合交通枢纽，以发展国际货运为重点，不断巩固国际航空枢纽地位，提升郑州枢纽在国内外的服务辐射能级。加强与美国联合包裹公司、联邦快递公司、敦豪航空货运公司、顺丰公司等国内外知名大型物流集成商的合作，加强与国内外客货运航空公司的合作，引进更多基地航空公司入驻。全面深化与卢森堡的合作，积极落实签证便利化政策，筹备开通郑卢客运航线，为郑州与欧洲之间的贸易往来、文化交流、人员往来再架起一座“空中桥梁”。

（3）努力抓好口岸和海关特殊监管区建设，加快形成“大通关”体系。加强政策引导和配套产业链建设，完善服务功能，强化进口肉类指定口岸内陆地区标杆地位。拓展华中冷鲜港业务，打造国内空运进口水果、食用水生动物、冰鲜水产品集散贸易中心。强化航空口岸功能，加快引进知名国际航空公司，不断丰富国际运邮线路，增加美向、欧向航空运邮线路，提高国际邮件传递效能。优化口岸发展环境，争取72小时过境免签、口岸进境免税店尽早获批，稳步推进境外旅客购物离境退税业务开展，完善预约通关机制，推进7×24小时通关制度全面落实。建设“一站式”大通关服务体系，深化海关、国检通关一体化，逐步建立郑州与沿海、沿边口岸业务联动、直通放行的区域大通关体系。

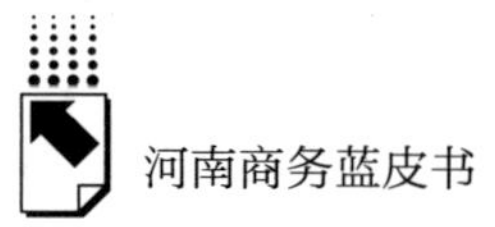

3. 强化招商引资，引领产业转型升级

（1）谋划推进“四类”重大招商项目。紧紧围绕主导产业，瞄准产业链上的世界500强和国内领先企业，研究企业的发展战略和投资布局，深入分析双方合作的项目和领域，梳理出全市2019年谋划、在谈、签约、开工四类项目，确定时间节点，抓好推进落实，确保全市新开工项目投资总额和新签约项目签约总额保持稳定增长。

（2）开展先进制造业招商引资专项行动。强化电子信息、汽车、新材料三大战略性产业引领发展，引导现代食品制造、品牌服装及现代家居、装备制造、铝及铝精深加工四大传统优势产业转型发展，布局生物及医药、机器人及智能制造装备、新一代信息技术三大新兴产业跨越发展。重点实施富士康、格力电器、中国中车、中国移动等一批龙头型、基地型项目，加快配套企业集群式引进，提高研发能力，增强企业核心竞争力，形成产业集聚效应。

（3）开展现代服务业招商引资专项行动。以中心商务功能区、服务业集聚区、特色商业街区、大型服务设施建设为抓手，积极发展生产性服务业，加快发展生活性服务业，支持现代物流、商贸、金融、文化创意、旅游、高技术服务等六大产业发展成为千亿元级产业，重点对接永旺集团、新希望集团、恒隆集团、复星集团、丰树投资集团、光大集团、建信集团、珠江电影集团等知名企业落户郑州。

（4）着力推进“四力”项目招商。突出高端产业、高成长行业和战略新兴产业，筛选出一批科技含量高、投资规模大、带动能力强的龙头型企业和标志性项目，实行市领导分包制度，采取主动对接、高层洽谈、精准招商等形式，着力“招大引强选优”，促进“四力”型项目落地开工。

（5）开展多层次经贸活动。利用黄帝故里拜祖大典、河南投资贸易洽谈会、全球跨境电商大会、中国国际投资贸易洽谈会、中国中部投资贸易博览会等活动平台，宣传推介郑州，扩大招商成果。利用全省开展的珠三角地区招商活动，做好项目征集、企业对接工作，力争签约一批大项目好项目。

（6）紧盯“四率”抓好项目落地。结合国家和省市支持方向，把一批重大招商引资项目列入省、市重点项目，加快推进，提高项目履约率、开工率和资金到位率，促进项目尽快投产达效。以重大招商引资项目统筹协调机制、“五职”招商责任制为抓手，定期召开项目例会，研究解决项目推进过程中存在的土地、资金、政策等问题，督促项目加快进展。

4. 突出动力转换，确保外经贸发展优势

（1）着力促进外贸进出口稳步增长。抢抓“一带一路”建设机遇，转变外贸发展方式，从以货物贸易为主向货物和服务贸易协调发展转变，从依靠模仿跟随向依靠创新创造转变，从大进大出向优质优价、优进优出转变。以科技创新为动力，大力实施科技兴贸、以质取胜，有效发挥郑州的区位比较优势，集中力量，重点突破，梯次推进，优先发展重点产业，抓好龙头型出口企业引进，扩大产品出口。积极培育贸易新业态新模式，培育外贸新的增长点，支持外贸综合服务、跨境电子商务、市场采购贸易等健康发展。创新营销方式，发展国外代理商、批发商和零售商，减少中间环节，提高价格竞争力，不断开拓国际市场。坚持进出口协调发展，适度扩大先进技术设备、关键零部件、短缺资源和优质消费品进口量。密切关注中美贸易摩擦对本市外贸带来的影响，大力实施市场多元化战略，优化产业布局，加快出口基地建设步伐，将不利影响降到最低，组织本市企业参加首届中国国际进口博览会并做好后续对接工作，保持全市对外贸易领先优势。

（2）深入推进服务外包示范城市建设。强化产业发展引导，以高新区、金水区为龙头，按照示范引领、集聚发展、特色布局、协调升级的发展思路，扩大产业区域覆盖面，构建全市服务外包产业全面发展的空间格局。进一步做大做强软件外包服务、呼叫中心外包、IT 教育培训等基础外包领域，巩固提升金融外包服务、物流外包服务、工业设计服务、动漫游戏外包、生物医药外包、跨境电商外包等特色服务外包水平，战略布局云计算服务、大数据外包、智能服务等关键外包领域，着力打造“363”的产业布局，努力实现“特色聚焦、梯度覆盖、阶段布局和战略升级”的产业格局。跟踪和服务在建、待建和已建成的各类服务外包园区、平台和项目，加快促进产业集聚规模化发展。完善制度管理体系和服务保障机制，借力自贸区建设，在

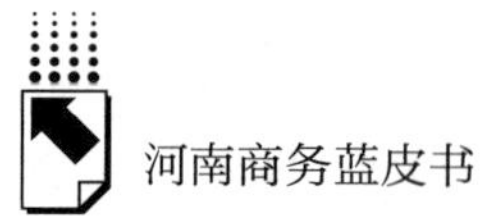

自贸区范围内大力发展服务外包。

（3）积极推动本土企业加快“走出去”步伐。抓住有利机遇，推荐重点企业，做好协调服务，引导企业开展对外投资合作。进一步简化境外投资手续，实行以备案为主、核准为辅的管理模式，改善企业对外投资环境，推动全市企业积极融入“一带一路”建设；鼓励和引导本市铝材、水泥、电力、房地产、农业等领域优势企业海外投资，深度参与国际产业分工协作，带动相关装备、材料、标准、技术和服务“走出去”。

5. 推动消费品市场繁荣稳定，提升商贸业服务民生能力

一是出台支持实体商业创新发展的意见，明确商业发展方向，调整商业结构、创新发展方式、促进跨界融合发展。二是加强政策引导，推进项目建设，打造二七、郑东 CBD 等重点商圈，提升商业影响力和辐射力。三是推进德化街高品位步行街建设。通过加强规划引领、优化街区环境、提高供给质量、彰显城市特色、发挥带动作用，通过 2～3 年努力将其打造成为郑州国家中心城市会客厅。四是加强品牌消费集聚区建设。加强业务指导，发展新型商业业态和模式，发挥品牌设施对品牌商品、品牌服务的集聚力和带动力，推动传统商业改造升级，更好地满足居民消费需求。五是持续推进电子商务示范体系建设，推动电子商务进社区进农村，扩大郑州电子商务大讲堂影响力，发挥电子商务在培育经济新动力中的作用。六是加快推进国际会展名城建设。发挥中东－东盟会展经济合作委员会平台作用，深化与东盟地区合作，利用东盟地区的资源优势，吸引国际展会活动来郑举办，争取会展业国际化实现新发展。

B.24
2018～2019年开封市商务发展回顾与展望

张景涛　郝海燕*

摘　要： 2018年，开封市着力优化营商环境，积极扩大对外贸易，不断提升对外开放水平，大力发展电子商务、搞活内贸流通，对外直接投资提前两个月完成省下目标任务，进出口提前三个月完成省下目标任务，商务工作在全市经济社会发展中的地位和作用愈加重要，影响力和贡献度越发彰显。

关键词： 开放招商　自贸区　电子商务

一　2018年开封市商务指标完成情况及特点

2018年，全市新引进省外资金项目246个，实际到位省外资金累计完成618.3亿元，完成省下目标101.1%，完成绝对值居全省第7位，同比增长6.1%，增速居全省第8位；累计新设外商投资企业15家，居全省第3位，实际利用外资累计完成69026万美元，同比增长3.9%，完成省下目标的100.9%；对外承包工程及对外劳务合作完成营业额累计9039万美元，完成省下目标的102%，同比增长5.2%，对外直接投资额15万美元，提前两个月完成省下目标任务，外派劳务累计1744人次；进出口总值（含兰考

* 张景涛、郝海燕，开封市商务局。

县）576240 万元人民币，同比增长 53.9%，2018 年进出口完成省下目标的 149.5%，高于目标进度 49.5 个百分点，提前三个月完成省下目标任务；全市服务贸易进出口完成 15935.85 万美元；跨境电商交易额累计完成 18958.15 万美元，同比增长 34.1%；社会消费品零售总额累计完成 980.5 亿元，同比增长 11%，增速居全省第 2 位。

二　2018年采取的主要措施

1. 优化营商环境，持续推进开放招商

一是以优化营商环境为突破，全面提升投资软环境。春节过后召开了全市转型攻坚暨优化营商环境推进大会，以优化营商环境作为对外开放工作的基础和保障，推动转型攻坚，努力打造国际化营商环境。会上印发了《开封市 2018 年对外开放和招商引资工作安排意见》《2018 年开封市对外开放和招商引资行动计划》等文件，统领全年开放招商工作。

二是注重政策引领，打造内陆开放新高地。以“改革开放再出发”为契机，借鉴部分省市及周边地市相关政策，紧扣全市招商工作实际，制定出台了《开封市招才引智与招商引资行动方案（2018～2020 年）》《开封市关于构建重点产业促进政策体系加快对外开放打造内陆开放高地先行区的意见》《开封市促进招商引资若干措施》等 7 个系列开放招商促进政策文件，着力构建在招才引智与招商引资行动方案统领下，招商引资从招商线索生成，到项目建设落地，事前、事中、事后全过程政策激励体系，进一步优化全市开放招商软环境，开创开放招商新局面。

三是强化督导考核，加快签约项目落地。按照制定出台的《关于招商引资工作月度点评排序的实施办法》《关于重大招商活动签约项目落实情况考评办法》，坚持每月对全市招商引资工作开展情况、主要领导及分管领导外出招商洽谈项目情况、招商项目“谋、谈、签”情况、重大招商项目新开工情况进行实地考核督导；每双月重点对清明文化节签约项目进展情况按照“功效系数法”进行考核，力求通过单、双月考核，以点带面，破解难题，优环境、打攻坚、转作风取得更大突破，倒逼营商环境不断优化。

四是创新节会招商活动平台，高质量储备新项目。2018 年以来，市领导带领商务局等单位组成招商分队分别赴北京、上海、广州、深圳等地区开展了系列招商活动，对接洽谈了一批产业项目。通过定目标压任务、抓通报促落实，完成了全年 100 个新签约项目任务。2018 中国（开封）清明文化节和菊花文化节两次重大节会经贸招商活动共签约投资项目 138 个，总投资达到 857.9 亿元，合同引资总额 767.9 亿元，两次节会共邀请客商 1000 余名。通过节会招商，大力宣传全市开放招商政策、产业和区位新优势，扩大对外开放，吸引项目投资。

2. 推进机制改革，提升利用外资水平

一是出台政策，促进利用外资工作开展。出台了《开封市关于构建重点产业促进政策体系加快对外开放打造内陆开放高地先行区的意见》，从放宽投资领域、保护知识产权、人才保障、加大财政金融支持力度、优化营商环境等方面制定了促进全市利用外资工作开展的二十条支持政策。

二是深化行政审批制度改革，优化营商环境。率先在全省实现外资企业设立商务备案与工商登记“一口受理”，简化外资企业设立程序，工作效率提高 1 倍以上。在自贸区开封片区实施容缺预审机制，设立了首家限制类外商投资企业境内再投资企业——开封市财金热力有限公司，24 小时内完成设立审核、注册登记等手续，创造了外资企业设立新速度。

三是加强与境外客商联系，引进一批境外大项目。借助第 12 届投洽会平台，邀请到来自德国、俄罗斯、日本等 22 个国家近百名外籍客商来汴投资考察，成功举办“2018 开封市跨境投资与贸易洽谈推介会”，与墨西哥商会、澳大利亚商会、美国嘉吉集团、新加坡丰树集团等多个境外来汴考察知名企业和商协会进行了深入对接，第 12 届投洽会上全市成功签约 8 个项目，总投资 165.7 亿元，这些项目的引进形成全市新的外资增长点。

四是扎实开展外商投资企业联合年报工作。4 月 1 日至 6 月 30 日，认真开展外商投资企业联合年报工作，全市 106 家外商投资企业按期完成网上联合年报，参加年报企业数量同比增长 4%。

3. 加强服务引导，积极扩大对外贸易

一是发挥政策导向作用，助力外贸企业开拓国际市场。多次与银行、中国人保公司联合召开外贸企业座谈会，宣讲进口贴息、中小开、出口信用保险、出口创汇等支持外贸发展政策，发挥政策导向作用，促进企业积极开拓国际市场，扩大对外贸易规模。

二是培育知名品牌，提升企业外贸竞争优势。帮助开封炭素、宏利橡胶、精细化工等外贸企业申报河南省国际知名品牌，提升企业产品国际竞争力。

三是组织企业参加境内外展会。大力引导全市企业参加中国（河南）国际投洽会、东盟博览会、亚欧博览会、国际进口博览会等境内外展会，主动开拓东盟、中东欧等新兴市场。在第 12 届中国（河南）国际投洽会上，全市企业与来自美国、墨西哥、加拿大、匈牙利、瑞典、澳大利亚等国的外商达成了逾 1000 万元的合作意向；在首届进口博览会上，全市企业达成逾 1 亿元的成交金额和 565 万美元的初步采购意向，取得显著经贸洽谈成效。

四是组织企业参加进出口业务相关培训。先后组织 40 余家外贸企业参加全省进出口业务培训、外贸发展专项资金网络管理应用培训、联合国采购贸易洽谈暨培训等，帮助企业用好外贸相关政策、提升通关效率。

4. 多措并举，稳步开展对外经济合作

一是搭建“走出去”平台。组织第十一化建公司、开封市通达境外就业服务中心等外经企业参加了第 12 届投洽会豫企对外合作洽谈会等各类经贸洽谈活动，促进企业加大开拓国际市场力度，积极融入国家“一带一路”建设。外经省下目标提前两个月超额完成全年任务，全市对外经济技术合作取得新成效。

二是规范整顿对外劳务市场。对十一建设公司 698 名外派人员、河南中派劳务合作公司 98 名外派人员进行全面摸排，对外派劳务纠纷积极协调、及时化解，确保了全市外派劳务市场秩序稳定。

三是做好对外劳务助力扶贫工作。按照《关于开展对外劳务合作领域扶贫专项调查工作的通知》精神，指导全市对外承包工程企业、对外劳务合作企业，建立对外劳务扶贫工作台账，发挥对外劳务助力脱贫攻坚作用。

5. 统筹驱动，加快电子商务发展和口岸平台建设

一是深入开展电商扶贫工作。制定印发《开封市电商精准扶贫实施方案》，细化任务、突出精准、落实到户，夯实电商扶贫基础工作。同时，对照电商扶贫督导评价体系 7 大项 20 条细则，认真开展电商扶贫问题整改，推进电商扶贫工作扎实开展。2018 年以来，全市涉农电商企业发展到 2000 多家，商户 1000 多户，在京东平台开设了开封市扶贫馆、祥符区扶贫馆等，在淘宝、苏宁易购、京东等电商平台开设助农扶贫网店 100 多个，带动全市贫困家庭增收 1000 多万元；全市有脱贫攻坚任务的县区已建成乡镇电商服务站 23 个，村级电子商务服务站（点）1100 多个，带动农村贫困人员 1783 人就业。

二是推进口岸开放平台建设。组织国际贸易“单一窗口”关检融合申报培训，全市近 80 家进出口企业、代理报关报检企业近 170 人参加培训，促进了“单一窗口”业务开展。积极推进保税物流中心建设，目前全市保税物流中心（B 型）项目可行性研究报告和总体规划已基本完成，后续落实项目用地，加快项目建设。

三是加快跨境电商发展。积极组织跨境电商企业参加全球跨境电商大会等各类经贸展会，大力推介开封电商项目，加快全市跨境电商发展。2018 年 3 月，全市“单一窗口”货物报关实现零的突破；6 月，全市进口汽车首次成功运用多式联运模式运实现国际货物“门到门”运输“一单到底”，节省了运输时间和成本。

四是推进杞县大蒜现货交易中心筹建。目前，该项目已通过市级初审，经市政府同意，已经上报省商务厅，并积极跟踪协调，争取早日通过省厅评审和省政府审批。

五是开展省级电商示范园区和示范企业创建。今年以来，组织祥符区电商产业园、万宝电商创业基地 2 家园区申请省级示范基地；组织河南汴西电商发展有限公司等 4 家企业申报创建 2018 年省级示范企业。

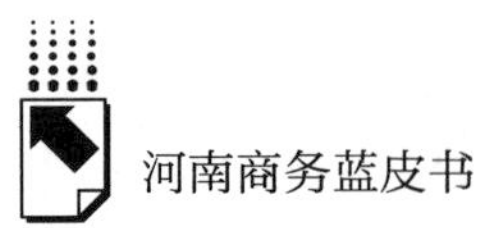

6. 结合实际，扎实推进驻村扶贫工作

一是开展驻村帮扶工作。协调杞县电商园帮助王桥村建立了电商服务平台，扩大了王桥村的农特产品销售；协调有关单位为王桥小学筹措1万元资金改善办公条件，为筹办幼儿园购置了相关设备，改善了学校食堂面貌；修建了王桥村西村村通道路，得到了王桥村民的一致好评。

二是认真开展产业扶贫。在稳定扩大王桥村大蒜、花生、西瓜、养殖等传统产业基础上，积极开展产业扶贫。经多方协调，王桥村来料加工扶贫车间正式开业，已安排该村10多名村民和贫困户就业，为王桥村产业扶贫奠定坚实基础。

三是结合实际，制定精准扶贫措施。工作队对每个帮扶贫困户制定了针对性帮扶措施。如：引导有劳动能力和就业意愿的村民外出务工；为村里提供厨师技术人员培训、家政服务等帮扶措施，受到村委领导和村民的高度评价。

四是全国首所电商扶贫小学落户开封。商务局驻贫困村工作队协调资金20多万元，改造了村办小学，建起了100多平方米的餐厅，动员电商企业捐赠了总价值3万余元的就餐桌椅、电脑电视、冰箱消毒柜、冷暖空调、智能投影仪等。全国首座电商扶贫小学案例已报送国务院扶贫办，参加全国电商扶贫案例征集活动。

7. 规范市场秩序，促进内贸繁荣发展

一是开展环境污染防治攻坚。全市所有在营加油站（点）全面完成国六油品升级置换工作；配合环保部门做好加油站地下储油罐改造，加强水污染防治；开展加油站“厕所革命”，全部完成295座加油站厕所改造任务；督导检查国道和省道公路沿线的182家加油站（点）全面销售符合产品质量要求的车用尿素，保证柴油车辆尾气处理需求，防治环境污染。会同市发改、环保、安监、质监等部门，成立三个督查组不间断对县区进行督导检查，持续打击黑加油站，加强油品管控。

二是开展文明餐桌活动，做好老字号保护工作。积极开展“文明餐桌”活动，推进文明创评工作。组织开展第三批开封老字号申报，评审出19家开封老字号，向省厅推荐6家河字号；组织百老汇餐饮管理公司整合“老字号”资源，进行品牌战略规划，助力开封“老字号”品牌振兴。

三是牵头开展打击侵权假冒工作。加强与农林工商、药监质检、知识产权版权等部门配合，建立跨部门信息通报、联合调查、案件移交等工作机制，加强与公安、检察、法院等部门联系，强化行政执法与刑事司法衔接，形成监管合力，着力规范市场秩序。

四是加大商务领域市场综合监管力度。着力规范行政执法案卷，在全市成功举办了全省商务系统优秀执法案卷观摩交流讲评会；完成了省市场监管局布置的中期评估任务；发挥12312商务举报投诉职能，开展商务综合执法，深入开展汽车销售市场专项执法百日行动“回头看”活动；对典当、拍卖、融资租赁行业以及报废汽车拆解、外派劳务输出等高风险性行业领域进行风险排查，建议省厅取消2家拍卖企业经营许可。全年商务稽查出动人员580人次，检查各类商户620余家，下发整改告知书42份，查处并移交非法加油站案件3起，全市商务执法工作取得显著成绩，在全省商务行政执法工作会议上做了典型发言，得到了省厅领导的充分肯定。

三　2019年商务形势分析及指标预测

商务发展面临的形势依然复杂严峻，不确定不稳定因素明显增多。全球经济仍然处于缓慢复苏进程之中，但走势尚需观察。部分国家“逆全球化”“反信息化”和贸易保护主义抬头，主要经济体政策走向分离、地缘政治冲突等风险因素都有可能冲击经济增长和贸易投资。从国内看，经济长期向好的基本面没有改变，但产能过剩和需求结构升级矛盾突出，经济增长内生动力不足，新旧动能转换衔接还需要一个过程。从全市看，全市经济运行总体平稳的态势没有变，支撑经济社会发展的条件没有变，消费市场空间广阔，投资需求巨大。

以习近平新时代中国特色社会主义思想为指导，全面贯彻党的十九大和十九届二中、三中全会精神，认真落实市委经济工作会议和全省商务工作会议部署，坚持稳中求进工作总基调，坚持新发展理念，适应高质量发展新要求，以党建高质量推动商务工作高质量，以供给侧结构性改革为主线，以大招商促进大开放、以大开放促进大发展，推动全方位对外开放，统筹做好开放招商、内外贸易、商贸流通、企业改革等各项商务工作，奋力谱写新时代商务新篇章，促进全市社会经济发展出新出彩，以优异成绩迎接中华人民共和国成立70周年。

2019年，全市引进市外资金较上年计划增长8%，其中引进省外资金较上年计划增长5%；实际利用外资较上年目标增长3%；外贸进出口总额较上年完成额增长10%；对外直接投资呈现平稳态势，对外承包工程及对外劳务合作完成营业额增长3%；社会消费品零售总额增长10%；跨境电商交易额达到2亿美元以上；各项商务工作都有新发展。

四　2019年商务发展对策

1. 精准施策，提升开放招商质量

一是统筹推进招才引智与招商引资。发挥招商引资优惠政策引领作用，按照《开封市招才引智与招商引资行动方案》推进招才引智与招商引资，组建以市人大、市政协分管领导为组长的8个产业招商（招才）组，明确牵头领导和联络员，选派高素质挂职招才招商专员组建专业招商队伍，充分发挥市校合作和各地商协会作用，形成科学规范、运转高效的招才招商管理服务体系，通过实施“专业化办会、产业化招商、小分队对接、主要领导推进”等方式，提高招商实效。

二是转变招商方式。围绕“4＋3＋3”产业体系，瞄准国内外500强、行业龙头、大型央企、上市公司，精准对接、精准招商。坚持重点产业大招商和常态化驻地招商相结合，紧扣“对外开放招商引资行动计划”，有计划开展专业招商、定点招商、委托招商、以商招商、小分队招商，不间断“走出去”搜集、研究分析发达地区企业投资意向，每月谋划一批项目、策划一次集中外出招商活动，掀起招商引资新高潮。

三是抓好节会平台务实招商。在积极参加上级开放招商活动基础上，重点筹备好2019中国（开封）清明文化节经贸活动、第37届菊花文化节经贸招商活动、第11届中国中部投资贸易博览会等，以节会为契机，加快签约引进一批支撑产业转型升级、提升全市对外开放水平、推动全市经济发展的大项目、新项目、好项目。

四是深入开展“精准招商服务年”活动，持续抓好跟踪督导务求招商实效。坚持按照《关于招商引资工作月度点评排序的实施办法》《关于重大招商活动签约项目落实情况考评办法》，对纳入考核项目库和签约项目库的招商项目实施动态监控、跟踪督导，强化招商项目跟踪落实，提升招商项目“三率”，强化对领导外出小分队招商情况、5亿元以上重大招商项目新开工情况，清明文化节、菊花文化节签约项目落实情况等重点工作的考核，加压驱动，推进签约项目落地建设。

五是推动全方位对外开放。适应新形势、把握新特点，认真落实《开封市关于构建重点产业促进政策体系加快对外开放打造内陆开放高地先行区的意见》《开封市促进招商引资若干措施》等7个系列开放招商促进政策，推动由商品和要素流动型开放向规则等制度型开放转变。

2. 多措并举，促进利用外资工作开展

一是启动招商引资线索征集工作。安排专人对招商引资线索进行收集、移交，按照规定程序和要求对成功落地招商项目的引荐人进行奖励，提升招商引资氛围。

二是进一步完善外资大项目跟踪服务机制。对新加坡益海嘉里集团开封项目、澳大利亚苏沐集团国际水厂项目、新加坡丰树集团现代物流项目等加大跟踪服务力度，促进项目早落地、早开工。

三是认真开展系列专题招商活动。组织参加好第13届投洽会、厦洽会等系列经贸活动，将2019年清明文化节招商活动纳入第13届投洽会整体活动，举办2019开封市跨境投资与贸易洽谈推介会，针对外资企业在上海举办专场招商推介活动等；加强与境内外商协会、贸易投资促进机构等中介机构合作，引进一批知名度高、带动力强的外资项目。

四是大力优化营商环境。认真做好外商投资企业联合年报和外商投资环境评测工作；深入推进“放管服”改革，进一步完善商务备案与工商登记“一口办理”工作，提升外商投资便利化水平，持续优化营商环境。

五是加强外商投资企业事中事后监管。按照“双随机、一公开”原则制订年度抽查计划，与相关监管部门开展联合执法检查，重点对外商投资企业及其投资者是否履行备案手续、备案信息是否真实、准确、完整等方面进行监督检查。

六是加大外资目标考核力度。加强与外汇、工商等涉外部门横向联系，及时将境外借款、外商投资企业再投资等信息纳入外商投资企业全口径统计范畴，确保完成全年目标任务。

3. 内培外引，壮大外经贸发展规模

一是培育增长点，壮大外贸主体。按照“扶大、帮小”工作思路，坚持一手抓出口龙头企业培育；一手抓量大面广的中小企业发展，壮大外贸发展队伍。同时，大力引进出口创汇型企业，跟踪推进更多有条件的企业获得外贸进出口经营权。

二是落实政策，组织企业参加经贸活动。大力宣传和用好国家外经贸发展扶持政策，确保扶持外贸企业发展政策不落空，鼓励中小微外贸企业积极参与国际市场竞争，逐步做大做强。组织企业到哈萨克斯坦等“一带一路”沿线国家以及俄罗斯、巴西、印度、南非等金砖国家推介产品；组织企业参加广交会、东盟博览会、亚欧博览会等国内国际知名展会，拓展国际市场。

三是加快企业“走出去”步伐。加强“放管服”等制度性改革，提供更多公共服务，推动企业有序理性“走出去”，实现对外投资健康快速发展；积极参与“一带一路”建设，支持“走出去”企业参与国家基础设施建设项目和国际产能合作项目，加大开封制造和开封服务“走出去”。研究起草对非公有制经济“走出去”企业的若干支持政策，为开封企业“走出去”提供支撑，鼓励外经企业大力拓展国际市场。

4. 鼓励引导，强化电商发展和电商扶贫

一是抓好电商产业基地建设。认真落实市政府《关于印发加快电子商务发展的实施意见的通知》等鼓励电商发展政策，重点支持杞县、鼓楼等电商产业园功能完善的县区，积极创建国家级、省级电子商务示范基地；支持开封电商产业园创建省级跨境电商人才培训暨企业孵化平台；支持开封微众商城等本土电商平台和服务企业快速做强做大，打造一批竞争力强、对地方经济发展支撑带动力强的电商企业。

二是认真做好电商产业扶贫。深入贯彻落实《开封市电子商务精准扶贫实施方案》，强化电商扶贫服务体系、人才培训体系及网络物流体系，扎实推进电子商务进农村，充分发挥电商在脱贫攻坚中的作用，助力全市早日完成脱贫攻坚任务。大力培育和开发更多适宜网上销售的农产品和特色产品，把全市更多农产品和特色产品通过电商触网销售。大力推进鑫杞农产品现货交易中心筹建，打造“特色县域产业电商”扶贫新模式。

三是强化督导，推进电商扶贫落实。按照《河南省电商扶贫督导评价体系》，对电商服务站点覆盖贫困村情况、推进农特产品上行情况、精准扶贫情况等进行督导，严格电商扶贫督导考核，把电商扶贫工作落到实处。同时，加强谋划，以更大的力气推动电商扶贫、家政扶贫、对外劳务扶贫等，确保如期实现商务精准扶贫目标任务。

四是抓好电商物流网络体系建设。鼓励支持各县区以电商产业园区、骨干电商或物流企业为依托，探索“电商产业园＋物流园”融合发展新模式，培育改造新型农村电商物流主体，建设县乡村三级电商物流网络体系，加快电商进农村发展步伐。

5. 规范市场秩序，促进内贸市场繁荣稳定

一是加强市场监测，扩大消费。做好日常监测，优化样本结构，加强对网络购物、大型购物中心等新兴零售业态监测。积极推进“消费升级行动计划”，进一步完善促进消费的体制机制，加快服务业发展，改善消费环境，增强消费对经济发展的基础性作用。

二是加强特殊行业监管。认真开展汽车销售企业备案，促进汽车流通行业健康发展。加强二手车市场管理，规范二手车交易秩序；强化对典当行和报废汽车拆解的监管，不定期开展实地检查，防止非法集资和环境污染。

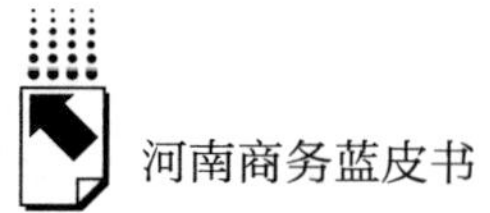

三是优化行业发展环境。依法打击销售假冒伪劣油品行为，规范加油站经营秩序，同时加快农村及偏远地区加油站建设，满足农村用油需求。加强商务领域诚信体系建设，认真做好宾馆、酒店“诚信示范店”创建活动。加强商务综合执法队伍建设，依法依规开展打击制售假冒伪劣商品和侵犯知识产权行为，维护市场良好秩序。

四是大力培育消费升级。实施中原现代服务业之都“三年行动计划”，加快发展绿色消费等新型消费业态。组织企业参加第 6 届（北京）国际服务贸易交易会、第 7 届中国（上海）国际技术进出口交易会、第 17 届中国国际软件和信息服务交易会等，壮大服务贸易在 GDP 中所占份额，培育新的增长点。积极申报世界美食之都，升级、培育壮大“开封老字号”，优化消费产品供给。

五是着力推进内贸流通现代化。争创平安商场、绿色商场，做好省级品牌消费集聚区申建，发挥实体商业优势，引导多样化品牌、多元化业态集聚发展，形成品质突出、服务升级、倒逼供给的商贸流通新格局。

B.25

2018 ~2019年洛阳市商务发展回顾与展望

白宏涛　李亚君*

摘　要： 2018年，全市商务系统紧紧围绕“加快建设副中心、打造全省增长极”的奋斗目标，加快构建现代开放体系、现代产业体系、现代市场体系，促进了开放型经济持续发展，城乡消费市场持续繁荣，为洛阳经济社会持续健康发展提供了强有力的支撑。

关键词： 洛阳市　商务　现代开放体系　现代产业体系　现代市场体系

一　2018年洛阳市商务经济运行情况

1. 招商引资

2018年，全市实际利用省外境内资金811.6亿元，同比增长6%；全市实际吸收外资27.98亿美元，同比增长3.7%。

2. 对外贸易

2018年，全市外贸进出口总额143.68亿元，同比增长7.9%，创历史最高。其中出口133.4亿元，同比增长13.4%。

3. 社会消费品零售总额

2018年，全市社会消费品零售总额2154.9亿元，同比增长10.3%。

* 白宏涛、李亚君，洛阳市商务局。

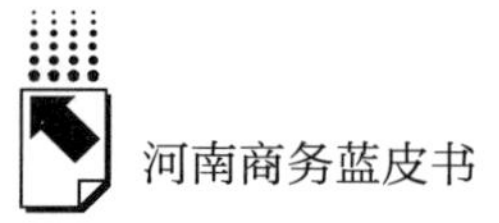

4. 电子商务

2018 年，全市电子商务交易额 2210 亿元，同比增长 12.8%。网络零售额 385 亿元，同比增长 28.3%。全市跨境电子商务交易额 37 亿元，同比增长 22%。

二 2018年主要工作开展情况

1. 构建现代开放体系规划引领发展成效凸显

2018 年，洛阳市委、市政府针对洛阳开放平台少、外贸依存度低、引进重大项目少等发展短板，加快构建现代开放体系，强力实施 8 个重大专项和 41 个支撑项目，并建立健全绩效评价体系，全面确立构建开放型经济新格局的顶层设计，推动开放型经济加快发展。一是规划引领。相继编制完成自贸区、综保区、航空口岸、铁路口岸、跨境电商、服务外包、会展经济等 7 部规划方案，规划引领平台建设，为高水平开放提升承载力。二是龙头带动。洛阳自贸片区紧紧围绕“打造双向开放先行区”的目标，从“建平台、引企业、走出去”三个方面同步发力，开通全省首个线下咨询窗口——国际贸易“单一窗口”，实现“清单核放、汇总申报”的“一站式”通关，出口通关时间平均为 1.5 个小时，进口通关时间 22.4 个小时，与之前相比缩短 69.8%；已入驻市场主体 1.16 万家，其中高端制造业 1421 家、外资企业 111 家、金融及类金融机构 33 家；成功引进格力电器产业园、银隆新能源汽车产业园等重大项目并开工建设；同时，抓住洛阳和乌兹别克斯坦布哈拉市缔结友好城市的契机，在乌兹别克斯坦建设洛阳 - 布哈拉农业综合示范区。三是平台建设。开工建设自贸大厦、互联网政务平台、多式联运物流中心、跨境电商通关平台等 9 个项目，完成投资 13 亿元；开通运营中亚国际货运班列、跨境电商通关平台、洛阳到青岛和宁波港的铁海联运班列；在全国 158 个会展经济城市中排名第 34 位。2018 年，跨境电商通关平台累计通关 23 万余单，出口到美国、俄罗斯、法国、英国、澳大利亚等 61 个国家和地区；开通通航城市达到 26 个，旅客吞吐量 131.5 万人次。随着一批开放平台载体项目加快实施，洛阳开放承载的实力将显著增强，开放发展的空间将更加广阔。目前，在洛的境内外500强企业74家，贸易伙伴扩大到175个国家和地区，467种“洛阳制造”商品走向世界，对外投资合作企业发展到82家。

2. 构建现代产业体系精准招商方向更加明确

2018年，洛阳市委、市政府针对产业集聚力不强、引进大项目少的问题短板，将产业精准招商纳入重大专项，提出按照现代产业体系绘制产业图谱、制定招商路线图，针对“有龙头、有配套的产业，重点要提升产业规模和质量；有龙头、没配套的产业，重点要完善配套，拉长产业链；没有龙头，但有一定产业链条基础的产业，重点要引进或培育龙头”三个层次，精准对接世界500强、中国500强、行业50强，实施产业精准招商，相继在北京、上海、广州、深圳等地开展产业专题招商对接活动，促进了投资100亿元的伊滨区华耀城商贸物流、投资100亿元的瀍河区轨道交通产业新城等80个10亿元以上重大项目落户洛阳。重大产业项目的成功引进，形成了一批特色产业集群，促进了“洛阳制造”向“洛阳智造”转型，加快了产业结构调整步伐，提升了产业核心竞争力。

3. 构建现代市场体系促进商品市场转型升级

2018年，为缓解城市区交通拥堵，减少消防安全隐患，洛阳市委市政府决定，按照洛阳城市总体规划和市场发展规划，将中心城市区部分商品市场向城市周边有序疏解外迁，促进商品市场转型升级。市场疏解外迁涉及千家万户利益，务必顶层设计、周密统筹安排，方能顺利推进。对此，市商务局集中力量开展市场调研，制定出台《关于加快推进商品交易市场转型升级实施方案》，明确工作目标和任务；编制《中心城区大型批发市场改造提升和疏解外迁规划》，经过一年来的克难攻坚，轩辕旧机动车交易市场、源信二手车交易市场、建材大世界市场、图书食品城、801水果批发市场、铁路水果批发市场等6个市场疏解外迁任务顺利完成。

城市区农贸市场，涉及人民群众生活的“菜篮子”，是关乎民生的一件大事，是城市文明的缩影，是城市形象的窗口。改革开放以来，随着城市的快速发展，经济的繁荣昌盛，市场主体数量的快速增长，洛阳在农贸市场管理上问题日渐突出，如市场管理落后，交易设施简陋，脏、乱、湿、臭等问题普遍存在，成为城市管理的难点和文明城市创建的焦点。为迅速改变现状，市委市政府将城市区农贸市场改造提升纳入 2018 年度民生实事。市商务局迅速组建工作队伍，深入市场调研摸底，学习先进地区城市经验，按照国家商务部颁布的《农贸市场建设标准》，制定出台《洛阳市城市区农贸市场改造提升实施方案》、《城市区农贸市场改造提升标准》和《城市区农贸市场基本管理规范》，在 6 个城市区和高新区实施 13 处农贸市场的改造提升，并实施规范化管理。经过一年来的工作推进，13 处农贸市场改造提升目标任务全部完成。通过农贸市场改造提升，市场经营设施显著改善、市场功能布局趋于合理、环境卫生有效改善、市场管理水平明显提升。

4. 与“一带一路”沿线国家经济合作更加广泛

随着国家“一带一路”建设的强力实施，洛阳作为“一带一路”的主要节点城市、中原城市群副中心城市，充分发挥区位优势，积极组织企业与“一带一路”沿线国家开展经贸合作，在扩大开放、合作共赢上取得了明显成效。2018 年全市对外投资完成 3. 45 亿美元，实现对外承包工程及劳务合作营业额 2. 76 亿美元。与“一带一路”62 个国家和地区进出口 59. 2 亿元，占全市进出口总额的 41. 2%；对“一带一路”沿线 10 个国家和地区实现对外承包工程营业额 1. 59 亿美元，占全市总额的 58%。洛阳栾川钼业集团投资 2. 85 亿美元在澳大利亚新设洛阳钼业矿业有限公司，用于开发和建设澳大利亚北帕克斯铜金矿项目，进一步提高境外矿产业务的可持续经营能力；洛阳万邦优选集团公司在乌兹别克斯坦投资 5000 万美元建设洛阳 – 布哈拉农业综合示范区项目。中信重工在“一带一路”沿线国家设立了 9 个海外公司或办事处、7 个备件服务基地，实现了研发、制造、营销、服务等全流程的国际化布局，市场已覆盖沿线 30 多个国家和地区；2018 年 5 月 8 日进驻中白工业园，“洛阳造”特种机器人正式“牵手”白俄罗斯。中国一拖集团成为首批入驻中白工业园的企业之一，在吉尔吉斯斯坦、哈萨克斯坦等国建立组装厂，“东方红”拖拉机占据吉尔吉斯斯坦 90% 的市场份额。洛钼集团通过大规模海外资源并购晋级稀有金属世界级龙头企业，现已发展成为资产营运遍布亚洲、非洲、澳洲、南美四大洲，资产超千亿元的跨国矿业集团，目前已成为全球最大的钨生产商，第二大钴、铌生产商，前五大钼生产商和全球领先的铜生产商，同时也是巴西境内第二大磷肥生产商。洛阳北方企业集团生产的“大阳”“洛嘉”两个中国驰名商标，产品畅销 80 多个国家和地区，被商务部确认为全国摩托车出口基地企业。

5. 对外贸易在中美贸易摩擦的影响下逆势增长

2018 年，美国利用不断加征关税等手段制造中美贸易摩擦，对洛阳的铝加工、装备制造业、钢制办公家具和化工及工业原料等四大行业出口产品冲击很大，目前铝箔和铝板带对美出口已完全停止，装备制造业对美出口大幅下降，钢制办公家具产品对美出口面临停滞，化工及工业原料产业从四季度起被迫放弃美国市场。为迅速扭转不利局面，洛阳市组织企业积极开拓新的市场，推动对 10 大贸易伙伴有 6 家实现增长，其中对欧盟、澳大利亚、韩国、日本分别增长 40.3%、73.9%、22.8%、16.7%；进出口总量在亿元以上的 25 家企业中有 19 家实现增长，出口总量在亿元以上的 23 类（种）商品中有 19 类（种）实现增长。2018 年洛阳的工程机械和复合材料获得“国家外贸转型升级基地”，现有 3 个国家级外贸转型升级基地（工程机械、新材料、摩托车及零部件）、4 个省级出口基地（装备制造业、新材料、太阳能光伏、钢制办公家具）。

6. 多措并举力推电子商务产业加快发展

2018 年，洛阳市委、市政府将电子商务纳入现代产业体系重点发展的产业，相继出台了《洛阳市电子商务产业转型升级行动计划》《洛阳市现代物流业转型发展行动计划》《洛阳市加快推进农村电子商务发展实施方案》等一系列政策措施，完善了电子商务发展顶层设计和促进体系，推动洛阳电商企业迅速扩张，目前已达到 2 万多家，企业电子商务应用率达到 60%，拥有 1 家国家级电商示范企业、18 家省级电商示范企业、7 个省级电商示范基地，1 个省级跨境电商示范园区，4 个国家级、4 个省级电商进农村综合示范县，1 个淘宝镇、11 个淘宝村，数量全省领先，支撑洛阳电子商务产业发展的承载力显著增强。同时，紧紧抓住洛阳入选第二批电子商务与物流快递协同发展试点城市机遇，改革创新，寻求突破，打造了电商物流协同发展的“洛阳样板”。通过“电商+快递模式、传统产业转型升级模式、智能快件箱模式、产地建仓模式、农村快递模式、搭建洛阳城市电商物流快递公共信息服务平台模式”等创新举措，有效地将电商、物流、快递各自的优势、资源集聚整合，释放出协同发展的强大动力，实现了电子商务与物流快递无缝衔接，流通效率显著提升，推动了电子商务产业转型升级、加快发展。洛阳市的改革创新经验得到了国家商务部和邮政局的认可和推广。2018年洛阳规模以上快递服务企业业务量累计完成12080.97万件，同比增长45.36%；快递业务收入完成10.28亿元，同比增长31.43%。2018年全市电子商务交易额2210亿元，其中网络零售额385亿元，呈现出快速发展的态势，为洛阳经济转型升级提供了新动能。

7. 加大力度推动内贸流通工作顺利开展

强化成品油市场监管，配合公安部门开展打击取缔黑加油站点专项行动，全年共查处取缔黑加油站点108处（含流动加油车），并对已整治的非法站点实行监督管控，防止死灰复燃。强化废品回收市场监管，全市共排查废品回收网点847个，取缔398个，整改449个。强化报废汽车回收拆解市场监管，积极督促拆解企业配合全市打好环保攻坚战，积极做好老旧车的淘汰报废和回收拆解工作，全市共回收拆解报废汽车4377辆。

加强汽车流通管理工作，贯彻落实《汽车销售管理办法》，积极处理汽车消费类投诉195起；加强对二手车交易市场的监管，全年二手车共交易74993辆，交易额45.96亿元。持续抓好内贸流通监测，洛阳市场监测工作已连续八年评为全省先进，2018年继续保持全省第一。做好老字号评审工作，全市共有老字号企业12家，其中，中华老字号4家，河南老字号8家。待评省级老字号5家，待评洛阳老字号37家。商务领域市场监管力度不断加强，2018年市、县两级商务执法部门共出动执法人员7395人次，检查企业商户8554户次，发现经营者违法违规39件，涉案金额95.5万元；行政处理21件，涉案金额43万元，维护了市场稳定，保障了人民群众的合法权益。

8. 强化落实，把脱贫攻坚作为一项政治任务统筹推进

一是抓好电商扶贫工作。2018 年，全市 9 个县（市）全部建起了县级电商运营服务中心，建成乡级服务站 104 个，村级电商服务网点 1220 个，其中贫困村建成 489 个；11 个村入选阿里巴巴淘宝村名单，伊滨区庞村镇被阿里巴巴认证为河南省首批淘宝镇；全市共培训农村电商人员 7.1 万人，其中，乡镇干部 4148 人，村干部 10079 人，驻村第一书记 1483 人，结对帮扶责任人 9215 人，贫困户人员 12302 人。全市以“三品一标”农产品和知名农产品品牌为重点，以农业龙头企业为突破口，重点进行培育和打造，促进了一大批农村产品上行。培育农村电商带头人 66 名，电商扶贫带动就业 1757 人，从事电商的贫困户人均增收 1376 元。二是抓好来料加工扶贫工作。2018 年，全市各县（市）来料加工扶贫项目 714 个、总投资 42.4 亿元，完成投资额 27.6 亿元，签约订单额 39.1 亿元，其中义乌签约订单额 14.8 亿元，已完成订单额 22.1 亿元，带动贫困人口约 2.1 万人，人均每月增收约 1800 元。行业涵盖服装、箱包、鞋业、玩具、运动器材、电子产品、手工艺品等多个领域。

三　2019年商务发展对策建议

2019 年，全市商务系统将以习近平新时代中国特色社会主义思想为指导，深入贯彻落实党的十九大精神，紧紧围绕市委市政府“加快建设副中心，打造全省增长极”的工作部署，抓住“一带一路”重要节点城市这一发展契机，以扩大“投资、消费、出口”为重任，以“大商务、大开放”的思维统领发展，加快构建现代开放体系、现代产业体系、现代市场体系，着力打造中西部开放高地，以更高的开放水平推动洛阳经济高质量发展。2019 年，预计全市社会消费品零售总额 2381.16 亿元、增长 10.5%；货物贸易进出口额 155.18 亿元、增长 8%；服务贸易进出口额 5.21 亿美元、增长 7%；跨境电子商务进出口额 44.46 亿元、增长 20%；实际吸收外资额 28.81 亿美元、增长 3%；实际到位省外资金 835.9 亿元、增长 3%；电子商

务交易额2400亿元、增长8.6%；网络零售额431亿元、增长12%；对外承包工程和劳务合作营业额2.8亿美元、增长1%；对外投资中方协议投资额3.82亿美元、增长11%。

1. 建立健全大商务发展工作推进机制

近年来，自贸区、自创区等国家战略相继在洛阳实施，省委、省政府支持洛阳“建设副中心、打造增长极”，特别是省商务厅专门出台了支持洛阳加快副中心城市建设的8个方面、41条政策措施，为洛阳新一轮开放发展带来了难得机遇。同时，洛阳市委市政府借助机构改革，将自贸、口岸、综保等开放发展职能划入市商务局，整合有效资源、完善顶层设计，着力构建“大商务、大开放、大发展”工作格局。一是建立市级层面大开放促进机制，统筹协调全市开放发展工作；二是建立全市大招商推进机制，形成上下联动、招大引强的工作格局；三是建立健全自贸区、口岸建设、外贸发展等联席会议制度，形成纵横互动的工作格局。

2. 持续推进现代开放体系重大专项、重点项目建设

2019年，洛阳市委市政府对现代开放体系实施的重大专项、重点项目进一步明确，将在2019年~2020年实施“自贸区建设、综合保税区申建、完善提升洛阳机场及一类航空口岸功能、加快铁路口岸建设步伐，建设跨境电子商务综合试验区、围绕565产业精准招商、大力发展城市会展经济、建设质检中心和标准化中心”8个重大专项，将实施39个投资类项目，计划总投资252.8亿元，2019年计划投资44.4亿元；产业招商谋划亿元以上项目278个，投资总额3535.4亿元。市开放办建立跟踪督办机制和工作台账，力推各项工作有效落实、重点项目顺利实施。

3. 着力推进现代产业体系精准招商工作取得新突破

在产业招商上突出“精准”、力求突破。一是全面落实《河南省商务厅关于支持洛阳市中原城市群副中心城市建设的若干意见》，加强沟通对接，争取更大支持；制定《2019年全市招商引资行动计划》《第37届中国洛阳牡丹文化节招商引资提升方案》，发挥省投洽会洛阳分会场优势，与省投洽会同宣传、同部署、同邀商，统筹做好展览展示、对接推介等活动，争取一

批重大项目签约落地。二是在招大引强上取得突破。明确招商方向和重点，围绕“565”现代产业体系，紧盯境内外500强、行业100强企业，重点对接香港中银高新耐火材料研发、顺丰物流、新松机器人智能轨道交通产业园、京东集团物流配送中心、华为大数据等项目，力争引进10亿元以上重大项目80个。三是在引进外资项目上取得突破。用好自贸区、经开区平台，借助经开区扩区和申建中欧（洛阳）国际产业园，加强与国外驻华大使馆、外国在华商协会的沟通，组织县（市、区）走出国门洽谈对接外资项目，力争一批外资项目年内落地。

4. 着力推进现代市场体系市场疏解外迁工作取得新突破

在市场外迁上突出分类施策、力求突破。着力抓好改造提升和疏解外迁中心城区大型批发市场，培育整合、规划布局商品市场，有序推动洛龙区惠通二手车交易市场、林安汽车城、老城区唐宫综合大市场、洛龙区林安二手车交易市场等4个市场的疏解外迁，扎实抓好关林综合批发市场、关林皂角树市场、名优建材城市场等3个市场的改造提升和疏解外迁。

5. 多措并举拓展国际市场，扩大外贸进出口规模

一是着力抓好外贸政策落实。认真贯彻落实国务院、省政府关于促进外贸稳定增长的政策措施，充分发挥洛阳市对外贸易联席办公会议制度的作用，及时解决工作中存在的问题，鼓励企业开展新产品研发、生产线改造升级等，增强出口产品竞争力。二是着力引进出口型项目。实施“引进出口型项目行动计划”，借助河南自贸区洛阳片区等平台，积极开展招商活动，推介优势产业和投资环境，力争在引进大型外贸出口企业方面取得一定突破，培育外贸新的增长点。三是着力拓展国际市场。组织企业参加华交会、河南投洽会、春秋两届广交会、东盟博览会、亚欧博览会、上海进口博览会等境内外国际贸易活动，扩大贸易伙伴，增加贸易合同，扩大进出口规模。同时，组织外贸企业业务培训，帮助企业熟练掌握外贸政策、规避贸易风险。四是加快跨境电商重大专项5个重点项目建设，着力引进大型国内外物流货代企业、知名跨境电商平台、外贸综合服务企业等，组织申报省级跨境电子商务示范园区和人才培养暨企业孵化平台，并力争获批。五是着力推进

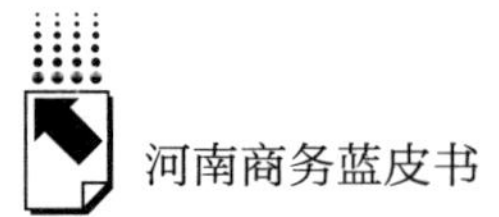

外贸基地建设。充分利用好洛阳市新获批国家级外贸转型升级基地的契机，加强与中国机电进出口商会、中国五矿化工进出口商会、中国轻工工艺品进出口商会等国家级进出口商会的合作，共同为基地内的企业提供服务，争取各类政策支持。同时力争培育出更多的国家级、省级外贸转型升级基地，扶持更多的洛阳企业做大做强对外贸易。六是积极争创国家级服务外包示范城市。做好国家级服务外包示范城市申报工作；研究制定《洛阳市服务外包发展实施意见》；做好服务外包重点企业调研，抓好服务外包统计工作。

6. 深入融入“一带一路”建设，扩大对外经济合作

支持鼓励优势企业“走出去”拓展发展空间，支持洛钼集团等有实力的企业开展海外并购和对外直接投资，开展国际化经营。推进万邦优选集团公司在乌兹别克斯坦投资5000万美元建设洛阳－布哈拉农业综合示范区项目建设。组织企业参加豫洽会、东盟博览会、厦交会、中国进口博览会等国家及省市搭建的对外经济合作平台，积极开展项目洽谈对接。

7. 努力扩大城乡消费，提升人民群众消费质量

一是提升城市消费。围绕百城提质建设工程，修订完善城市商业网点规划。把步行街改造提升作为实施商圈消费引领的突破口，2019年重点改造提升洛邑古城步行街、广州市场步行街等5条步行街；改造提升西工区行署路农贸市场等33处中心城区农贸市场；重点支持洛阳万达、新都汇等创建河南省品牌消费集聚区，年底前全市省级品牌消费集聚区数量达到9家，年营业额合计40亿元以上、经营品牌数达到1600个以上。加快城市物流配送体系建设，打造一小时鲜活农产品冷链物流圈。组织大型商超、餐饮企业等开展系列促消费活动。二是扩大农村消费。进一步完善农产品流通基础设施，推进县乡村三级物流节点建设。开展“双品消费进乡村”活动，扩大农村市场品牌消费、品质消费。开展特色商贸小镇培育创建工作，支持消费新业态新模式向农村市场拓展，推进农批对接、农超对接、农餐对接和农企对接。深入开展电商进农村综合示范，2019年底前完成300个以上贫困村电商服务点建设帮扶任务，培训6000名以上农村电商从业人员，打造一批新的淘宝村和淘宝镇。三是创新流通方式。实施城乡高效配送专项行动。推

动互联网、物联网与传统消费相互渗透融合，拓展体验消费、定制消费、时尚消费，增强高品质产品和服务的供给能力。探索发展2家体验式购物中心、品牌集成店。支持2家企业适应消费需求变化趋势，动态调整品牌经营业态。支持一批商贸企业在第三方网络零售平台开设网络商店、旗舰店。加强规划引导，提升再生资源回收利用工作。四是发展电子商务。深入宣传实施《电子商务法》，积极推荐符合条件的基地、企业申建省级、国家级示范基地和示范企业。加快洛阳儒墨科技跨境电商产业融合大数据中心、洛阳中意科技园、中国关林电子商务产业园等电商重点项目建设。组织申报省级跨境电子商务示范园区和人才培养暨企业孵化平台。支持一批商贸企业在第三方网络零售平台开设网络商店、旗舰店。五是优化消费环境。贯彻落实《商务部关于深入推进商务信用建设指导意见》，推进全市商务领域信用建设，重点加强家政服务、住宿餐饮、批发零售、成品油等民生消费领域信用建设。开展商务综合监管和执法专项整治工作。继续做好市场运行监测分析工作，加强结果运用和社会宣传。加强与省、市有关部门的沟通联系，充分利用好国家、省、市有关政策，形成良好的政策环境。结合消费升级特点，宣传消费新模式、新业态、新趋势，倡导科学文明、绿色健康的消费理念，引导扩大消费和消费升级。

B.26
2018～2019年平顶山市商务发展回顾与展望

李建超*

摘　要： 2018年，平顶山市商务系统坚持稳中求进总基调，把握开放发展新理念，顺应高质量发展新要求，突出抓好郑州海关和河南出入境检验检疫局平顶山办事处筹建工作，积极对接河南省自贸试验区建设，统筹推进开放招商、对外贸易、内贸流通、对外合作、电子商务、监管执法等创新发展，加大对外开放广度和深度，加快推进经贸强市建设，全市商务工作高质量发展稳步推进。

关键词： 开放招商　对外贸易　电商物流

2018年，平顶山市商务工作坚持以供给侧结构性改革为主线，加快商务发展新旧动能转换，着力建立内外资融合发展新机制，积极推动培育内外贸融合发展新模式，加快形成“走出去”与“引进来”融合发展新格局，全市商务工作保持了良好的发展态势。

一　2018年平顶山市商务发展运行分析

1. 吸收外资工作

2018年，新备案外商投资企业5家，合同利用外资55830万美元；实

* 李建超，平顶山市商务局。

际吸收外资45901万美元，占省定目标45405万美元的101.1%，同比增长4.1%。

2. 引进省外资金工作

2018年，合同利用省外资金2993.5亿元人民币，同比增长40.7%；累计实际到位省外资金579.3亿元，同比增长5.3%，完成省定目标577.8亿元的100.3%。

3. 对外贸易工作

据海关统计，2018年，平顶山市完成进出口总值393551万元人民币，同比增长3.08%，占省定目标393255万元的100.1%。其中出口360811万元，同比增长10.11%；进口32740万元，同比下降39.5%。

4. 内贸工作

2018年，全市电子商务交易额达328.6亿元，同比增长45%，网络零售额92.37亿元，同比增长35.4%。跨境电商进出口总额12.19亿元，同比增长49.2%，完成省定目标的118.35%，其中出口10.9亿元，同比增长55.4%，进口1.31亿元，同比增长12.4%。

二　2018年商务工作的主要措施及成效

1. 突出精准招商，推行代办服务，开放招商水平不断提升

一是加大政策支持力度。平顶山市政府印发了《关于进一步做好对外开放工作的实施意见》《平顶山市市直单位招商引资工作考评办法》《2018年平顶山市招商引资工作计划》等一系列推进招商引资的政策文件，各县（市、区）也都相继出台了配套落实文件，对招商引资工作进一步细化、量化，充分调动了全市各级的工作积极性。印发了《关于做好全市已签约重大招商项目推进落实工作的通知》，筛选确定61个单体投资在3亿元以上的已列入省政府重点推进项目和第十二届中国（河南）国际投资贸易洽谈会上新签项目作为重点，落实主体责任，建立工作台账，推动项目落实。

二是突出提升招商实效。平顶山市结合自身产业结构和优势，针对薄弱环节和产业链缺失，着力引进延链、补链、强链项目，全市开放招商领域由传统的能源、原材料产业向新能源、尼龙新材料产业拓展，向智能装备、纺织服装等消费品产业拓展；由传统制造业领域向机车零部件、高低压电气装备等先进制造业拓展，向文化旅游、电子商务、现代物流、养老服务等高成长性服务业拓展。积极参加第十二届国际贸易投洽会，邀请中国民生投资集团、中车株洲电力机车研究所、高德地图、旭阳集团、伊顿（中国）投资有限公司等重要客商到会洽谈对接，促成签约合同项目 68 个，投资总额达 482.13 亿元；在自主举办的尼龙新材料产业技术发展大会上，全市签约投资项目 20 个，投资金额 95.88 亿元。

三是健全招商工作机制。坚持每月召开全市招商引资工作推进会，推动各县（市、区）签约项目落地；开设了“平顶山招商”微信公众号以及“鹰城开放招商群”、“鹰城市直部门招商群”，实现了县区、市直部门之间的工作交流沟通和信息共享。2018 年，全市共编发招商通报 290 期，收集项目建设、对接洽谈、工作部署及招商动态等信息 7908 篇。

四是强化服务投资效能。在全市商务招商系统推行了招商引资项目代办制，实施全程代办服务，承诺“只让客商跑一次，剩余的事情我们办”。截至 12 月底，全市共受理代办项目 343 件，办结 270 件，办结率 78.72%，通过代办制的推进，大大加速了招商引资项目的审批和落地。2018 年，全市共计新签约引进项目 164 个，合同投资总额 1143.11 亿元。新签约引进的 164 个项目中：已履约项目 163 个，项目合同履约率 99.39%；已开工在建项目 161 个；已到位省外资金 809.68 亿元，资金到位率 70.58%。

2. 坚持龙头带动，挖掘出口潜力，对外贸易结构持续优化

一是加强调研分析，搞好有效督导。坚持每月分类收集整理省商务厅提供的海关数据，认真做好全市及各县（市、区）进出口数据的分类统计及运行分析；从加强对县（市、区）及重点出口企业的调研入手，摸清企业情况，强化有效督导；针对下半年愈演愈烈的中美贸易冲突，全面掌握对外贸企业带来的影响，收集相关资料，形成分析报告，及时制定应对措施。二

是挖掘出口潜力，龙头带动明显。继续加大对代理委托出口企业指导力度，努力挖掘新的出口增长点。先后帮助河南吉尔木食品有限公司、平顶山市碧盈家纺有限公司、河南国玺超纯新材料股份有限公司、平顶山市开元特种石墨有限公司、平顶山市冠森物资贸易有限公司等12家企业转为自营出口，新增出口实绩500多万元。2018年，神马实业、舞钢公司、平高集团、隆鑫机车、伟太纺织等13家重点企业完成进出口28亿元人民币，占全市进出口的90%。三是依托展会效应，扩大进口规模。认真筹备首届中国国际进口博览会的参会工作，对全市主要进口企业进行调研摸底，梳理进口企业名单，组织企业做好研提采购需求、征集签约合同、成交统计培训、报名参会等具体事宜。在本次进口博览会上，全市共有8家企业意向成交2766.5万美元，顺利完成省厅交办的成交统计任务。组织全市6家外贸企业参加了2018（河南）联合国采购贸易洽谈会，进一步拓展了企业的贸易渠道。平高东芝（河南）开关零部件制造有限公司参加了河南交易团采购需求暨现场签约会，现场意向签约金额2000万美元。四是瞄准企业所需，搞好各项服务。积极组织外贸企业参加第123届、第124届广交会，为全市8家企业申请展位16个，展会期间签订出口合同2000余万美元；组织全市40多家外贸企业参加郑州海关政策宣讲会，为中小企业提高通关效率提供帮助；帮助15家外贸企业申报进口贴息、出口信保等各类资金100余万元。

3. 加强支持引导，促进转型升级，电商物流发展释放活力

一是申报补助资金支持到位。积极开展跨境电商申报补助企业评审工作，组织跨境电商企业申报跨境电子商务补助资金，共有30余家跨境电商企业获得资金支持，有力地促进了全市跨境电子商务的发展。二是展会产销对接推动到位。4月14～19日，组织鲁山县、叶县、宝丰县参加了第十二届“投洽会”，组织示范县30余家企业100余类近200种适合网销的本土农特优新产品参加了展览展示，很好地推介了本市农特优新产品。5月9～10日组织5家知名电商企业参加了跨境电商交流会，为企业发展跨境电商开阔了视野、厘清了思路。8月21～22日，组团参加省商务厅组织的全国农产品产销对接会，全市参展企业23家，参展产品近百种，特装摊位1个，标

准摊位18个，两天时间在产销对接会上达成意见采购金额近四千万元。三是认定备案培训组织到位。3月29日，召开了全市电商企业认定备案工作推进会，组织全市电商企业参加网上认定备案培训，截至年底，全市通过省商务厅备案电商企业有120余家。四是促进物流业转型发展工作到位。制定了平顶山市《2018年物流业转型发展推进工作方案》，明确了全市物流业转型发展目标、重点内容和工作举措。出台了《平顶山市促进物流业转型发展若干措施》，对全市冷链物流、快递物流、电商物流转型发展提出具体支持政策。对全市2018年开工建设或已开工建设尚未完工，总投资在1亿元人民币以上的冷链物流项目、电商物流项目进行摸底调查，构建了市级物流业重大项目库，全市已入库重大项目10个，计划总投资200多亿元人民币。

4. 完善运行监测，强化商务执法，市场秩序整治成果显著

截至2018年底，全市共有监测点102个，监测点覆盖全市各个县（市、区），涵盖批发、零售、餐饮等主要流通行业，监测商品包括21大类600种消费品和11大类300种生产资料，基本形成了较为完善的市场监测体系。2018年，全市12312投诉服务中心（站）累计接收举报投诉218起，受理133起，办结130起，办结率97.7%；全市累计出动执法人员11211人（次），检查商户5365家（次），办结案件42起，罚款44.7万元。继续开展在单用途商业预付卡、汽车销售、成品油、家庭服务、外商投资等五个方面的市场秩序专项整治活动，商务领域市场秩序持续好转。

5. 压实工作责任，加强日常监管，环境污染防治工作进展顺利

一是明确职责，压实工作目标任务。平顶山市多次召开各县（市、区）政府和成品油流通市场管理联合工作组各成员单位分管负责人会议，进一步强化了各县（市、区）政府的主体责任以及各部门的工作职责，明确了成品油市场环境污染防治工作的目标和任务。二是严格执法，加大巡查排查力度。2018年，全市商务、公安等部门共查处取缔流动加油车及黑加油站点109辆（处），查扣油品131.1吨，办理刑事案件4起，刑事拘留8人，办理治安案件56起，治安拘留59人。三是加强监管，规范日常经营行为。制定下发了《关于开展加油站“红黄蓝”管理的通知》，对全市加油站实行

“红黄蓝”分级管理；各县（市、区）商务主管部门与加油站签订了《加油站经营规范承诺书》，每季度至少对辖区内加油站全面检查一次，对问题严重且整改不到位的，依据审批权限注销成品油零售经营资质，并向社会公示。四是通力协作，加大油品抽检力度。下发了《关于印发2018年度油品质量抽检检查实施方案的通知》，持续开展对加油站油品质量抽检工作，2018年全市商务、工商等部门共抽检加油站1216座次，抽检率398%。五是加大宣传，加强推广固定“加注式”尿素供应设施。制定了《平顶山市商务局关于做好持续改善环境空气质量的通知》，积极推广固定“加注式”尿素供应设施，到2018年底，全市所有销售柴油的在营加油站都售有散装车用尿素，其中已有56座加油站安装了固定“加注式”尿素供应设施。

三　2019年平顶山商务发展对策

1. 坚持招大引强，拓宽对外开放领域

一是谋划招商活动。推动出台加大利用外资力度推动经济高质量发展的实施意见及配套措施，谋划举办一批招商引资活动，重点做好第十三届国际贸易投洽会的参会筹备工作。二是创新招商形式。按照“围绕一个产业、组建一个班子、瞄准一个区域、引进一批项目”的要求，在长三角、珠三角、闽东南、京津冀等目标城市和地区建立驻地招商基地；重点围绕“一个龙头、七大支柱”制造业产业体系工业项目、高端农业项目，现代高端服务业项目、高新技术项目、基础设施项目开展精准招商。三是优化投资环境。将代办服务延伸至项目建设的全过程，积极探索建立“管家式”“保姆式”服务模式，变过去被动委托为主动上门走访服务；深化“放管服”改革，简化优化办事流程，加快推进“一网通办”；稳步推进外资管理体制改革，持续完善外资企业设立商务备案与工商登记“一口办理”；建立营商环境监测评估机制，完善外商投诉权益保护协作联动机制，营造国际化、便利化、法治化营商环境。四是抓好督查落实。加大对重大招商引资项目的考核跟踪督查力度，着力破解个别县（市、区）项目履约率低、项目落地难、

实际到位资金少等问题。五是完善工作制度。健全招商引资督查考评制度，完善招商引资督导考评的激励机制，坚持招商信息日通报制度，积极营造“大招商”浓厚氛围。

2. 坚持挖潜增效，培育外贸竞争新优势

一是加强特色出口基地建设。对具有一定出口规模、外贸企业相对集中、产业优势明显的产业集聚区，加快建设和培育成为出口基地；推进外贸公共服务平台建设，完善配套服务体系，加快形成外贸与产业融合互动的发展格局。二是培育新的出口创汇增长点。积极支持外贸综合服务企业发展，发挥展会平台作用，深度开拓国际市场；对新增外贸企业实行从外贸备案到海关、商检、外汇注册等一条龙全程跟踪服务，帮助企业尽快实现出口。三是持续优化外贸发展结构。继续实施以质取胜、品牌发展战略，做好神马、舞钢、平高、平棉等 4 个河南省国际知名品牌 2018 ~ 2020 年度申报工作，鼓励平煤机、天晶植物蛋白等企业争创省级出口知名品牌。四是不断创优外贸发展环境。建立健全进出口协调推动服务工作，积极组织外贸企业参加各类展会，帮助企业开拓国际市场，扩大进出口规模；加强贸易摩擦预警分析及应对，切实维护全市产业安全。

3. 坚持扩大内需，维护良好市场秩序

一是加快服务业发展。做好“百城万村”家政扶贫工作，组织家政企业开展家政扶贫对接；支持消费新业态新模式向农村市场拓展，把农产品销售与促消费结合起来，解决农民买难卖难和产品质量安全问题；紧盯消费新增长点，开展绿色餐饮企业创建工作。二是维护市场流通秩序。继续加强单用途商业预付卡管理工作，重点加强日常监管和督导。继续深入开展各项专项治理活动，严厉打击各类侵权假冒违法犯罪行为，开展互联网专项打假行动，维持良好的市场秩序。三是深化商务领域环保。加大中央环保督察反馈任务整改力度，加强报废车收购拆解监管，开展二手车市场登记监管。

4. 坚持优化电商发展，加快物流业转型升级

一是加快推进电商进农村综合示范创建工作。围绕工业品下乡、农产品进城和农村电商综合服务需求，加快电商公共服务体系建设，打通农产品网

上销售上行通道，增加农民收入。二是加快发展跨境电子商务。加强与国内外跨境电子商务知名企业的合作、招商，充分发挥跨境电商专项资金的作用，支持引导全市企业发展跨境电子商务；加快推进跨境电子商务产业园区建设，大力发展产业园区内配套服务产业，完善仓储物流、技术支持、报关报检等综合服务。三是加快电商公共服务体系建设。完善电商扶贫农特产品目录库，加强与省内外知名电商平台和企业对接合作，助推县域优质农产品、农村工业品、民俗产品乡村旅游等农产品上行。四是加快推进物流业转型发展。持续收集整理全市新建在建冷链物流项目、电商物流项目，构建市级物流业重大项目库；研究制定支持政策和具体措施，大力推动全市冷链物流、快递物流、电商物流转型发展。

5. 坚持深耕农村电商，助力精准脱贫攻坚

一是推动农产品上行。进一步梳理“三品一标”企业，完善电商扶贫农特产品目录库，推动鲁山县、郏县等阿里“天猫优品店”建设，扩大县域优质农产品网上销售。二是积极培育农村电商带头人。以返乡创业青年、脱贫致富带头人、农业合作社、种养殖大户、大学生村官、第一书记等为重点，在有条件的贫困村每村培育1名致富带头人，提高贫困户对电商扶贫的参与度，促进就业创业增收。三是大力开展农村电商扶贫培训。做好电商扶贫培训规划，按时间节点对电商服务人员进行全面轮训，培养一支懂电商业务、会经营网店、能带头致富的人才队伍。

B.27

2018 ~2019年安阳市商务发展回顾与展望

刘 健 常 剑*

摘 要： 2018年，面对错综复杂的经济形势，安阳市认真贯彻落实省委、省政府和省商务厅决策部署，牢固树立发展新理念，着力抓好开放招商、对外贸易、内贸流通、电子商务等重点工作，招商引资指标态势良好，"招大引强"成效显著，外经工作持续提质增效，对外贸易逆势而上，商贸流通水平全面提升，电子商务加快发展，社会消费品零售总额稳步增长，全市商务工作保持了良好发展态势。

关键词： 开放招商 内贸流通 对外贸易

一 2018年工作回顾

（一）招商引资指标态势良好

2018年，全市引进省外资金、实际利用外资目标继续保持较快增长。全年引进省外资金719.2亿元，总量居全省第四位，增长6.1%，完成目标的101.1%。实际利用外资完成5.27亿美元，增长5%，完成目标的101.9%，增速、目标进度均居全省第三位。

* 刘健、常剑，安阳市商务局。

（二）“招大引强”成效显著

围绕全市四大千亿级主导产业，大力开展精准招商，积极引进项目，促进产业转型升级。2018 年，全市新签约亿元以上项目 319 个，投资总额 1547.9 亿元，新开工亿元以上项目 237 个，投资总额 757.9 亿元。比亚迪 IT 生产基地、台湾诚雨高性能覆铜板、广东致远覆铜板、福龙马环卫装备制造、北汽鼎鑫镁业镁轮毂、哈工大机器人小镇、浙江广马新能源汽车、凤宝载重汽车热扩车桥、浙江金大门业、山东迪尚服装生产基地、今麦郎北方加工基地、中建材三新产业园等一批重大项目开工建设，为全市转型发展注入新的活力。

（三）对外贸易逆势前行

面对复杂严峻的外贸形势，安阳市强化举措、提升服务，进出口总值稳定增长。2018 年全市货物贸易进出口 74.75 亿元，增长 10.3%，完成目标的 124.9%；其中出口 33.3 亿元，增长 38.1%。

（四）社会消费品零售总额稳步增长

在宏观经济环境趋紧、需求不旺、市场竞争加剧的形势下，安阳市加大对影响社零关联指标的协调力度，抓好限上企业的数量和质量，促进限上企业零售额比重快速提升，全市社会消费品零售总额增长 9%，完成既定目标任务。

二　重点举措

（一）开放招商深入推进

抓引领，集聚招商合力。一是领导挂帅。市委、市政府主要领导亲临一线抓招商。2018 年以来市委、市政府主要领导累计外出招商 33 次，接洽客商 116 次，有力推动了比亚迪云轨及 IT 基地、日产动力电池、山河科技、华为云等一批重大项目进展。二是部门互动。市商务局、工信委、科技局等部门围绕通用航空、新能源汽车、智能机器人等新兴产业，集中人员、集中办公，专题研究、专案推进。三是上下联动。市委常委会每季度听取一次招商引资专题汇报，政府常务会每月听取一次汇报，已形成工作机制。全市成立了6名副市长任组长的6个专题招商组，围绕主导产业抓招商，县（市、区）主要领导大员上阵，全年累计外出招商324次，形成了市、县、乡三级联动的大招商机制。

抓精准，提升招商实效。一是精准谋划。制定《全市主导产业招商图谱》，梳理主导产业在国内分布区域，分析目标企业与安阳产业的关联度、契合度，围绕招商图谱，按图索骥，主动出击。二是精准施策。制定完善《安阳市关于促进招商引资的若干措施》《安阳市招商引资“飞地项目”管理办法》，为开放招商提供机制保障。三是精准出击。积极开展精准招商活动，组团参加了第十二届中国河南国际投资贸易洽谈会，共签约19个项目，投资总额335亿元，签约金额居全省前列。成功举办了第十届安阳航空运动文化旅游节经贸活动，邀请近200名重要客商参会，取得了签约20个项目、总金额149.7亿元的丰硕成果。

抓机制，强化工作保障。一是建立“挂图作战”、实时督导机制。在全省率先建立了招商引资“挂图作战”信息指挥中心，应用互联网大数据成果，实现招商引资信息共享、实时管控、及时督导。二是建立系统考评机制。完善《招商引资工作奖惩办法》，健全领导负责、项目分包、定期通报和责任追究等机制，建立以工业主导产业项目为核心的考评体系，在全市树立以项目论英雄、比能力的工作导向。三是完善奖惩激励机制。设立招商引资专项奖励资金，对季度考评前三名、年度总评前三名的县（市、区）给予奖励。出台了《安阳市关于促进招商引资的若干措施》，明确对工业类主导产业、支持鼓励类招商项目等方面的优惠措施，吸引外来投资。

（二）对外贸易逆势而上

全力实施调结构、稳增长战略，采取多种措施，积极应对各项变化，借力跨境电商推动结构调整和转型突破，遏制外贸下滑势头，进出口总值保持稳定增长。一是组织参加了投洽会、进口博览会、广交会等重点进出口展会，为企业搭建平台，帮助企业开拓国际市场。二是强化政策资金扶持。认真落实《安阳市外贸进出口工作奖惩办法》，积极为企业争取国际市场开拓、出口信用保险、进口贴息、跨境电商等方面的资金扶持。三是着力解决实际困难。先后为陆港集团解决进口商品体验店被贴封条，为岷山协调资金授额，为安钢协调海关通关，为睿特英协调退税、结汇等一系列问题，为进出口企业办实事，解决难题。四是及时掌握外贸动态。定期到外贸企业进行走访调研或书面调研，了解最新动态，掌握最新情况，解决最新问题。五是大力发展跨境电商。推进豫北跨境电商产业园、内黄跨境电商产业园等省、市级示范园区建设，引导企业开展跨境电子商务。2018 年全市跨境电商进出口 49.67 亿元，同比增长 59.8%，位于全省第一方阵。跨境电商在安阳市外贸企业的普及率已达 90% 以上，开展跨境电商有成效的企业达 170 多家，成为外贸发展新的增长点。

（三）外经工作持续提质增效

以建设优质外派劳务合作服务平台为目标，持续在“亮窗口、强培训、重宣传、严监管”上下功夫。认真做好劳务项目审查备案和劳务培训工作，持续开展政策宣讲活动，组织劳务服务平台和有资质的外派劳务企业，定期赴滑县、内黄县两个贫困县及林州市、安阳县、汤阴县、殷都区、龙安区等部分贫困村，开展政策宣讲和推介招募活动，累计发放宣传资料 6 万余份，推介优质劳务项目 20 余个，现场登记报名并录入服务平台劳务人员储备库的达 1000 多人，有力促进了外经工作的开展。建立健全了全省首家市级外派劳务服务平台，2018 年，全市外派劳务 4152 人，平台累计接待咨询 2000 余人次，提供各类援助 20 多次，组织培训十余期约 650 人，通过劳务平台实现境外务工 512 人，从国家级、省级贫困县和中西部地区派出劳务人员 590 人，储备意向务工人员 2000 余人。

（四）商贸流通水平全面提升

以推动流通业降本增效为抓手，打造现代流通新业态。一是内贸流通体制改革加快推进。安阳市内贸流通体制改革工作已顺利通过省终期评估及验收，并向省商务厅推荐了食品快检室、互联网+智慧农贸市场、互联网+（农业）12316等可复制推广的改革试点经验。二是现代物流业转型发展成效初显。成立了安阳市现代物流业转型发展攻坚指挥部，制定了相关扶持政策，优化了物流业升级的营商环境。建立了市、县两级现代物流转型发展重点项目库，着力推进全市十大物流项目和各县（市、区）重点项目。市十大物流项目总投资143亿元，安阳国际物流港、万庄物流园、内黄果蔬城等一批重点物流园区加快建设。三是平安商场创建工作日趋规范。与相关部门联检联创的融合机制不断完善，2018年安阳市创建工作获省商务厅、综治办、公安厅高度认可，考评分数满分，位居全省首位。四是扩大消费专项行动深入实施。组织全市商贸流通企业参加全国产销对接会6场次，签约金额30亿元。深入挖掘老字号企业，4家企业成功申报河南老字号。积极推进农产品现代流通体系建设，为内黄果蔬城成功申报商务部、农发行重点合作项目，融资额5000万元。五是市场秩序专项整治大力开展。对全市报废车拆解企业、单用途预付卡备案企业、成品油企业、家政市场全面排查整治，全年依法执法检查4107次，检查企业商户2994户，下达《责令整改违法行为通知书》300余份，商务执法工作成效明显，全省商务综合监管执法培训会在安阳成功召开。六是两法衔接平台持续强化。全市共录入案件1959起，向司法机关移送案件33起，实现了案件统计精准化和案件初审智能化，全市双打工作在全省双打工作考核中名列第一位。

（五）电子商务加快发展

2018年，全市电子商务交易总额366亿元。全市获得河南省电子商务（资格）认定的企业已达300余家，汤阴县被认定为省级电商进农村示范县。一是抓好电商扶贫。目前安阳市共建成农村电商服务站点3900余个，全市 222 个贫困村已建成服务站点 220 个（剩余 2 个为龙安区的整体搬迁贫困村）。培育了双强腐竹、山参辣椒、洪河小米、林州辣椒等知名电商品牌，积极扶持乡邻农果、山中美、农商一号等知名本地电商，为促进农产品上行搭建了平台。与北京碧水源净水工程技术有限公司成功签约农村电商健康水站项目，在符合条件的农村免费安装净水设备，总投资约 2 亿元，目前该项目已在安阳县、内黄县、汤阴县安装设备近 200 台，有效改善了农村饮水环境。二是推进电商园区建设。建成电商园区及孵化基地 11 个，累计吸引 650 余家电商企业入驻园区。三是搭建电商平台。培育扶持了通用“出口易”跨境交易平台、中原钢材现货网、中国铁合金现货交易网、扁担百百网、“未来易购”等多家本土特色电商平台。四是开展示范创建。全市已认定省级示范基地 5 个，省级示范企业 11 家；市级示范基地 4 个，市级培训孵化基地 2 个，市级示范企业 55 家。安阳工学院获评国家级电子商务继续教育示范基地，安阳师范学院获评省级跨境电商继续教育示范基地。

三 当前面临的形势

2019 年商务工作形势更加复杂严峻，不确定、不稳定因素增多，特别是中美经贸摩擦仍是当前商务运行首要外部风险和最大不确定因素。在外部环境发生深刻变化的大背景下，一些企业担忧情绪、避险情绪、观望情绪上升，发展信心不足，对商务发展的影响不容忽视。

一是招商引资的压力加大。受中美经贸摩擦影响，不少外资企业进口成本上升、出口空间被挤压，经营受到一定影响。为规避风险，一些外资企业对增资持观望态度，投资决策更加谨慎。沿海发达省份出于协调发展考虑，纷纷加大区域内产业转移力度，部分资金和项目向省内欠发达地区“分流”。周边地市利用国家战略和政策优势，重塑发展优势，提升发展位次，在招商引资上竞相发力，纷纷出台招商引资优惠措施，均对安阳市招商引资形成挤压态势。

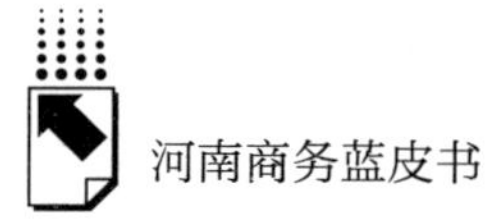

二是外贸增长的压力加大。国际市场环境存在较多变数，中美经贸摩擦冲击影响可能会逐步显现，安阳市外贸进出口仍面临巨大压力。同时，安阳市外贸发展很不平衡，林州市、汤阴县、高新区占县（市、区）进出口总额的56.4%；企业方面，进出口十强企业约占全市进出口总额的80%，其中安钢、阳光油脂占进口总额的46%，大个头的外向型企业少，出口大户多为资源型和劳动密集型企业，新业态新模式尚未对外贸发展形成有力支撑，外贸实现稳增长压力很大，全年进出口形势更加严峻。

三是扩大消费的压力加大。安阳市近年来社会消费品零售总额增幅不理想，呈逐年下滑趋势。这既有需求侧居民增收困难较多影响消费意愿、居住成本增大对消费产生挤出效应的原因，也有供给侧高品质商品和服务不足造成的制约，导致供需错配、循环不畅，突出表现是优质商品价格偏高，家政、养老等服务供给短缺，流通市场体系不健全，农村消费网点少、农产品产销对接渠道不畅，物流成本仍然偏高，预计2019年消费增长有继续放缓的可能。

在研判不利因素的同时，我们还应该看到，支撑全市商务高质量发展的条件依然较多，为我们做好商务工作提供了新机遇。一方面，安阳市开放空间广阔，正迎来高水平开放的新机遇。随着国家改革开放政策的深入实施，安阳市对外开放的空间会越开越大，开放的质量会越提越高。另一方面，市场潜力巨大，将为加快消费升级带来新机遇。随着百城建设提质工程加快推进，每年将有大量农村人口转移到城市。同时，城镇居民消费正在从满足温饱向追求品质转变，旅游休闲、文化教育、医疗健康、家政养老等服务消费快速发展，正在成为新的消费增长点。特别是乡村振兴战略加快实施，农村消费正在迸发生机活力，我们在促进形成强大国内市场方面大有可为、前景广阔。

总之，当前商务工作机遇与挑战同在，困难与希望并存。我们既要充分认识面临的挑战，也要注重把握有利条件，把压力变成动力，把机遇化为优势，增强做好商务工作的信心，在应对困难和挑战中实现商务高质量发展的新跃升。

四　2019年工作展望

2019年商务工作总体要求是：以习近平新时代中国特色社会主义思想为指导，全面贯彻党的十九大和十九届二中、三中全会精神，认真落实省、市“两会”工作部署，加强党对商务工作的全面领导，坚持稳中求进工作总基调，坚持新发展理念，坚持以供给侧结构性改革为主线，贯彻落实打造民生商务、发展商务、和谐商务、绿色商务要求，全面促进内外贸、内外资融合，全力以赴稳外贸、稳外资、扩消费，推动高水平开放、高质量发展。

2019年商务发展预期目标是：实际利用外资、实际到位省外资金增长3%以上，货物进出口增长8%，服务贸易增长7%，跨境电商交易额增长20%以上，社会消费品零售总额增长10%，对外投资额实现350万美元，对外承包工程完成440万美元。各项指标稳中有进、进中提质，力争在实际工作中取得更好结果。

（一）更高水平抓招商，推动开放招商新跨越

一是组织开展重大招商活动。组织参加第十三届河南省投洽会、2019年中博会及厦洽会等国家、省重大招商活动，精心举办第十一届安阳航空运动文化旅游节经贸招商活动，持续开展全市主导产业大招商活动，推动项目落地，促进产业转型升级。二是强化全市招商引资指挥部职能作用。发挥招商指挥部在研究、协调、推进重大项目进展上的中枢作用。坚持市委常委会每季度一次、市政府常务会每月一次听取招商引资汇报工作机制，推动招商引资工作高质量发展。三是抓好重点项目落实。在全市筛选出投资额5亿元以上且符合安阳市主导产业的27个重点签约项目、33个重点在谈项目，建立项目台账，实施挂图作战，全力推进签约项目早开工、在谈项目早落地。四是强化招商工作机制。完善和落实安阳市《促进招商引资的若干措施》《招商引资“飞地”项目管理办法》，对重大项目落实县（市、区）领导分包责任机制。强化督导考核，坚持周通报、月台账、季考核、半年观摩、年

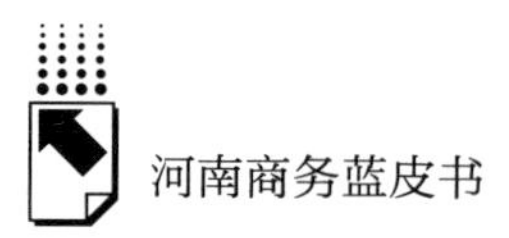

度总评等工作机制，完善落实《安阳市招商引资工作奖惩办法》，将工业主导产业项目、10亿元以上大项目、行业龙头企业项目作为衡量招商成效的重要标准。

（二）多措并举稳增长，培育外贸外经竞争新优势

一是提升外贸规模和质量。积极引进阳光油脂进出口项目，全力建设汤阴县省级农产品出口基地，发挥辐射带动作用。二是积极发展外贸新业态。不断提升贸易便利化水平，推动跨境电子商务与安阳市产业的深度融合；加强外贸综合服务中心建设，积极推动其业务开展。三是大力发展出口贸易。通过参加广交会、高交会等重点展会开拓国际市场，促进企业市场多元化；推动企业建立境外营销网络。四是推动进口贸易发展。利用进口贴息政策，推动企业对生产设备进行升级改造，引进先进技术，积极参加进口博览会，优化安阳市进口产业结构，扩大农产品、日常消费品进口，引导境外消费回流。五是持续优化服务保障。定期走访外贸企业，充分了解企业需求，对进入过进出口十强的企业做到“一企一策”，努力提升服务水平。六是落实好各项政策。落实好出口信用保险制度，解决企业有单不敢接、有单不能接的问题。

（三）多点发力扩消费，增创内贸流通发展新动能

一是加快现代物流业转型发展，大力推进安阳国际物流港、内黄果蔬城、汤阴万庄公铁物流、安西物流园等重点物流项目，深入开展与国内外知名物流企业的合作。二是深入推进“百城万村”家政扶贫工作，到2020年，鼓励扶持2～3家大中型家政服务示范企业，形成1个具有影响力的家庭服务品牌，争创1个国家级家政服务培训输出基地，力争年平均培训各类家政服务人员2000人次以上，带动50个贫困村200名家政就业人员，实现“一人就业、全家脱贫”试点建设目标。三是做好全市国内贸易流通体制改革发展综合试点的推广工作，推动以农副产品流通为主的综合试点改革，通过实施降本增效一系列举措，带动全市内贸流通行业健康发展。四是早餐工

程提质增效。加强监督管理，提升餐品质量，在巩固林州、汤阴早餐市场基础上，向有条件的县延伸。五是加强成品油市场管控。围绕大气污染、水污染管控目标，加大成品油市场专项整治力度，集中打击成品油流通环节违法违规行为，坚决打好碧水蓝天净土保卫战。六是加快农产品流通体系建设和再生资源回收利用体系建设工作，抓好品牌汽车、二手车、报废汽车拆解、典当拍卖行业的规范管理。

（四）示范引领育品牌，打造电子商务新亮点

一是打造安阳电子商务先进技术示范基地。着力构建融合国家电商基础设施、承接电子商务交易技术国家实验室研究成果的先进技术与示范基地。二是抓好示范创建。支持豫北跨境电商园、安阳市电子商务综合产业园、安阳县电子商务基地、林州市863电商产业园申报国家级电子商务示范基地。三是加强与知名电商平台合作，深化与顺丰、“四通一达”等电商物流公司的对接，积极构建大型电商物流一体化产业园区。四是抓好电子商务进农村和电商精准扶贫工作。完善农村电商基础设施，促进农村电商服务站点提档升级，抓好农产品上行和品牌建设，促进城乡经济协调发展。五是深入推进农村电商健康水站项目建设，力争到2020年底在安阳市所有符合条件的农村（含贫困村）免费安装净水设备。六是抓好电商平台建设。大力推广“铁合金现货网”、“扁担百百网”、通用“出口易”跨境交易平台、“未来易购”、“小菜鸟”等本地电商平台，努力打造全国性电商品牌。

B.28

2018～2019年鹤壁市商务发展回顾与展望

蔺其军　周永利　李　霞　曹宏娟*

摘　要： 2018年，鹤壁市认真落实中央、省、市各项工作部署，坚持开放带动主战略，强力推进招商引资提质增效，积极开展境内外经济交流合作，多措并举促进外贸稳增长，着力培育发展新经济产业，加强商贸流通和市场监管，努力促进全市经济社会高质量发展。本文总结了2018年鹤壁市工作情况，对2019年鹤壁市商务发展进行了展望。

关键词： 开展招商　内贸流通　市场监管

2018年，鹤壁市认真落实中央、省委、市委各项工作部署，坚持开放带动主战略，强力推进招商引资提质增效，积极开展境内外经济交流合作，多措并举促进外贸稳增长，着力培育发展新经济产业，加强商贸流通和市场监管，努力促进全市经济社会高质量发展。

一　2018年鹤壁市商务发展指标完成情况及特点

1. 引进省外资金情况

2018年，全市引进省外资金完成328.4亿元，占省定目标323.7亿元

* 蔺其军、周永利、李霞、曹宏娟，鹤壁市商务局。

的101.45%，同比增长6.5%，完成目标进度和增幅均居全省第3位（见图1）。引进省外资金项目主要集中在制造业、服务业、建筑业等行业（见表1）。

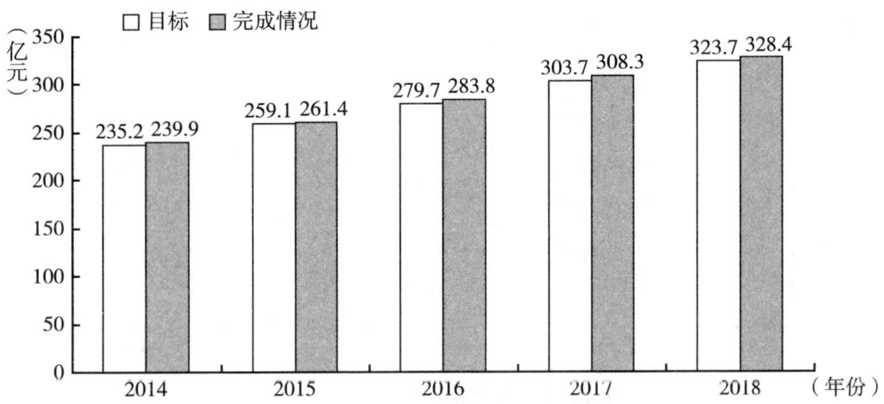

图1　2014年以来引进省外资金完成情况

表1　2018年鹤壁市引进省外资金项目主要投资行业

主要投资行业	项目数(个)	实际到位资金(亿元)	占比(%)
制造业	48	156.07	47.52
租赁和商务服务业	22	71.53	21.78
建筑业	5	16.57	5.04
房地产业	6	19.50	5.93
农、林、牧、渔业	2	6.51	1.98
批发和零售业	1	3.25	0.98
水利、环境和公共设施管理业	8	26.01	7.92
卫生、社会保障和社会福利业	6	19.51	5.94
交通运输、仓储和邮政业	1	3.25	1.03
电力、燃气及水的生产和供应业	2	6.20	1.88
合计	101	328.4	100

2.实际吸收境外资金情况

2018年，全市实际吸收境外资金8.44亿美元，占省定目标8.42亿美元的100.2%，同比增长3.3%，完成总量居全省第7位，完成目标进度居全省第15位，增幅居全省第15位（见图2）。境外资金来源地主要集中在中国香港、中国澳门、新加坡等地（见表2）。

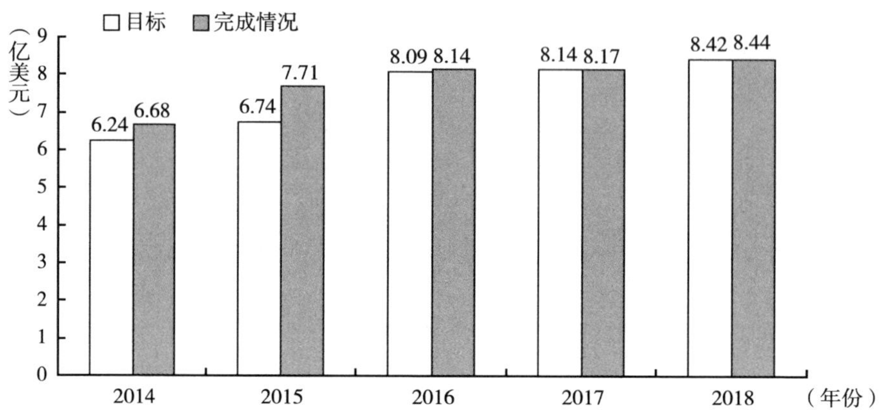

图2 2014年以来实际吸收境外资金完成情况

表2 2018年鹤壁市实际吸收境外资金主要来源地

单位：亿美元，%

吸收外资主要来源地	实际外资	占比	吸收外资主要来源地	实际外资	占比
中国香港	3.92	46.4	美国	1.59	18.8
中国澳门	0.69	8.2	俄罗斯	0.49	5.8
新加坡	0.11	1.3	合计	8.44	96.3
中国台湾	1.33	15.8			

3. 货物贸易进出口情况

2018年，全市货物进出口累计完成23.8亿元，完成省定目标的146.0%，同比增长52.7%，完成目标进度位居地市第2位，增幅居全省第2位。其中：出口16.3亿元，同比增长46.8%；进口7.5亿元，同比增长67.4%（见图3）。出口主要集中在美国、泰国、巴西等国家（见表3），主要出口商品有电子信息、精细化工、金属镁等（见表4）。

4. 服务贸易进出口情况

2018年，全市服务贸易进出口累计完成4648.84万美元，完成目标进度的92.72%，完成目标进度居全省第6位（见图4）。

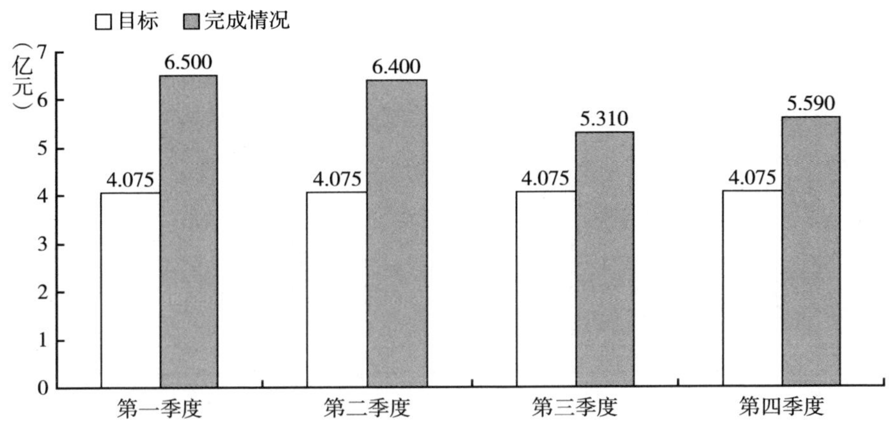

图3　2018年鹤壁市货物贸易进出口季度完成情况

表3　2018年鹤壁市出口十大国别

单位：万元，%

主要贸易伙伴	出口额	占比	主要贸易伙伴	出口额	占比
美国	97763	60.0	越南	2801	1.7
泰国	12739	7.8	加拿大	2680	1.6
巴西	8691	5.3	意大利	2480	1.5
日本	6128	3.8	印度	2441	1.5
德国	3629	2.2	荷兰	2262	1.4

表4　2018年鹤壁市主要商品出口情况

单位：万元，%

商品种类	出口额	占比	商品种类	出口额	占比
电子信息	115400	70.8	纺织服装	4085	2.5
精细化工	16603	10.2	毛发制品	4014	2.5
金属镁	7665	4.7	汽车零部件	2195	1.3
食品加工	6716	4.1	机械设备	1997	1.2

5. 社会消费品零售总额完成情况

2018年，全市社会消费品零售总额完成245.42亿元，同比增长9.5%，增幅居全省第17位（见图5）。

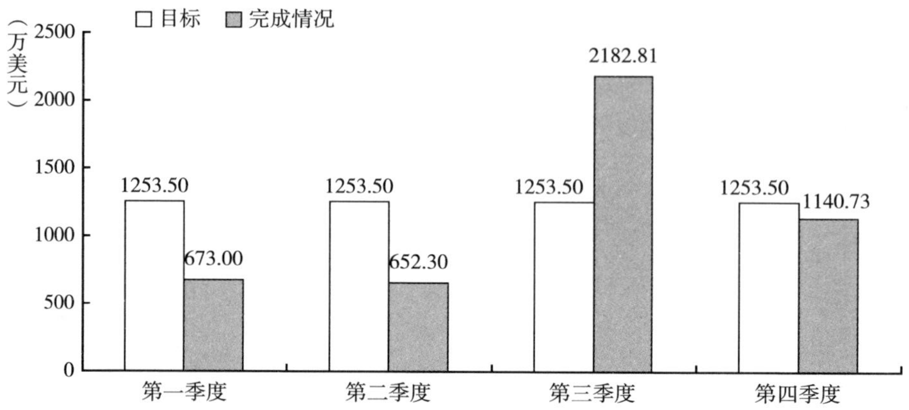

图4　2018 年鹤壁市服务贸易进出口季度完成情况

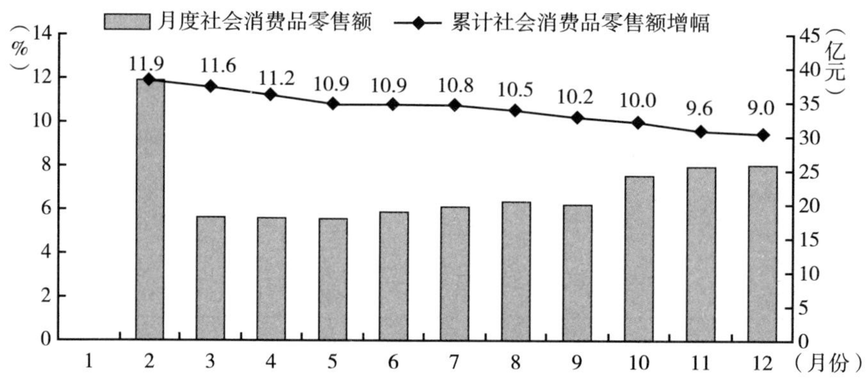

图5　2018 年鹤壁市社会消费品零售额月度完成情况

注：此篇文章图表数据来源均为鹤壁市商务局。

6. 对外直接投资和跨境电商进出口交易额完成情况

2018 年，全市对外直接投资完成 1000 万美元，完成省定 1000 万美元目标的 100%；全市跨境电商进出口交易额累计完成 9992.3 万美元，完成省定目标 10354 万美元的 96.5%，同比增长 36.2%。其中：出口 5763.9 万美元，同比增长 64.9%；进口 4228.4 万美元，同比增长 10.1%。

二 2018年主要工作成效

1. 开放招商成效显著

一是大员上阵带头外出招商。市领导挂帅的一体化推进开放招商、项目建设、企业服务三项重点工作的好机制日趋完善。市委市政府主要领导亲自带队、12个产业招商组、6个驻地招商办事处多批次外出拜访对接项目。投资68.7亿元的新拓洋生物化工产业园、总投资15亿元的中晶新能源汽车产业园、投资15亿元的中基国防教育航天军事文化主题园一期项目、投资12亿元的特种尼龙产业园、投资11亿元的快意电梯中原生产基地、赛伯乐全面战略合作等一批重大项目签约落地。2018年，全市新签约亿元以上项目169个，投资总额831.69亿元，全市新落地亿元以上项目141个，投资总额515.13亿元。二是深入开展2018年四季度开放招商攻坚行动。其间，实行周报告、双周通报、月推进、季考核工作机制，调动了方方面面的招商积极性。三是借助平台举办经贸招商活动。组织举办了民俗文化节经贸洽谈活动、中原经济协作区第26届市长联席会议，组团参加了第十二届河南投洽会、首届中国国际进口博览会、第二十届高交会等，签约了一批招商项目和贸易订单。

2. 对外贸易快速增长

一是联合税务局、口岸办举办2018年鹤壁市进出口业务知识培训班，组织企业参加省厅举办的全省进出口业务骨干培训，加强业务培训，培养外贸人才。二是组织企业参加首届中国国际进口博览会、高交会、投洽会等，寻求贸易伙伴，开拓国际市场，进口博览会上全市签约采购商项目5个，签约金额2.7亿元。三是加强政策宣讲扶持，协助仕佳光子科技等30家企业申报项目46个，为企业争取进口贴息、中小企业开拓国际市场、出口信用保险、跨境电商、投洽会展会补贴等国家、省级扶持资金。四是积极应对中美贸易摩擦，为企业申报对应出口资质及扶持资金项目，帮助企业开拓国际市场。五是加快推进服务贸易发展，组织财政局、海关等18个部门召开鹤

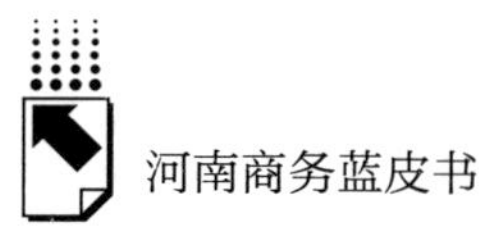

壁市发展服务贸易研讨会，研究制定推进服务贸易的政策措施。六是推进跨境电子商务产业园建设进度，全市已有4个应用跨境电商平台启动开展进出口业务，已向省综试办申报2个省级跨境电商产业园。

3. 现代物流和新经济呈现较好发展态势

现代物流方面，规划面积10平方公里的鹤壁现代煤炭物流储备园区已粗具规模，成功入选河南省第一批28个省级现代服务业专业园区。依托新107国道规划建设了10平方公里的鹤壁市浚县白寺现代物流园区。大用运通物流成功创建国家4A级物流企业。在第十届全球冷链峰会公布的2017年中国冷链物流企业百强榜中，河南大用运通物流有限公司排名第23位、淇县永达物流配送有限公司排名第51位。玖州国际物流园、京东亚洲一号电商产业园、万邦（鹤壁）农产品冷链物流园等项目建设步伐加快，滁州业阳危化品物流、北大荒粮食物流产业园、中运（鹤壁）物流园等招商项目正在推进。新经济产业方面，加强对新业态、新模式、新技术的学习研究，突出抓好云计算、大数据、人工智能、机器人等项目的研究谋划和招商对接，努力抢占发展先机。总投资约30亿元的京东"互联网+"新经济发展合作项目、总投资30亿元的中国（鹤壁）机器人硅谷、投资1亿元的华讯方舟无人机等一批新经济项目签约落地。举办了2018鹤壁新经济产业发展大会暨京东云（鹤壁）数字经济产业园开园仪式，32家首批意向入园企业与京东服务商签约。与浪潮集团、赛迪集团、百度、深兰科技等洽谈推进了大数据、人工智能等一批合作项目。大力引进网络经济项目，推进电子商务企业认定备案和示范创建工作，全市现有11家省级电子商务示范企业、1家省级电子商务示范基地、4家市级电子商务示范基地、25家市级电子商务示范企业。

4. 市场监管和商贸流通进一步加强

不断增强尊法学法守法用法意识，坚持运用法治思维和法治方式推动工作，在商务综合行政执法工作中坚持依法行政、文明执法。深化商务综合行政执法体制改革试点成果，整合执法职能，增强执法力量，建立巩固了市、县（区）、乡（镇办）、村四级网格化全域监管模式，大幅度增加全市执法人员编制。加强执法协作，成立河南省商务综合监管执法豫北协作区，豫北八市县共同签订了豫北协作区合作备忘录，形成了豫北地区监管执法工作合力。拓展监管执法领域，商务监管执法拓展到典当、拍卖等18个领域，在汽车销售、家庭服务、成品油、单用途商业发卡等领域开展了系列专项整治。2018年，全市共受理14件，办结11件，出动执法人员4998人次，检查企业商户2019家次，立案查处61件，涉案金额31万元。

加强市场监测，掌握重要商品市场供求和价格变化情况，建立健全突发事件生活必需品市场供应预警和应急处置机制，有效预防生活必需品市场异常波动。指导流通商贸企业保障主要生活必需品供应，组织开展消费促进活动，促进市场繁荣。提升行业管理水平，加强典当、拍卖、二手车交易和汽车回收等特殊行业标准化、市场化和专业化建设。2018年审核并拆解报废汽车615辆，做到了即收即拆。

5. 积极做好电商流通产业扶贫工作

一是做好总体规划，制定了《鹤壁市电商流通产业扶贫实施方案》《鹤壁市电商流通产业脱贫攻坚三年规划》等文件，积极推进电商流通产业扶贫工作制度化。二是打造扶贫载体，推进电商进农村综合示范工作。2018年浚县成功纳入省级电子商务进农村示范县，实现了电子商务进农村综合示范县全覆盖。三是积极开展宣传培训，对有能力有意愿的贫困户进行免费培训，对乡镇村干部和第一书记进行轮训，全面进行了电商扶贫知识普及。承办了河南省商务厅主办的全省电子商务进农村综合示范及电商扶贫培训，10个省辖市及所辖市县区分管领导及负责人200人参训，借助河南省培训班平台，鹤壁市商务局联合市委组织部组织全市100多名第一书记、村干部同期参加了培训，取得了良好的培训效果。四是开展电商扶贫对接，加强与知名涉农电商平台合作，促进农产品网上销售。举办了第二届电商扶贫对接会，开展了河南省广电全媒体《第一书记邀您来看看》大型直播访谈之电商扶贫淇县行活动，组织全市特色优质农产品生产企业参展“2018全国农产品产销对接行启动仪式暨首场产销对接活动（河南）”。2018年，全市农村电商服务站点累计建设195个，覆盖建档立卡贫困村70个，全市促进农村产品网络销售12.75亿元。

6. 积极做好商务领域环境污染防治和安全生产工作

认真学习贯彻习近平生态文明思想，深刻把握绿水青山就是金山银山的重要发展理念，切实增强做好商务领域环境保护工作的责任感、使命感，认真履职尽责，完成环境污染防治各项任务。一是规范全市成品油企业管理，持续强化成品油市场专项整治，严厉打击查处黑加油站点，加大油品质量监管力度。二是建立健全成品油流通市场联合监管长效机制，明确部门行业管理责任，会同工商、环保、公安等部门共同做好成品油质量管控、油气回收改造、车用尿素推广、查处非法加油设施等工作。三是牵头开展商砼搅拌站扬尘专项整治行动，制定《鹤壁市商砼搅拌站扬尘专项整治行动方案》，明确职责分工，组织有关人员深入县区企业进行摸底调查，着力发现问题，开展专项整治。四是持续开展商贸行业安全生产督导检查，加强宣传相关法律法规和政策，会同专业部门开展隐患问题排查整改，加大行业督导督查力度。近年来，鹤壁市商务领域未出现安全生产事故。

7. 认真做好平安建设社会治理等工作

认真贯彻市委、市政府关于做好平安建设、信访稳定、社会治理、安全生产、精神文明建设、处置非法集资、统一战线、计划生育、机要保密工作的一系列安排部署，积极完善体制机制，严格落实领导责任制和目标责任制，狠抓工作落实。全面排查矛盾纠纷，加强治安防范，做好稳控工作，没出现赴京到省上访事件。切实加强“处非”工作的宣传和排查，连年做到零群体事件、零刑事治安案件、零经济犯罪案件和零安全事故。做好统一战线工作，团结民主党派、无党派人士，借助鹤壁市工商联企业资源开展招商工作。积极做好派驻第一书记驻村（浚县白寺乡盖寨村）和结对帮扶工作，协助乡党委、政府配齐配强村“两委”班子，抓好软弱涣散党组织整顿提升工作；推动精准扶贫，2018年脱贫6户30人；开展人居环境治理和村容村貌整治工作，积极申报美丽乡村；谋划建设产业扶贫基地，正在洽谈推进智能终端电子生产项目和汽车插接件项目。贯彻落实计划生育政策，在安排部署商务工作时注意与计生政策的衔接。修订完善应急预案，认真做好节假日、汛期应急值班等工作。落实各项保密措施，加强保密自查自评，未发生任何泄密事件。全局呈现出平安、和谐、发展的良好局面，为全市营造和谐稳定的社会环境做出了积极贡献。

三 2019年指标预测及对策建议

2019 年全市商务工作总体要求是：以习近平新时代中国特色社会主义思想为指导，深入贯彻省委十届八次全会、省委经济工作会议、市委九届七次全会、市委经济工作会议等会议精神，加强党对商务工作的全面领导，坚持稳中求进工作总基调，坚持新发展理念，坚持以供给侧改革为主线，坚持底线思维，贯彻巩固、增强、提升、畅通的方针，落实“大商务”要求，全力以赴稳外贸、稳外资、扩消费、稳预期，推动高水平开放、高质量发展，以优异成绩迎接中华人民共和国成立 70 周年。

2019 年全市商务发展主要预期目标是：开放型经济发展水平显著提升，主要指标增幅高于全省平均水平。全市实际吸收外资、实际到位省外资金均增长 3%，质量进一步提升；货物贸易增长 8%，结构进一步优化；服务贸易增长 7%，跨境电商交易额增长 20%，对外投资、社会消费品零售总额均增长 10%；新签约、新落地亿元以上项目各达到 120 个以上。

1. 加强党对商务工作的全面领导

要坚持和加强党对商务工作的全面领导，以党的建设高质量推动商务工作高质量。把党的建设摆在首位。深入学习习近平新时代中国特色社会主义思想，树牢“四个意识”，坚定“四个自信”，坚决做到“两个维护”，确保政令畅通、令行禁止。持之以恒正风肃纪。要严守政治纪律政治规矩，增强纪律刚性约束，严格执行党的组织纪律、廉洁纪律、群众纪律、工作纪律、生活纪律，自觉接受监督。要把全面从严治党主体责任放在心上，扛在肩上，层层传导压力，逐级压实责任，扎实推进以案促改制度化常态化，经常开展警示教育。要树立实干担当鲜明导向。立足本市，放眼全省，主动与强的赛、与优的比、与快的争，对标先进，拉高标杆，比学赶超、争先晋位，勇创一流，做到有红旗必扛、有先进必争、有第一必夺，以激情担当的精神和务实重干的作风，推动全市商务工作水平实现新提升。

2. 构建大招商格局

（1）开展开放招商提升年活动。根据市委、市政府关于加快推动经济社会高质量发展的工作部署，牵头开展2019年开放招商提升年活动，促进开放招商工作大提升。明确各县区、市直有关部门开放招商具体目标任务和保障措施，进一步解放思想观念，优先把要素资源向重点招商项目倾斜，增强招商竞争能力。突出抓好产业招商，围绕主导产业，重点抓好清洁能源与新材料、绿色食品、汽车电子电器与新材料、镁精深加工、现代物流等产业招商。注重抓好新经济招商，加强对新业态、新模式、新技术的学习研究，突出抓好云计算、大数据、人工智能、机器人等项目的研究谋划和招商对接，努力抢占发展先机。

（2）创新招商方式方法。一要选准方向。瞄准世界500强、中国500强、中国民营企业500强、大型央企和领军企业等，通过筛选目标企业，对其产业布局、投资趋向进行精准分析，梳理出一批没有在中原布局、有投资意愿、与本市主导产业和资源优势契合度高的企业，实行一对一、点对点的精准招商。二要完善机制。坚持全市招商一盘棋，坚持以重点企业为主体开展以商招商，以重点产业为目标开展定向招商，以延链补链强链为重点开展精准招商，以专家和专业队伍为主力开展专业招商。三要创新方式。建立健全政府－中介－企业“三位一体”的引资促进机制，坚持完善代理招商、委托招商、驻地招商、以商招商等方式。实施“贸易＋投资”招商方式，通过贸易带动投资；注重“技术＋产品”“市场＋项目”等招商方式，推动新兴产业“无中生有”和传统支柱产业“有中出新”，做到“八个转变”，即由项目招商转向产业招商，由多元招商转向精准招商，由政府招商转向以商招商、中介招商，由招商“引”资转向招商“选”资，由招商引资转向招商引才、招商引智，由招大商转向招强商，由招重资产转向招轻重资产并重，由普遍“撒网”转向重点“打鱼”。

（3）强力推进重点招商项目。围绕全市现代工业、现代服务业和新经济产业，依托中商智库、赛迪顾问、中国国际电子商务中心、中国电子商会等专业商协会、咨询机构、招商中介机构，着眼于“延链、补链、强链”，谋划包装一批带动力强、富民富财政的大项目、好项目，提高招商精准度。筛选确定2019年重点推进的100个招商项目，明确责任单位、责任人，细化推进计划，强化跟踪服务。对重点招商项目，由责任单位负责建立“五个一”推进机制，即一个项目由一名领导牵头抓、一个专班跟踪抓、一套方案系统抓、一项政策配套抓、一股劲头有效抓；实行“两个零接触”制度，即立项动工不与当地群众接触，审批手续不与职能部门接触，一切问题由工作专班负责解决，一切手续由工作专班负责办理，做到“墙内事情企业干、墙外事情我们办”，强力推进重点招商项目加快进展。

（4）坚持“走出去”“引进来”并重。积极融入“一带一路”和省“三区一群”战略，组织企业“走出去”开展境外合作与洽谈，引进高端制造业、高新技术等，推动外向型经济快速发展。

（5）高水平筹备好豫商大会。2019年豫商大会将在鹤壁市举办，这是宣传推介鹤壁、树立鹤壁良好形象、开展招商的难得机会。迅速启动前期邀商等筹备工作，把筹备过程当作招商过程，紧紧抓住广泛邀请联系海内外商协会和众多客商的机遇，搜集更多投资信息，谋划更多招商项目，开展好对接洽谈，扩大招商成果。

3. 培育外贸竞争新优势

一是组织企业参加高层次经贸活动。重点参加好河南投洽会、京交会、高交会等6个展会，开展展会招商活动，促进对外贸易发展。二是促进货物贸易发展。重点抓好天海环球、富准电子、瑞黎发制品3家加工贸易企业稳定增长，确保全市进出口规模扩大。培育天海信息电子、中维化纤加快开展加工贸易。三是促进服务贸易发展。组织县区和企业学习外地先进经验，探索发展服务贸易路径。重点组织企业参加“京交会”、大连软交会，指导县区加快引进文化、旅游、动漫设计、智能设计及制造等国内知名服务贸易企业总部落户，增强服务贸易发展后劲。四是积极推进中意跨境电商产业园、中蔼跨境电商产业园、天章跨境产业园建设，引进知名跨境电商企业入驻园区。指导县区、园区加强与海关、税务部门协调联络，推进“单一窗口”“出口退税”实现与园区对接。五是积极引进加工贸易企业、外贸综合服务企业，建设鹤壁市综合贸易服务平台，实现外贸代理、报关报检、仓储物流等一体化服务，促进对外贸易跨越发展。

4. 大力发展新经济和现代物流产业

以与京东集团全面合作为契机，加大对浪潮、赛迪、腾讯、百度等知名电商企业招商力度，吸引知名新经济企业到本市设立分支机构、运营中心或新业态示范试点，推动本土企业与知名企业合作做大做强。完善电子商务生态产业链建设，加大淇滨区呼叫产业招商工作力度，打造特色电商品牌。加快电商园区建设，推动完善电子商务产业集群集聚和集约化发展。积极推进京东“互联网+”新经济发展合作、阿里巴巴集团村淘、阿里云、产业追溯等项目、深兰科技合作、百度智能城市等项目。以建设区域性物流中心城市为目标，坚持借势发展、错位发展、竞合发展，推动现代物流业与现代农业、先进制造业和电子商务、金融等现代服务业融合协同发展，将浚县白寺现代物流园区打造成为有较强影响力的大型商贸物流基地，优化鹤山区现代煤炭物流园区发展成为全国重要的煤炭储备基地，在宝山产业集聚区高标准规划建设豫北最具影响力的现代化工物流园区。

5. 深入推进电商精准扶贫

一是加强电商扶贫站点建设。加大电商扶贫站点对贫困村的覆盖率，争取全市70%以上的建档立卡贫困村建设有扶贫站点，充分发挥好扶贫站点对脱贫的带动作用。二是加大宣传力度。整合各种培训资源，组织开展多层次的知识技能培训，特别是对建档立卡贫困户、农村致富带头人、农村大学生村官、回乡创业就业青年等人员，做好培训普及和应用技能提升工作，确保实现宣传全覆盖、培训有效果，发展培育一批农村电子商务创业带头人。三是助力农特产品上行。借助与京东集团合作机遇，发挥电商扶贫服务站点和致富带头人作用，发掘一批适合网络销售的农特产品，培育一批农特产品品牌，加强与知名电商平台的合作，开展专项对接活动，推动农特产品上行，增加贫困人口收入。

6. 强化市场监管，加快流通产业发展

继续深化商务综合行政执法体制改革工作，巩固改革成果，扩展监管执法领域，提高监管执法水平。抓好商务领域重要产品追溯体系建设、药品流通行业管理等工作。推进商务流通领域信用体系建设，搞好“诚信兴商宣传月活动”，建立健全监管企业黑红名单信息库，做好企业信用信息归集、行政处罚案件公示等工作。持续开展商务领域环境污染防治和成品油市场专项整治，加强油品质量管控，严厉打击违法违规行为。牵头开展好全市商砼搅拌站扬尘专项整治行动，督促县区和有关责任单位履职尽责、严格执法，确保圆满完成各项整治任务。加强全市报废回收拆解企业经营活动的管理，对交售的报废车辆做到即收即拆。完善流通设施，建设现代市场体系，提高农产品商品化率。做好市场监测，确保市场供应平稳。积极参加各类农产品产销对接活动，推动全市的农产品上行通道，助力精准扶贫和乡村振兴。做好商务领域安全生产检查督导工作。

B.29

2018～2019年新乡市商务发展回顾与展望

薛永宏　马　坤*

摘　要： 2018年以来，全市商务系统突出开放招商，积极引导消费，着力扩大贸易，较好地发挥了开放招商、社会消费、外贸出口的带动作用，商务运行总体平稳，稳中有进，为全市经济和社会高质量发展提供了重要支撑。

关键词： 新乡　开放招商　商贸流通

一　2018年新乡市商务目标完成情况

2018年新乡市共吸收境外资金11.41亿美元，同比增长5%，完成目标的101.9%；全年引进省外资金674.6亿元，同比增长5.5%，完成目标的100.5%；社会消费品零售总额完成1019.6亿元，同比增长10.5%；外贸进出口完成79.56亿元，同比增长14.6%，完成全年目标的113%。其他商务指标均稳中有进。

二　2018年商务工作回顾

（一）开放招商工作取得实效

全市上下大力开展“一招四引产业园区推进年”活动，积极探索创新

* 薛永宏、马坤，新乡市商务局。

小分队招商模式，招商引资的规模和水平较以往有了显著提升。一是“一招四引产业园区推进年”活动取得实效。根据《2018 年“一招四引”先进制造业专业园区招商推进年活动实施方案》，围绕产业优势，积极谋划开展了“一招四引产业园区推进年”活动，全年组织举办了“凝聚乡情 · 共谋发展——2018 年春节新商投资洽谈会”、新乡市承接北京产业转移项目签约仪式、第一届高校院所河南科技成果博览会签约仪式、承接长三角地区产业转移招商活动暨项目签约仪式等重大招商活动，全年新开工 3 亿元以上招商项目 334 个，总投资 1793. 8 亿元；新签约招商引资项目 384 个，总投资 2393. 45 亿元。二是高层推动，形成上下联动的招商氛围。以领导方式的转变推动招商方式的转变，市级领导带头垂范，带队赴长三角、珠三角、京津冀等地区重要城市开展小分队招商活动，促成了与浙江迈豪登股份有限公司、苏州斯莱克科技股份有限公司、五洲国际集团等一批重大合作项目，推动了新松机器人产业园、鲁花食品产业园、五谷道场等一批重大项目开工，接待了蓝石集团、东风设计研究院、鲁花集团等一批知名企业莅新考察洽谈。全年共拜访客商和企业 367 家，吸引莅新考察客商或企业 23 批次。三是招商引资环境机制持续完善。组织召开了全市对外开放暨优化营商环境大会，制定出台了《新乡市鼓励新商回归创业创新发展的若干意见》《新乡市优化营商环境实施方案》等开放招商、优化环境政策文件，坚持实施招商引资项目建设月讲评、项目推进月例会制度，推动商务备案与工商登记“一口办理”顺利实施。

（二）跨境电子商务快速发展

坚持将电子商务作为推进产业转型升级的重要抓手，以健全载体，引导集聚，示范创建为工作重点，电子商务应用日益普及，市场规模不断扩大。一是积极开展升级电商示范创建。重点培育新乡经开区电商示范基地、市高新区火炬电商园、市朝歌电商孵化基地、市 863 电商基地等一批省级电子商务示范园区，全市电子商务规模不断壮大，范围涵盖了制造业、服务业、农产品加工、纺织业等领域。二是跨境电商发展加快。预计全年完成跨境电子

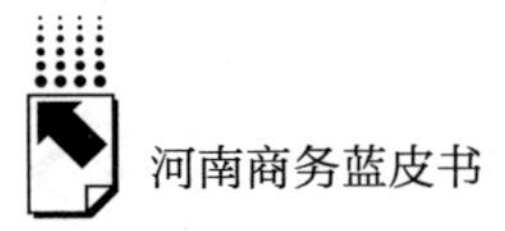

商务进出口 6 亿美元左右，当前已有支撑电子商务发展的公共服务平台国家级技术创业服务中心 2 个、跨境电商公用型保税仓库 1 个、新飞金信计算机有限公司云计算数据中心、华为新乡云计算数据中心、软通动力华中地区产业互联网总部等配套企业。三是商务领域电商扶贫成效显著。全市已建成县级电商扶贫公共服务中心 9 个，农村电商服务点 2047 个，其中建档立卡贫困村电子商务综合服务覆盖率达到 91.9%，培育了特色网售农副产品品牌 74 个，县级特色农产品加工龙头企业 16 家。同时，积极开展形式多样的电商培训活动，共培训建档立卡贫困人员 8692 人次，帮助实现创业就业 384 人。

（三）外经贸工作稳中向好

外贸进出口工作延续了持续回暖的发展势头，提前 1 个月完成省定任务目标，其中出口完成 63.3 亿元，同比增长 19.6%；进口完成 16.2 亿人民币，同比与 2017 年基本持平。一是中欧班列成功开通。中欧班列是新乡市 2019 年深度融入“一带一路”和河南自贸区建设等国家战略的重要平台，中欧班列（新乡号）自 3 月 28 日首发以来，成功开行了新乡至哈萨克斯坦、土库曼斯坦等中亚国家国际货运班列，实现了每月 6 列常态化运营，有效带动了新乡市外贸及跨境电商产业的发展。二是加快转变外贸发展方式。在巩固传统加工贸易基础的同时，大力发展高新技术和机电产品出口，不断提高出口产品的科技含量和附加值。全年加工贸易出口 13.4 亿元，同比增长 44.2%。机电产品和高新技术产品保持稳定增长，出口分别达到 22.8 亿元和 13.02 亿元，较 2017 年同期分别增长 10.8% 和 13.8%。民营企业出口增长迅速，累计出口 45.3 亿元，同比增长 43.3%。全年共发生进出口业务的企业达到 588 家，较 2017 年增加 105 家。此外，服务贸易取得较快发展，全年新乡市服务贸易进出口完成 2.62 亿美元，同比增长 6.3%。三是积极主动服务外贸企业。一方面注重加强调查研究，积极搞好企业服务，同时积极会同市财政局落实中小开项目资金，组织申报 2017 年下半年和 2018 年上半年中小企业市场开拓资金项目 212 个，审核发放资金 1010 万元。四是引导企业开拓新兴市场。在国家推进“一带一路”建设和鼓励企业“走出去”政策环境影响下，新乡市企业“走出去”意愿也在不断加强。全年新乡市新增6家对外承包工程资质企业，完成对外承包工程营业额530万美元，对外直接投资4900万美元，其中科隆公司分别在巴西、墨西哥投资1000万美元。

（四）商贸流通工作水平提升

全面落实《新乡市生活必需品市场供应应急预案》，加强生产企业与经营企业产销衔接和货源组织，合理调配商品品种和商品货源，丰富市场供应，全年未发生市场异常情况。围绕商贸物流转型升级，制定出台了《新乡市人民政府办公室关于印发新乡市物流业转型发展规划（2018～2020年）的通知》等文件，加快推动全市物流业转型发展。目前，全市共在冷链物流、快递物流、电商物流三个领域规划建设项目41个，项目总投资257.95亿元。认真开展市场运行监测工作，强化生活必需品日报制度，通过商务预报平台共发布信息609条。加快商务领域信用体系建设，推荐“新乡市百货大楼有限责任公司、大商集团（新乡）新玛特购物广场有限公司、原阳县光洋新博大百货、中石化原阳分公司等15家企业为全市“红榜企业”。

（五）商务监管工作持续强化

充分发挥商务公共服务平台作用，注重强化部门协作，积极开展联合执法，商务领域监管成效显著。一是持续开展黑加油站点取缔工作。强化属地管理和行业监管，坚决取缔所有黑加油站点，严防死灰复燃。全年共查处黑加油站点258个，查扣非法流动加油车79台，收缴非法油品256吨。二是持续开展商务领域大气污染防治工作。常态化开展油品抽查和环境污染防治“零点夜查”行动，联合工商部门共抽检加油站（点）736个，抽检油品1266批次，全市油品质量抽检基本实现全覆盖。农村偏远地区新建加油站工作积极推进，目前全市共124个农村偏远拟建站点已登报公示，新建工作正稳步推进。三是加大对老旧汽车报废回收拆解监管力度。严格落实《老旧汽车报废回收拆解企业环保巩固提升活动工作方案》，建立工作台账，强化现场核查，规范使用回收证明和备案，全年共淘汰老旧车、黄标车2000余辆。四是牵头做好全市打击侵犯知识产权和制售假冒伪劣商品工作。组织召开全市打击侵权假冒工作领导小组扩大会议，印发《2018年打击侵犯知识产权和制售假冒伪劣商品工作任务及分工方案》等文件，积极联合市海关、公安等部门开展了查处外贸出口假冒伪劣商品专项行动。全年共有行政执法立案400件，办结案件400件，涉案金额206万元，移送司法20件。五是认真开展商务领域市场监管。认真开展对二手车交易、早餐工程、汽车销售等领域的执法检查，全年共办理商务领域违法案件18起，办结17起。依规将汽车销售投诉纳入12312商务举报投诉服务热线受理范围，开展汽车销售市场专项执法百日行动，商务投诉举报热线12312共办结举报投诉29件，咨询163件，办结率100%。

三 2019年商务发展对策

根据当前新乡市商务工作面临的外部环境、发展走势以及省商务厅2019年工作部署，预计2019年全市实际利用外资增长3%；实际利用省外资金增长3%；社会消费品零售总额增长10%；外贸进出口增长8%；服务贸易增长7%；跨境电商交易额增长20%，力争在实际工作中取得更好成效，着力推动全市商务工作实现高质量发展。

（一）推动开放招商提质增效

谋划开展“一招四引、六大专项”推进年活动，重点突出京津冀地区招商和郑新融合产业招商，着力引进发展潜力大、关联程度高、带动能力强的强链延链项目，承接非首都功能和郑州产业转移。同时也不放松开展长三角、珠三角、成渝经济圈等重要地区驻地招商活动，并在条件成熟的情况下举办专题招商对接活动，精心办好北京综合招商、文旅康养合作论坛等5次以上开放合作专题招商活动，推动华为大数据中心、三一集团装配式建筑和重型产业基地等一批重大招商项目开工建设，力争新引进世界、国内500强或行业龙头企业5家以上，确保全年新开工3亿元以上招商引资项目100个以上。

（二）着力打造开放支撑平台

以申建河南自贸区联动发展区和新乡综合保税区为抓手，加快完善基础设施，强化多点支撑，发挥功能优势，打造多层次、全方位、立体化的开放平台支撑平台。以平原示范区为依托，积极申建河南自贸区联动发展区，积极开展河南自贸区改革试点经验复制推广，深化“放、管、服”领域改革，争取在大健康及生物医药产业发展方面吸引更多企业投资入驻，努力申建河南自贸区联动发展区。积极推动新乡综合保税区（B型）建设，指导经开区充分发挥产业和区位优势，积极借鉴先进地市的好经验、好做法并及时与省政府对接，协助海关深入研究申建综保区的各项工作，力争年内有突破性进展。创新中欧班列发展，依托经开区现代公铁物流园，积极申建多式联运示范工程，推动建设集仓储服务、物流配送、综合信息服务于一体，涵盖口岸、港口、进出口交易中心、保税物流中心、跨境电商物流园区等内容的现代物流基地。

（三）努力培育外经贸新优势

认真贯彻落实国家、省关于促进外贸稳定增长的系列政策措施，全力为企业扩大出口服务。持续优化全市对外贸易发展环境，降低企业运营成本，打造口岸循环经济圈。在政策允许范围内，最大限度为新乡市外贸出口企业争取项目扶持资金，指导企业用好用足国家政策，努力为企业疏通渠道，坚定企业开拓国际市场的信心。加快承接沿海地区加工贸易的产业转移，积极承接加工贸易转移，力争引进一批出口外向型项目，增强新乡市外贸进出口后劲。继续优化贸易结构，高度重视发展服务贸易，努力促进服务贸易与货物贸易协调发展。进一步提高贸易便利化水平，加快推进通关一体化建设，优化通关环境。围绕国家“一带一路”建设，研究制定新乡市“走出去”

规划，强化企业对外投资自主权，引导新乡市有实力的企业“走出去”发展，带动新乡市装备、材料、技术和服务“走出去”。

（四）积极实施消费升级计划

实施传统商贸企业升级转型计划，引导本地有较强竞争力的优势传统商业企业与新型电子商务服务企业深度融合。全力做强做精传统老字号，鼓励“老字号”企业借助外力或强强联合，推动一批“老字号”企业实现新发展。实施城乡商贸流通升级转型计划，结合新型城镇化建设，重点以发展城市社区电子商务应用。落实乡村振兴战略，推进电子商务进农村综合示范工程；实施物流业升级转型计划，落实《新乡市物流业转型发展规划（2018～2020年）》和《新乡市物流业转型发展规划三个工作方案》，推动电商、快递、冷链物流发展，不断加快物流基础设施建设，推进郑新物流融汇。

（五）稳步推进商务领域“三大攻坚”

一是抓好电商产业扶贫攻坚工作。依托电商进农村综合示范创建工作，用好用活支持资金，支持县（市、区）电商产业园、电商服务中心、物流配送体系等硬件建设，提升电商扶贫服务实效。以推进县乡两级电子商务服务中心和站点建设为抓手，指导建立网店或开设服务站点，积极推进“爱心超市电商服务站点”建设。探索“政府＋培训机构＋生产企业”的电商人才培训体系，推进企业与电子商务培训专业机构合作，开展电子商务应用和实训操作的培训。二是抓好大气污染防治控油攻坚工作。规范加油站（点）经营行为，强化油品质量常态监管，打击黑加油站（点），推进农村偏远地区加油站新建和加油点升级，持续做好加油站油气回收和双层罐改造备案，加大废旧企业回收拆解监管力度，坚决完成市政府下达的商务领域环境保护任务目标。三是抓好系统企业改制攻坚任务。按照“市场引导，依法处置”的原则，重点抓好局属企业破产清算、债务化解、税收清欠、企业登记、职工安置等五项工作，确保资产处置到位、债务化解到位、人员安置到位，圆满完成系统企业改制攻坚任务。

B.30

2018 ~2019年焦作市商务发展回顾与展望

常绪凯*

摘　要： 2018年，焦作市商务局以习近平新时代中国特色社会主义思想为指导，认真贯彻落实中央、省、市经济工作会议精神，全面落实全省商务工作会议部署，面对错综复杂的国内外形势，特别是中美经贸摩擦的严峻挑战，在扩大对外开放、促进招商引资、推动对外经济合作、增强消费内生动力、推进物流业转型等方面积极寻求突破，助力焦作市社会经济转型发展。

关键词： 招商引资　电子商务　物流转型

一　2018年焦作市商务发展指标完成情况及特点

一是总量进入前列。内资方面，新引进省外境内项目438个、居全省第3位，实际到位省外资金657.5亿元、居全省第6位，合同利用省外资金1376.9亿元、居全省第6位；外资方面，实际利用外资8.5亿美元、居全省第6位；外贸方面，全年实现进出口161.47亿元、居全省第3位，其中出口117.32亿元，进口44.15亿元。社消总额完成788.5亿元、居全省第3

* 常绪凯，焦作市商务局。

位。全市跨境电商交易额30.67亿元，完成省定任务113.6%。二是增速位次前移。内资方面，实际到位省外资金增长5.9%、居全省第11位、前移4个位次。社消总额增长10.9%、居全省第3位、前移1个位次。三是外贸逆势前行。受中美贸易摩擦和欧洲反倾销影响，全省外贸形势较为严峻，但焦作市进出口增长仍保持稳中有进的态势，全年增长8.63%，完成全年进出口目标任务153.1亿元的105.46%。

二 2018年主要工作措施

1. 高位驱动，招商引资实现新突破

一是政策措施不断完善。坚持招商引资“一把手”工程，先后组织召开“学成都佛山、促招商转型”汇报会、全市招商引资工作座谈会，市委常委会每两个月、市政府常务会每月听取并研究部署招商引资工作。修订出台了《焦作市招商引资优惠支持办法》《焦作市招商引资项目引荐人奖励办法》《关于进一步完善产业招商工作机制的通知》等系列政策文件；起草了进一步加强推进招商引资工作的意见、招商引资项目退出机制管理办法等具体配套文件，营商环境持续优化，招商引资质量和效率不断提升。二是招商方式持续创新。2018年3月底在深圳举办招商引资专题培训班，12月邀请省厅张延明厅长为全市领导干部作专题报告，不断提高招商人员能力素质。第12届投洽会期间，焦作市在工商企业跨境投资与贸易对接会上进行项目推介，百名外籍客商莅焦考察对接，签约项目总投资113.87亿元，达成采购意向1305.4万元，其中外资占32%。成功举办了深圳、青岛、北京、上海4场推介会，市委、市政府主要领导均亲力亲为，特别是在青岛举办了对韩国客商专题推介会，四场推介会共签约项目129个、总投资1140亿元，其中10亿元以上项目33个。三是项目落实效果逐步显现。建立项目跟踪督导台账，每季度开展项目观摩，倒逼项目尽快落实。以委托招商、三方共建为突破，武陟华夏幸福产业新城新开工项目37个、总投资19亿元，金水·温县新兴科技产业园项目（飞地经济）入驻项目36个。第十一届豫商大会

102 个签约项目履约率、开工率、资金到位率分别为 95%、94.1%、54.5%。“一赛一节”经贸活动签约 107 个项目全部履约，其中 105 个项目已开工，到位资金 790.8 亿元，开工率、资金到位率分别为 98%、71%。深圳会、投洽会签约项目全部履约，开工率、资金到位率分别为 84.6%、17.6%，项目整体进展良好。

2. 夯实平台，外贸外经实现新提升

一是不断完善政策支撑体系。根据国务院和省政府的相关要求，制定了《关于促进外资增长的实施意见》，从 5 个方面提出 17 条具体措施，全面实行准入前国民待遇加负面清单管理制度，大幅度放宽市场准入，进一步扩大对外开放，促进利用外资稳定增长，持续优化投资环境。二是大力实施“走出去”战略。认真贯彻落实国家、省促进外经贸政策措施，先后组织企业参加广交会、京交会、东盟博览会、亚欧博览会、华东交易会等知名展会，取得较好成效；组织 120 多家企业参加首届进博会，共签约成交额达 5600 万美元，达成成交意向 4000 万美元，居全省前列；指导风神轮胎、隆丰皮草、科瑞森 3 家企业申报河南省国际知名品牌；成功获批设立中国－美国企业对接项目办公室焦作联络处、欧盟企业服务网络中心联络办公室焦作联络处、中国－马来西亚商务理事会联络办公室焦作联络处，积极引导进出口企业大力开拓“一带一路”沿线区域新兴市场。全市新增境外企业 5 家，增资 1 家，对外投资 3.07 亿美元；对外承包工程新签合同额 1.12 亿美元；签发原产地证书 3442 份，签证金额 4.6 亿美元，分别同比增长 5.6%、27.8%。三是积极应对中美贸易摩擦。充分发挥外贸联席办的协调作用，对全市外贸企业进行专题调研，并形成报告报送市委、市政府；积极协调海关、商检、外管、税务、出口信用保险等部门，帮助外贸企业解决在报关报检、出口保险、出口退税、境外人民币结汇手续等方面遇到的问题。

3. 模式引领，电子商务取得新进展

一是电商扶贫成绩显著。积极探索“电商＋合作社”“电商＋企业”“电商＋旅游＋农业”等电商精准扶贫新模式，壮大了孝敬蔬菜等特色产业和农产品品牌，全面打通了农村网络购销、运输、配送渠道，建成乡镇电商服务站35个、村级服务站点1000多个，形成了产、供、销密切衔接的全产业链条，实现了网店、电商物流配送网络全覆盖，全市涉农电商交易额31.3亿元、增长28.9%，直接带动建档立卡贫困户1万余人年均增收1300元以上，全市3人（全省5人）获评商务部评选的“2018中国农村电商致富带头人”称号；徐衣显市长在2018全国电商发展市长论坛介绍农村电商精准扶贫经验做法，全省电商扶贫现场会在焦作市召开。二是电商企业不断壮大。积极引导传统企业探索“互联网+便利店”、O2O社区新零售等经营模式，百大商城网站网上销售金额突破150万元。全市电子商务交易额完成911.38亿，同比增长了23.2%，网络零售额92.7亿，同比增长了27.1%。三是跨境电商抢抓机遇。跨境电商“焦作生态圈”建设持续推进，传统行业应用跨境电商开展进出口业务企业增加至67家，同比增长了109%；企业利用跨境电商平台种类不断增加，模式上从以B2C为主增加为B2B、B2C并重的模式，跨境电商产品范围逐步扩大至大宗工业制品。

4. 规划先行，物流商贸焕发新活力

一是顶层设计不断完善。从现代物流空间发展布局、主要任务、发展重点等方面入手，针对物流业持续提质增效和转型升级，编制完成《焦作市现代物流业发展规划（2018~2020）》和物流业转型发展行动方案，起草了推进物流降本增效的若干措施，与郑州市签订《郑焦物流融合发展合作协议》。二是试点创建稳步推进。印发《关于积极推进供应链创新与应用的实施意见》，积极开展国家级供应链创新与应用试点城市申报工作，并成功与北京、上海等地共同进入国家级试点序列；持续开展省级物流标准化示范市创建工作，印发了创建工作方案、示范建设项目资金管理办法等一系列文件，10余个标准化项目都在按计划实施，部分项目已取得阶段性成效。三是项目建设持续提升。强化冷链物流、电商物流、快递物流、供应链、多式联运、物流金融、保税物流等业态项目的引进和培育，驮丰多式联运（驮背运输）物流港、中国宝武焦作现代综合物流园、万邦（焦作）农产品冷链物流园、中模慧聪建筑装备电商产业园、武陟徽商农产品交易物流园等一批大型物流项目纷纷落地。新增3A和2A级物流企业各1家，河南德众正式获批无车承运人试点企业，温县国际山药交易物流中心项目成功入选商务部和中国农业发展银行的《2018年流通领域重点合作项目名单》。

5. 常抓不懈，商贸监管展现新成效

一是商贸流通水平不断提升。全市商务系统内贸流通体制改革持续推进，借鉴推广物流、电商等方面7条试点经验。《焦作市城市商业网点规划修编（2018～2020）》评审通过；城区专业市场外迁工作正式启动。积极鼓励怀山堂、金谷轩等“河南老字号”申报“中华老字号”，组织参加省内外老字号博览会。在全市确定9家市级平安商场。圆满完成全年市区商务领域承储任务。二是监管执法能力不断提高。印发《关于加快推进重要产品追溯体系建设实施方案》，确定7大类平台建设重点。“双随机一公开”工作不断完善，健全随机抽查事项清单7项、检查对象528项、检查人员信息库35项。开展全市商务系统综合监管执法培训，提升服务型执法能力。聚焦汽车销售、单用途商业预付卡、成品油流通等领域开展专项整治，检查汽车经销、分销企业443家，发卡企业68家。做好395家成品油零售企业和2家批发企业年检工作，积极推进农村偏远地区加油站规划工作。强化二手车流通行业管理和报废汽车回收拆解整治工作，全市已备案汽车经销商114家；新增二手车交易市场5家和二手车经销公司1家；共回收和拆解报废汽车1330辆，取缔非法报废汽车拆解经营户35户，清理废旧车辆520余辆；完成10家典当行、8家拍卖行、1家报废汽车回收企业年审工作。三是行政审批流程不断优化。加快推进审批服务事项“三级十同”，积极开展外资商务备案与工商登记“一套表格、一口办理”，共纳入“一次办妥”事项5项，取消各类审批服务事项的申报材料37件，精简率19.8%；累计受理办结各类行政服务事项262件，100%做到提前承诺日办结，满意率100%。全力推进12312举报投诉中心工作，共接受群众咨询385余次，受理各类投诉举报案件44起，办结率、回复率均为100%。

三 2019年商务发展形势分析及指标预测

2019 年焦作市商务工作的总体思路是，坚持以习近平新时代中国特色社会主义思想为指导，深入贯彻中央经济工作会议和省委十届历次全会、市委十一届九次全会暨市委经济工作会议精神，全面落实全省商务工作会议部署，以高质量发展为统领，以“一赛一节”为主线，以开放招商为抓手，以“三稳一扩”为重点，全力推进招商引资、外资增长、稳定外贸、消费升级、物流转型、电商发展等六项工作，为建设“四个焦作”，早日跻身全省“第一方阵”，打造精致城市、品质焦作，在中原更加出彩中出重彩、更精彩贡献力量，以优异成绩庆祝中华人民共和国成立 70 周年。

2019 年，世界经济放缓和中美经贸摩擦的复杂性、不确定性，对外贸易将面临更加严峻的形势。焦作市外贸企业发展不平衡，布局结构单一，外贸结构不合理多年的隐忧开始显现，存在更大变数。同时，全国消费出现了增速回落的趋势，扩消费任务压力持续加大。综合当前形势，结合焦作市工作实际，各项商务工作的预期目标是，全市社会消费品零售总额增长 10.5%，达到 871.3 亿元；实际吸收外资增长 3%，达到 8.79 亿美元；利用省外资金增长 3%，达到 677.2 亿元；外贸进出口增长 8%，达到 174.39 亿元；电子商务交易额增长 20.7%，跨境电商交易额增长 26.4%。

四 2019年重点工作

一是创新方式、突出重点，以“一赛一节”为抓手全力推进开放招商工作。高质量举办“一赛一节”招商活动，并严格落实项目推进机制，提升项目“三率”。认真梳理全市发展重点，大力谋划招商引资项目；广泛借助第三方力量，开展中介招商、资本招商、以商招商等活动，复制推广华夏幸福产业新城、金水新兴科技产业园等本地及外地新兴委托招商模式。

二是优化环境、深入合作，千方百计补齐外资工作短板。积极筹备第十三届投洽会相关重大活动，提前着手、主动对接，高标准做好会展、邀商、签约等相关工作，积极融入省“五区”联动、“四路”协同开放格局。牢牢稳住现有外资企业，鼓励外资企业把更多的利润用于再投资，扩大在焦生产经营规模。密切外资平台合作关系，持续深化与韩国、德国在经贸、旅游、文化等领域的合作，加快推进河南（焦作）德国工业园、韩国工业园建设。谋划举办2019港澳经贸交流活动，赴欧洲国家开展经贸合作与招商推介活动。

三是巩固优势、培育增点，提升全市外贸进出口总量。抢抓跨境电商发展机遇，加快发展外贸新业态，引导更多传统外贸企业和制造企业“上线触网”。积极融入“一带一路”建设，深化与其他省、市和“一带一路”沿线国家、地区的经贸合作，加强与河南自贸区各城市的交流合作，加快郑焦融合发展。制定《关于支持企业“走出去”的若干意见》，动员、鼓励焦作市有条件的各类所有制企业到国外尤其是“一带一路”沿线国家、地区投资。用好第二届中国国际进口博览会这一重大平台，扩大进口总量。完善服务贸易政策支持体系，加快发展服务外包产业，积极推进省级服务外包示范园区创建工作。

四是规范发展、融合应用，加快推进电商产业集聚。借助《电子商务法》颁布实施契机，规范发展焦作市电子商务产业；探索性开展电商大数据综合应用工作，搭建电商大数据信息平台；深化“丝路电商”国际合作，加快建设焦作跨境电商生态圈。依托县乡村三级电商服务网点建设基础，加快推进电子商务与快递物流协同发展。积极推动传统流通企业和工业企业电商应用，加快实施“互联网+流通”行动。大力开展电商精准扶贫“五大工程”，不断提升贫困人口利用电商创业就业和脱贫致富能力。

五是示范创建、项目引领，全力推进物流转型发展。积极深入开展国家级供应链创新与应用试点城市和省级物流标准化示范市建设工作；高标准申建河南省城乡高效配送示范城市。加强同郑州物流业牵头部门的沟通，在物流项目引进方面开展战略合作，共同研究建立郑焦物流融合发展的效益分享和协调机制。积极培育以冷链物流、电商物流、快递物流为重点，引导和支

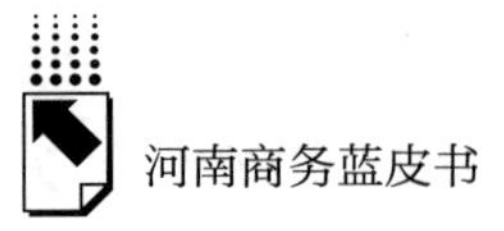

持物流企业强强联合、强弱结合，鼓励物流企业和供应链企业拓展业务链条，继续开展国家A级物流企业评估，壮大物流企业和供应链企业实力。

六是创优商圈、加强监管，大力实施消费升级行动计划。积极创建省级品牌消费集聚区，鼓励3条步行街积极申报省级步行街试点工作。拟定《加强社会消费品零售总额统计工作的通知》，压实县市区工作责任，确保完成全年目标任务；加大全市重点商贸流通企业监测跟踪服务力度，提高入库企业数量和质量。积极打造民主路商业轴、高铁片区、滨河商贸圈等品质商圈。积极组织各县市区企业申报“河南老字号”和“中华老字号”，尝试筛选“焦作老字号”。持续推进商务综合监管执法体制改革，全面落实“双随机一公开”监管工作方式，整合综合执法职能，不断加强事中事后监管体系建设，着力推动全市重要产品追溯体系建设工作健康发展。

B.31

2018～2019年濮阳市商务发展回顾与展望

曹泽利*

摘　要：　2018年，濮阳市深入落实新发展理念，坚持以高水平开放、高质量发展为引领，融入“一带一路”建设，着力实施消费升级计划，强化基础支撑，开展精准招商，推动外贸升级，扩大国际合作，拉动内需消费，商务工作取得显著成效，推动了全市由区域边缘走向中原城市群改革开放前沿，为中原出彩增添了亮丽的濮阳色彩。

关键词：　招商引资　对外贸易　电子商务

一　2018年濮阳市商务发展指标完成情况及特点

1. 招商引资

2018年全市实际利用省外资金244亿元，同比增长6.6%，完成年目标的101.5%，增速和目标进度均居全省第2位；全市实际利用境外资金6.64亿美元，同比增长3.3%，完成年目标的100.3%，增速、目标进度均居全省第15位，总量位居全省第10位。

2. 货物贸易

2018年，全市货物进出口54.62亿元，同比增长36.7%，增速居全省

* 曹泽利，濮阳市商务局。

第5位。其中：出口41.67亿元，同比增长25%，增速居全省第8位；进口12.94亿元，同比增长96%，增速居全省第3位。

3. 服务贸易

2018年，全市服务贸易进出口3.38亿美元（约23.24亿元），同比增长15.6%，总额、增速分别位居全省第4位、第2位。

4. 对外经济

2018年，全市对外承包工程和劳务合作完成营业额7.19亿美元，同比增长13.5%，外派劳务人员7017人次，同比下降2.7%，总量均居全省第2位。

5. 社会消费

2018年，全市社会消费品零售总额616.53亿元，同比增长9.7%，增速居全省第14位。

二　2018年采取的主要措施

1. 开放平台建设迈出新步伐

坚持构建开放型经济新体制，补齐口岸机构短板，打造开放平台优势，优化全市贸易投资环境。原国检濮阳办事处全面开展商检业务，终结了濮阳企业到外地办理商检手续的历史。公用型保税仓库建成，填补了濮阳无海关特殊监管场所的空白。设立了濮阳海关，彻底改变了濮阳口岸机构建设落后的局面。全省首个外向型经济综合服务平台开工建设。作为濮阳国际综合物流港建设的先导项目，开通了“中原号”濮阳－天津港铁海联运班列，开辟了濮阳及周边地区货运出海新通道，全省连接“海上丝绸之路”再添新支线。

2. 招商引资工作再上新台阶

一是坚持龙头引进。引进了500强企业、上市公司和知名企业17个。全市新签约、新开工亿元以上招商项目分别为323个、268个，其中10亿元以上项目59个、42个。二是坚持搭好平台。组织参加了第20届厦洽会等10余项国家、省办活动，组织了新春专题招商、濮阳杂技艺术节经贸活动等自办活动。濮阳市十二届投洽会参会邀商工作受到何金平副省长的批示表扬。三是坚持完善机制。调整了以市级领导为“业长”的产业招商机制。建立重点招商项目评审制度，严把项目准入关。对重大招商项目实行专班跟进、“两个零接触”“服务直通车”等推进机制，推动项目落实。

3. 对外经贸工作开创新局面

一是抓出口基地建设。濮阳市成功创建了化工（功能聚合物及复合材料）、羽绒2个国家级出口基地，连同原有的5个省级出口基地，数量居全省第一。二是抓外贸方式转变。濮阳市工程技术、出国劳务、文化杂技等服务进出口3.38亿美元，总量居全省第4位。争取省级跨境电商扶持资金150万元，跨境电商企业发展到120余家，完成贸易额3.83亿美元，同比增长20.6%。三是抓“一带一路”融入。组织30余家企业赴“一带一路”国家参展、考察，与50个国家发生贸易往来、进出口额占全市的44%。分别与安哥拉万博市、巴基斯坦瓜达尔市建立友好城市关系。四是抓进口工作。丰利石化成为全省唯一获得国家原油进口资格的企业，取得原油非国营贸易进口允许量222万吨。丰利石化在首届进口博览会上签订50.6亿元原油进口合同，成为全省在大会上的最大签约单。

4. 商贸流通工作实现新提升

一是推进电商经济。全市认定备案电商企业270家，各类网店、微商、微店2万余个，从业人员5万余人。开发区电商园区实现税收5000余万元。全年电商交易额355亿元，增长18.3%。二是推进农村电商。清丰县获批省级电子商务进农村综合示范县，实现综合示范县全覆盖。下拨市级电商专项扶贫资金1000万元，全市贫困村电商服务点累计571个，覆盖率90%；新吸纳贫困人员就业1023人。全市多种农产品销量稳居天猫等电商平台前列。全年农产品网络零售额7亿元，增长21%。三是发展现代物流。制定印发了全市现代物流业发展总体规划及四个专项方案（2018～2020年）。联合中国物流与采购业联合会举办“全市现代物流业发展战略研讨会暨高峰论坛”。四是持续发展商贸服务。加强对百姓量贩等大中型商贸企业扶持，推进红星美凯龙等27个商贸项目建设。清丰县亿洲乐活生活广场被评为

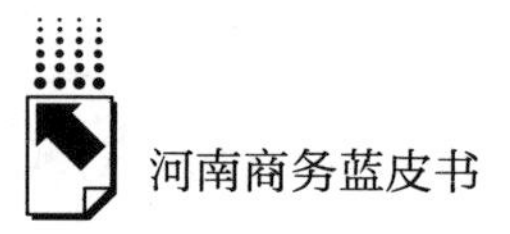

"全省品牌消费集聚区"。全年批零住餐销售额1721.3亿元，增长11.8%，增速居全省第11位。

三 2019年商务发展形势分析及指标预测

2019年商务工作形势更加复杂严峻，不确定、不稳定因素增多。从外部环境看，受贸易保护主义、单边主义、地缘政治冲突等多种因素影响，世界经济增长动能正在减弱，下行风险逐步加大，世贸组织、世界银行等国际权威机构纷纷调低2019年世界经济增长预期。特别是中美贸易摩擦仍是当前商务运行首要外部风险和最大不确定因素。从内部环境看，全市产业结构仍然处于新旧艰难调整转换之中，资源枯竭型城市转型发展任重道远，产业结构单一的问题没有得到根本解决，科技创新能力不强、动力不足，新业态、新模式发展较慢，行政效能不高、环境不优，人才资源相对匮乏，融资难、融资贵、用工难、投资后续支撑能力不足，资源环境约束趋紧、生态环境问题突出。在外部环境发生深刻变化和濮阳市内部发展环境不够优越的情况下，一些企业担忧情绪、避险情绪、观望情绪上升，投资信心不足，群众消费意愿不强，对商务发展的影响不容忽视。

但同时也要看到，濮阳也面临着诸多的有利条件。在对外开放方面：随着郑济高铁、范台梁、濮阳至卫辉、濮阳至阳新高速、三座黄河公路大桥的全面建设，濮阳至天津港铁海联运班列的顺利开通，濮阳市深度融入中原经济区，全面对接"海上丝绸之路"，逐步成为中原城市群对接京津冀、山东半岛城市群的桥头堡。未来的濮阳区位优势逐步显现，将成为中原城市群改革开放前沿阵地，成为重要的人流、物流、资金流汇聚地，我们在开放招商上仍有很大空间。在社会消费方面：城镇化率快速提升，有助于扩大高消费人口规模，引发升级类消费及服务型消费需求的增长。停止购房补贴推动一定规模的消费能力转移到升级类及服务型消费上。乡村振兴战略付诸实施，有助于增加农民收入，可以从一定程度上缓解乡村市场消费下滑的趋势。

总之，机遇与挑战同在，困难与希望并存。要把商务工作放到经济全球化的大趋势中去思考，放在全省乃至全国商务系统中去对标，放到全市发展大局中去审视，把思想和行动统一到市委、市政府决策部署上来，既要充分认识到当前商务发展面临的严峻挑战，也要注意把握有利条件，把压力变成动力，把机遇转化为优势，增强做好商务工作的信心和定力，在应对困难和挑战中实现商务高质量发展。

2019 年，按照高质量发展要求，围绕打好“四张牌”，积极融入“一带一路”建设，深入推进开放招商，统筹内贸流通，强化项目支撑，以高水平开放带动高质量发展，推动濮阳市由区域边缘迈向中原城市群改革开放前沿。2019 年，全市商务指标保持或达到全省前列。其中，社会消费品零售总额增长 10% 以上；货物贸易进出口增长 10%，服务贸易进出口增长 7%，跨境电商进出口增长 20%；实际利用省外资金增长 5%；实际利用境外资金增长 4%；对外承包工程和劳务合作完成营业额增长 2%；对外直接投资 200 万美元，增长 700%；电子商务交易额增长 15%，网络零售额增长 15%。

四　对策建议

1. 抓好开放体系

一是建设口岸机构。加快濮阳海关建设，助推全市外向型经济发展；拓宽提升公用型保税仓库功能，开展保税展示交易、跨境电商、融资租赁等业务；支持丰利石化申建原油进口保税仓。二是建成外向型经济综合服务平台，为涉外企业提供通关、退税、咨询、代理等集成服务。三是筹建濮阳国际综合物流港。加强与北京国投信达投资公司、天津港集团的沟通对接，争取年内开工，建设集仓储、报关、物流等为一体的无水港国际物流园区。四是制定营商环境政策体系。出台“全市招商项目支持政策兑现实施办法（试行）”。建立“全市营商环境评价指标体系”。

2. 抓好产业招商

一是完善推进机制。成立市委开放招商领导小组，设立六大产业招商指挥部，提升产业招商水平。建立招商项目咨询评估委员会，加强对招商项目的前期论证和后期跟进服务。成立全市外来投资促进服务中心，建设懂招商、会招商、能招商的专业队伍。转变驻外机构职能，将招商作为市政府驻外机构第一要务。建立招商项目异地落户激励机制，实现利益共享，统筹全市招商项目摆放。二是创新招商方式。立足主导产业和建立现代产业体系，围绕“三链一群”（延链、补链、强链和产业集群）和“三重一大”（重点区域、重点产业、重点企业和重大项目），完善产业招商图谱，实行挂图作战。将国内外500强、民营500强和国内行业100强作为招商首选，着力引进一批重大项目。2019年，新开工亿元以上项目160个以上。三是办好重点活动。在务实参加好国家、省办活动的同时，重点筹办好2019中国涂料大会（3月）、中原经济协作区第27届市长联席会议（10月）等活动。组织开展“京津冀”“长三角”“环渤海”等专题招商活动。搞好宣传推介，做好洽谈跟踪，着力引进战略投资者。2019年，引进500强企业、上市公司等知名企业项目10个以上。四是抓好项目落地。坚持招商项目台账管理、领导分包、专班推进、全程代办等机制，在手续办理、选址、用地、融资、建设等方面，切实搞好服务，解决相关配套、产业基金、环评、安评等困难问题。设立市、县两级产业基金，破解融资瓶颈，支持重点招商项目建设。加强对各产业指挥部、县（区）、驻外机构的督查考核，以项目落实为重点，建立和落实奖惩激励机制。

3. 抓好对外经贸

一是优化国际市场。积极应对中美贸易摩擦，实施市场多元化战略，巩固传统市场，开拓“一带一路”沿线新兴市场。组织企业参加上海华交会（3月）、广交会（4月、10月）、阿联酋迪拜涂料展（2月）、美国OTC石油展（5月）等境内外展会。支持企业建立境外销售网络。2019年，对“一带一路”沿线新兴市场贸易额达到60%以上。二是优化商品结构。加强7个出口基地、4个出口质量安全示范区建设，稳定传统优势产品出口，提高品牌产品、机电产品和高技术产品比重。培育生物基新材料、化工新材料2个出口集群。参加好进口博览会，扩大先进技术设备、关键零部件和短缺资源等大宗商品进口；重点支持丰利石化进口原油。2019 年，全市进口增速跃居全省前列。三是优化贸易结构。支持中原油田等企业扩大工程技术服务，扶持河南杂技等企业开拓海外杂技市场，大力发展服务外包。全年服务贸易增速保持全省前列。做强一般贸易，提升加工贸易，发展其他贸易方式。2019 年，全市进出口超过亿元以上外贸企业达到 10 家，加工贸易增长 20% 以上。四是加快“走出去”步伐。发挥中原油田、濮耐股份等优势企业引领作用，支持各类企业“走出去”，扩大对外承包工程和境外投资规模。重点加强与安哥拉、巴基斯坦等“一带一路”国家开展产业合作。筹建全市对外劳务合作服务平台，强化政府服务，加强外派劳务管理。2019 年，全市外经完成营业额、外派劳务总量均保持全省前列。

4. 抓好电子商务

一是普及电商应用。实施电商推动主导产业改革创新，加快生产型企业电子商务的应用与普及。支持大型商场实施电商化转型，鼓励中小商贸企业拓展电商应用。2019 年，全市电商交易额增长 15% 以上，新认定备案电商企业 30 家。二是加快项目推进。对接引进京东物流、阿里巴巴、上海中林森林食品、闪讯集团等知名电商企业，推动京东云仓等项目落地。建设重点项目，推进濮阳县西辛庄电商园、清丰瑞鹤家具电商物流园、开发区电商培训基地等项目建设。三是提升园区水平。对台前县电商产业园等 10 余个电商园区加强指导，提高服务水平和运营效益。推进华龙“互联网 +”创富天地、台前县跨境电商园等园区建设，争创省级跨境电商示范园区；提升濮阳跨境电子商务产业园运营水平，推动跨境电商集聚发展。四是推动电商扶贫。用好电子商务进农村及电商扶贫资金，建设完善电商公共服务体系和物流体系网络，推动农特产品产业化发展、品牌化营销、电商化建设，不断扩大农特产品上行规模，实现农业增效、就业增加、农民脱贫。2019 年，全市贫困乡（镇）、贫困村电商网络覆盖率均达到 100%，吸纳贫困人员就业 5000 人。

5. 抓好现代物流

一是落实发展规划。围绕全市现代物流业转型发展规划，及石化能源、

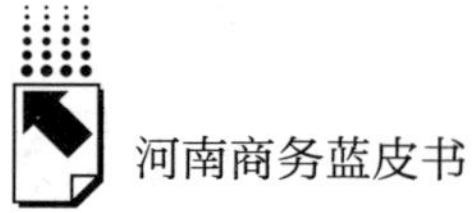

冷链、快递、电商物流等四个专项方案，谋划推动一批物流项目，提升物流业对产业发展的基础支撑。落实全省促进物流业转型发展政策措施，研究出台“濮阳市促进物流业转型发展的若干措施”，引导和支持物流业加快发展。二是培育引进龙头。培育本地龙头。鼓励引导中原大化、丰利石化、木伦河、百姓量贩等企业剥离内部物流业务，整合打造第三方大型物流企业。引进外来企业。争取京东、苏宁、申通等知名企业设立区域总部或分支机构，重点引进浙江传化集团、天津港集团等企业。三是加强项目建设。重点建设濮阳县汇源肉产品冷链物流项目、南乐县木伦河冷链物流园项目、南乐县电商仓储物流中心项目、台前县汽车配件电商仓储物流分拨中心项目等；谋划好全市快递（电商）物流示范园项目、区域天然气交易中心项目等。四是建立支撑体系。建立物流信息平台。引导物流园区、物流企业搭建第四方物流平台，对全市仓储资源、运力资源、货物信息进行有效整合和动态监测，提供货源与运力的精准推送、智能匹配服务。建立统计体系。建立石化能源、冷链、快递、电商物流统计体系，准确反映发展状况，为科学决策提供数据支撑。

B.32

2018～2019年许昌市商务发展回顾与展望

张巍巍　杜向伟*

摘　要： 2018年，许昌市坚定实施开放带动战略，深度融入“一带一路”，积极承接产业转移，招商引资、对外贸易、对德合作、电子商务、现代物流业发展等工作稳步推进、亮点纷呈。2019年，面临新的形势任务，许昌市将实行更加主动的开放战略，持续深化对德合作，不断提升开放招商水平，全力以赴稳外贸、稳外资、扩消费，努力开创商务工作新局面。

关键词： 开放招商　对外贸易　内贸流通　电子商务

一　2018年许昌市商务发展指标完成情况及特点

总体看，2018年，全市主要商务指标保持平稳增长，呈现出良好发展态势。

1. 实际到位省外资金情况

2018年，全市新增省外资金项目313个，实际到位省外资金508.7亿元，同比增长6.4%，完成年度目标的101.3%。其中：第二产业到资293.8亿元，占全市引资总额57.8%；第三产业到资205.9亿元，占全市引资总

* 张巍巍、杜向伟，许昌市商务局。

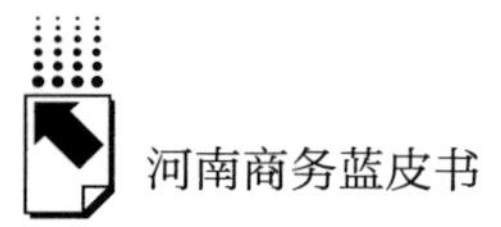

额40.5%。到位资金来自全国25个省（自治区、直辖市），广东注入许昌市资金最多，其他到位资金较多的省（市）依次是浙江、江苏、北京、山东、上海，六省市合计引进省外资金351.2亿元，占全市引资总额的69%。

2. 实际吸收境外资金情况

2018年，全市新设外资企业7家，实际吸收外资75868万美元，完成全年目标任务的100.8%，同比增长3.9%，境外资金主要来自香港地区，占全市吸收境外资金总额的80%左右。吸收外资的领域更为广泛，第一产业、第二产业、第三产业均有涉及。结构更为合理，从原80%以上集中在发制品行业，降到40%以下。

3. 对外贸易进出口情况

2018年，全市货物贸易进出口148.07亿元（含跨境B2C出口34.5亿元，平煤隆基进口设备1.46亿元），完成年度进出口目标的102.1%；同比增长8.55%，其中出口137.37亿元，同比增长7.45%；进口10.7亿元，同比增长24.7%。以人发、纤维发为主的发制品出口占比最大，共67.29亿元，占全市出口总额的48.98%，同比增长4.6%。服务贸易进出口总额14570万美元。

4. 社会消费品零售总额情况

2018年，全市社会消费品零售总额完成873.8亿元，同比增长10.1%。分城乡看，城镇实现零售额682.3亿元，增长9.9%；乡村实现零售额191.5亿元，增长10.9%。分行业看，批发零售业实现零售额703.3亿元，增长10.0%；住宿餐饮业实现零售额170.4亿元，增长10.5%。

5. 对外投资和对外承包工程情况

2018年，全市新增境外投资中方协议出资额9346万美元，完成年度目标的135.2%，其中新设立境外投资企业4家，境外投资企业增资4家，2018年，许昌市新增对外投资中方协议出资额9351万美元，资金主要投向美国、英国等国家和地区；全市对外承包工程完成营业额1654万美元。

6. 电子商务情况

2018年，全市电商交易额661.8亿元，同比增长16.8%，再创历史新高。全市跨境电商交易额18.6亿美元，同比增长25%。

二　2018年采取的主要措施和成效

1. 把开放招商作为发展引擎，推进力度持续增强

（1）开放平台建设稳步推进。积极申请设立保税物流中心（B型）获省政府批复同意，目前所有条件均已达到海关总署审批要求。建成许昌跨境电子商务查验中心，为中小企业提供专业、低成本的通关、外汇、退税及配套的物流和金融服务，已有中大门国际物流服务有限公司（EHL）、河南赛诚、文雅等13家公司入驻园区开展业务，2018年实现出口创汇1005万美元。围绕探索融入“空中丝绸之路”国家战略的具体路径，与国际物流企业林德国际物流集团合作推进许昌－帕希姆双跨经贸合作区建设，为企业“走出去”提供了更为便利的条件。

（2）齐心协力抓招商的氛围更为浓厚。在全市范围内实行“二分之一”工作法，市、县两级党政部门主要领导亲自带队外出招商，形成了市县联动、齐抓共管的开放工作格局，2018年，市、县主要领导累计带队外出招商120余批次，促成了一批战略性、前瞻性的合作项目。市委常委会、市政府常务会定期听取招商引资进展情况汇报，研究解决问题，安排部署招商引资重要事项。

（3）招商引资制度机制更为完善。制定了《2018年对外开放和“6136”招商引资行动计划》，谋划推介300个重点招商项目，推动60个已签约亿元以上招商项目落地；下发了《关于完善招商引资项目考核督导工作机制及建立招商活动拟签约项目库的通知》，从制度设计上明确行动目标，提升招商实效。严格落实督查考评，按照属地管理原则，落实重大招商项目推进机制，强化对招商项目“三率”的考核，对各县（市、区）招商引资工作实行“月通报、季排名、年度考核”，促进签约项目按期落地。

（4）经贸交流和招商活动成果丰硕。经贸交流活动方面，先后组织了外来投资企业家新春座谈会，参加了2018香港春节庙会“中华源·老家河南”、第二十届中国国际投资贸易洽谈会、第十五届中国－东盟博览会等活

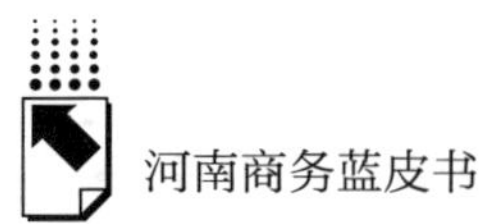

动。招商活动方面，除借助投洽会、三国文化旅游周等平台组织招商活动外，先后在北京、上海组织了承接京津冀产业转移、长三角地区产业转移等招商活动，引进了中农城投农产品直批电商综合物流园、中铁联运国储物流综合物流园仓储配送中心、正阳（许昌）通航科技小镇等一批重大项目。2018 年，全市共组织 7 次集中招商活动，签约项目 98 个，合同引资 1018 亿元，履约项目 84 个，开工 74 个，到位资金 224.8 亿元，履约率、开工率、资金到位率分别为 85.7%、75.5%、22.1%。

2. 把对德合作作为主攻方向，“走出去”成果喜人

坚持以对德经济技术合作为突破口，着眼破解发展瓶颈，推动产业转型升级，在政策支持、产业引导、平台搭建、项目服务等方面持续推进对德合作工作。2018 年，先后组织参与了中德（许昌）合作交流会、第六届中德城镇化研讨会、中德智能制造合作主题论坛、“一带一路”中德经济对话会等对德合作交流活动，接洽德国工商总会、德国奔驰设计公司、德国百菲萨钢铁公司、达姆斯塔特应用科技大学、史太白管理和技术中心有限公司、莫诺佩得罗斯有限公司等 23 家德国企业（机构）先后 13 次来许考察企业、对接项目。多策并举，促进了许昌与德国的经贸合作，效果逐步显现。2018 年 2 月，中德（许昌）中小企业合作区获得工信部的批准，许昌成为全国第八个也是全省首个获批的省辖市。晟丰科技有限公司引进德国西马克公司技术建成年产 30 万吨不锈钢六连轧生产线，该生产线是目前国内第四条、河南省第一条六连轧智能生产线，一期项目已投产，2018 年新增年销售收入 3.8 亿元。大森机电成功并购德国 GTA 公司，实现了自身品牌影响力提升和业务拓展双赢，2018 年 12 月德国 GTA 隧道设备运抵许昌，已在上海筹备成立了 GTA 中国隧道装备公司；德威科技获得了德国奔驰设计公司 5 亿元 30 万套镁合金汽车轮毂出口订单，产品首次进入欧洲市场，成为奔驰、宝马、保时捷等德系高端汽车的配套供应商；襄城县平煤隆基引进德国公司光伏电池组件生产专用设备及技术，既扩大了产品产能，又实现了生产线转型升级。截至 2018 年底，许昌市累计签约对德合作协议 61 个，落地 21 个，涉及投资合作、技术研发，设备引进、职业教育、城市合作等领域，其中

2018 年落地项目 10 个，签约项目 23 个，达成合作意向 27 个。

3. 把综合施策作为有效抓手，对外贸易回稳增长

聚焦外贸发展瓶颈，精准发力、综合施策，力促对外贸易扭转颓势，回稳增长。一是启动了发制品振兴计划。对发制品行业发展进行深入调研，有针对性地编制了《许昌市发制品振兴计划（2018～2021 年）》，着力解决发制品行业税收政策调整、环保压力大、汇率波动影响、自主品牌实力弱及融资难等共性问题。二是全力抓好出口平台建设。用好国家外贸转型升级基地（发制品）这一平台，积极开展基地规划、产业推广，基础设施建设等项目，推动许昌市发制品企业竞争优势由价格优势为主向技术、品牌等综合竞争优势转变。积极探索与全球贸易通、敦煌网在提升外贸企业服务，推广先进经营理念和人才培训等方面建立合作关系，推动发制品品牌化、国际化，提升出口业绩。三是助力开拓国际市场。及时发布境内外国际知名展会信息，为外贸企业开拓国际市场做好各项服务、引导支持企业有针对性地参加展览展销活动。2018 年共组织 80 余家外贸企业参加了第 123、第 124 届广交会，第 12 届中国河南国际投资贸易洽谈会、2018 年中国品牌商品（俄罗斯）品牌展、中国－亚欧博览会，中国－东盟博览会等国内国际知名展会，举办“一带一路”市场开拓新模式分享会，组团赴泰国参加在曼谷举办的 2018 东盟（曼谷）中国进出口商品博览会，举办了许昌品牌“一带一路”东盟行活动，达成合作协议和产品销售意向 8 个，为许昌市积极融入“一带一路”建设，参与国际市场竞争、吸纳新订单提供了强有力的保障。四是着力扩大进口。做好首届中国国际进口博览会参会工作，共组织 48 家企业和单位抵沪参会，采购商品涉及农产品、智能装备、服务贸易等多个领域，意向合同意向金额 356 万美元，为弥补许昌市出口短板积累了经验。

4. 把推动现代物流转型升级作为工作重点，内贸流通建设水平不断提升

（1）着力推动现代物流转型发展。先后成立了市现代物流重点产业转型发展工作领导小组及物流办，明确了分工，完善了机制，各项工作有序推进。2018 年，现代物流转型发展取得了阶段性成果，谋划、运作投资重点物流项目 41 个，计划总投资 687.8 亿元，相继开工建设 15 个，已建设投入

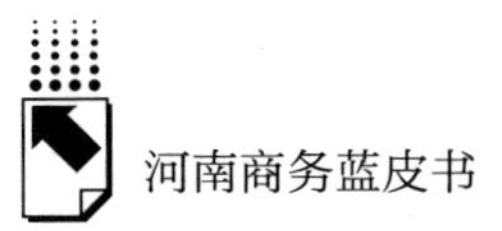

运营10个，“中鲜冷链活体保鲜产业链物流基地”、“万里综合物流产业园”及“鲜之达冷链加工配送中心”、“许昌群发冷链加工配送中心”等一批冷链物流项目相继开工建设。成功申报了省级物流标准化示范城市、国家级绿色货运配送示范工程创建城市、国家级供应链创新与应用试点城市，被确定为全省3个物流标准化示范城市之一。目前，许昌市冷链物流业发展走在全省乃至全国前列，快递物流和电商物流发展势头强劲，快递业务量每年以40%以上的速度增长，许昌物流业转型发展工作居全省第一方阵。

（2）着力推动传统服务业提升。持续开展品牌集聚区培育工作，禹州一峰城市广场被省商务厅确定为品牌集聚区，全市品牌消费集聚区累计达到4个。推荐岭云骨科和禹州十三碗2家企业为河南省老字号，此前，全市已有禹州“卢钧”和“盛天农业百年粉坊”2个“河南老字号”。积极引进大型商业综合体项目，许昌万达商业广场开业，谋划启动了一峰广场和天悦广场商业综合体项目，总投资18.5亿元。

（3）着力营造良好的消费环境。着眼提升依法行政水平，对职权清单、和工作流程进行了全面梳理，并组织了全市商务执法业务骨干培训，制定了《许昌市商务综合执法工作绩效考核办法》。加大成品油市场监管执法力度，全市共检查加油站300多家，抽取油样400多份，对违法经营的39家成品油零售企业立案调查，结案37起，实现罚没款41万元，有效净化了成品油市场。开展了汽车销售、二手车市场和汽车拆解企业的整治工作，共清理不合格二手车交易市场108家，督促金回物贸公司投资500多万对企业进行了升级改造。2018年全市共办理商务行政执法案件41起，结案39起，行政处罚45.4万元。

5. 把培育新型业态作为创新驱动，电子商务快速发展

出台了《许昌市电子商务专项规划（2018～2020年）》，开展电子商务示范企业创建活动，大力发展跨境电商和农村电商，取得扎实成效。一是跨境电商创新发展。创新海外营销模式，在美国、巴西主要出口市场设立了5个海外仓。建成全球发制品智能物流中心，引入杭州中通云仓科技有限公司运营，采用先进的“货到人”技术，实现海量订单并发，打造出扁平化的

全渠道新供应链物流模式。二是农村电子商务发展异军突起。长葛市被阿里巴巴评为2018全国农产品电商十强县第6位。以长葛市佛耳湖镇尚庄村、岗李村，大周镇和尚杨村、双庙李村等4个村为代表的“电商村”，网店数量发展到1200多家，线上年交易额突破17亿元，形成了全国知名的地标性、专营化、供应链体系完善的蜂业电商集群。建安区灵井镇霍庄村，从事社火道具、戏服加工并通过电商销售的有300多户，占全村户数的70%以上，年销售额超百万元的电商有上百户，年销售总额超亿元。三是电商扶贫扎实推进。全市共建成4个电商公共服务中心，提供技术支持、培训孵化、产品对接、品牌建设、策划包装、美工客服、代运营等专业服务。在有条件的建档立卡贫困村建成179个电商服务点，提供代买代卖、便民缴费、物流快递、信息流通、农产品进城和工业品下乡等服务。大力开展免费的电商扶贫培训，全年共免费培训建档立卡贫困户691人，轮训乡镇村干部7764人，培育电商带头人107人，分别完成年度目标的115.1%、100.5%、115.8%。

三 2019年商务发展展望及指标预测

2019年，商务工作面临的形势更为复杂严峻，不确定更大、风险挑战更多。从外部环境看，中美贸易摩擦博弈对全球经济影响深远，对外贸易面临很多不可预料的风险挑战；招商引资区域性竞争日趋激烈，一些中高端制造业向发达国家回流，东南亚各国更廉价的劳动力资源和更优惠的招商政策，加大了利用外商直接投资的难度；经济下行的压力仍然存在，居民增收困难，2019年消费增速有继续趋缓的可能。从许昌情况看，还存在引入外资项目、带动力强的大项目偏少；外贸传统优势弱化，新的增长点尚未形成规模，进出口增长不理想；在推动消费结构升级方面手段不多，成效不明显等方面的问题。

同时，商务工作也面临着一些新的难得发展机遇和有利因素。从外部空间看，国家开放的大门越开越大，加快构建陆海内外联动、东西双向互济的开放格局，这为许昌融入“一带一路”，深化对德合作，拓展国际市场，提

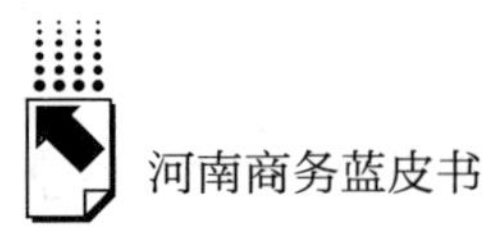

供了更大舞台。从内部情况看，在郑许一体化上升为省战略的大背景下，随着郑许市域铁路建设加快实施，交通、产业、生态、平台、功能、空间“六大对接”深入推进，有利于发挥郑许区位毗邻、战略设施共享、主导产业互补等基础优势，许昌发展的空间更广阔、动力更强劲、优势更明显，势将为许昌的招商引资、扩大市场带来利好，加快高效发展。

综合以上因素，2019 年预期目标：全市实际利用外资、实际到位省外资金增长 3% 以上，对外贸易进出口增长 8%，社会消费品零售总额增长 10% 以上，电子商务和跨境电子商务交易额增长 20% 以上，对外直接投资和对外承包工程及劳务合作有序稳定发展。

四　2019年商务发展对策

着眼利用国际国内两个市场、两种资源，坚持问题导向，破解发展瓶颈，秉承谋长远、打基础、通渠道、搭平台、建机制、求实效的理念，重点推进以下工作。

1. 加快推进开放平台建设

抓住河南省建设郑州航空港经济综合实验区、郑洛新国家自主创新示范区、河南自贸试验区、跨境电商综合试验区、大数据综合试验区等“五区联动”机遇，主动融入，积极申建河南自贸区许昌联动区，持续推进许昌跨境电子商务综合试验区、许昌 - 帕西姆“双国双园”合作区建设，力争保税物流中心（B 型）早日获批，搭建高质量发展平台。完善许昌海关监管查验中心平台功能，创新运营模式，为跨境电商企业提供便利、快捷的通关服务，吸引跨境电商和物流企业集聚，形成规模效益，尽快做大发制品等特色产品跨境电商出口业务，努力打造成全省的亮点。扩大开放合作领域。贯彻落实国家大幅度放宽市场准入部署，全面落实准入前国民待遇加负面清单管理制度，稳步扩大金融业开放，持续推进服务业开放，深化农业、制造业开放，加快电信、教育、医疗、文化等领域开放进程。

2. 切实提升招商引资质量水平

一是搞好招商顶层设计，制订好招商引资行动计划，谋划好重大招商项目和招商活动，完善招商拟签约项目库，为年度招商引资工作打好基础。二是创新招商方式。深化与各类贸易投资促进机构、知名商（协）会和中介机构的对接，切实发挥异地许昌商会的作用，建立重点客商资源库，紧盯世界500强企业、知名跨国公司和行业龙头企业，组织专业招商小分队开展针对性招商。推动增资扩产、境外上市、并购投资、许商回归投资等多种方式的投资合作。坚持引资与引智引技相结合，支持跨国公司区域总部、各类功能性机构、外资企业研发中心落户许昌市。三是办实办好重大经贸活动。按照精简、节俭、务实、创新的原则，谋划举办主题突出、彰显特色的专题招商活动，打造开放招商品牌，提升对外开放形象。积极组织参加国家、省举办的重大经贸活动和本市节会招商活动，组织在长三角、京津冀等地区由市政府主办、相关县（市、区）承办的专题招商活动。四是强化项目落地。加强招商项目台账管理，坚持月通报、季排名、年终考核工作制度，及时协调解决重大项目推进中存在的问题，切实提高合同履约率、资金到位率和项目开工率。

3. 持续深化对德合作

继续围绕推进“三个20”的对德合作目标，在加强与鲁道夫沙尔平公司的对接合作基础上，积极与贸促会、德国工商大会、林德集团、德国中国研发创新联盟等相关机构密切联系，发掘整合资源，拓展合作渠道。谋划好对德经济合作系列活动，组团参加德国韦茨拉尔光电展、“一带一路”经济对话会，邀请德国拉恩迪尔区参加4月份许昌三国文化旅游周，10月14~15日组团参加“一带一路”经济对话会。进一步深化拓展对德合作领域，不断推进许昌与德国方面在智能制造、职业教育、节能环保、现代农业、健康养老等方面的合作，促进合作向纵深发展，打造河南省中德合作的典范。

4. 着力打造外贸发展新动能

大力培育新的外贸增长点。用足用好各项支持政策，加大行业引导及政策支持，扶持龙头企业开展品牌培育、产品研发和市场开拓，进一步扩大机电产品、农产品、纺织品等商品的出口份额。鼓励许昌市装备制造、食品加工、能源电力、人造金刚石、电动汽车、生物医药等特色优势产业扩大出口，增加出口后劲。积极争取市场采购贸易试点城市，打造功能完善、辐射周边、内外贸一体化的许昌国际发制品交易市场。推进实施“许昌市发制品振兴计划”，促进发制品产业升级，确保在稳定存量的基础上，不断扩大外贸出口增量。认真做好境内外展会信息的发布工作和参会企业的组织工作，鼓励企业加大对“一带一路”沿线国家和欧盟、拉美市场开拓力度，引导中美贸易摩擦涉案企业加快开发替代市场。有效扩大进口，鼓励许昌市外贸企业开展先进技术设备、关键零部件等产品的进口，组织企业做好境内外进口博览会的参展、洽谈与采购活动。

5. 继续推动现代物流业转型发展

编制《许昌市现代物流业发展空间布局规划》，对各类物流基础设施全面进行定点、定范围、定功能等空间布局规划，强化规划引领，逐步改变许昌市物流业发展“小、散、乱、弱”状况。突出抓好项目谋划、引进、落地，有针对性地与国内外知名物流企业对接洽谈，吸引他们到许昌投资布局物流项目。以省级物流标准化示范城市、国家级绿色货运配送示范城市、国家级供应链创新与应用试点城市为抓手，统筹利用好各项扶持政策，形成政策合力。采取政府与企业合作方式，逐步构建起集冷链物流全程监控、产品质量安全追溯、供应链金融、企业征信等多功能为一体的现代智慧供应链大数据公共平台。

6. 大力发展电子商务

突出推进许昌跨境电商综合试验区建设，筹办发制品全球跨境电商大会，并推动大会永久落户许昌。大力推进跨境电商公共服务体系建设，完善跨境电商培训孵化平台和综合园区功能，指导推动企业创新海外营销模式，在主要出口市场设立海外仓、体验店、展览展示中心。积极探索跨境电商B2C模式出口数据还原，保持和扩大跨境电商在全省的领先地位。深化电商进农村综合示范创建工作，完善电商扶贫公共服务体系，新增一批电商扶贫企业和基地，使贫困人口利用电商创业就业和脱贫致富能力不断增强。积极申办“许昌原产地商品旗舰店”，对接用好天猫优品网络销售平台，鼓励发制品、蜂产品、中药材、钧陶瓷、花卉苗木、民俗工艺品、机械制造、特色食品、再生资源等特色优势产业，利用电子商务改造传统营销渠道，加快向需求导向型和线上线下融合转变，带动许昌市特色产品外销。

B.33
2018～2019年漯河市商务发展回顾与展望

田梦霖*

摘　要： 2018年，漯河市商务局以开放带动为主线，着力增优势持续招大引强，补短板拓展对外贸易，抓亮点发展电子商务，促消费扩大商贸流通，求突破筹办食博盛会，出重拳规范市场秩序，商务工作成效斐然，多项指标走在全省前列，圆满完成了各项任务。

关键词： 漯河　开放招商　电子商务

一　2018年漯河市商务发展指标完成情况及特点

（一）利用境外资金

全市实际利用境外资金9.4亿美元，总量居全省第5位；同比增长4.1%，增幅居全省第3位。

（二）利用市外境内资金

全市实际利用市外资金342.5亿元，同比增长6.6%，其中实际利用省外资金255.7亿元，同比增长6.2%，增幅居全省第7位。

---

* 田梦霖，漯河市商务局。

（三）对外贸易进出口

全市进出口总量62.6亿元，同比增长18.6%，高于全省平均水平13.3个百分点。

（四）社会消费品零售总额

全市社会消费品零售总额580.2亿元，同比增长10.6%，增幅居全省第6位。

二 2018年采取的主要措施

（一）多策并举，招商引资成效显著

漯河市坚持把招商引资作为商务工作的重中之重，通过强力抓对接、抓质量、抓落实，招商引资高潮迭起，成果丰硕，为全市经济高质量发展提供了强大动力。一是精心谋划系列活动抓对接。相继在全市策划开展了“新春招商大走访”、“招商引资百日会战”、河南投洽会、漯河食博会等系列招商活动，促成建泰科技工业小镇、福贞金属包装及食品饮料生产等一批重大项目签约落地。二是创新招商机制抓质量。出台了《2018年漯河市开放招商实施意见》，召开全市开放招商大会，对招商成效突出的县区、部门、招商机构、企业及个人表彰奖励，激发了全市上下的招商热情；建立重大活动签约项目预审评估机制，严把招商项目落户评审关，对签约项目的发展前景、经济效益、税收贡献、投资强度等进行科学分析，有效提高了项目质量；探索创新市场化招商机制，出台《漯河市驻北京招商联络处公司化改革实施方案》，指导组建了北京沙澧商务文化发展有限公司，市场化招商体制改革走在了全省前列。三是强化过程管理抓落实。修订完善了《漯河市招商引资工作考评办法》，把考核权重的75%重点放在项目“三率”落实上，进一步明确了考核导向，切实提高了招商质量；制定下发了《关于对

全市开放招商及签约项目跟踪落实情况专项督查的工作方案》，组成专项督查组，按照“月查看、季督导、年末总评”等方式，重点围绕重大活动签约项目开展长效督查、定期通报；建立了签约项目推进台账，分级分包、责任到人，督促责任主体密切与投资方沟通联系，排查制约项目推进中存在的困难和问题，有力了推动签约项目快速转化落地。2018 年漯河市新签约亿元以上项目 96 个，投资总额 386.5 亿元，其中超 10 亿元重大项目 23 个，国内外 500 强、行业龙头、知名品牌企业投资项目 29 个。漯河市招商引资工作得到省开放办、省商务厅高度评价，多次刊发专期简报全省推广漯河经验。

（二）探索创新，食博会市场化运营广获赞誉

精心策划举办第十六届食博会，成立综合服务协调委员会，择优比选确定了运营公司，积极推进市场化改革，在会展业探索创新方面走在了全省乃至全国的前列，受到了各方赞誉。本届食博会，共吸引全国 22 个省（自治区、直辖市）和法国、俄罗斯、加拿大、马来西亚等 25 个境外展团的 800 多家企业参展，展品种类达 5 万多种，一批新产品、新技术在本届食博会上首次亮相；共有 600 余名重要投资商到漯考察、对接合作项目，组织专题产业对接活动 18 场，达成投资合作项目 50 个，投资总额 221.5 亿元；达成贸易采购合同总金额 403.65 亿元，比上届食博会增长 15.2%，凸显了食博会促进交易、拉动消费的经济效益和社会效益。先后荣获中国会展产业发展大会“改革开放 40 年 40 个品牌展览会”和“2018 年度中国十佳特色展览会”，为全省会展业增添了浓彩。

（三）强化服务，对外贸易难中求进

进一步增强服务意识、完善服务措施、提升服务实效，强力推动对外贸易扩量提质。协调帮助 3515、旺旺、双汇等外贸企业及时挽回了 3000 多万元经济损失；邀请郑州大学教授就当前外贸形势进行授课，帮助企业有效应对中美贸易摩擦，坚定了企业扩大出口的信心和决心。对各县区商务局下放

了对外贸易经营者备案登记工作权限，进一步提升了贸易便利化水平。积极协调争取春秋两季广交会摊位62个，比2017年增加14个，参展企业数及展位数均创历史新高；自主举办了赞比亚、尼日利亚、南非等16个非洲国家的使节代表参加的16国商务峰会暨经贸合作签约仪式，非洲成为漯河市第一大出口市场，《河南日报》专版报道，有效提振了企业开拓国际市场特别是“一带一路”沿线市场的积极性。抢抓机遇设立了欧洲企业服务网络华中中心河南办公室漯河联络处、中国－马来西亚联合商务理事会联络办公室漯河联络处，目前全省仅有5家省级联络处，为企业进一步拓展欧洲和东南亚国际市场搭建了良好平台。2018年全市新增塔吉克斯坦、阿塞拜疆等18个出口市场，新增备案企业103家，新增有进出口业绩企业67家，提前超额完成市定目标任务。广泛宣传推广首届中国国际进口博览会的重要意义，组织双汇、3515等40多家企业参会，水骑士户外用品有限公司等18家企业与来自美国、日本、德国、南非等26个国家的42家参展商达成采购协议，意向金额3446万美元，省商务厅先后3次对漯河市组团参会情况给予通报表扬，荣获首届中国国际进口博览会全省先进单位。

（四）促进消费，商贸流通繁荣稳定

认真做好元旦、春节、国庆节等节日保供，促进市场繁荣稳定。加强市场运行监测，全年共发布商务预报信息572条，及时反映商务动态，年度市场运行监测综合排名位居全省第6，受到省厅通报表扬。积极支持餐饮企业争创河南老字号、豫菜品牌示范店等服务品牌，累计获批4家省级“平安商场”；培训各类家政服务人员450余人，有力推动了商务领域现代服务业提档升级。积极推进“互联网＋商业”融合发展，目前漯河市500多家餐饮门店通过线上平台实现年均利润超过1亿元，大商新玛特和千盛百货通过“天狗”电商平台共实现连带交易销售额6.13亿元，同比增长34.5%；双汇商业连锁68家门店开通“万家便利”电商平台，实现销售462万元，同比增长29.77%，有力拉动了内需消费。突出抓好双汇物流数字化冷链网络平台等重点项目建设，出台现代物流业“一规划三方案”系列政策文件，

指导双汇集团获批国家级供应链创新与应用试点企业，筛选上报省商务厅13个物流重点项目，总投资92.9亿元，为下一步争取资金扶持提供了良好条件。精心指导物流企业转型发展、提质增效，双汇物流投资有限公司、河南大象物流有限公司、金顺物流有限公司等三家企业入选中国冷链物流企业百强，占到全省7家入选企业的半壁江山；双汇物流投资有限公司、广远鲜活快运有限公司、广通运输有限公司等10家物流公司入选全省物流企业50强，占全省总数的1/5，入选企业数位居全省前列，其中双汇物流投资有限公司排名第2。在第十二届中国冷链产业年会上，漯河市受邀专题推介了冷链物流业发展现状、取得成效、布局规划和三个重点项目，国家级新闻媒体——《现代物流报》作了重点报道。

（五）突出亮点，电子商务加速发展

积极指导重点电商园区扩大规模、健全功能，集聚效应日益凸显。中国（漯河）电子商务产业园入驻阿里巴巴国际站、yes！众创空间、食安天下等电商及配套企业264余家，2018年园区线上交易额59.4亿元，同比增长12.39%，顺利通过商务部评审达到国家级电子商务示范基地标准，综合得分位居全省第一。注重扶持本土电商做大做强，培育出9家省级电商示范企业和33家市级电商示范企业，南极舰童装、自由战士户外服饰、昌盛童车、三莎舞蹈鞋等一批本土品牌成为网络热销品牌，为全市电商产业高质量发展奠定了扎实基础。大力推动“互联网+工业”，全市100家主要工业企业中近2/3的企业应用知名电商平台开设了网上店铺，双汇集团、利通液压等企业自主开发建设了行业性电商平台，有效促进了传统工业转型升级。如平平食品的辣条品牌“卫龙”先后入驻天猫、京东、1号店、淘宝商城等电商平台，网上销售额占总额的30%以上，2018年企业纳税超过3亿元。全力整合孵化跨境电商，B2B企业达到60多家，B2C企业达到300多家，跨境电商规模快速扩大，成为漯河市外贸进出口新的增长点。同时，我们积极促进电商与快递物流融合发展，形成以顺丰、百世、韵达、中通、圆通等分拨中心为核心，其他快递物流品牌区域分拨中心渐次向中国（漯河）电子商务

产业园区集聚的良性格局。目前漯河市日均快递中转量达150万单，带动全市1700多家实体企业开展电商业务，带动创业就业1万多人，成为仅次于郑州的全省第二大快递分拨中心，为打造豫中南区域性物流中心奠定了扎实基础。

（六）重拳出击，市场监管扎实有效

持续加强成品油市场管理，集全局之力攻坚商务领域环境污染防治，共出动执法人员186人次，车辆47台次，排查加油站285座次，强力督导9家死灰复燃的非法加油站（点）和7家超范围经营加油点整改到位。督促指导全市139座加油站进行双层罐防渗改造，改造完成率和环保备案率均达到100%，位居全省前列，受到全省水污染防治攻坚工作电视电话会通报表扬，为全省商务领域环保攻坚做出了漯河贡献。认真做好典当、拍卖行业风险排查，杜绝违规现象发生。积极开展餐饮、医药、美容美发等行业“双随机、一公开”抽查活动和汽车销售市场专项执法百日行动“回头看”。联合相关部门清理整顿107国道附近废旧汽车拆解窝点，成功取缔了5处长期盘踞进行非法废旧汽车拆解的窝点。持续开展“诚信兴商宣传月”和“信用消费进万家主题日”活动，进一步规范了商务领域市场发展秩序。精心指导运营维护肉类蔬菜流通追溯体系，项目整体运行平稳，各个节点上传追溯数据263.3万余条，上传中央平台242.4万余条，报送数据情况和节点企业运行情况良好，受到商务部通报表扬，并将漯河市肉菜追溯数据自动传输系统工作经验在全国复制推广，受到了市长刘尚进的高度评价。

（七）精准发力，电商扶贫成效明显

精心制定了《漯河市电子商务扶贫方案》，积极争取市级财政扶持资金100万元用于电商扶贫，精准扶贫成效明显。共建成县级运营服务中心6个、县级电商仓储物流配送中心4个、乡镇级电商公共服务中心22个、村级服务站540个，不仅实现了网货下乡和农产品进城的双向流通，还使虚拟电商真正走进农家，帮助贫困户创业致富。2018年全市共开展各类电商培

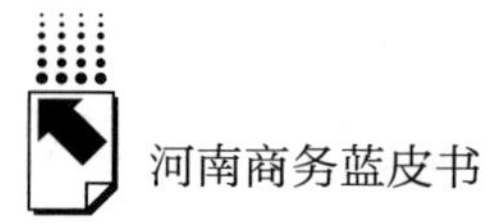

训90余场次，培训人员5368余人，出动宣传车辆185辆次，印发宣传材料3.7万余份，指导开设个人和企业店铺达到1000多家，带动就业、创业农民3000多人，农村电子商务从业人员近万人。培育出临颍四合商贸、舞阳波宏农业、漯河群创电子商务有限公司、自由战士、亿峰动力等10多家电商扶贫试点企业，吸纳建档立卡贫困人数达364人，促进农产品上行998万元，有效帮助了广大农民脱贫致富。指导舞阳县成功申报省级电子商务进农村示范县。成功推荐3名电商扶贫带头人入选全省100名优秀电商扶贫带头人名录，漯河市电商扶贫工作经验被省商务厅汇编成册全省推广。

（八）改革创新，自贸区协同发展成效初显

联合商务部国际经贸研究院，积极借鉴河南自贸区160项改革试点任务，研究编制了切合漯河市实际的《漯河市与中国（河南）自由贸易实验区协同发展方案》并向市政府报告，提出了政务协同、贸易协同、投资协同、金融协同、产业协同和战略协同等六个方面的98项改革事项，为今后进一步优化营商环境提供了良好条件。积极提高商务领域“互联网+政务服务”办事效率，19项行政审批全部实现了网上办理，并达到三星办理标准；进一步优化办事流程，自2018年7月1日起，实现了外商投资企业备案与工商登记“一口办理”，外商投资便利化水平得到进一步提升，吸引了世界500强——新加坡丰树集团在漯投资建设丰树物流园。完成了市、县（区）两级商务部门10项“三级十同”事项的梳理并上传河南政务服务统一工作平台，为今后实现“一网通办”前提下“最多跑一次”奠定了良好基础。

三　2019年商务发展对策

（一）积极融入全省对外开放新格局

积极发挥漯河市的比较优势，坚持以大开放引领大发展，深度融入省商

务厅提出的协同构建“五区联动、四路并进”开放新格局，在推动自贸区协同发展、跨境电商、口岸等方面与其互联互通、优势互补，加快创新制度实施和复制推广，逐步推动由商品和要素流动型开放向规则等制度型开放转变，促进全方位高水平开放。认真贯彻落实省政府关于扩大开放、积极有效利用外资、外贸转型升级、优化营商环境三年行动方案等系列政策文件，结合漯河实际，尽快研究出台相关政策措施，进一步营造国际化便利化法治化营商环境，让投资者感受到漯河亲商安商的浓厚氛围。指导漯河经开区加快推进“证照分离”改革试点，积极复制推广自贸试验区成功经验，不断创新提升。强化各级经开区考核激励，指导临颍经开区、舞阳县产业集聚区积极创造条件，争取升级为国家级和省级经开区。

（二）强力实施招商引资“四大行动”

一是开展“双节”大招商行动。在第一季度，抢抓岁末年初大企业大财团研究制定下年度投资战略规划的关键时机，突出“四个重点”，开展“双节”大招商活动。重点拜访已在漯投资的企业总部高管，推动其扩大投资、新上项目；重点拜访已签订投资意向、框架协议的知名企业高层，推动其尽快签订正式合同；重点拜访已签约项目企业高管，推动项目早日开工落地；重点邀请一批国内外500强、行业龙头企业、知名品牌企业高层及境内外知名商协会负责人，来漯实地参观考察、对接洽谈项目。

二是开展招商引资百日会战行动。在第二季度，围绕高质量办好第十三届中国（河南）国际投资贸易洽谈会和第十七届中国（漯河）食品博览会，组织各县（区）、功能区及市直有关部门围绕食品、装备制造、医药化工、电子信息、现代服务业等重点发展产业，瞄准京津冀、珠三角、长三角、闽东南等重点招商区域，持续开展一系列高规格、大密度、针对性强的拜访、推介、对接、洽谈活动，确保在客商邀商、项目对接、签约项目等方面取得新的更大的成效。

三是开展驻地招商竞赛行动。在第三季度，以市、县（区）两级驻外招商机构为主体，紧盯“知名商协会、龙头企业、重大项目”，通过驻地招商“大比拼、大检阅、大锻炼”，确保实现“五个一”的目标任务，即推介一批重点招商项目、联系一批知名企业、收集一批有价值的招商信息、达成一批投资意向、签约一批高质量项目。

四是开展项目落实攻坚行动。在第四季度，以抓签约项目“三率”、抓项目落地为主题，在全市掀起“大回访、大服务、大建设”热潮。继续实行签约项目市县区领导分级分包制度，完善“五个一”工作机制：“一个项目、一名领导、一套班子、一个台账、一抓到底”，通过各级领导回访企业总部、拜访公司高层、深入项目工地，协调解决实际困难和问题，着力推动一批重点项目加快落地、开工建设、投产运营。

（三）充分利用好国家和省级平台招大引强

利用好国家级和省级重大经贸活动期间重量级客商云集的有利时机，提前谋划好漯河专题活动，增强参会的针对性，努力对接、引进一批大项目、好项目特别是外资项目，提高借会招商的实效性。积极组织参加 2019 香港企业家春茗活动、第十三届中国（河南）国际投资贸易洽谈会、豫港澳经贸交流活动等系列经贸洽谈活动，组织开展 2019 豫台经贸交流活动，在京津冀、长三角、珠三角地区开展系列招商活动，并组团参加第十一届中国中部博览会、“一带一路”投资大会暨 2019 厦门国际投资贸易洽谈会等国家级重大经贸活动。

（四）精心打造更具漯河特色的食博盛会

通过高水平、深层次的市场化运作，力争本届世博会参展的行业百强、知名品牌企业突破 100 家，特装展位比例达到 70%；不少于 25 个国家和地区的境外企业参展，有明确意向的采购团组 50 个以上，注册专业观众达到 1.2 万人以上，贸易采购额同比增长 5% 以上；邀请一批具有合作意向的重量级客商参会，投资项目签约金额取得新突破。继续深化与中国食品工业协会、中国商业联合会、中国食品和包装机械工业协会等国家级行业协会、高层次科研院所的合作，争取更多的权威性行业信息、技术信息、贸易信息在食博会上发布，把食博会打造成为全国食品行业专业信息的“晴雨表”和“风向标”，持续增强漯河作为首家中国食品名城的美誉度和影响力，树立行业标杆，为全国食品产业高质量发展增光添彩。

（五）加快建设现代物流强市

大力推进实施《漯河市物流业转型发展规划（2018～2020年）》《漯河市物流业转型发展三个工作方案》等政策文件，提请市政府尽快出台相关扶持办法，营造现代物流业加快转型发展的浓厚氛围。把冷链物流、快递物流、电商物流作为重点环节，以重点突破带动物流业转型发展全面推进。大力发展冷链物流，着力构建“全链条、网络化、严标准、可追溯、新模式、高效率”的冷链物流体系，满足居民消费升级需求。积极培育更多的冷链物流领军企业，继续领跑全省，争创全国冷链物流中心。大力发展快递物流，完善快递物流网络，加快建设辐射全国、联通世界、绿色智慧、服务优质、安全高效的快递物流服务体系，争创全国快递示范城市。大力发展电商物流，加快电商物流网络布局和标准化、信息化建设，推进电子商务与快递物流协同发展，打造中部地区电商物流重要节点城市和豫南地区网购商品集疏分拨中心。按照时间节点扎实推进省级商贸物流标准化试点城市建设各项工作，大力提升漯河市商贸物流标准化、智慧化水平，有效降低社会物流成本，争取创出漯河特色经验，成为河南标准。

（六）进一步发展壮大电商产业集群

充分发挥双汇集团、平平食品等食品龙头企业的带动作用，引领更多的传统食品企业及上下游产业转型电子商务，不断巩固和扩大漯河市食品电商产业领先优势。依托召陵区、源汇区食品生产批发产业集聚地资源，积极构建线上线下高度融合的食品电商专业市场，不断壮大食品电商产业集群。大力扶持南极舰、自由战士、侠行客等本土电商品牌提档升级，进一步做大做强户外服饰、童装、童车、舞蹈鞋等本土电商产业。充分发挥东兴电商园的引领作用，扶持其不断完善提升、扩大规模，努力打造成为全国电商产业的

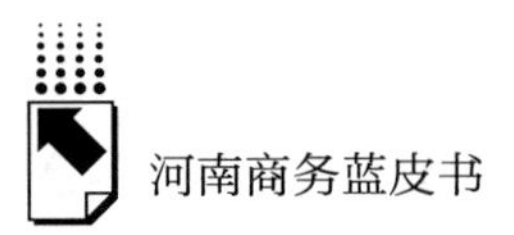

亮丽名片。指导推动天衡机械工业园、亚力太跨境电商园、漯河电商大厦等企业加速规划建设、提升服务功能，积极争创省级电商示范基地。依托本土连锁商业零售企业、龙头物流企业、居民服务企业及电商企业，选择基础比较好的郾城区、源汇区积极开展电子商务进社区试点，努力培育1～2个集网络购物、商品代收、智能终端配送、家庭服务等功能于一体的电子商务示范社区。要抓好《电子商务法》学习宣传实施，促进电商行业规范发展。

（七）想方设法促进对外贸易稳定增长

重点关注双汇、3515、桂馥农业、鸿泽服饰等进出口大户，指导帮助其不断增强出口产品的国际竞争力；重点帮扶利通公司、南街等有出口潜力企业，不断扩大出口规模。积极组织企业参加广交会、亚欧博览会、东盟博览会等境内外知名展会，引导企业大力开展跨境电商，提升国际化经营能力，不断开拓更多的出口市场特别是“一带一路”沿线市场。努力引进一批大型生产型外贸企业尤其是加工贸易企业和外贸综合服务企业，为持续扩大出口规模夯实基础。大力实施出口品牌战略，引导漯河市更多企业申报国际知名品牌、开展产品质量认证、境外商标注册等，努力培育一批具有较强国际竞争力的本土国际知名品牌，促进对外贸易可持续发展。紧抓国家鼓励进口、降低关税等有利时机，以进博会为契机引导企业积极扩大进口。提请市政府尽快出台鼓励进口的优惠政策，促进漯河市进出口均衡发展。

（八）大力推动商贸流通转型提质发展

大力引导推动传统商贸流通企业实施“互联网＋”，不断推进消费升级，满足人民群众个性化、多元化、差异化消费需求。继续做好市场监测工作，保持全省先进位次。加强商务预报信息发布和分析材料撰写，积极引导城乡居民消费，实现社消零总额持续平稳增长。支持企业积极争创“河南老字号”、豫菜品牌示范店和省级绿色餐饮示范企业、绿色商场（超市）、平安商场，努力争创1～2个省内领先水平的高品位步行街。结合新型城镇化建设，在中心城区新建或改造一批便民服务中心、农贸超市、街区生活服务集聚中心，新建或改造完善一批乡（镇）生活综合服务中心，不断促进城乡便民消费服务。大力实施乡村振兴战略，指导临颍县深入推进电子商务进农村综合示范工程，推动舞阳县抓紧出台与省级电子商务进农村综合示范县配套的资金、金融、土地、税费等政策措施和文件，切实打通两县农产品上行通路，积极与电商扶贫相结合，确保取得实效。

（九）持续规范商务领域市场秩序

持续开展成品油市场专项整治，严厉打击“黑加油站（点)”和“非法流动加油车”，不断净化全市成品油市场。开展“诚信兴商宣传月”和“信用消费进万家主题日”活动，实施商务领域市场主体守信激励和失信惩戒，每年组织评选一批“诚信企业”和“诚信之星”。对汽车销售、废旧汽车拆解、单用途商业预付卡、外商投资、外派劳务、商业特许经营、典当拍卖、家庭服务等行业，全面实行“双随机一公开”抽检。加快建设先进适用的漯河市重要产品追溯管理平台，满足除肉菜产品外的其他重要产品多品类、全流程追溯需要。

B.34
2018～2019年三门峡市商务发展回顾与展望

张恒恺*

摘　要： 2018年，面对错综复杂的国内外形势，特别是中美经贸摩擦的严峻挑战，三门峡全市商务系统在市委、市政府的坚强领导下，坚持以习近平新时代中国特色社会主义思想为指导，全面贯彻党的十九大精神，团结一心、迎难而上，打了不少硬仗，圆满完成了各项任务，招商引资成效明显，对外贸易增幅领先，引进资金稳定增长，消费升级进中向优，对外合作势头良好，商务高质量发展迈出了新步伐、取得了新成绩。

关键词： 招商引资　消费升级　精准扶贫

一　2018年全市商务发展情况

2018年，面对错综复杂的国内外形势，特别是中美经贸摩擦的严峻挑战，三门峡全市商务系统在市委、市政府的坚强领导下，坚持以习近平新时代中国特色社会主义思想为指导，全面贯彻党的十九大精神，团结一心、迎难而上，打了不少硬仗，圆满完成了各项任务，商务高质量发展迈出了新步伐、取得了新成绩。

* 张恒恺，三门峡市商务局。

一是招商引资成效明显。全市共签约招商项目 136 个，总投资 884.71 亿元。其中，亿元以上项目 126 个，履约项目 125 个，开工 99 个，累计到位资金 240.31 亿元。

二是对外贸易增幅领先。全市进出口完成 111.51 亿元，总量全省排名第 7 位，同比增长 38.91%，增速全省排名第 3 位，完成省定目标 81.95 亿元的 136.08%，完成目标全省排名第 3 位，提前三个月完成全年目标。全市跨境电商交易额 56.3577 亿元，完成目标任务 33.2349 亿元的 169%，全省排名第 6 位。同比增长 71%，全省排名第 8 位。全市服务贸易累计 8016.61 万美元，同比增长 51.73%，增速全省排名第 1 位。

三是引进资金稳定增长。全市累计新批合同外资项目 5 个，合同利用外资完成 4.01 亿美元，同比增长 125.6%，全省排名第 5 位；实际吸收外资累计 11.1438 万美元，同比增长 3.3%。全市省外资金累计完成项目 117 个；实际到位累计完成 401.8 亿元，同比增长 5.4%。

四是消费升级进中向优。全市社会消费品零售总额 533.74 亿元，同比增长 10.7%，全省排名第 6 位。全市批零住餐实现商品销售额分别实现 518.2 亿元、659.1 亿元、24.3 亿元、92.9 亿元，同比增长 11.5%、13.4%、12.1%、14.1%，分别列全省第 1 位、第 5 位、第 3 位、第 10 位。全市电子商务交易额 366.3 亿元，其中网络零售额 61 亿元。

五是对外合作势头良好。全市对外承包工程及劳务营业额完成 2426 万美元。全市外派劳务共派出 1170 人次，同比增长 31%。

二 2018年商务工作主要措施及成效

（一）开放招商成绩斐然

一是扩大开放步伐。积极落实国家关于有效利用外资若干政策的要求，出台了《三门峡市人民政府关于促进外资增长的实施意见》，为外资企业提供了更为宽松的政策准入和良好的制度保障。二是创新方式方法。充分发挥上海、深圳驻外联络处的作用，聚力开展产业招商、以商招商、以资招商、商协会招商等，与中国黄金协会签订战略合作框架协议，有效推动全市黄金产业转型升级发展；提请市政府聘请商协会代表作为全市招商顾问，利用自身优势参与三门峡的招商引资、宣传推介等工作，开辟了招商引资工作新渠道、新路径。三是央企合作实现新突破。成功引进了航天建设集团、中车集团、法国电力等央企及国内外500强企业，签约落地央企合作项目9个，总投资108.8亿元，占签约项目总投资的12.3%。在峡央企贡献了全市规上工业主营业务收入的9%，总产值的7.7%，增加值的4%，工业增值税收入的11%。四是聚力"招才引智"。落实招商引资和招才引智同频共振，举办"引资引智"交流推介大会暨项目签约仪式，进行人才引进政策专项发布。建立了三门峡人才信息库App，入库人才667人，高效推动三门峡高层次创新创业人才（团队）引进力度。

（二）电子商务蓬勃发展

构建"产业园区+电商平台+跨境电商平台+综合服务平台"的"1+3"电商发展新模式，引导电商企业全方位立体化发展。成功举办6批"峡客工厂"入驻项目说明会。累计培育电商企业90余个，孵化创业团队46个。农村电商全面覆盖。促进阿里巴巴、腾讯、京东等16家电商平台网点建设，实现了农村电商市、县、乡、村四级全覆盖，提高农产品上行综合服务能力。协调推动电子商务进农村综合示范县（市）建设。跨境电商跨越发展。分别与阿里巴巴、陆港集团、易赛诺共建了"跨境电商联合办公中心""三门峡外贸综合服务中心""易跨境电商学院"；引进中信保公司为出口企业提供信用风险保障，不断完善跨境电商产业配套服务功能。

（三）外经外贸扩规提质

一是对外贸易逆势上扬。2018年以来，面对中美贸易战等外部不利因素影响，全市汽车轮毂、浓缩果汁出口持续走低，但食用菌出口强势增长，拉动全市外贸进出口稳步提升，实现质量齐增。一方面，聚力打通农产品上行通道，全面推广和宣传三门峡市名特优和地标产品。引导食用菌、鲜果等传统外贸企业抢抓电商、跨境电商机遇，推动80余家传统外贸企业成为全市开展跨境电商业务的“先锋队”。另一方面，拓宽外贸合作渠道，组织重点企业参加大型外经贸活动。组织全市58家企业积极参加首届中国国际进口博览会，共达成采购意向46.5亿元。二是外经持续发力。昌通路桥承揽比什凯克城市道路建设项目、吉尔吉斯斯坦南北路二期工程顺利实施。积极推进全市外派劳务工作力度，卢氏县对外劳务服务站升级为外派劳务服务平台；陕州区设立对外劳务服务站。河南佳德拍卖有限公司成功并购蒙古国赫腾策策勒有限责任公司，取得《企业境外投资证书》，全市对外投资企业已达6家，企业队伍规模不断壮大。

（四）商贸流通转型加速

一是全面聚焦物流转型发展。出台《现代物流重点产业转型发展的实施意见》《促进物流业转型发展若干措施》等指导性文件，成立市主要领导挂帅的现代物流业发展工作领导小组，高规格召开全市现代物流业发展大会；物流重点项目加快建设，全市在建现代物流项目11个，总投资73.5亿元。二是队伍规模不断壮大。顺丰、“四通一达”、宅急送先后在三门峡市设立物流中转和分拨中心，全市基础物流网点实现全覆盖。大一物流、七海物流等5家企业入选全省物流五十强企业。网络批发零售业和快递服务企业数量增幅明显，增速分别达到96.8%和62.5%。冷链物流、特色物流及第三方物流等新兴物流行业快速崛起，发展态势良好。以云企通物流产业园为代表的城市物流配送网络加快构建，全市建成现代化、高标准的城市配送中心1家，标准化规范化的终端网点77个。三是推动流通体制改革。积极推进内贸流通体制改革试点经验复制推广，印发了《三门峡市内贸流通体制改革工作实施方案》，全面细化改革的具体任务和时间节点。四是着力规范行业管理。强力推进全市商务领域市场监管标准化示范工程建设。全市各级行政执法部门查办侵权假冒案件881起，涉案金额244.15万元，捣毁窝点

16 个，责令整改涉嫌侵权假冒网站 8 个。全市 12312 商务举报投诉机构受理办结举报投诉 8 起，提供各类咨询服务 493 件。

（五）节会活动亮点纷呈

一是节会活动圆满成功。“一节一会”客商邀请质量提升，航天建设、泰国华彬、东方希望等知名企业高管悉数参加。举办“引资引智”交流推介大会暨项目签约仪式、2018 大健康产业论坛等各类活动 11 项，取得了丰硕成果，签约项目 85 个，投资总金额 465.42 亿元。群众性活动再掀高潮，万人帐篷节和罗曼彩虹跑参与人数创历年新高，有效的增添了节日气氛。二是市场化水平逐步提升。积极探索商业合作新模式，充分发掘各项活动的商业价值。成功引入合作伙伴市场化运作罗曼彩虹跑等活动，扩大了活动规模、提升了活动层次。三是经贸活动结合实际。坚持以加快主导产业为导向，有针对性地参加各类经贸活动。第 12 届河南投洽会，对接产业发展项目，签约项目 7 个，总投资 70.05 亿元；充分利用白天鹅摄影展契机，助推三门峡市文化旅游项目发展，节展期间共签约项目 5 个，总投资 11.9 亿元。

（六）服务中心工作富有成效

一是服务转型创新发展。强化主导产业培育，开展“招商选资”，全年引进黄金、铝精深加工、煤化工等主导产业项目 74 个，总投资 399.2 亿元，占签约项目总额的 74.5%。优化开放平台，着力构建了“两区、三机制、五载体”开放平台体系，制定起草了《三门峡市开放平台建设工作方案》。二是环境攻坚持续发力。按照“零容忍、无死角”原则，主动落实推进环保工作。严格落实建筑工地“两个禁止”工作，持续抓好水泥专用车辆备案和渣土车整治。对全市报废汽车回收网点等经营主体进行专项检查，全市共回收正常报废车辆 2548 辆，其中报废摩托车 854 辆。开展成品油市场打击黑加油站专项整治行动，采取定期或不定期对部分加油站进行日常安全生产检查，完成全市 207 座加油站地下油罐防渗改造工作。三是安全生产不断强化。落实“管行业必管安全”责任，对大型商贸企业、会展场馆、加油站等重点领域先后开展6批次安全生产集中检查；联合相关部门，紧盯商超等人员密集的商贸流通企业，不定期开展日常安全检查，筑牢安全生产底线。四是行政服务逐步优化。深化“放管服”改革，梳理并录入十项审批服务事项，已实现商务部门事项办理一网通办。实施商务备案与工商登记“一口办理”。

（七）精准扶贫再创佳绩

一是抢抓机遇，以电子商务全面引领行业扶贫。2018 年，全市共建成电商产业园（创业园、孵化园）8 个，县级运营中心 4 个，贫困地区已建成各类村级电商服务站 263 个。累计实现农产品网络零售额 11.6 亿元，带动 5500 余户贫困户 20828 人。二是创新思路，对外劳务强势助力就业扶贫。共建立对外劳务合作服务平台 2 个，设立对外劳务咨询报名大厅 1 个、设立 12 个村室咨询服务点，累计外派务工人员 900 人次，其中贫困县 260 人次，建档立卡贫困人员 24 人。三是精准招商，引进项目推动产业扶贫。全市通过招商引资引进投资 5000 万元以上的扶贫项目 11 个，总投资 23.6 亿元，直接或间接带动贫困户 5000 余人。四是政策引领，家政扶贫工作稳步推进。出台三门峡市“百城万村”家政扶贫实施方案，促进家政行业健康稳定发展。

（八）筑牢党风廉政建设思想防线

坚持标本兼治、综合治理、惩防并举、注重预防，不断完善领导体制和工作机制，积极抓好党风廉政建设工作。一是开展全面从严治党。严格落实“一岗双责”制度，形成了一级抓一级、层层抓落实的工作态势。二是加强反腐倡廉宣传教育。扎实推进“以案促改”工作，通过开展现场教学，将违纪违法案件通报加入党员学习内容等，常提常警，使广大党员干部将廉政意识入脑入心。三是落实巡视巡察整改要求。开展“巡视巡察中发现问题集中整治工作”，实行立行立改，坚持“四个明确”。组织召开专题民主生活会 2 次，专题组织生活会 2 次，对照巡视巡察整改问题认真开展批评和自我批评。四是开展专项整治自查活动。认真组织开展了“帮圈文化”整治和违反“中央八项规定”自查活动，督促全局上下严守纪律底线、筑牢思想防线。

三 2019年发展形势分析

2019 年商务工作面临的形势将会更加复杂严峻，不确定、不稳定因素增多。在国际上，受贸易保护主义、单边主义、地缘政治冲突等多重因素影响，经济增长动能正在减弱，下行风险逐步加大，特别是中美经贸摩擦仍是当前商务运行首要外部风险和最大不确定因素。在外部环境发生深刻变化的大背景下，目前企业担忧情绪、避险情绪、观望情绪上升，发展信心不足，这些因素对商务发展的影响不容忽视。特别是扩大消费、招商引资、外贸增长、内外资运行的压力都有所增大。

但是，在研判不利因素的同时，还应该看到，支撑全市商务高质量发展的条件依然较多，为我们做好商务工作提供了新机遇，我们一定要抓好发展的时机，综合分析时情、势情、市情状况，把商务工作放到全国经济发展趋势中去思考，放在全国、全省商务系统中去对标，放到全市发展大局中去审视，落实上级指导思想，实现预期目标。重点要以“招进来，卖出去”为总体目标，以“五彩四新两提升”为抓手，推动全年工作。“五彩”：要把思想和行动统一到市委市政府的明确要求和中心工作上来，坚定不移地围绕打造“五彩三门峡”、建设“三地五中心”，发力“三次创业”，统合力量，对标对表抓落实、抓推进，确保市委、市政府各项决策部署落到实处、见到实效。“四新”：要采取新模式，用改革创新的精神破瓶颈、解难题；要拓展新渠道，放眼全球、全国市场谋划推动全市产业发展，敢于到世界和全国市场的汪洋大海中搏击风浪；要培育新业态，进一步增强产业发展活力，创造更多新的经济增长热点；要释放新动能，充分发挥我们在资源、环境、产业基础等方方面面的优势，突出政策引领，创新支撑，带动商务经济高质量发展。“两提升”：要全面提升政治站位，切实增强使命感责任感，增强做好商务工作的信心和定力，确保我们商务经济工作全省第一梯队不松懈；要全面提升对外形象，以创建国家级文明单位为契机，推动各项工作再上新台阶，确保商务工作在全省有位次，在全国有影响。

当前商务工作面临的形势非同寻常，机遇与挑战同在，困难与希望并存。因此，既要充分认识当前商务发展面临的严峻挑战，也要注重把握有利条件，把压力变成动力，把机遇转化为优势。

四　发展思路及对策

2019 年是中华人民共和国成立 70 周年，是决胜全面建成小康社会的冲刺之年，是全面贯彻省委十届八次全会和市委七届七次全会决策部署的落实之年。全面深化改革的宏观形势和商务经济转型发展的整体背景，相互作用、交织叠加，对于我们既是更大的考验，也是加快发展的宝贵机遇，做好商务工作意义重大、尤为重要。

2019 年商务工作总体要求是：以习近平新时代中国特色社会主义思想为指导，全面贯彻党的十九大和十九届二中、三中全会精神，深入贯彻习近平总书记在庆祝改革开放 40 周年大会上的重要讲话精神，认真落实王国生同志调研指导三门峡时的讲话要求和市委七届七次全会部署，加强党对商务工作的全面领导，坚持稳中求进工作总基调，坚持新发展理念，坚持以供给侧结构性改革为主线，坚持底线思维，贯彻巩固、增强、提升、畅通的方针。聚焦高质量建设省际区域中心城市，打造“五彩三门峡”、加快转型创新发展，深化“五个努力”，落实“大商务”要求，促进内外贸、内外资融合，全力以赴稳外贸、稳外资、扩消费、稳预期，推动高水平开放、高质量发展，以优异成绩庆祝中华人民共和国成立 70 周年。

2019 年商务发展目标是：着力提高招商引资质量，项目履约率、开工率、资金到位率分别达到 90%、60%、40%；货物进出口稳定规模，增长 8%；实际吸收外资质量进一步提高，增长 3% 以上；实际到位省外资金增长 3% 以上，对全市经济社会发展的贡献率进一步提高；进一步增强商贸流

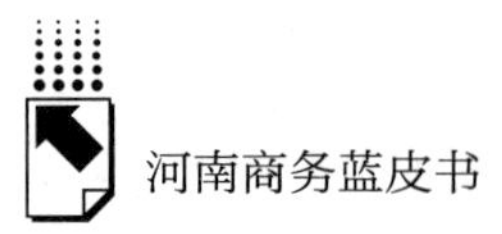

通业对消费的拉动能力，社会消费品零售总额增长10%以上；着力推进对外交流合作，对外投资增长10%以上；服务贸易增长7%，跨境电商交易额增长20%以上，各项指标稳中有进、进中提质，实际吸收外资、实际到位省外资金、社会消费品零售总额及对外贸易等重要指标确保进入全省第一梯队，并力争在实际工作中取得更好结果。

围绕总体思路和主要目标，要着重做好五个方面工作。

第一，在新模式方面，继续将开放招商作为商务工作的头等大事，坚持把开放招商作为动力之源，紧密围绕三门峡市主导产业，坚持精准方略，创新方式方法，把招商引资作为创新转型发展的重要抓手，以开放促改革、促转型、促发展。

统筹推进全市对外开放。筹备召开全市对外开放大会，推动全市各级商务部门形成开放发展合力；加快把区位优势、生态优势、人文优势转化为开放优势、发展优势、竞争优势，努力构建多方位、宽领域的对外开放新格局。

强化主导产业。加快对接省“六大项目库”，进一步完善三门峡市主导产业链招商图谱，发挥市直各行业主管部门的职能作用，着力推进全链条式、集群化招商，按图索骥开展精准的主导产业招商。

抓好项目储备。抓住机遇，结合三门峡市打造“五彩三门峡”和建设“三地五中心”的发展规划，围绕加快经济结构战略性调整步伐，调整充实主导产业项目库，切实谋划一批现代服务业、文化旅游、环境保护、大数据及民生改善方面的项目。全面梳理线索，围绕4月初举办的第十三届河南投洽会，争取储备一批项目、签约一批项目。抓好各类已签约项目和续建项目的跟踪服务，切实提高项目的履约率、开工率、资金到位率。

强化政策支撑。督促落实《三门峡市关于促进外资增长的实施意见》。拓展思路，吸取先进地市成功经验，出台更有针对性、可操作性更强的开放招商政策和考评制度，使招商政策在有效传导国家投资政策导向的同时更接地气、更具操作性。

推进大员招商。优化调整对外开放及招商引资工作领导小组。将重点产业招商活动与市级领导分管业务相结合，落实“一把手”负责制，持续推动大员招商，发挥好“大员”的信息优势、资源优势、决策优势，真正在全市上下营造全员招商的良好氛围。

开展精准对接。充分调动各县（市、区）积极性，围绕主导产业，每季度在目标区域针对目标产业开展一次高规格、有特色、针对性强的专题招商推介活动。重点抓好 2019 年一季度计划在海南举办的医药产业专题对接会，确保签约落地一批重大项目。加强产业动态和招商实效跟踪，不断壮大三门峡市特色产业集群。

创新招商方式。围绕长三角、珠三角、京津冀地区，以上海、深圳两个联络处为平台，推动各县市区派出专业人员到联络处开展工作。出台外派人员配套政策，对成绩突出的一线同志，提请市委、市政府优先提拔使用。探索开展“智库”招商，重点围绕三门峡市产业发展需求实施精准化招商，有效促进项目联动、区域联动、服务联动，使招商活动趋于专业化、精细化，加速项目落地。

办好重点活动。积极参加第 13 届中国（河南）国际投资贸易洽谈会，全力做好投洽会项目邀商、展览展示、专项活动，精心谋划、提前对接、确保签约一批重大招商项目。高位谋划、高层推动“一节一会”的各项经贸工作，办出特色、办出水平、办出实效。充分借助东盟博览会、厦洽会、广交会、京交会和餐博会等经贸合作平台，组织专业性更强的招商活动，开展更多专题性推介、区域性对接。

优化营商环境。继续完善主导产业的“一个规划、一批项目、一个基金、一套制度、一个团队”的“五个一”招商项目推进机制，对重大项目实施专人跟踪服务，积极协调有关部门优先保障重大项目的环评、土地、融资供给，全力打造最佳投资环境，更好地服务企业。继续落实“放管服”改革要求，简化优化办事流程，做好企业和群众办事“只进一扇门”“最多跑一次”“只用一个号”等各项工作。稳步推进外资管理体制改革，持续完善外资企业设立商务备案与工商登记“一口办理”。

第二，在新渠道方面，继续坚持稳增长、调结构、转动能的总体思路，抓主体、扩规模、提质量、促创新、畅渠道，继续保持好结构调整带动外贸增长，方式变革推进外经发展的良好局面。

加大应对贸易摩擦工作力度。要有长期应对中美经贸摩擦的思想准备，加强分析研判，立足当前，着眼长远，密切关注企业进出口订单变化，开展精准跟踪指导，引导企业未雨绸缪。

培育特色产业集群。全面加快苹果、果汁出口基地、香菇和有色金属等出口基地建设，全力申报国家级香菇出口基地，拉长产业链，提高附加值，构建外贸与产业融合互动的发展格局。围绕戴卡轮毂等传统出口产品，探索培育汽车零部件出口产业集群，夯实出口基础，增强外贸发展后劲。

着力服务平台建设。继续引进、培育在全国范围内有影响、有品牌的外贸综合服务平台龙头企业，深化与阿里、京东、全球贸易通等省外龙头企业战略合作，从营销渠道、品牌建设、人才培养等方面着手，全面提升全市外贸综合服务平台发展水平，推动全市外贸提质增效和产业转型升级。推动外贸综合服务企业与主导产业结合，整合资源、精准发力，推广昌盛食用菌模式，支持企业在境外设立生产包装、商品展示、品牌推广、仓储物流、批发零售等营销服务网络，尽快将产业优势转化为出口优势。

抓好出口品牌建设。瞄准高端市场，紧盯重点企业，突出优势产品，加大在国际认证、商标注册、出口参展等方面的支持力度，在食用菌、农副产品、有色金属领域优选 10 个左右品牌予以重点扶持。同时，加大对文化产业出口的培育和支持力度。探索成立重点出口行业协会和联盟建设，强化行业约束。

积极开拓国际市场。学习先进地区的经验做法，结合三门峡市重点行业、优势产品，跟随全省计划，探索在境外举办展销活动。围绕全省推进“四路”并进开放大通道建设，继续深化“三门峡名优产品丝路行”贸易拓展行动，抓好与沿线国家、企业的经贸合作，开展系列产业对接、贸易洽谈等活动，探索举办境外展销活动，挖掘新兴市场潜力。重点组织好广交会、加博会、东盟博览会等系列经贸活动，推广宣传企业产品，助力企业抢抓出口订单。

大力发展跨境电商。充分发挥三门峡市作为中国（郑州）跨境电商综试区第二批试点城市的作用，依托市电子商务产业园，全面加快跨境电商产业园建设，打造跨境电商线下基地；着力培育“国际特色商品交易平台总部基地和O2O体验商城项目”，打造跨境电商线上平台，推进农产品电商标准化建设，创新农产品跨境电商销售模式。

借助平台扩大进口规模。充分用好第二届中国国际进口博览会这一重大平台，广泛发动全市优势外贸企业，高水平谋划、高质量参会。同时，全力抓住进口成交这个工作核心，指导企业加快对接，督促首次进博会意向合同尽快成交。充分利用进口博览会平台，扩大先进技术设备、关键零部件和高端消费品、优质服务、特色产品进口，促进三门峡市进出口均衡发展，推动消费升级。

创新对外投资合作。聚焦“一带一路”建设，抢抓基础建设、资源开发、产能合作以及贸易往来等方面商机。推动三门峡市黄金、铝工业等重点产业组建涵盖设备、服务、技术、人员为一体的平台公司到境外，采取EPC模式整体承包矿山勘探及开采、冶炼，加快境外矿产品产业园的推进。争取全市重大对外合作项目列入国家商务部认定和打造的“丝路明珠”项目和首批“一带一路”重大战略性项目。同时，大力引进欧美等发达地区先进的有色金属开采、冶炼技术及团队，推进全市传统产业转型升级。

扩大劳务规模。持续加强对外劳务服务平台建设，提升平台运营水平。在现有12个对外劳务咨询服务站的基础上，改造提升对外劳务服务站点建设，实现主要劳务输出县（市）全覆盖。广泛开展国际形势、国际环境、劳务政策进乡村、进学校、进社区宣传，使社会各界了解对外劳务的优势和前景。建立服务信息资源库，实行劳务项目信息备案，积极推广“丝路微贷”，创新实施优惠措施，服务更多的剩余劳动力、大中专院校毕业生走出国门。

强化服务监管。准确把握对外投资“鼓励发展＋负面清单”管理原则，全面落实对外承包工程“备案＋负面清单”管理措施，进一步规范企业海外经营行为，改进境外企业和对外投资安全工作。建立市级对外合作项目库，组织全市企业项目申报、集中评审，实行“一对一”跟踪服务，对项

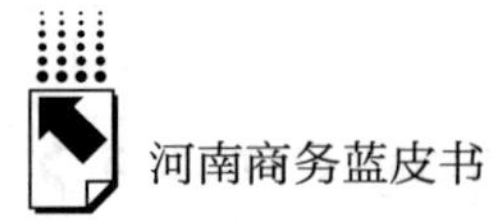

目实施情况进行评价和监督，确保项目平稳有序推进，提升对全市对外投资与经济合作重点项目的协调服务水平和效率。健全突发事件应急处置机制，保障境外人员安全，维护境外利益。

第三，在新业态方面，积极探索商贸流通发展新路径，大力发展会议会展业、现代物流、电子商务等新兴业态，提升消费品质，推动商贸流通行业转型升级。

积极培育会议会展经济。出台全市会议会展发展专项政策。发挥区位、产业、自然环境优势，督促全市各县区和市直单位每年举办1～2次50人以上的会议展览培训活动，吸引外地企业、培训机构、商协会在三门峡市举办各类年会、研学旅游活动、研讨会、培训会、论坛、总裁班等活动，打造黄河金三角会展中心城市和中西部地区会展名城，建设“天鹅城”特色会议会展基地。

加快推动物流转型发展。一要抓规划引领。充分发挥三门峡市综合交通枢纽和产业基础优势，以《三门峡市现代物流中长期发展规划》为指引，以保税物流和功能性口岸建设为抓手，积极构建大宗商品、电商、冷链、快递等物流体系。二要抓平台建设。加快推动新丝路铝大宗商品交易中心审批工作，启动苹果等果品大宗商品交易平台建设，推动三门峡市有色金属、鲜果果品等部分大宗商品成为全国价格采集点。三要抓重点项目。重点抓好中欧大宗商品物流园、豫西煤炭储配物流基地等八大重点项目引进和建设工作，加快建设集公铁联运为特色的陆路物流港。四要培育领军企业。重点联系、扶持、培育一批龙头骨干企业，在资金支持上予以倾斜。推动骨干物流企业、高成长性物流企业通过参股控股、合资合作、兼并重组等方式整合资源，做大做强，培育打造一批有实力、有影响、有品牌的大型物流企业。重点推进与郑州国际陆港集团合作，积极打造国际陆港物流中心。五要抓招商引资。重点围绕国际物流展等各类物流专业展会开展专题招商，全年新增3A级以上物流企业3家以上，提升流通业和消费市场发展产业支撑。

推动品质消费升级。要把推动老字号发展作为促进品质消费的重要抓手，深挖老字号潜力，讲好老字号故事，积极参加“河南老字号中华行”

评选活动，开展省级老字号认定工作。争取认定“仰韶酒”为省级老字号，做好豫酒振兴宣传推广和市场营销工作，促进酒业转型发展。加强中华餐饮名店、豫菜品牌示范店、绿色餐饮名店建设，办好灵宝小吃、陕州十碗席等特色豫菜推介活动。畅通汽车消费渠道，全面开展汽车平行进口业务，引导二手车交易市场加快升级改造步伐，释放汽车后市场的消费潜力。

推动电商开创新局面。要抓好《电子商务法》学习宣传实施，促进电商行业健康发展。全力推进市电子商务产业园申报国家级电子商务示范基地，搭建高规格的电商发展平台。推动卢氏县、灵宝市、渑池县加快电子商务进农村综合示范县（市）建设工作。推进农产品电商标准化建设，创新农产品电商销售模式，提高农产品上行综合服务能力。加强电子商务人才培养，大力引进高层次人才，促进政校企合作，开展定制化培养。积极参加省电子商务双创技能大赛，培养电子商务应用人才。出台全市电商政策，规范全市电子商务发展环境，壮大电子商务产业。

第四，在新动能方面，持续抓住国家支持中西部地区发展和河南自贸区建设的重大机遇，打造内陆经济开放转型的政策洼地和行政体制机制创新的高地。

打造承接产业转移高地。继续把长三角、珠三角、京津冀地区作为招商引资主攻地区，围绕国内外产业发展趋势和三门峡市转型升级内在需求，充分发挥全市在资源承载能力、生态环境容量的优势，以产业集聚区和服务业“两区”为重点，突出发展特色，承接产业转移。瞄准战略性新兴产业，抢抓三门峡市大数据产业、新能源汽车产业发展机遇，承接高端项目，推动经济在承接中创新，在创新中升级。

自贸区建设抓试点。积极跟踪对接，加快推广复制河南自贸区在投资管理、贸易便利化、事中事后监管等方面形成的先进经验，在全市外资领域不断深化准入前国民待遇加负面清单管理制度，推进简政放权、放管结合、优化服务改革，逐步构建与全市开放发展要求相适应的新体制机制，释放改革红利，增强发展新动能、拓展新空间。

创新发展飞地经济。建立飞地合作模式，以共建产业园区为载体，实施

“飞地”招商，提升合作层次，填补行业空白，助推产业升级，实现合作双方优势互补和结构调优。建立“飞地经济”的综合管理与合作机制，鼓励社会资本参与建设和经营，探索行政许可跨区域互认等措施，确保制度统一、政策统一、待遇统一、要素保障齐全，推动各区域联动发展。

第五，聚焦精准脱贫，展现民生商务建设新作为。精准脱贫是全面建成小康社会必须打赢的三大攻坚战之一。2019 年商务扶贫将继续以电商扶贫为重点，以“招进来、卖出去”为目标。积极发展农村电商，充分利用新技术、新手段，加强农产品电商溯源体系建设，加快农产品上行；积极搭建展销平台，充分利用投洽会等大型展会，全面提升特色农业产业知名度；积极拓展流通渠道，采取商超对接、商品直供，缩短流通环节，提升流通效率。全市商务系统要认识再提高、责任再落实、举措再完善、力度再加大。

一是积极推进农产品上行。拓展贫困地区农村产品线上营销渠道，组织开展贫困地区农村产品线上产销对接和品牌推介洽谈活动。鼓励电商企业、电商平台采取“农户 + 合作社 + 企业”等模式，在贫困地区建立生产基地，引导贫困县农村产品拓展网络销售范围、提升网络销售实效。

二是充分发挥典型示范带动。重点落实精准要求，强化、规范电商扶贫公共服务体系建设，优先在贫困村建立各种形式的农村电子商务服务站，着力提升电商扶贫工作的质量和成效。培育一批电商扶贫示范企业以及县、乡镇和优秀电商扶贫带头人，发挥示范带动作用。强化宣传引导，在全社会营造关心支持电商扶贫的良好氛围。

三是着力加强电商扶贫培训。继续把人才培养、技术培训作为电商扶贫的一项基础性工作，对乡镇、村干部和第一书记开展全面轮训。同时，以返乡创业青年、大学生村官、第一书记、巧媳妇和有潜力的残疾人等为重点，在有条件的贫困村每村培育 1 名电商扶贫带头人。

四是完善配套服务体系建设。加强贫困地区农村产品品牌建设，开展“三品一标”认证。以县（市、区）为单元统一制定区域性电商扶贫产品标识，采取共享共用共推等方式，合力打造区域性特色农产品电商品牌，提高贫困地区特色农产品的辨识度。统筹协调各方资源，鼓励按照“政府引导、市场化运作”的原则搭建县以下农村电商物流体系，破解工业品下乡“最后一公里”和农产品进城“最先一公里”难题。

五是推动各项扶贫工作向纵深开展。在定点扶贫方面，人员配备、资金和政策上不断向驻村一线倾斜。在产业扶贫方面，继续大力开展农业招商引资。依托三门峡市特色农产品种植、养殖、深加工等资源优势，进一步完善扶贫产业招商规划，系统化开展产业扶贫项目策划及包装储备，紧盯行业知名企业布点布局，通过引进龙头企业和产业链配套项目，拉长产业链条，提升农业附加值和经济贡献率。在外派劳务扶贫方面，加快新设立一批村室咨询服务点，打通对外劳务政策宣传“最后一公里”。加强与市扶贫办、金融办、银行等金融机构的合作，探索开辟贫困群众出国务工小微贷款业务。大力实施“温暖工程”，开展出国务工人员和返乡创业人员集中慰问活动，推动三门峡市对外劳务精准扶贫工作再上新台阶。在家政扶贫方面，加快对接市妇联、残联等部门，积极参与“百城万村”家政扶贫试点工作，组织需求地区与贫困地区签订对接协议，建立长期稳定的对接机制。组织家政服务企业深入贫困乡、镇开展服务技能培训，举办供需见面会，为更多贫困群众提供家政就业机会。

B.35

2018～2019年南阳市商务发展回顾与展望

孔维征*

摘　要： 2018年，在省委省政府的正确领导下，南阳商务突出党建引领，以党的建设高质量推进经济发展高质量，围绕“九大专项”推进，以项目建设为突破口，重抓重推开放招商、电子商务产业发展、现代商贸中心、现代物流中心专题建设，稳步推进对外贸易、对外经济技术与合作等工作。全年货物贸易进出口总量跃居全省第二，提前2年完成“十三五”预期目标。市打击侵权假冒工作领导小组办公室被国务院授予“全国打击侵权假冒工作先进集体”。全市商务经济呈现出稳中有进的良好态势。

关键词： 开放招商　货物贸易　电商扶贫

一　2018年全市商务主要指标完成情况

2018年，全市商务经济指标总体运行良好，其中货物贸易进出口、对外直接投资、对外承包工程和劳务合作营业额、跨境电商交易额等四项指标已提前完成全年任务。全市社会消费品零售总额2000.3亿元，完成省定目

* 孔维征，南阳市商务局。

标的92.4%，同比增长9.7%。实际吸收外资62622万美元，完成省定目标的100.8%，同比增长3.9%。实际引进省外资金589.1亿元，完成省定目标的100.8%，同比增长5.8%。货物贸易进出口169.5亿元，完成省定目标的124.8%，同比增长28.7%。服务贸易进出口15062万美元，完成省定目标的78.1%，同比下降18%。跨境电子商务进出口60.9亿元，完成省定目标的107.7%，同比增长32.1%。对外承包工程和劳务合作营业额69万美元，增长179%，完成省定年度目标任务的276%。对外直接投资2967万美元，增长101.1%，完成省定年度目标任务的201%。

二 2018年商务工作主要措施及成效

1. 着力提升开放招商质量

一是不断加强与“一带一路”经贸合作。2018年对“一带一路”沿线国家进出口74.66亿元，增长24.2%，占全市进出口的44%。“一带一路”沿线国家和地区已成为南阳市对外贸易的主战场。南阳戎盛乌华贸易有限公司乌兹别克斯坦锦华纺织项目顺利投运。南阳木兰花实业有限公司乌兹别克斯坦安集延纺织园区、南阳淅减汽车减振器有限公司意大利淅减中意工业园区发展势头良好，被纳入商务部统计的境外合作园区，占全省总数的1/4。二是持续推动开放载体建设。成功申报2个国家级外贸转型升级基地（西峡食用菌、西峡冶金辅助材料），占全省总数的1/5，数量居全省首位，并获得补助资金600万元。卧龙跨境电商产业园成功创建省级跨境电子商务示范园区，宛城装备制造跨境电商园区已投入运营。三是持续推动招商引资。先后成功举办了“5+2”经济合作活动、第十五届国际玉雕文化节“千人计划”专家南阳行暨经贸洽谈会等活动，组织参加了第十二届投洽会等国家级、省级经贸洽谈会，达成一批合作项目。卧龙绿色装配式钢结构建筑产业园等278个先进制造业、现代服务业、现代农业、基础设施和城乡建设签约引进（其中投资额10亿元以上大项目27个），262个项目开工建设。四是持续提升投资自由便利化。持续推动准入前国民待遇加负面清单管理制

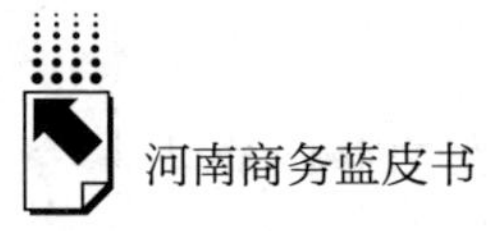

度；持续实施外资企业设立商务备案与工商登记“一口办理”，外资企业的便利度和获得感进一步增强。

2. 着力多措并举促外贸

2018年，全市货物贸易进出口首次突破25亿美元大关，再创历史新高，在全省的位次由去年第5位提升至第2位，呈现出规模快速增长、结构优化升级、动能转换加快的良好局面。一是持续优化外贸主体和产业结构。民营企业进出口142.3亿元，增长36%，占全市总额的比重同比提高4.5个百分点。国有企业进出口16亿元，增长19.8%，累计增速较前11个月加快2.7个百分点。出口方面，全市农产品出口88.3亿元，增长26.8%，占全省农产品出口总额的52.2%。同期，机电产品、纺织品和高新技术产品出口分别增长38.9%、28%和8.6%。进口方面，锰矿砂和棉花进口量值齐升，进口量分别增长109.1%和53.7%，进口值分别增长148.2%和54.8%；机电产品和高新技术产品进口快速增长，分别增长28.4%和35.1%，增速分别快于全市进口平均增速8.9个和15.6个百分点。二是持续优化市场结构。2018年，南阳对欧盟、美国、日本、韩国和香港等5个传统市场进出口75.8亿元，增长41.3%，占全市进出口的44.7%；受中美贸易战影响，南阳主动调整市场结构，加大对新兴市场的开发力度。2018年对非洲、拉美、大洋洲、东盟和中东地区等新兴市场进出口78.7亿元，增长20.7%，占全市进出口的46.4%。三是不断培育新模式新业态，加快凝聚外贸发展新动能。截至2018年底，全市从事跨境交易的电商企业和网商达3000家以上。全市新增进出口实绩企业128家，实现进出口25.3亿元，拉动全市进出口增长19.3个百分点，增长贡献率超过6成，新外贸企业已成为南阳市进出口保持快速增长的第一动力。

3. 着力提升电商发展水平

一是不断完善电子商务公共服务体系和物流快递网络。2018年，全市已有网商35万家，注册电商企业5146家（其中B2B类电商企业681家）、从业人员50多万人；全市已建成投用21个电商园区，总面积约48万平方米；建成315个乡镇服务站（占乡镇总数的146%）、3679个村服务点（占行政村总数的92%)、2000多个城镇社区门店，1万多个产品上线，累计培训电商人才6万多人，覆盖市、县、乡、村四级的电子商务公共服务体系和物流快递网络基本形成。二是注重发挥示范引领作用。2018年新创建国家级电商示范县1个（南召县），省级电商示范县1个（邓州市）。截至2018年底，全市共有电商进农村“国家级示范县”6个，“省级示范县”4个，示范县总数、争取资金额全省第一。产品上行销售占总交易额的33.85%，比2017年提高11个百分点，电商企业全年征缴入库税金突破17亿元。电子商务产业已成为南阳优势主导产业和税收增长的源泉，成为企业转型发展和创业就业的加速器。三是注重招大引强。成功举办电商产业专题重大合作项目签约对接活动，签约13个重大合作项目，引进资金105亿元。优选的8个突破口项目进展顺利。其中，河南大宗农产品现货交易中心已获省政府批准，河南医药健康小镇项目、颐高新经济产业园先导园、传化电商公路港一期等项目均能在2019年一季度建成投用。

4. 着力改善消费环境

一是不断优化顶层设计。起草并报请市政府出台了南阳市现代物流业转型发展一规划三方案，明确了现代物流业转型发展的目标、路径。开展了《南阳市建设现代商贸中心规划》和《南阳市建设现代物流中心规划》的编制工作。二是重抓重推项目建设。围绕提升“两个中心”建设质量，筛选出第一批8个突破口项目（现代商贸中心、现代物流中心建设项目各4个），实行“五个一”推进机制（即一个项目，一名分包领导、一个责任科室、一套推进方案、一本推进台账）重抓重推，确保项目顺利实施。其中，新田360广场已于4月27日正式开业，华耀城一期“十一”已试运营；方城县农副产品电子商务交易中心和桐柏今达电商物流项目正在进行施工；中农联南阳农批市场、万德隆城市广场、万邦冷链物流园、东森医药物流园等4个项目正在进行施工前期工作，将于近期开工建设。三是持续开展“双打”行动。全年共破获侵权假冒经济犯罪案件426起，市打击侵权假冒工作领导小组办公室被国务院授予“全国打击侵权假冒工作先进集体”。

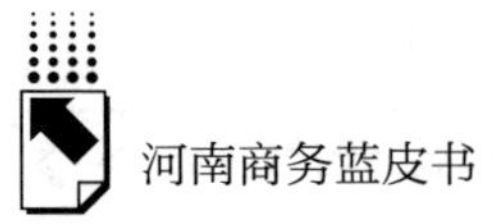

5. 着力开展三大攻坚战

一是打好防范化解重大风险攻坚战。抓好在成品油销售行业、二手车交易市场等行业监管的反恐工作。狠抓商务领域重点风险防控，开展反恐暗访督查 12 次，确保了商务领域全年生产安全无事故。二是扎实开展电商精准扶贫。南阳将电商精准扶贫纳入脱贫攻坚总体部署和工作体系，依托全市 21 个电商园区，利用“电商 + 实体企业 + 产业基地”等模式推动南阳艾草、西峡猕猴桃、唐河红薯、方城黄金梨、桐柏茶叶、淅川软籽石榴等特色产品上线销售，带动建档立卡贫困人口增加就业和拓宽增收渠道，取得了良好成效。截至 2018 年底，全市电商进农村服务站覆盖 746 个贫困村，占贫困村总数的 85%；共培训建档立卡贫困户 10184 人，培训乡镇、村干部和驻村第一书记 18288 人，为 693 个贫困村培育了电商扶贫带头人；建成县级电商扶贫服务中心 19 个，乡镇电商扶贫服务站 114 个，村级电商扶贫服务点 1667 个，促进农村产品上行销售 101 亿元，带动贫困户创业就业 5043 人，帮助贫困户增收 2569.7 万元，电商扶贫工作走在全省前列。针对定点帮扶村，筹措 15 万元资金，改善帮扶村基础设施和困难群众生产生活；组织实施艾草扶贫车间和彩色小麦产业化发展项目，为帮扶村脱贫打下良好基础。三是积极参与打好污染防治攻坚战。加强对分包县区的督导，组织开展了国六油品升级、打击黑加油站（点）、油罐防渗改造等一系列专项督查整治行动，抽检加油站点 593 站次，595 座加油站点 1924 个油罐完成防渗改造，合格率、完成率均达到 90% 以上。

三　2019年商务发展指标预测及形势分析

2018 年以来，世界经济增速放缓、贸易保护主义抬头、全球经贸规则演变、企业投资意愿趋弱，外部发展环境正在发生深刻变化，来自国际层面的挑战复杂严峻。从国内看，经济下行压力较大，区域发展竞争尤其是招商竞争十分激烈。从南阳自身看，对外开放基础比较薄弱，部分开放型经济指标下行压力很大。但是，以习近平同志为核心的党中央把开放作为新发展理念之一，宣布了大幅度放宽市场准入、创造更有吸引力的投资环境、主动扩大进口、加快内陆沿边开放等一系列扩大开放的重大举措，出台了一系列促进开放型经济创新发展的制度、政策，将外部经济环境变化特别是中美经贸摩擦带来的不利影响降到最低，为内陆地区开放发展带来了重大战略机遇。

当前两年是全面建成小康社会的决胜时期。机遇与挑战同在，困难与希望并存，我们将围绕加快建设具有较强吸纳集聚能力和重要影响力的大城市战略定位，进一步聚焦“九大专项”（市级领导分包的九个重大专项），突出高质量发展根本要求，发展更高层次的开放型经济。

基于以上分析，2019 年全市商务发展主要预期目标是：社会消费品零售总额增长 10.2%；实际吸收外资增长 3.5%；实际引进省外资金增长 3.5%；货物贸易进出口增长 8%；服务贸易进出口增长 7%；跨境电子商务交易额增长 25%；对外承包工程和劳务合作营业额增长 10%；对外直接投资增长 10%；电子商务交易额增长 30%。

四　2019年对策和建议

做好 2019 年商务工作，要以习近平新时代中国特色社会主义思想为指导，全面贯彻党的十九大和十九届二中、三中全会精神，深入贯彻习近平总书记在庆祝改革开放 40 周年大会上的重要讲话精神，切实加强党对商务工作的全面领导，紧扣“九大专项”，坚持稳中求进工作总基调，坚持新发展理念，坚持推动高质量发展，坚持以供给侧结构性改革为主线，在“巩固、增强、提升、畅通”八个字上下功夫，以“三外”联动发展为核心推动全方位对外开放，以“两个中心”建设为抓手促进形成强大国内市场，在打好三大攻坚战方面加大工作力度，保持各项商务指标保持平稳增长，以优异成绩迎接中华人民共和国成立 70 周年。

1. 推动高质量开放

一是抓好对外开放谋划。制定并报请市政府出台年度全市对外开放工作行动计划与考评办法，推动部门制定专项开放工作方案，引导拓展开放领域、层次、布局。二是推动对外开放体制机制建设。坚决落实市场准入前国民待遇加外商投资准入负面清单制度，学习复制自贸区成功经验，组织编撰并发布《南阳市外商投资环境白皮书》，加强外商权益保护，实施更高水平的投资自由便利化，推动形成一流的营商环境。三是完善开放载体建设。积极主动对接“五区联动、四路并进”，支持综保区完善提升功能，搞好招商与运营，力争在对接中国（河南）自由贸易试验区上取得实质进展。积极对接中国（郑州）跨境电子商务综合试验政策，提升南阳跨境电商综试区建设水平。推动新能源经开区申报国家级经开区，力争再创建 1～2 个省级经开区。四是办好 2019 世界月季洲际大会经贸活动等重大节会。五是以京宛商务合作为立足点，推动对接京津冀协同发展、长江经济带、粤港澳大湾区等国家战略。六是深化国际产能合作。支持优势企业瞄准欧洲行业“隐形冠军”企业开展跨国并购。鼓励南阳市纺织、建材、筑路机械等优势企业到境外投资。

2. 加强创新精准招商

一是强化产业链招商。围绕千百亿主导产业培育，以龙头企业为牵引，以专业园区为载体，按照沿产业链条纵向垂直整合和横向关联聚合的思路，力求抓一引十、抓大聚小，推进企业集群式、链式引进，做大做强主导产业集群。二是着力招大引强。以国际国内 500 强企业、大型央企、知名品牌企业为目标，谋划一批重点对接目标企业，专班跟踪对接，力争有所突破。三是创新招商方式。持续推进“市场 + 招商”“资源 + 招商”“资本 + 招商”“互联网 + 招商”，推动以资源、市场、区位换产业、换项目。运用招商引资大数据，推动传统招商转型升级。四是狠抓项目督促落实。改进“四报两评”制度，坚持招商引资例会制度和专项督查制度，重抓重推投资额大、支撑带动作用强的已签约项目，建立台账，跟踪督导，推动项目快落快建，尽快形成一批新的增长点。五是强化招才引技。结合全市人才回归创业计划，突出抓好高端人才引进和科技合作，着重吸引南阳籍在外创业学习人才回归创业，重视科技型项目的引进，发挥招商引资的技术溢出效应。

3. 促进形成区域强大市场

一是持续加强区域性商贸物流中心建设。推动《南阳市建设现代商贸中心规划》和《南阳市建设现代物流中心规划》尽快批准实施。组织实施重大支撑项目攻坚突破行动。坚决落实“五个一”推进措施，盯紧方城农副产品电子商务交易中心、桐柏今达电商物流园、中农联南阳农批市场、万德隆城市广场、万邦冷链物流园、东森医药物流园等6个在建和已签约项目，压实责任，传导压力，签约项目促开工，开工项目促投产，培育一批新增长点。组织实施目标企业招引行动。对目前在谈的红星美凯龙、融创商贸、中铁快运智慧物流、蒲山文商旅综合开发等项目，盯紧盯实，加快对接，尽快再签约引进一批商贸物流项目。二是积极推进“消费升级行动计划”，认真落实上级促进消费政策，立足商务，放眼全局，进一步推动完善促进消费的体制机制，增强消费对经济发展的基础性作用。加快住宿、餐饮、家政等居民生活服务业发展，支持发展新业态、新零售，加强市场秩序整顿规范，改善消费环境。落实好《汽车销售管理办法》和落实促进二手车便利交易的实施意见，促进汽车市场健康发展。三是深化商贸流通企业改革。积极稳妥推进市直流通企业破产（改制）工作，力争2019年6月底前完成任务。

4. 提升电商发展水平

一是加大政策支持力度。出台南阳市电子商务产业专题政策措施，支持电商重大项目推进和重点领域发展。二是推进优势主导产业加快上线。协调交通运输、邮政等相关部门，推进全市规上物流快递企业上线，力争“南阳传化交通运输物流信息平台”在2019年6月底前投入试运营。三是持续推进园区建设。按照1个中心，5个平台（大数据中心，医药大健康平台、大宗农产品交易平台、交通物流信息平台、装备制造供应链平台、跨境电商综合服务平台）的发展目标，抓紧建成一批年交易额100亿元以上的市级电商园区。四是推进电商物流与快递物流协同发展。加强规划协同引领，推动电商物流园区与快递物流园区融合发展，形成产业集聚效应。积极创建电商物流示范园区，争取省里扶持。五是健全完善监督考评机制。把各县区、相关主管部门纳入全市目标考评体系，定期督查考评。

5. 打造外贸发展新引擎

积极实施创新驱动战略，调优外贸结构，加快形成以技术、标准、品牌、质量、服务为核心的外贸竞争新优势，加快动力转换，推动外贸高质量发展。一是大力实施优进优出战略。稳定农产品出口，实施出口品牌战略，培育香菇、茶叶等优势农产品国际知名品牌。大力促进机电产品和高新技术产品进出口，积极引导大宗商品和日用消费品进口，推进外贸向优进优出、优质优价转变。二是进一步拓展国际市场。深度开发传统市场，积极拓宽新兴市场，大力开拓“一带一路”市场，推进境外营销服务体系建设，拓展外贸市场空间。三是加快培育新业态。促进加工贸易、跨境贸易电子商务创新发展，引导外贸综合服务企业发展，培育外贸增长新动能；促进外贸发展与“引进来”“走出去”相结合，以外资促外贸、以资本输出带商品输出，实现外贸、外资、外经相互促进、协调发展。四是夯实基地建设。鼓励基地加强公共服务平台建设，推动基地开展对外交流合作，引进配套企业，完善产业链条。五是大力发展服务贸易。

6. 继续打好商务领域三大攻坚战

打好防范化解重大风险攻坚战。继续抓好在成品油销售行业、二手车交易市场等行业监管的反恐工作。扎实做好商务领域安全生产工作。打好脱贫攻坚战。发挥商务优势，积极推进电商扶贫、家政扶贫、外派劳务扶贫、招商扶贫，有效地发挥商务在全市脱贫攻坚中的独特作用。打好污染防治战。深入开展成品油流通市场专项整治，强化油品质量监管，配合做好油品质量升级、车用尿素推广使用、地下油罐防渗改造等相关工作。加大废旧汽车回收拆解、再生资源回收利用工作力度，做好餐饮业散煤禁烧工作，坚决完成商务领域环境保护任务。

7. 加强党对商务工作的领导

一是加强政治建设。树牢“四个意识”，增强“四个自信”，做到“两个维护”，在政治立场、政治方向、政治原则、政治道路上，始终同以习近平同志为核心的党中央保持高度一致。二是加强廉政建设。全面落实从严治党主体责任和“一岗双责”，严格落实中央、省、市规定，全面推进政务公开，清除廉洁风险，筑牢拒腐防变思想防线、制度防线。三是强化责任担当。加强学习，提升工作本领，倡导专业精神，敢于承担责任，勇于直面困难，善于解决问题。四是改进工作作风。继续践行“不忘初心、牢记使命”主题教育，坚决整治“四风”突出问题特别是形式主义、官僚主义的新表现。

B.36
2018~2019年商丘市商务发展回顾与展望

薛 涛 黄锦志 曹 磊*

摘 要： 2018年，商丘市商务系统紧密团结在以习近平同志为核心的党中央周围，始终以习近平新时代中国特色社会主义思想为指导，深入贯彻落实党的十九大和十九届二中、三中全会精神，认真学习习近平总书记调研河南时的讲话精神，坚持稳中求进工作总基调，坚持新的发展理念和高质量发展要求，紧紧围绕年初确定的发展目标，攻坚克难，积极进取，各项商务经济指标保持稳定较快增长，全市商务工作呈现良好发展态势，为全省商务事业又好又快发展贡献了新的力量。

关键词： 商丘 开放招商 双向投资

一 2018年商丘市商务发展指标完成情况及特点

第一，社会消费品零售总额完成1121.4亿元，占省定目标的97.9%，同比增长10.9%，增速居全省第3位。

第二，实际利用省外资金完成736.3亿元，占省定目标的100.6%，同比增长5.6%，规模居全省第3位。

* 薛涛、黄锦志、曹磊，商丘市商务局。

第三，实际利用境外资金3.85亿美元，占省定目标的102.6%，同比增长5.7%，增幅居全省第1位。

第四，货物贸易进出口23.62亿元，占省定目标的116.0%，同比增长19.47%，增幅居全省第9位，其中出口19.66亿元，同比增长7.40%，进口3.96亿元，同比增长169.96%，增速居全省第1位。

第五，对外承包工程完成173万美元，直接对外投资1117.36万美元。

二 2018年主要工作措施

1. 强力开展开放招商

（1）高位推动投资洽谈。全市各级领导主动带头外出寻求合作，以河南投洽会、华商节、定向招商活动为平台，加强了与恒天集团、红星美凯龙、孝夕阳等重要企业的对接联系。其中华商节成效显著，商务部门邀请客商1000多人，签约项目101个，总投资500亿元，高水准组织了承接产业转移成果展和古城美食文化节。全市新签约亿元以上招商项目134个，总投资807.6亿元。起草并通过市委办印发了《开放招商实施专案》，成为推进开放招商工作的纲领性文件。

（2）高质服务项目落地。对重点招商项目深入推行“马上办，抓落实”工作推进机制、“五个一、两不接触”工作机制，提供项目代办“一条龙服务”，以优质的营商环境和服务，全力抓好了项目落地建设。2018年全市新建3亿元以上项目74个，引进国内外500强企业投资项目6个，上市公司投资项目15个，行业龙头投资项目11个。

（3）高压驱动督导落实。市委常委会每季度听取开放招商汇报，市政府每月召开招商引资推进会议，每次会议情况都在《商丘日报》报道公示，通过手机短信平台，定期发布市领导、县区领导招商动态，激励先进，鞭策落后。建立了项目引进目标考评制度，落实好招商引资奖惩。

（4）高效灵活创新方式。深入推进以商招商、以情感商、口碑招商，大力开展投资环境招商、落地招商、专业小分队招商、节会活动招商、政策招商、股权招商，不断探索了新型招商引资方式。睢县抢抓雄安新区制鞋转移机遇，在新区内设立招商服务站，吸引了近200多家制鞋企业集体搬迁。夏邑县产业集聚区被省政府确定为河南省第一家印染布局试点单位，新引进的生态印染科技产业园项目促进了传统印染向绿色环保印染的转变。虞城县电镀产业园打破五金工量具电镀污染瓶颈，实现了五金工量具产业向着绿色、生态方向转型升级。

2. 大力支持外贸创新升级

（1）促进跨境电子商务发展。引导传统外贸企业自主建立或利用跨境平台开展国际业务，拓展销售渠道，全市外贸企业通过跨境电商交易的占90%以上，全年跨境电商进出口60.9亿元，同比增长40%，高于全省增速11.2个百分点，其中出口53.3亿元，同比增长58%，增速居全省第5位。

（2）壮大外贸企业队伍。全市新增备案登记进出口企业129家，有进出口实绩企业达246家。2018年进出口额超五千万元的企业9家，其中一亿元以上的4家。

（3）拓展对外贸易业务。核准6家企业的“经营状况和生产能力证明”，协助河南冰熊、商鼎耐火材料分别申报2019年国家汽车出口资质、2019年铁合金出口资质等特种商品出口资质。完成原产地证明企业备案登记证书和对外贸易经营者备案登记表二合一改革。

（4）组织参加经贸洽谈会。参加东盟博览会、亚欧博览会、高新技术成果交易会、广交会、首届上海进口博览会等经贸洽谈会。其中第123届和第124届广交会，共参展企业70家，申请出口展位121个；首届上海进口博览会，共参会企业46家，进口成交金额近1400万美元。

（5）支持商丘保税物流中心发展。召开商丘保税物流中心业务推介会、对接会6次，起草《商丘市人民政府办公室关于推进河南商丘保税物流中心加快发展的意见》（商政办〔2018〕65号），中心共进驻企业66家，与中远海运集团、青岛港集团等多家企业签订协议，签订实现对外贸易额10亿元。

3. 着力促进双向投资

（1）促进外商投资。起草《商丘市人民政府关于印发商丘市促进利用外资增长工作实施方案的通知》（商政〔2018〕16号），积极营造市场化、法治化、国际化的外商投资环境，推进外资引进。

全面落实外资准入前国民待遇加负面清单管理模式，加强外资企业事中事后监管，完成外资商务备案与工商登记“二合一”改革任务，实现工商“一口办理”和登记全程电子化。

（2）促进对外投资。办理境外投资备案企业3家，完成对外直接投资1117.4万美元，完成对外承包工程和劳务合作营业额173万美元。亚洲之星境外经贸合作区，荣获国家“丝路之星”名誉称号。

4. 全力保持商贸流通繁荣

（1）扩大消费满足消费需求。开展消费促进月、节日促销等消费促进活动，举办了汽车展销会、古城美食文化节、五金工量具展销会等活动，培育了新的消费热点，营造了良好消费氛围。

（2）加强市场运行监测。组织内贸流通统计监测培训会，强化生活必需品、重要生产资料、商贸流通系统等运行监测。做好商务预报信息发布，更新信息485余条，原创文章90篇，被商务部主站采纳49篇。重点加强水涝灾情、猪瘟疫情等特殊时期监测，维护供销稳定。

（3）开展商贸企业品牌创建。推荐景盛昌食品等5家企业申报第六批河南老字号企业，协助大商新玛特商丘店成功创建国家级绿色商场、省级平安商场、省级品牌消费集聚区。

（4）加强农产品流通体系建设。申报万象实业、金豆子蔬菜食品、鑫鑫养殖等3家企业的项目作为2018年河南省农产品流通体系建设项目，参加了农洽会为涉农企业搭建平台。

（5）强化行业监管。做好典当行业管理，积极开展典当行非法集资风险排查。全市共举办拍卖会30场次，成交额8892.9万元。加强报废汽车拆解监管，共出具《报废汽车回收证明》2033份。强化成品油流通行业防控，成品油累计抽检加油站（点）347家，抽检油品555个，合格率98.5%；加油站地下油罐防渗改造完成455家，油罐1688个，完成率达94.2%、92.9%。

（6）提质流通行业发展。成功申报国家级供应链创新和应用试点城市。起草了全市电商物流、冷链物流转型发展三年行动计划。大力推广散装水泥，散装水泥供应249万吨，散装率达80.7%。再生资源回收体系逐步完善，全市新增备案再生资源企业110余家。

5. 倾力助推电商快速发展

（1）扩大电商经营主体。全市通过省商务厅认定的电商企业352家，新增28家；电商从业人员达3.5万人。省、市两级电商示范企业累计55家，其中省级电商示范企业11家，市级电商示范企业44家；省级示范基地2家，市级示范基地4家。全市电商交易额实现140.6亿元，其中网上零售额达86.7亿元。

（2）扩充电子商务产业园区规模。全市已建成电子商务产业园区14个，新建6个，共入驻电商企业400余家。建成跨境电商园区2家，在建3家。

（3）助力农村电商发展。依托国家、省级电子商务进农村综合示范县建设，培育扶持阿里巴巴“千县万村”、京东集团“千县燎原”和苏宁“农村电商”、“乐村淘”等一批特色农产品电子商务交易平台。累计建成农村电子商务综合服务站点3919个，其中贫困村785个，带动农村就业6000余人。

（4）加强电商培训。通过上下联动、政企结合、挖掘资源等措施，为全市培养了一大批掌握电子商务、外贸业务和市场营销等知识的复合型人才。全市共开展各类电商培训班2000余班次，培训各类电商人员近3万人次。

6. 努力维护商务市场秩序

（1）坚决打击侵权假冒伪劣不法行为。组织“3·15”国际消费者权益保护日现场宣传咨询活动，开展元旦春节期间市场侵权假冒伪劣商品专项整治行动，立案12件，涉案金额13.5万元。2018年全市“双打”共立案353件，办结案件313件，涉案金额302万元；移送司法机关6件；捣毁制假窝点2个。

（2）组织开展各类专项行动。开展单用途商业预付卡专项检查、汽车销售市场专项执法百日行动“回头看”等行动，共检查企业、商户8720户（次）。全年商务举报投诉服务中心（站）共接到各类举报、投诉、咨询790件，受理举报、投诉56件，办结54件。

（3）从严查处黑加油站、黑加油车。对黑加油站、黑加油车保持执法高压态势，开展专项行动3次，全市共排除查处黑加油站点、黑加油车91起，其中会同公安部门在打黑除恶行动中组织查处黑加油站点66家，黑加油车24辆，查获涉案人员86人，立刑事案件13起，刑事拘留20人，批捕1人；立行政案件63起，行政拘留66人，查扣油品171吨，其中劣质油品55吨。

三　2019年商务发展对策

以习近平新时代中国特色社会主义思想为指导，全面贯彻党的十九大和十九届二中、三中全会精神，深入学习贯彻习近平总书记在纪念改革开放40周年大会上的讲话精神，认真落实市委五届八次全会部署，坚持稳中求进工作总基调，坚持新发展理念，坚持高质量发展，高水平扩大对外开放，高标准繁荣内贸流通，强力推进落实开放招商实施专案，全力稳外贸、稳外资、扩消费、稳预期，以优异成绩庆祝中华人民共和国成立70周年。预计，全市实际利用省外资金、实际利用外资增长3%以上；货物贸易增长8%以上；对外直接投资、社会消费品零售总额增长10%以上；跨境电商交易额增长20%以上；落地3亿元以上项目50个以上，引进质量取得重大突破。

1. 抓牢招商引资，实现对外开放新跃升

（1）开展多层次开放招商活动。2019年重点筹备和组织参加好第十三届河南国际投洽会、中博会、厦洽会、东盟博览会、高交会、“5＋2”经济合作等活动，做到会前提早谋划积极对接，会中加强联络密切配合，会后跟踪服务抓好落实。各县（市、区）采取领导带队、小分队出击，把国内外

500强企业、央企、上市公司作为招商重点目标，在长三角、珠三角、闽浙、京津冀等地区开展区域性对口招商。组织好电动车展、食博会、冷博会、面粉节、纺织博览会、五金工量具博览会等节会，吸进客商投资兴业。

（2）创新模式提升招商实效。大力开展以商招商、小分队招商、专业招商、委托招商等传统招商活动，探索开展基金招商、融合招商、大数据招商、互联网社群招商等新型招商模式，进一步强化“贸易+投资”“技术+产品”“走出去+引进来”等精准招商。突出市场化利用外来资金，鼓励通过股权招商、并购招商提升产业发展水平。将招商与招才并举，引资与引智并重，力争引进一个项目、带来一批人才、打造一个团队、搞活一个产业。

（3）推进重点项目建设。对重点招商项目继续推行招商项目落户“一条龙服务”，深入推行“五个一、两不接触”工作机制。全力以赴加快项目推进速度，明确服务单位和领导，强化责任，完善措施，重点抓好签约项目、在建3亿元以上重点项目和亿元以上服务业项目的推进，提高项目履约率、资金到位率、建成投产率。2019年再确定一批重点项目重点推进建设。

（4）突出产业招商集聚发展。围绕特色主导产业，以产业延链补链强链为重点目标，力争引进一批产业链关键环节项目、行业龙头项目，提升产业发展质量。以引进新能源、新材料、生物制药、电子信息等高科技项目为主攻方向，力争签约落地一批引领性、方向性项目。以高铁枢纽商务区、日月湖现代服务业集聚区和古城历史文化旅游创意创新区为招引载体，开展文化旅游业、现代服务业和商贸物流业领域招商，力争引进一批大项目、好项目。

（5）“走出去”开展境外招商活动。抓好《商丘市人民政府关于商丘市促进利用外资增长工作实施方案》（商政〔2018〕16号）的贯彻落实，积极组织企业加强与港澳台、东南亚、日韩等国家地区的合作，不断拓展与欧美等发达国家的合作，加强寻求与海内外商协会的合作，吸引境外企业落户商丘，增加外资项目储备。2019年重点推进捷锐德新能源、正大猪业、正大农牧、光大城乡再生能源等外资项目的建设，扩大利用外资规模。

2. 抓好对外贸易，彰显开放发展新优势

（1）引导企业开拓国际市场。巩固并深度开发港澳、欧盟、日韩等传统市场，大力开拓东盟、非洲、拉美、中亚等新兴市场，主动强化与"一带一路"沿线国家贸易往来，不断优化国际市场布局，努力扩大全市产品的国际市场份额。持续加强对外合作，鼓励并有针对性地组织企业参加国内国际知名展会，扩大对外宣传，推动企业进一步走向国际市场。

（2）培育外贸出口基地和出口品牌。结合优势产业，进一步培育一批产业集中度高、产品竞争优势明显、产业链长、辐射面广、带动能力强的出口产业基地和出口产业集群，变产业优势为出口优势，增强出口后劲，夯实对外贸易发展基础。加强出口品牌建设，支持企业培育国际知名品牌；鼓励企业采取收购、授权使用等方式推进品牌建设；支持具有国际知名品牌的企业开展国际通行产品和体系认证、境外商标注册，提升企业国际市场综合竞争力。

（3）借助跨境电商扩大出口。把强力推进跨境电商发展作为培育外贸增长新动力，加大对外贸企业培训力度，促进企业经营模式转变，拓宽进出口渠道，支持中小微企业应用跨境电商，扶持更多出口产品。鼓励企业结合自身实际，积极构建国际营销服务体系，在海外设立分支机构、"海外仓"等，推动跨境电商发展。

（4）推进保税物流中心发展。加强商丘保税物流中心推介宣传，制定出台保税物流中心招商引资优惠政策，重点开展发达地区加工贸易梯度转移地招商、国内外外向型龙头企业对接招商、周边区域外贸企业招商，争取引进一批外贸进出口项目。支持中心申请独立开展跨境电子商务资格，加强与小红书、亚马逊、天猫国际等国内外知名电商企业的战略合作，构建电商产业链，促进中心跨境电商业务快速增长。支持民权建设保税物流中心。

3. 抓强对外经济，开拓国际合作新空间

（1）壮大对外投资主体。支持有能力、有条件的企业积极稳妥开展境外投资活动，推进"一带一路"建设，深化国际产能合作，推动高质量对外投资。重点推进河南贵友实业集团有限公司在吉尔吉斯斯坦的农业种植和

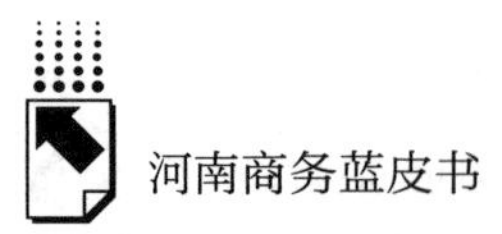

畜产品、食品加工项目，河南省中宇地质工程勘察院在埃塞俄比亚的矿井勘探项目，商丘市格瑞医疗废物处理设备股份有限公司在泰国的医疗废物处理和生物炼油项目，河南香雪海家电科技有限公司在尼日利亚的家电销售项目等项目的建设。

（2）推进对外承包工程和劳务合作。鼓励商丘企业参与对外基础设施建设，承揽境外公路建筑、农业、能源等领域的承包工程。以工程承包项目带动劳务输出。利用对外劳务合作服务平台，把外地优质对外劳务合作企业引进来，推动富余劳动力对外输出。

（3）推进境外经贸合作区建设。服务好贵友集团在吉尔吉斯斯坦设立的“亚洲之星农业产业化综合性园区”建设，支持园区完善基础设施，提高合作区水平，帮助园区开展招商活动，加大对外宣传，通过组织召开项目推介会、政策说明会和组织商丘相关外向型企业赴园区实地参观考察等方式，鼓励和引导符合条件的企业入驻园区。

4. 抓实商贸流通，激发消费增长新潜力

（1）启动供应链试点城市建设。国家级供应链创新和应用试点城市建设已经被市委改革办确定为2019年改革工作重点推进的事项，加快出台建设实施方案，明确目标任务，健全工作机制，完善工作措施，建立工作台账，按照项目建设时间节点扎实推进。按照月度有进展、季度有成效、年度有突破的要求，积极稳妥的推动工作开展。认真学习借鉴其他地市好的做法，及时总结经验。

（2）促进物流业转型升级。加快物流业转型升级发展，提升物流业整体实力，落实枢纽经济规划和冷链物流、快递物流、电商物流转型升级三年行动计划，切实压实责任，凝聚合力。示范区着力加强豫东物流产业集聚区建设，做大做强专业园区，发挥集聚效应，为全市物流业发展提供引领和示范作用。各县（市、区）大力开展物流开放合作，积极吸引龙头物流企业落地，加强骨干领军企业和园区培育，重点跟踪联系，重点扶持，及时组织冷链、快递、电商物流园区申报省级示范区，争取支持。

（3）推进电商产业发展。依托六个国家和省级电子商务进农村示范县建设，加速农村电子商务综合服务站点布局，力争尽快实现行政村全覆盖。继续加强电子商务示范创建，再培育一批市级电子商务示范企业、示范基地，适时申报省级示范。加快推进电商产业园区建设。开展电商培训，加强电商人才引进。

（4）正确引导和满足消费需求。积极申建省级品牌消费集聚区、省级步行街，加强“老字号”申报。强化市场运行监测分析，提高商务预报质量，提升生活必需品应急保供能力。持续开展促进消费活动，满足人民群众多元化消费需求。大力发展绿色餐饮消费，提升餐饮行业文明。促进汽车消费，组织好汽车促销展等活动，优化二手车交易登记程序，促进二手车交易便利。

（5）营造安全稳定环境。狠抓商贸领域安全生产，全面深化商贸行业领域安全生产风险隐患双重预防体系建设，重点开展成品油流通、商场超市、农产品批发市场、报废车拆解行业、餐饮等危险化学品和人员密集场所5大行业的安全生产监管，确保不出现安全事故。加强商务信用建设，落实家政服务、住宿餐饮、批发零售、成品油等领域信用体系政策。保持互联网、农村和城乡接合部、出口商品等领域打击侵权假冒高压态势。开展商务综合监管和执法专项整治工作。强化散装水泥、典当、拍卖、商业预付卡、大宗商品现货交易等领域监管，确保不出现重大风险。

B.37
2018 ~2019年信阳市商务发展回顾与展望

龚学军*

摘　要： 2018年，信阳市商务局积极应对错综复杂的经济形势，勇于承担艰巨繁重的改革发展任务，站位大局，以高昂的士气稳增长、扩开放，以精准的智慧解难题、惠民生，取得了一系列标志性、突破性的成果，全市商务工作在高质量发展轨道上迈出了坚实步伐。

关键词： 信阳　利用外资　开放招商

2018年，全市商务工作以习近平新时代中国特色社会主义思想为指引，全面贯彻落实省委十届六次全会精神，坚持稳中求进的工作总基调，贯彻新发展理念，落实高质量发展要求，以改革开放40周年为新契机新起点，紧紧围绕经济运行“六个稳”，聚焦提升政治站位，聚神抓实重点任务，聚力强化责任担当。

一　2018年信阳市商务发展指标完成情况及特点

1. 引进省外资金方面

（1）全市引进省外资金稳定增长，目标进度和增速均居全省前列。

* 龚学军，信阳市商务局。

全市实际到位省外资金281.7亿元，同比增长6.5%；完成省目标277.7亿元的101.4%，同比增长6.5%，目标完成比和增速均居全省第3位。自2013年以来，全市实际利用省外资金和同比增长率始终站在全省第一方阵。

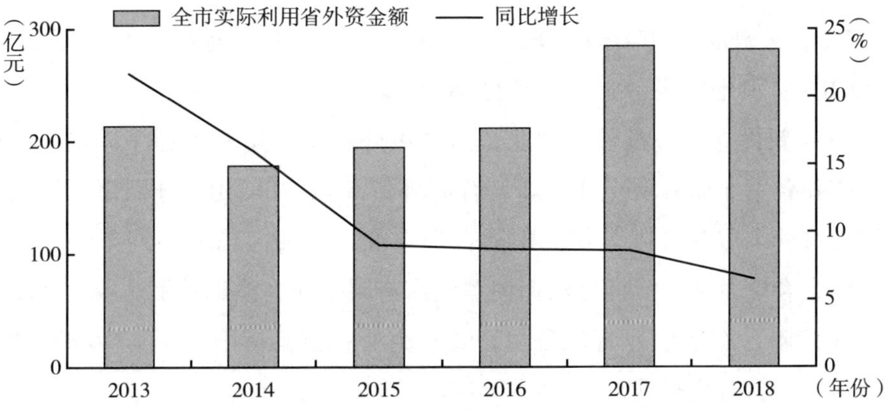

图1　2013年以来全市实际利用省外资金额和同比增长率

资料来源：信阳市商务局。

（2）“一核两翼”招商成果显著，京津冀、长三角、珠三角地区为信阳市省外资金主要来源地。2018年，京津冀、长三角、珠三角地区注入信阳市省外资金分别依次到位59.08亿元、85.04亿元、68.98亿元，合计金额达213.1亿元，占全市总额的75.6%。

（3）产业集聚区引资占比近半，集聚引资效应凸显。全市13个产业集聚区新落地省外资金项目123个，合同利用省外资金299亿元，实际到位省外资金143.87亿元，分别占全市总数的44.7%，39.9%和47.3%。

（4）主导产业引资明显，主要涉及先进制造、家居建材、文化旅游、纺织服装、商贸物流5类行业。全市有省外资金到位的项目578个，主要为以先进制造、家居建材、服装纺织为主的工业项目，商贸物流和文化旅游三产类项目，所属以上5类行业的到位资金项目个数和到位省外资金额占比均达到50%以上。

2. 吸收外资方面

2018 年，全市吸收外资 55419 万美元，完成省目标 55037 万美元的 100.7%，目标完成比居全省第 12 位；同比增长 3.7%，增速居全省第 12 位。

（1）外资主要来源地高度集中。来自港澳台地区 26899 万美元，占 48.92%；来自欧美（英国、美国、西班牙、比利时）地区 21883 万美元，占 39.8%；两地外资占全部外资的 88.72%。

（2）新设立了一批外资企业，为利用外资持续增长储备了动能。2018 年全市新备案 5 家外资企业，新增合同外资 6700 万美元，分别是浉河区信阳阳光城养老服务有限公司，中港合资企业；浉河区信阳崧润茶油有限公司，中台合资企业；浉河区河南澳盈酒店有限公司，澳洲独资企业；商城县新禾（信阳）有机农业有限公司，港资企业；新县信阳本草荟生物科技有限公司，中台合资企业。

3. 外贸进出口方面

2018 年全市外贸进出口 468927 万元，完成省目标 376000 万元的 124.7%，同比增长 27.48%，居全省第 7 位。其中，出口同比增长 35.9%，居第 5 位；进口同比增长 17.29%，居第 8 位。

（1）重点企业较快增长。全市进出口超亿元企业新增 2 家，达 7 家。安钢集团信阳钢铁有限公司进口 137739 万元，增长 35.85%，仍居第一位。信阳舜宇光学有限公司进出口合计 29630 万元，增长 13.72%，排第二位。仁新实业发展（信阳）有限公司（平桥）出口 24189 万元，增长 52.48%，跃居第三位。骏畅智能科技有限公司出口 18763 万元，增长 815.33%，华英集团出口 17621 万元，增长 20.48%，万华生态板业（信阳）有限公司进口 13105 万元，增长 109.92%。

（2）茶企出口有新突破。2018 年全市茶叶自营出口 14620 万元，增长 32.5%，茶籽出口 2232 万元，增长 106.4%，茶油出口 8 万元，增长 100%。出口茶企 9 家，新增 2 家（浉河盛世茶茗和商城滴翠湖）。出口市场除传统的东南亚、北非、中亚外，新开拓了日、韩、摩洛哥市场，出口市场多元化进一步发展。

4. 社会消费品零售总额方面

2018 年全市社会消费品总额达到 1136.6 亿元，同比增长 10.8%，增速居全省第 4 位，高出全省平均增速 0.4 个百分点。消费的升级和扩大规模成为全市发展的重要动能。

二 2018年采取的主要措施

1. 开放招商量质齐升

（1）回归工程再掀热潮。成功举办了第一届信商大会，37 个项目上会签约，总投资额 304.8 亿元，被誉为第 26 届信阳茶文化节“最亮的一笔”。精准实施了“信商大走访”活动，市政府分管领导和局主要领导带队，分赴京津冀、长三角、珠三角等地，走访对接信阳籍客商企业、异地信阳商会。倾情开展了“老乡看家乡”活动，邀请信阳籍在外企业家回乡考察，着力吸引企业回归、项目回迁、资金回流、人才回家。全面开展了“组建朋友圈”行动，动员县、乡、村、组“四级联动”，广泛搜集老乡信息，深入挖掘信商资源，7946 名信阳籍在外成功人士信息先后归集入库。通过打好特色牌、走好乡情线、唱好主场戏，2018 年，全市招商引资落地项目中，信阳籍老乡直接投资的项目 110 个，引荐促成的项目 43 个，合计占比达 60%，总投资额 296.3 亿元。

（2）精准招商扎实推进。持续抓紧北京疏解非首都功能机遇，通过前沿化对接、专业化运作、精细化合作，强化周例会、月讲评、月通报驻地招商运行机制、人员管理机制、合作奖励机制，驻京招商取得了阶段性丰硕成果，2018 年，京津冀地区落地项目 91 个，总投资额 218 亿元，已开工项目 81 个，实际到位资金 48.5 亿元。

（3）招商载体多维拓展。高标准开展节会招商，由市领导率团，先后组织参加了香港企业家春茗活动、第十二届河南国际投洽会、第二届全球跨境电商大会、第十五届上海国际物流节、第二十届厦门国际投洽会、第十五

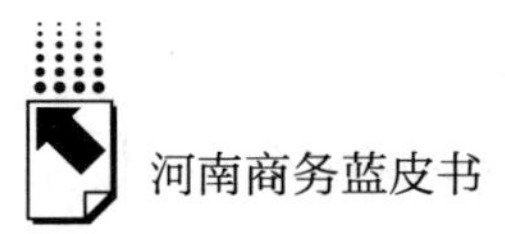

届中国－东盟博览会等重大招商活动，一批主导性强、成长性高、竞争力大、辐射圈广的项目签约落地。创造性实施委托招商，与北京市朝阳区中小企业市场发展商会、上海信阳商会、深圳信阳商会、澳门河南商会签订了委托代理招商协议书。

（4）开放环境不断优化。抢抓《淮河生态经济带发展规划》政策“红包”，制定了《信阳市对外开放行动计划（2018～2019）》，出台了《信阳市开发区申建管若干意见》，汇编了信阳市优化开放发展环境政策，集成复制推广河南自贸区制度创新经验，推动形成全方位开放新格局留足预期空间。印发了《信阳市开展市场准入负面清单制度改革总体方案》，外商投资“负面清单＋备案管理”制度全面落地。

2. 对外经贸逆势上扬

（1）对外贸易危中求机，动能增强。2018 年为中小微外贸企业免费投保，外贸企业出口信用保险覆盖率提高至 67%。组团参加了首届中国国际进口博览会，采购成交金额达 21.2 亿元，本市交易分团被表彰为全省先进单位、3 家企业被授予优秀企业奖。

（2）对外合作变中求胜，效能提升。2018 年圆创磁电在德国法兰克福设立了分支机构，怡和教育投资 100 万美元在香港设立了教育咨询公司，中原金睿投资 3500 万美元收购了美国辉门集团汽车照明项目。积极协调解决矛盾纠纷。

3. 流通消费转型升级

以金牛物流产业集聚区为依托，推动冷链基础设施集群建设，大别山德利和冷链物流中心已建成智能冷库 4 座，16 座中转库已投入使用；北冰洋 5 万吨立体式冷链仓库已投入运营；明德食品 1.2 万吨冷链储运项目全面竣工；华英农业被确定为全国供应链创新与应用试点企业。统筹谋划建设 34 个物流业转型发展重大项目，2018 年完成投资 23.9 亿元。配合实施豫酒振兴战略，助力淮滨金谷春等白酒企业转模式、扩渠道、创品牌，打造豫酒“五朵金花”之一。建立了汽车销售监管“数据库”，汽车经销商商务备案率达 97.3%，走在全省前列；加强了对报废汽车回收拆解的常态驻点监管，

2018 年全市共回收拆解黄标车、老旧车 4000 辆，新申建回收拆解企业1 家。精心打造会展业品牌，信阳百花会展中心荣膺“2018 年度中国会展之星·中国十佳优秀会展中心”。

4. 电子商务提速增效

国家级、省级电商进农村示范工程扎实推进，已拨付到位 6600 万元，累计建成县级农村电商公共服务中心 7 个，乡镇电商服务站 133 个，村级服务点 807 个。持续完善电商集聚发展平台，信阳市电商产业园入驻企业达 42 家，年营业额突破 3.6 亿元，已成为本市最具活力的创客空间之一。累计培育电商平台类企业 34 家、服务类企业 104 家、应用类企业 358 家，天猫、淘宝、京东、苏宁等知名平台上线企业 3000 多家，规上企业电商应用率达 60% 以上，电商直接从业 11.5 万人，带动相关就业 25.3 万人，已基本形成了上下游电商产业链和生态圈。组织开展了 2018“双创”活动周电商典型荐评，7 家电商企业、4 名电商“达人”分别荣获电商创业先进集体和个人称号。

5. 市场监管稳扎稳打

深入开展汽车销售市场专项执法百日行动，共出动执法人员 1150 人次，检查经营主体 760 余家，下达责令整改通知书 96 份。联动开展典当、拍卖、餐饮、沐浴、洗染“五行业”专项整治，深入开展了互联网领域侵权假冒行为治理等专项行动，在省政府平安建设年度考核中，信阳市打击侵权假冒工作获得满分。全面推行“双随机一公开”抽查机制，开展随机抽查 9 次，抽查情况、行政处罚、信用信息公示率达 100%。持续开展服务型行政执法建设，累计提供咨询服务 507 次，受理举报投诉 106 件次，全市商务领域市场监管工作持续走在全省前列，先后 3 次在全省会议上做典型发言。

三 2019年商务发展指标预测及形势分析

2019 年，全市商务经济发展进入爬坡过坎、转型发展的攻坚期，从外部环境看，国际经贸关系复杂多变、深度调整，不稳定不确定因素持续增多；国内经济下行压力仍将持续，民营企业经营困难、投资扩张意愿能力下降对招商引资带来不利影响，省内其他地市、周边地市纷纷出台力度空前的政策，争相占据“抢商”“抢人”竞争主动权，在产业梯度转移的大趋势下，招商引资呈现出向发达地区、中心城市“回流”的逆周期特征。从自身条件看，淮河生态经济带发展规划等国家区域发展战略，为全市开放发展带来了难得机遇；全市上下大抓招商、大干项目的浓厚氛围，信阳籍在外老乡的特色资源，京津冀产业转移的必然趋势，市委、市政府打造优质营商环境的决心力度等，为全市招商引资、对外贸易在做大现有存量中做强优势增量，赢得了发展作为空间。

综合判断，2019 年全市商务经济将继续呈现出平稳向好的发展态势，预计全年实际引进境内外资金 300 亿元以上、增长 5% 左右，落地项目 200 个以上；外贸进出口总额 40 亿元，增长 3% 左右；社会消费品零售总额 1350 亿元，增长 11.5% 左右。

四　对策建议

1. 持续扩大招商格局

围绕“一核两翼”招商布局，持续深入开展承接京津冀产业转移驻京招商，组织开展长三角、珠三角地区驻点招商。抢抓淮河生态经济带发展机遇，推动建设淮河生态经济带光电飞地产业园。坚持“高层次、小分队、精准性”，务实开展第十三届河南国际投洽会、2019 厦洽会、第十六届东盟博览会等重大节会招商；继续办好信商大会，策划举办信商回归主题论坛，打造台商电子科技产业园。

2. 持续优化外贸结构

着力引进外贸综合服务企业，做大做强茶叶、食品、光电、板材、羽毛羽绒等外贸龙头企业。加快发展纺织服装省级外贸产业基地，巩固提升潢川禽肉、固始柳编省级出口基地，申建信阳茶叶、潢川羽毛、高新区电子省级出口基地。继续高标准参加进口博览会、东盟博览会、亚欧博览会，瞄准俄罗斯、蒙古国、中亚地区国家，进一步扩大茶叶、食品和服装出口。

3. 持续激发流通活力

加快推进浉河区金牛保税物流中心（B 型）建设，深化与阿里巴巴、京东、唯品会等知名电商合作，加快建设豫南物流智慧信息平台。

4. 持续添彩中心工作

做实做活电商扶贫，引导贫困人群开展创业创新，帮助贫困户实现稳定增收。严防严控环境污染，强化油品质量监管，针对证照历史遗留问题，严格落实限期达标要求，确保加油站点全部走上合法化轨道。

5. 持续突出党建引领

持续将政治建设摆上突出位置，推进党的十九大精神学习宣传贯彻。深入开展“不忘初心、牢记使命”主题教育，推动“两学一做”学习教育常态化制度化。继续推动局属各党组织进一步严肃党内政治生活，严格落实“三会一课”等组织生活基本制度。全面落实从严治党主体责任，落实任务书、时间表、路线图和党建巡察、督查、述职考核制度，形成责任具体、环环相扣的“责任链”。

B.38 2018 ~2019年周口市商务发展回顾与展望

徐洪超*

摘　要： 2018年，全市商务系统坚持稳中求进总基调，把握开放发展新理念，顺应高质量发展新要求，统筹推进招商引资、对外贸易、内贸流通、市场监管、脱贫攻坚等创新发展，全市商务工作取得新成效，为新时代全市经济高质量发展做出了新贡献。

关键词： 招商引资　对外贸易　电商扶贫

一　2018年周口市商务发展指标完成情况

1. 对外贸易

全市货物贸易93.7亿元，同比增长21.6%，高出全省16.3个百分点，高出全国11.9个百分点，提前一个月完成年度目标任务。进出口额居全省第8位。全市利用跨境电商实现进出口9314.9万美元，同比增长24.1%。

2. 引进省外资金

全市新签约亿元以上省外资金项目190个，合同引进省外资金1228.6亿元，实际到位省外资金585.7亿元，同比增长5.7%。

* 徐洪超，周口市商务局。

3. 利用外资

全市新批外商投资企业10家，合同利用外资1.1亿美元；实际吸收外资5.62亿美元，同比增长3.7%。

4. 社会消费品零售额

全市社会消费品零售额实现1322.57亿元，同比增长10.7%，总量居全省第4位；增幅居全省第6位。

二　2018年采取的主要措施

1. 开放招商持续推进

（1）突出大员上阵招商。实施开放招商“一把手”工程和招商引资“二分之一”工作法，市领导亲自带头、率先垂范，多次带队到北京、上海、广东等地招商考察、洽谈项目，带动了全市招商引资热潮。2018年，全市县处级以上领导干部外出招商376次，接待客商考察495次，与恒大集团、富士康集团等一批知名企业对接洽谈项目745个。尤其是在与恒大集团对接时，更是发挥大员上阵、亲情招商的优势，打好乡情牌，唱好感情戏，做到以情感人、以诚招商，用真心、真情、真诚感动恒大、引来项目。

（2）突出主导产业招商。围绕食品加工、纺织服装等六大主导产业，市县联动，成立招商组，编制路线图，谋划大项目，做强大集群。如太康县引进江浙粤闽及港澳台等地纺织服装企业入驻，形成“研发－纺纱－织布－染整－面料－服装－市场－物流”等为一体的完整的产业集群链，吸引了43家纺织企业入驻。2018年，全市选派45支招商小分队，分别在珠三角、长三角、京津冀等区域，开展驻地招商，并在郑州、东莞、北京等地举办专题招商活动。

（3）突出临港经济招商。围绕打造“满城文化半城水，内联外通达江海”中原港城的发展定位，把发展临港经济作为招商重点，再次与中国港口协会联合举办2018临港经济高峰论坛，强化与河南自贸区、郑州航空港、河南物资集团的联络和对接，大力开展“空铁水”多式联运，创建国家级多式联运枢纽试点城市。周口公、铁、水、空四位一体的大交通、大物流优势更加突出，开放招商吸引力将更加强劲。

（4）突出企业以商招商。发挥企业招商主体作用，通过招商引资，采取改组、联合、兼并、参股、控股等多种形式，推动企业转型升级。郸城县金丹乳酸集团推动政、产、学、研、用、资、介多方深度融合，成为全球领先的乳酸及系列产品生产企业。

2. 对外贸易迅速增长

（1）狠抓联动机制，促进通关便捷。主动加强与海关、外汇管理局等涉外经济职能部门联系，建立了联席会议制度、定期联络协调制度、全天候通关及节假日预约通关制度，及时迅速地了解、解决企业在出口中的困难和问题，为企业出口提供“绿色通道”，缩短货物在口岸的停留时间，节省企业支出。

（2）狠抓重点企业，促进稳定增长。为确保重点企业出口的相对稳定，完善了进出口重点企业联系制度，多次召开进出口企业座谈会，帮助企业把脉问诊，确保重点企业出口持续稳定增长。

（3）狠抓基地建设，促进良性循环。在出口基地建设中，突出承接产业转移，积极为企业开展自营出口“无偿代理服务”，把基地建设列为招商引资督查考评的重要内容，下达目标任务、加强跟踪督查，推动了产业转移和扩大出口的良性循环。

（4）狠抓企业扶持，促进正常运营。在实施“出口绿色通道”的基础上，联合海关、外汇管理局深入基层，深入企业，开展调查研究，摸清家底、了解需求、掌握态势，确保对症下药。同时，加大对企业出口政策扶持和资金支持力度，积极为企业向上级争取各类出口扶持补贴资金。

（5）狠抓企业培育，促进做大做强。有针对性地开展对全市服务贸易企业走访活动，加大服务贸易宣传和培育，围绕龙头产业加大服务贸易工作力度，利用新途径，开拓新渠道，做大新产业。

（6）狠抓跨境电商，促进创新带动。成立了申建跨境电子商务综试区领导小组，出台了《周口市电子商务发展扶持办法》和《周口市加快推进跨境电子商务综合试验区建设工作方案》，谋划建设跨境电商产业园。建立了跨境电子商务数据统计报送制度，组织本地企业与多家跨境电商平台服务商进行对接，开展跨境电商知识培训，为本地企业与电商平台服务商搭建沟通桥梁。

3. 内贸流通工作转型升级

（1）推动电子商务加快发展。开展了市级电商示范企业的复核工作，重新确认了22家市级电商示范企业，向省厅推荐了4家省级电商示范企业和1家省级电商产业示范园区。与中国建设银行周口分行签订合作协议，就电商工作进行深入合作。京东商城周口特色馆和西华特色馆已正式运营。2018年，全市电商交易额354.4亿元，同比增长17%，网络零售额122.1亿元，同比增长35%。全市电商经营企业备案新增110家，达到340家。

（2）加快物流业转型升级。积极转变职能，加快物流业改革步伐，成立领导小组，出台工作方案，明确工作举措，建立联动机制，形成部门合力。统筹内贸流通体制改革涉及物流业领域的工作任务和城乡高效配送专项行动，积极推进冷链、电商、快递物流转型发展。

（3）加强汽车流通管理。推进市二手车流通管理联席办公会议制度建立，细化市场建设标准，加强市场监督检查。推进废旧汽车拆解企业逐步实现拆解设施现代化、作业流程标准化、废弃物处理无害化的发展目标。强化二手车交易和报废汽车回收拆解企业规范运营视频监控系统，开展新车销售企业备案工作。2018年，共回收拆解报废车2162辆，新车备案企业累计达271家。

（4）加强市场运行监测。统筹安排监测96家样本企业，做好生活必需品、重要生产资料等监测系统的日报、周报、旬报、月报、年报工作。信息报送的及时率、准确率、报送率均达到100%。

（5）加强成品油市场管控。开展对全市成品油流通市场环境污染防治攻坚，全年共打击取缔黑加油站38座，抽检加油站点油品质量223次，汽柴油合格率均达到99%以上。完成了全市车用乙醇汽油、柴油国六标准置换升级工作。积极开展农村偏远地区加油站建设，已得到省商务厅规划确认

91 座农村加油站，建成待验收 36 座。加快推进加油站地下油罐改造，全市所有加油站点都已完成了加油站点双层罐更换或者防渗池改造。

4. 市场监管规范有力

（1）加强商务领域市场监管。2018 年，全市共接收举报投诉 153 起，受理办结率达 100%，接受咨询服务 213 次。出动执法检查 5086 人次，查处违法违规商户 718 家，涉及金额 32.3 万元，对 365 家企业商户进行了行政处理。

（2）积极开展商务领域执法检查。累计检查加油站点 280 座次，下达整改通知书 9 份，监督立案 17 起，办结 10 起。累计检查规模以上发放商业预付卡企业 33 家次，下达整改通知 3 份。积极参与省、市部署的汽车销售百日执法检查行动，检查备案企业 55 家次。

（3）受理办结各项举报投诉。2018 年，依照商务举报投诉处理程序规定，受理成品油市场举报投诉 10 起，办结 10 起；汽车销售 18 起，办结 18 起。办结率 100%。

（4）加强商务诚信体系建设。积极开展“诚信兴商宣传月”“食品安全宣传周”等活动，加强以诚信法治为重点的商业道德建设，建立市商务局诚信红黑榜管理制度，完善企业诚信兴商评价体系，营造良好的诚信环境。

（5）开展重要产品追溯体系建设。依托周口的农业产业化国家重点龙头企业——黄淮物流市场，积极探索可追溯体系建设试点工作，搭建“农产品质量追溯体系 + 农产品交易体系”，实现农产品流通环节的质量可追溯，保障居民食品消费安全。

5. 脱贫攻坚成效显著

（1）强化领导助保障。积极履行脱贫攻坚部门责任，成立了电商扶贫工作领导小组，印发了《2018 年电商扶贫工作要点》，签订了目标责任书。

（2）夯实责任抓督导。多次召开电商扶贫工作推进会，开展电商扶贫工作督导，督查指导县市区开展工作，对发现的问题，及时会商研究，随时约谈，督促整改。

（3）明确目标促落实。全市成功创建 5 个国家级示范县，4 个省级示范县，截至2018年底，全市建成电子商务进农村公共服务中心7个，乡镇和村级服务站27个和1429个，覆盖贫困村953个，覆盖建档立卡贫困户人数7766人，累计培训建档立卡贫困户人数11051人，带动建档立卡贫困户创业就业人数1075人，贫困户累计实现增收人数2645人，并先后组织全市涉农企业参加商务部及省商务厅举办的农产品对接活动11次，促成交易额2511万元，其中促成贫困地区交易额1705万元。

三 2019年商务发展形势分析及指标预测

2019年影响商务工作不确定、不稳定因素增多，全市商务工作面临的困难加大，机遇与挑战并存。从全球视野看，当今世界正处于百年未有之大变局，经济力量对比发生根本性变化，经济治理体系正处于重构的关键期，经济和贸易扩张步伐放缓，主要经济体之间经贸摩擦加剧，科技创新和产业变革进入密集活跃期，产业链条调整出现新的特点，新旧风险共存叠加，风险应对的难度和复杂度有所加大。从国家层面看，我国正处于并将长期处于重要战略机遇期，深刻认识我国经济发展长期向好的基本面没有改变，持续推进“五位一体”总体布局和“四个全面”战略布局，加快供给侧改革，着力推动“三大攻坚”，扩大“一带一路”开放力度，经济内生动力进一步增强。从全省角度看，全省经济运行下行压力明显加大，但河南发展的动力源充足，投资、消费、出口、创新需求空间广阔，经济运行的各项指标匹配性很好，企业适应市场的韧性普遍增强，支撑高质量发展的条件不断提升。从周口情况看，市委、市政府一张蓝图绘到底，坚持稳中求进工作总基调，坚持新发展理念，坚持推动高质量发展，贯彻巩固、增强、提升、畅通的方针，围绕“三高三优”和打造“满城文化半城水，内联外通达江海”中原港城的目标，统筹推进稳增长、促改革、调结构、惠民生、防风险、保稳定工作，狠抓各项政策落实，经济结构不断优化，新旧动能接续转换，质量效益持续改善，全市经济保持总体平稳、稳中有进的发展态势。

预计，2019年全市社会消费品零售总额增长10%；货物贸易增长8%，服务贸易增长7%，跨境电商交易额增长20%；实际利用外资增长3%；引进省外资金增长3%；对外直接投资340万美元；对外承包工程和劳务合作营业额实现零突破。

四 对策建议

1. 稳外资，着力提升招商引资质量水平

实施“招商引资突破年”行动，促进招商规模和质量双提升。坚持大招商、招大商，把产业链招商作为主攻方向，突出延链、补链，增强配套能力，补齐产业链条，打造产业集群，推进招商引资向招商选资转变，普通招商向精准招商转变。继续选派精干人员，围绕周口主导产业，在长三角、珠三角、环渤海地区重点开展产业招商。积极组织参加国家、省举办的大型经贸活动的同时，精心举办专题招商活动，不断扩大招商成果。深化与中央企业、省管企业合作，推行股权招商、并购招商。制定2019临港经济招商引资专项行动方案，围绕基础设施、临港经济开展重点招商、精准招商。

2. 稳外贸，着力促进对外贸易提质增量

全力推进出口市场多元化，积极开拓新兴市场。扶持优势出口产业，培植长久竞争力。实施品牌战略，培育自主知识产权出口商品。加强对重点企业、商品监控和跟踪服务，大力支持重点出口企业以点带面，形成出口产业链。发挥周口“制鞋、纺织服饰、食品调味品”三大出口基地的示范作用和品牌效应，增强外贸发展的主动力。大力发展跨境电商，统一规划发展全市跨境电商业务，加大对跨境电商在园区建设、海外仓建设等方面的政策支持，加快建设跨境电商孵化园、集聚区，构建电商公共服务平台。鼓励企业扩大先进技术、关键设备及零部件进口，增加农产品、日常消费品进口。

3. 扩消费，着力推动内贸流通转型升级

深化体制机制改革，优化营商环境，推动内贸流通创新发展。着力推进物流业转型发展，减少流通成本，提高流通效率。大力发展冷链物流，构建“全链条、网络化、严标准、可追溯、新模式、高效率”的冷链物流体系。推进电子商务与快递物流协同发展，形成布局合理、层次分明、衔接顺畅、功能齐全的快递物流和电商物流分拨配送和运营服务体系。引导大型零售企业应用新技术、发展新业态，探索新模式，推动实体零售转型升级，加快名品名店名街名区联动发展，打造区域中高端消费圈。

4. 提质量，着力推动电子商务快速发展

积极推动西华县、淮阳县电子商务产业园、亿星电子商务孵化园等现有电商物流园区健全设施、提升服务、规范升级。全面落实相关奖励政策，利用电商进农村扶持项目，推动特色产品“走出去”，大力扶持本土电商企业发展，支持电商企业做大做强。重点引进大商、优商、名商，尤其是电商产业链上下游配套服务企业，完善电商发展环境。加强与杭州颐高集团等公司合作，推动东新区电商产业园项目落地。加强与中国国际电子商务中心、周口师范学院、阿里巴巴等部门或企业的合作，继续全面开展电商人才培训，缓解周口市电商人才匮乏、管理松散等问题。

5. 强监管，着力规范商务领域市场秩序

持续开展成品油市场专项整治，保持高压态势，继续开展联合执法，牵头做好对无经营资格的黑加油站点的打击取缔。认真做好车用乙醇汽油、柴油置换升级工作，积极开展农村偏远地区加油站建设工作和加油站地下油罐改造工作。继续贯彻落实《汽车销售管理办法》，规范经营行为，严厉打击违法活动，净化全市汽车销售市场环境。对规模发卡企业进行定期不定期实地检查，及时上报信息，加强行业自律。

6. 惠民生，着力推进商务扶贫扎实开展

加快推进公共服务中心、乡村公共服务站点建设，着力构建县乡村三级电商扶贫公共服务体系，逐步实现对建档立卡贫困村的电商扶贫全覆盖。加强引导，促进知名平台和当地企业合作，助推农特产品、农村工业品、民俗产品、乡村旅游等农特产品上行。加强电商扶贫培训工作，对乡镇、村干部和第一书记全面进行电商扶贫专项轮训。对贫困户摸底排查，建立有能力有意愿适合电商培训贫困人员名录，做到应培训尽培训，培养一支懂电商业务、会经营网店、能带头致富的人才队伍。着眼于电商扶贫带动的作用与效果，培育1个电商扶贫先进县、5个以上电商扶贫先进乡镇、10名以上优秀电商扶贫带头人，发挥其示范带动作用，让老百姓受启发、受感染，真正做到了解电商扶贫、融入电商产业、受益电商发展、参与电商扶贫。

B.39

2018~2019年驻马店市商务发展回顾与展望

柳晓刚　王正蒙*

摘　要： 2018年，驻马店市商务局全面落实市委、市政府和省商务厅工作部署，注重以目标统揽全局，突出抓好招商引资、外经外贸、内贸流通、商务监管、改革攻坚和系统建设等重点工作，总体保持了商务工作良好发展态势。本文对2018年全市商务发展情况进行总结回顾，对2019年商务发展进行分析预测，提出对策建议。

关键词： 驻马店　开放招商　内贸流通

一　2018年驻马店市商务发展指标完成情况及特点

1. 实际利用省外资金

2018年，实际利用省外资金302.9亿元，占省定目标的101.7%，增长6.8%，增幅居全省第一位。

2. 实际吸收境外资金

2018年，实际吸收境外资金42211万美元，占省定目标的102.1%，增长5.7%，增幅居全省第一位。

* 柳晓刚、王正蒙，驻马店市商务局。

3. 外贸进出口

2018 年，全市外贸进出口 32.7169 亿元，增长 38.2%，增幅居全省第四位。其中：出口 26.7428 亿元，增长 30.15%；进口 5.9742 亿元，增长 91.15%。

4. 社会消费品零售总额

2018 年，全市社会消费品零售总额 1010.82 亿元，占省定目标的 100.2%，增长 11.3%，增幅居全省第一位。

5. 电子商务

2018 年，全市电子商务交易额 445.1 亿元，增长 44.9%，其中网络零售额 86.7 亿元，增长 35%。

二 2018年采取的主要措施

1. 开放招商

（1）完善开放招商体制机制。市委、市政府深入贯彻国家和省关于对外开放工作一系列政策，认真落实 2018 年《河南省对外开放工作行动计划》，制定出台了《2018 年驻马店市开放招商工作行动方案》（驻政办〔2018〕33 号）、《驻马店市招商引资工作方案（2018～2020 年）》（驻政办〔2018〕34 号）、《关于进一步明确招商引资项目工作流程的意见》（驻政〔2018〕45 号）等指导性文件，起草了《驻马店市开放招商工作考评奖惩方案》《关于促进招商引资的政策意见》《驻马店市支持“飞地经济”发展实施办法》等政策性文件，进一步健全体制机制，强力推进开放招商工作。

（2）创新招商引资方式方法。立足全市区位和资源禀赋，积极推进招商地图项目建设，建立全市统一的招商引资服务平台，不断提高宣传推介实效和招商吸引力。充分发挥商会在招商引资中的重要桥梁作用，积极探索市场化招商引资运作方式，加强与深圳市驻马店商会合作，推进成立驻马店市招商引资服务（深圳）有限公司，大力开展落地招商、以商招商、领导招商等，着力提高招商引资工作实效。

（3）务实举办专项招商活动。以第十三届豫商大会、第二十一届中国农加工洽谈会为招商平台，大力开展“迎盛会、大招商”活动，突出招大引强、招新引先等重点，务实举办招商专项活动。2018年，全市在上海、深圳、天津、北京等经济发达地区先后举办了9次专项招商活动，共派出313个专业小分队，奔赴长三角、珠三角、京津冀等经济发达地区开展项目对接洽谈活动，取得显著成效。2018年，全市累计签约亿元以上项目242个，合同总投资1756.87亿元，项目涉及农产品加工、先进制造、战略性新兴产业、高新技术产业等领域。

（4）突出农加工产业园招商。紧紧抓住农业农村部批复建设中国（驻马店）国际农产品加工产业园的难得机遇，结合全市国际农加工产业园总体规划情况，研究起草了《产业园项目谋划推介工作方案》《产业园招商引资工作方案》《关于促进产业园招商引资工作的意见》《产业园招商组工作方案》《产业园鼓励招商引资办法》等文件，对招商任务进行了分解，明确了工作重点，同时修订完善了产业园招商图谱，印制了产业园招商推介手册，有力推动了招商引资工作开展。瞄准世界500强、知名农产品加工龙头企业、科研平台以及配套服务产业，重点筛选了涉及农产品加工不同细分行业的26个行业龙头及知名企业，主动上门对接招商取得积极成效。

（5）加强开放招商督导考核。完善招商引资项目考核评价体系，明确各县区招商引资年度目标任务，强化招商引资跟踪督查和考核问责，坚持每月收集整理各县区拟签约项目情况，实行每日报告、每月通报、季度督查、半年总结、年终考核制度，层层传导责任压力，有力推动了开放招商工作深入开展。

2. 外经外贸

（1）大力发展进出口。认真贯彻落实国家、省促外贸稳增长系列政策措施，从实现出口企业多元化、出口市场多元化、出口产品多元化入手，分解目标任务，压实工作责任，实行定期通报，建立工作台账，紧盯重点企业，先后召开外贸工作会、外贸企业座谈会、外贸工作推进会等，深入企业调研，积极帮扶企业解决实际困难和问题，指导企业开拓国际市场，培育新

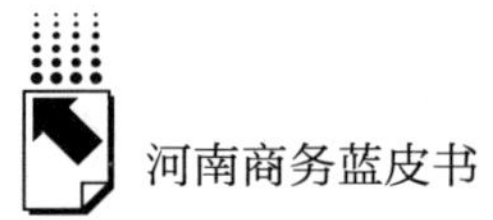

增长点，结识客户，增加订单，扩大进出口，一举扭转了进出口连续下滑的局面，实现逆势上扬、较快增长。积极培育新增长点，重点抓好平舆休闲家具、确山小提琴、正阳圣诞灯饰制品等自营出口，取得积极成效，平舆休闲家具、确山小提琴均实现出口零的突破。积极组织企业参加境内外展会。针对驻马店市没有海关办事机构、企业办理进出口业务存在瓶颈制约的实际，坚持主动作为，积极对接省政府、郑州海关等，持续协调推进海关申建工作，取得实质性进展，目前，海关总署和中央编办已批复同意设立驻马店海关。

（2）稳步推进对外合作。认真贯彻执行《对外劳务合作管理条例》及《河南省对外劳务合作经营资格管理办法（暂行）》，引导劳务人员通过正规渠道出境务工，维护劳务人员合法权益，经西平县人民政府批准，西平县商务局设立了对外劳务合作服务平台，通过了省商务厅的验收并报商务部备案，这是全市第一个对外劳务合作服务平台。认真做好宣传工作，提高外派人员的防疫防病知识和风险防范意识。开展专项行动，积极清理整顿非法外派劳务中介机构，遏制违法违规行为蔓延势头，确保了全市外派劳务市场秩序健康有序发展。

（3）积极发展服务贸易和跨境电商。组织企业参加了第十二届投洽会、自贸区产业项目推介会、中德企业合作论坛、中国（郑州）－卢森堡“空中丝绸之路”经贸合作高峰会等活动，取得了良好的效果。研究出台了《驻马店市人民政府办公室关于印发驻马店市促进对外贸易发展实施办法的通知》（驻政办〔2018〕97号）。积极引导企业利用阿里巴巴、敦煌网、中国制造等第三方知名跨境电商平台开展跨境电商业务，目前全市在阿里巴巴国际网站上开展跨境电商业务的企业达到23家。积极引进乐贸全球、豫满全球等公司到全市落户，为全市公共保税中心协调办理了国际货代资质。

3. 内贸流通

（1）深入推进农村市场体系建设。继续推进电子商务进农村工作综合示范工作，做好电子商务进农村综合示范县项目建设工作，实现了电子商务进农村综合示范县全覆盖。

（2）进一步提升农产品流通水平。积极培育和鼓励大型农产品批发市场、农贸市场、大型连锁超市等农产品流通企业实施农产品现代流通网络建设，进一步提升全市农产品流通水平。欢乐爱家、众信市场申报的2018年河南省农产品流通体系建设项目通过省评审并将获得支持资金。

（3）持续推进物流业转型发展。认真贯彻落实全省物流业转型发展工作会议精神以及《驻马店市现代物流业发展规划（2018～2020）》和三个重点领域工作方案的安排部署，以冷链物流、快递物流、电商物流为突破，以物流园区项目建设为抓手，认真研究拟定全市2018年现代物流业升级发展的目标和重点工作任务，认真谋划重点项目，引领全市物流业升级发展。拟定了《驻马店市2018年现代物流业升级发展方案》，建立了驻马店市物流业转型升级项目库，全市共谋划冷链物流、快递物流、电商物流等物流园区建设项目45个，总投资额92.45亿元。

（4）推动电子商务快速发展。截至2018年12月底，全市共有中小型电商企业近5000家，全市电子商务交易额445.1亿元，增长44.9%，其中网络零售额86.7亿元，增长35%，全市已建成8家电子商务产业园（电子商务运营中心），乡镇级电商综合服务站200多个，村级电商服务站点1400多个，基本形成了覆盖市、县、乡、村四级的电子商务服务体系和物流快递网点体系，电子商务继续保持快速增长的良好态势。

4. 市场监管

（1）持续开展打击侵权假冒工作。开展互联网领域、农村和城乡接合部市场、“清风行动”等重点领域专项整治，加大商品质量监管和打击侵犯知识产权工作力度，2018年，行政执法部门共立案查处侵权假冒案件562件，办结案件512件，涉案金额365万元，移送司法12件，公安机关共破案36起，抓获犯罪嫌疑人47人，摧毁制假、售假窝点6个，检察机关批捕58件99人，起诉61件84人，法院受理侵权假冒类案件40件，已全部审结29件。综合绩效考核结果位居全省第三位。

（2）有序开展商务领域市场监管工作。以市场监管标准化建设为切入点，加强执法队伍建设，拓展监管领域，迎难而上，克难攻坚，初步建立了“权责明确，行为规范，监督有效，保障有力”的商务行政执法体制。2018年，全市共检查各类企业商户3953家，查处违法违规商户275家，对违规商户进行行政处罚119家，涉案金额48.8万元。

（3）开展汽车销售“回头看”专项行动。加强学习商务执法相关法律法规，提高商务执法人员法律水平，加强执法人员队伍建设。开展汽车销售专项整治“回头看”行动，2018年，共出动执法人员468人，检查汽车销售企业201家，备案企业169家，下达整改通知书12份，规范了汽车销售市场秩序。

（4）积极推进商务领域诚信建设。依托“信用驻马店”网站，将商务领域市场监管行政相对人和企业的违法违规行为录入“信用驻马店”平台，实现企业、个人商务诚信情况信息化管理。在商务流通企业等重点商贸流通行业协会实施“红黑榜”发布制度，激励诚信，把失信违法者列入“黑名单”，推动形成“守信受益、失信必损”的利益导向和“明信知耻、惩恶扬善”的道德风气。

5. 攻坚任务

（1）积极推进电商扶贫。认真履行电商扶贫主责，着力阵地建设，培育电商带头人，突出利益联结机制，截至2018年12月底，全市共建成县级电商服务中心8个，乡级电商服务综合站169个，村级电商服务点1095个，服务站点覆盖458个建档立卡贫困村，带动贫困就业人员5000余人，电商培训覆盖8195个贫困户，累计帮助贫困户增收770余万元。

（2）强力打击黑加油站。持续开展打击黑加油站攻坚行动，按照“全覆盖、零容忍、严执法、重实效”的要求，细化部门责任分工，建立联合执法机制，截至2018年12月底，全市共出动执法车辆1000多台次，执法人员近4000人次，共拆除加油站71座，拆除加油机388台，关停36座，移交公安机关刑事拘留16人，逮捕6人，治安拘留103人，查扣油品616.821吨，有力地打击、震慑了违法经营行为，进一步净化了成品油市场。

三　2019年商务发展形势分析及指标预测

综合分析2019年商务发展形势，可以说是既有压力与挑战，又有机遇和希望，总体上看是机遇大于挑战。从外部环境看，2019年商务工作形势更加复杂严峻，不确定、不稳定因素增多。国际市场环境存在较多变数，中美经贸摩擦冲击影响可能会逐步显现。在外部环境发生深刻变化的大背景下，一些企业担忧情绪、避险情绪、观望情绪有所上升，发展信心相对不足，对商务发展的影响不容忽视。从国内情况看，要看到国内经济运行稳中有变、变中有忧，经济面临下行压力。这些问题是前进中的问题，既有短期的也有长期的，既有周期性的也有结构性的。在商务工作中要增强忧患意识，抓住主要矛盾，有针对性地加以解决。从全市情况看，当前驻马店正处于高质量跨越发展的关键突破期，全市经济社会发展虽然取得了显著成效，但还存在一些突出矛盾和问题。全市经济总量较小，产业结构不合理。全市处于工业化初期阶段，工业经济总量小，企业普遍规模小、实力弱，特别是战略性新兴产业、高新技术产业发展滞后，工业仍是制约全市发展的关键性短板。全市现代服务业发展滞后，支撑作用不够明显。

在研判不利因素的同时，应当看到，支撑全市商务高质量发展的条件仍然很多，为全市做好商务工作提供了新的机遇。当前，全市经济坚持稳中求进和高质量跨越发展，综合施策、精准发力，经济社会发展继续保持良好势头，主要指标增速保持全省第一方阵。全市开放空间广阔，市场潜力巨大，为加快消费升级带来了新的机遇。同时农业农村部已启动建设中国（驻马店）国际农产品加工产业园，为全市现代农业发展带来广阔前景。

预计，2019年全市货物进出口完成39886亿元，增长10%。社会消费品零售总额增长10%。实际吸收境外资金43899万美元，增长4%。

四　对策建议

1. 多措并举促外贸

（1）做优外贸发展环境。制定出台全市《关于促进外贸发展的意见》，重点在以下几个方面实现突破。一是设立出口退税资金池，缩短企业退税周期，提高企业资金周转效率，利用银行放大效应，缓解企业资金困难。二是支持外贸综合服务企业发展。发挥乐贸全球、豫满全球等外贸综合服务平台作用，帮助企业开拓市场，解决企业市场客户、供应链金融、报关报检等瓶颈制约。三是加强与进出口银行及出口信保合作，发展供应链金融。鼓励企业投保出口信保，降低收汇风险，抢抓出口订单。四是加快推进驻马店海关和保税物流中心（B型）建设，争取早建成、早开关、早受益，提升贸易便利化水平，提升通关效率，进一步压缩通关时间。

（2）打造特色外贸产业基地。依托各特色产业集聚区，出台鼓励支持政策，重点培育平舆县户外休闲外贸产业基地、泌阳县食用菌、正阳县圣诞灯饰、确山县小提琴、西平县纺织服装等产业集群加快发展，挖掘出口潜力，创建省级外贸产业基地，基地产品出口有较大幅度提升。

（3）扩大进口规模，促进贸易平衡发展。将“一带一路”相关国家作为重点开拓的进口来源地，积极对接郑州航空港、新郑机场、明港机场，有效利用国际航空和中欧班列（郑州）回空运力，扩大进口规模。积极参加进口博览会，在组织采购、参加活动、对接洽谈、扩大交易等方面务实创新，组织形式多样的招商推介、贸易促进活动，推动开放型经济发展。

2. 全力以赴稳外资

（1）着力优化营商环境。结合全市实际，出台《驻马店市人民政府关于积极有效利用外资推动经济高质量发展的实施意见》。深化“放管服”改革，简化优化办事流程，加快推进“一网通办”。建立营商环境监测评估机制，加强对外资企业的跟踪服务，对外资企业反映的问题及时协调解决，营造国际化便利化法制化营商环境。

（2）重抓展会合作意向。积极利用各种展会平台，拓展外向经济发展空间。组织外资企业参加投洽会、厦洽会、西博会等展会，力争促成更多企业与世界500强、行业龙头、粤港澳大湾区、日韩及“一带一路”沿线国家客商达成合作意向。

3. 着力扩大居民消费需求

（1）提升整体消费。一是要实现社会消费品零售总额10%以上增长。搞好促消费活动，引导居民绿色消费，增强购买力。加强和统计、税务、财政等相关部门沟通协调，2019年实现社会消费品零售总额增幅10%以上。二是要继续开展品牌消费集聚区创建工作。鼓励传统商业企业扩大规模，改造升级，发展多业态经营和创新商业模式，促进现代商贸服务业发展，满足人们对商业设施的综合性和社会性需求。

（2）推动品质消费。一是要开展好“老字号”申报认定工作。要把推动老字号发展作为促进品质消费的重要抓手，深挖老字号潜力，讲好老字号故事。二是要推动餐饮、住宿、家政等八大传统服务业提质扩容，打造品牌。推动绿色餐饮业发展，加强餐饮品牌示范店、绿色餐饮名店建设。三是要扎实开展“平安商场”“绿色商场”创建工作。把该项工作贯彻到商务工作中，明确创建标准和时间节点，脚踏实地抓好创建。

（3）发展电子商务。继续开展市级电商示范基地和示范企业评审认定工作，推荐符合条件的基地、企业申建省级、国家级示范基地和企业。鼓励政校企联合、多渠道发力，加强电子商务人才培养。大力发展农村电商，深入开展电商进农村综合示范，鼓励各县充分发挥特色农产品资源优势推动农产品上行，发展培育特色电商镇、电商村。

（4）优化消费环境。一是加强市场监测工作。加强生活必需品市场监测及时发布市场情况，防止恶意炒作扰乱市场正常秩序，确保社会稳定。二是强力推进商贸领域安全生产工作。深化商贸行业领域安全生产风险隐患双重预防体系建设。三是进一步做好成品油市场管理，打赢商务领域环境污染防治攻坚战。持续深入开展成品油市场专项整治行动，彻底清除黑加油站。加强薄弱地区加油站点规划布局，大力推进农村及偏远地区加油站点建设。

4. 加快建设现代物流强市

（1）发展重点行业物流。要把冷链物流、快递物流、电商物流作为重点环节，以重点突破带动物流业转型发展全面推进。争创省级冷链、快递、电商物流示范园区，发挥引领示范带动作用。

（2）积极培育领军企业。要推动骨干物流企业、高成长性物流企业通过参股控股、合资合作、兼并重组等方式整合资源，做大做强，培育打造一批有实力、有影响、有品牌的大型物流企业。

（3）提升物流服务水平。推进物流业安全标准化、设施标准化、服务标准化、智能标准化，促进多式联运。完善信息服务平台，推动重点物流企业信息平台做大做强，促进产供需、仓运配、车货人高效匹配，逐步实现物流全过程的信息化、数据化、透明化、可视化，降低物流成本。

B.40
2018～2019年济源市商务发展回顾与展望

翟娟娟　郝长红*

摘　要： 2018年，在省委、省政府和省商务厅的正确领导下，济源市认真学习贯彻党的十九大精神，以习近平新时代中国特色社会主义思想为指导，坚定信心、主动作为，坚持稳中求进，践行新发展理念，落实高质量发展要求，以供给侧结构性改革为主线，注重改革创新，强化开放招商，扩大内外贸易，加强市场监管，确保了商务经济的平稳健康发展，圆满完成了年度各项目标任务。

关键词： 济源　招商品牌　外贸

一　2018年济源市商务发展指标完成情况及特点

1. 引进省外资金提质增效

引进省外资金217.6亿元，占目标任务215亿元的101.2%。

2. 实际利用外资稳中有进

实际利用外资完成35370万美元，占省定目标35123万美元的100.7%。

3. 外贸进出口稳步发展

全市货物贸易进出口共完成134.99亿元，总量居全省第5位。济源富

* 翟娟娟、郝长红，济源市商务局。

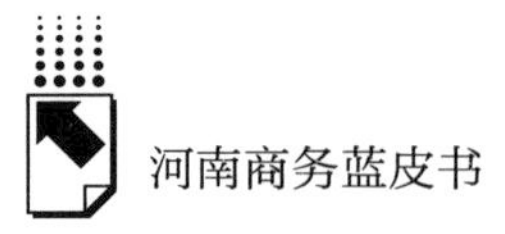

泰华单项统计 162.53 亿元，同比增幅 28.1%。服务贸易进出口总值完成 4254.99 万美元，同比增长 12.4%，增幅居全省第 3 位；完成省定目标 3975 万美元的 107.05%。

4. 消费促进作用凸显

社会消费品零售总额完成 181.6 亿元，同比增长 10.5%。

二 2018年采取的主要措施

（一）突出重点，打造“营商·济源”招商品牌

根据打造最佳营商环境头号工程的总体要求，召开全市对外开放工作会议，以开放招商为主战略，以“精准招商服务年”活动为主抓手，以打造“营商·济源”品牌为主方向，对全市开放招商工作进行了全面安排部署。围绕有色金属循环经济、优特钢及装备制造、新能源汽车等七大产业重点，制作了《营商·济源》《济源·白银新城》招商引资宣传片，编制“1+7”招商项目册，精心谋划包装一批高端型、链条型、龙头型产业项目，瞄准国内外 500 强、行业龙头和知名企业，精准定位、精准施策、精准对接、精准招商。借力平台，打造“营商·济源”开放品牌。先后组团参加了 2018 年豫籍香港企业家春茗活动、第十二届投洽会、2018 中国珠宝饰品行业创新发展高峰论坛、东盟博览会、2018 中国 500 强企业高峰论坛等重大经贸活动，达成了一批合作意向。相继举办了“营商·济源”优势产业推介暨项目签约仪式、2018 中国（济源）储能及新能源汽车峰会、2018 年（第十二届）中国贵金属年会暨济源市有色金属行业发展高峰论坛、百名鲁商济源行等专题推介活动，着力引进了中国白银城等一批项目。2018 年，全市新签约项目 138 个，合同金额 345.6 亿元；新开工项目 118 个，投资总额 300.4 亿元。深化改革，打造“营商·济源”驱动品牌。研究出台《济源市进一步促进外资增长的若干措施》等文件，全面落实准入前国民待遇加负面清单管理制度。深化“放管服”改革，简化外资企业设立程序，实行商

务备案与工商登记“一口办理”。认真梳理“三级十同”审批事项，共确定了对外劳务合作、再生资源回收等9项审批服务事项，大力推进投资和贸易便利化。创新方式，打造“营商·济源”服务品牌。在全国工商联微信公众号“中华工商时报全联通”开设“营商·济源”专版，共推送各类招商信息45期。落实招商引资联席办公会议制度，每季度组织举办一次企业家座谈会。为中国白银城等外来投资企业代办手续，为富泰华精密电子、双汇、伊利等申报相关扶持发展资金1.16亿元。济源海关正式获批，积极申建河南自贸试验区济源联动发展区，力争赢得发展先机。

（二）创新思想理念，外向型经济平稳发展

突出龙头带动。认真研判国内外形势，重点抓好进出口前十强及有进出口实绩的企业，通过龙头带动，促进外贸可持续发展。鼓励企业注重品牌建设，提高国际市场竞争力，豫光金铅入围“2018外贸500强企业”，金利金铅入围“外贸民营500强企业”。开拓国际市场。积极做好商事认证服务，办理原产地证明书333份，新增注册原产地证企业8家。引导意向企业开展对外贸易，扩大外贸经营主体数量，新增外贸企业25家。组织清水源、华新石油等企业参加欧洲精细化工、俄罗斯石油天然气、第123届广交会、第12届投洽会、首届中国国际进口博览会等展会，引导企业转变观念，主动对接，开辟进入国际市场新渠道。争取资金扶持。加强基地建设。济源市被列入豫西（济源）有色金属外贸产业基地，加强基地内外贸公共服务平台建设、品牌建设和助力企业开拓国际市场。强化对外合作。组织参加第26届中原经济协作区市长联席会，达成区域经济协同发展共识。鼓励企业开展境外投资业务，金马能源投资100万美元在香港新设公司，春林冶金正在积极开拓巴基斯坦等国外市场。

（三）搞活商贸流通，供需衔接更加有效

培育本土餐饮品牌。外出武汉、海南、开封、长垣等地考察学习，探索济源市餐饮业转型发展路径和举措。广泛开展品牌建设和老字号评选工作，

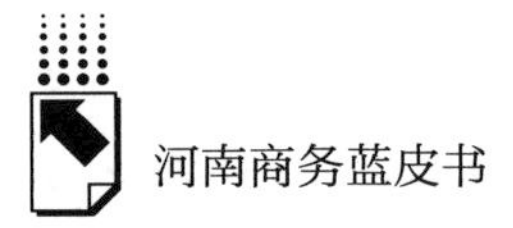

16家酒店（饭店）被评为“河南名店”“河南风味店”，13人认定为“河南烹饪大（名）师”，52道菜品被评为“河南名菜”“河南风味名吃”；东城永成烧鸡店、济源市焖罐城等9家企业被认定为第一批济源老字号。挖掘打造味道鲜美的“济水鱼脍”，申创河南省非物质文化遗产，顺利通过“中国传统餐饮历史文化名城”专家考评组验收，进一步扮靓了济源餐饮“金”名片。推进现代物流业转型发展。召开全市物流业转型发展工作会议，印发《济源市现代物流业转型发展规划（2018～2020年）》以及冷链、快递、电商三个物流转型发展工作方案。高标准规划建设玉川物流园、柿槟物流园和邮政快递及冷链物流园区，着力构建多式联运的现代物流体系。强化招商合作，相继引进了布克思图书小镇、中原云工智慧物流平台和综合智能物流园等项目，助推物流业发展提质增效。保障市场平稳供应。认真做好市场运行日常监测，及时发布、上报市场波动、价格变动等信息，确保市场平稳供应，共发布上报各类信息900余篇。加强信息平台建设，实现对散装水泥专用车辆的动态管理。推广使用散装水泥89.6万吨，水泥散装率达到70%。顺利完成商贸集团改制工作。

（四）发展电子商务，精准脱贫成效显现

大力发展电子商务和跨境电商。发挥省、市级电子商务示范企业引领作用，带动全市电子商务企业规范化发展。组织参加第二届跨境电商大会，引导外贸企业大力发展跨境电商。2018年，全市电子商务交易额55.1亿元，同比增长94%；全市跨境电商进出口7.8亿元，同比增长30%。产业扶贫精准发力。印发出台《电商精准扶贫三年行动计划》《电商扶贫工作方案》等系列文件，强化宣传培训力度，创新开展农产品上行带贫、特色产业带贫、服务体系带贫、致富能人带贫四种模式，推动电商扶贫取得明显成效。目前，已与郑州惠临门电子商务有限公司天天出色商城合作，开设济源馆扶贫专区。在全市59个建档立卡贫困村设立电商扶贫服务站点；培育电商扶贫培训、创业基地6个，选树贾海燕、卢三保等电商致富能人，带动周边贫困户创业增收。驻村扶贫成效明显。对思礼镇姬沟村，选优配强驻村干部，

做好帮村富民工作。引进万洋肥业酵化厂，实施土地流转、天然气入户，正在谋划以老鸹寨、健身步道、引沁渠为依托的旅游休闲业。目前，该村年集体收入达到33.9万元。协助该村高标准建成党员群众服务中心，做好村容村貌、户容户貌综合整治，组织评选“五美庭院”，着力打造“美丽姬沟”。

（五）坚持依法行政，市场监管规范有序

扎实开展大气污染防治工作。启动重污染天气应急预警，牵头开展打击黑加油站（点）、流动加油车专项行动，查处流动加油车和无证经营企业；对全市加油站（点）进行抽检，汽油样本合格率98.3%，柴油样本合格率100%。强化监管执法。深入推进“双随机、一公开”市场监管执法工作，通过部门协作、单独检查等方式，共检查各类企业300余家。积极组织开展市场巡查，共检查加油站、预付卡企业、干洗水洗店、汽车销售等企业近1000家次，下达《责令改正违法行为通知书》14份，行政处罚3起。打击侵权假冒。组织开展“丝路清风”、互联网领域整治等专项行动，严厉打击侵权假冒违法犯罪活动。截至目前，共查获各类侵权假冒行政处罚案件120起，破获侵权假冒违法犯罪案件34起，涉案金额1815.37万元，捣毁窝点4个，办结案件信息已按要求予以公开，对侵权假冒行为形成高压震慑。加强行业监管。加强对二手车、汽车销售市场、拍卖、典当、单用途商业预付卡、散装水泥等行业管理；积极探索对亚太有色金属现货交易场所的监管和服务模式；加快推进重要产品追溯体系建设，着力提升产品质量安全与公共安全水平。

三　2019年商务发展形势分析及指标预测

深刻分析当前形势，准确把握商务经济的时代特征。一是扩大消费的压力加大。济源市2016年到2018年社会消费品零售总额增幅分别为12.2%、12%、10.5%，呈逐年下滑趋势。同时，由于优质商品价格偏高，家政、养老等服务供给短缺，流通市场体系不健全，农村消费网点少、农产品产销对接渠道不畅，物流成本仍然偏高，预计2019年消费增长有继续放缓的可能。

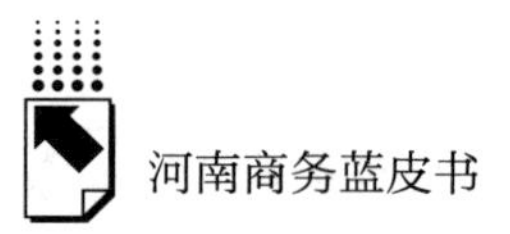

二是外贸增长的压力加大。国际市场环境存在较多变数，中美经贸摩擦冲击影响可能会逐步显现，加上美国、加拿大对中国高技术出口管制，欧盟等步其后尘收紧出口管制，企业引进关键技术、设备和零部件的难度也将加大。外贸综合服务企业少，新业态新模式尚未对外贸发展形成有力支撑，全年进出口形势更加严峻。三是招商引资的压力加大。受中美经贸摩擦影响，不少在华外资企业经营受到一定影响，投资决策更加谨慎。沿海发达经济省份纷纷加大省内产业转移力度，周边省、市利用国家战略和政策优势，在招商引资上竞相发力，纷纷出台优惠措施，均对济源市招商引资形成挤压态势。

在研判不利因素的同时还应该看到，支撑全市商务高质量发展的条件依然较多，为做好商务工作提供了新机遇。一方面是国际合作共赢主旋律带来的机遇，经济全球化虽然遇到逆流，但求合作、谋发展仍是世界各国的共同愿望，世界经济和全球产业你中有我、我中有你的分工格局难以逆转。中国加大对外开放的力度和决心没有改变，开放的空间会越开越大，开放的质量会越提越高。另一方面是济源市整体环境优化带来的机遇，国家产城融合示范区建设这个战略平台，不仅会提升济源在全省乃至全国的地位和影响力，而且会收获更多更具含金量的红利。济源是中原城市群核心发展区城市，与洛阳副中心城市深度融合发展有现实的基础，同时也是跨区域合作的重要节点城市，在区域协调发展中的地位将越来越重要。

预计 2019 年货物进出口稳定增长，实际利用外资、实际到位省外资金增长 3% 以上，服务贸易增长 7%，社会消费品零售总额、对外投资增长 10% 以上，跨境电商交易额增长 20% 以上，各项指标稳中有进、进中提质。

四　对策建议

（一）更高水平扩开放，打造内陆开放新高地

1. 坚定不移招大引强

围绕有色金属、钢铁深加工、化工等优势产业，先进装备制造、新材

料、新能源和电子信息等战略性新兴产业，文化旅游、现代物流、现代商贸等现代服务业，突出招大引强，建立大企业大项目拜访机制，紧盯国内外500强企业、知名跨国公司和行业龙头企业，加强对其产业布局、投资趋向的研究分析，找准与济源市资源优势和产业优势的结合点，引进一批市场前景好、带动能力强、规模扩张快的重大项目。健全重大项目全流程跟踪工作机制，实行月跟踪、季通报，专班专题服务推进。

2. 创新招商引资方式

统筹推进全市对外开放工作，建立健全常态化工作机制，探索建立开放发展指标评价体系，形成开放发展浓厚氛围。认真分析产业转移形势，研判产业转移动向，坚持大员招商、以商招商、以企招商，特别对中国白银城、虎岭钢产品深加工产业园、小浪底国际旅游度假区等一批重大项目，组建专业招商团队，实行上门精准招商。瞄准欧洲、日韩及港澳台重点区域，加强产业动态跟踪，实行更加精准化精细化招商对接。深化与京津冀、长三角、珠三角区域合作，加快承接国内产业转移。建立招商引资信息化管理平台，实施产业集群招商、精准招商，推动增资扩产、境外上市、并购投资、返程投资等多种方式的投资合作，坚持引资与引智引技相结合，引进一批龙头项目。建立完善重点客商资源库，加强与知名商协会、友好城市的深化合作，务实参加第十三届投洽会、中博会、厦洽会、东盟博览会、高交会等重大经贸交流活动。

3. 打造最佳营商环境

复制推广自贸试验区和跨境电商综试区创新发展经验，认真落实联审联批、限时办结、全程代理和网上办理等制度，缩短审批时间，提高办事效率。优化投资便利化台账，对项目进行前景分析、签约、落地等进行“一条龙”服务。深化“放管服”改革，简化优化办事流程，加快推进“一网通办”。稳步推进外资管理体制改革，持续完善负面清单以外领域外商投资企业设立商务备案与工商登记“一口办理”。建立营商环境监测评估机制，加强对企业的跟踪服务，让投资者感受到济源亲商安商富商的浓厚氛围。

（二）多措并举稳外贸，培育外贸竞争新优势

1. 全面落实外贸政策

积极应对贸易摩擦，开展精准跟踪指导。贯彻落实好国家和省市稳外贸政策措施，对企业进行分析排查，摸清企业潜在需求，积极争取政策支持，开展退税资金池、“外贸贷”等政策创新，努力解决企业经营中存在的困难和问题。深化改革，简化程序，持续推动提升贸易便利化水平，营造外贸良好发展环境。

2. 积极开拓国际市场

积极组织参加境内外各类展会活动，加快培育国际营销网络，深度拓展传统市场，大力开发新兴市场，深化与“一带一路”沿线国家的经贸合作。重点组织参加广交会、高交会、进口博览会、东盟博览会等系列经贸活动，助力企业抢抓出口订单。

3. 加快产业优化升级

重点培育一批具有一定国际影响力的龙头企业和中小外贸主体，加快推进豫西（济源）有色金属外贸产业基地和济源海关建设，努力打造千亿级外贸转型升级基地。支持企业在境外设立商品展示、品牌推广、仓储物流、批发零售等营销服务网络，把产业优势转化成出口优势。

4. 着力培育新业态

做大做强跨境电商园区，引进出口平台企业。鼓励外贸企业增强创新意识、品牌意识，提高自主品牌的出口比重，促进外贸产业转型升级。深化与阿里、京东、全球贸易通等省外龙头企业战略合作，大力发展外贸综合服务企业。复制推广服务贸易创新发展试点经验，积极承接境内外服务贸易产业转移，努力发展服务贸易。

5. 深化国际合作

鼓励济源市企业并购海外品牌、营销渠道、研发设计等，加快培育一批本土跨国公司。支持铅锌冶炼、矿山设备、水处理剂等优势产业、企业围绕“一带一路”，寻求国外优质合作项目，积极开展对外投资和承包工程。探索设立境外经贸合作区，深化国际产能合作。

（三）多点发力扩消费，满足人民群众多彩生活需要

1. 提升城市消费

打造中高端消费圈，推进建业步行街、宣化大街等传统商业街区的改造提升，引进建设现代化的城市综合体。餐饮业重点打造升龙城片区中高档美食街、2000家美食广场特色名吃街、济渎路特色美食一条街等城市消费名片。持续开展品牌消费集聚区和“老字号”认定工作。打造城市便民服务圈，推进电子商务进社区，建成覆盖居民“衣、食、住、行、娱”等社区电商服务网点，形成便利快捷的社区消费服务网络。积极探索发展会展经济。

2. 扩大农村消费

加强农村市场规划和农产品流通基础设施建设。推动改造升级农产品批发市场，优化农产品流通骨干市场和企业在农村地区布局，打通农产品流通“最后一公里”。要大力发展电子商务和农村电商，培育一批特色电商镇、电商村，提升农村市场消费品质。开展特色商贸小镇培育创建工作，争取纳入省级、国家级试点，促进农村消费市场转型升级。

3. 推动品质消费

鼓励流通企业增强品牌意识，争创中华老字号、河南老字号、济源老字号和省级品牌消费集聚区，打造一批“名品、名店、名街”，引导流通企业多元化、个性化发展。研究制定《济源市餐饮业转型发展实施细则》，精心筹划举办第二届中原餐饮博览会，积极争创“中国传统餐饮历史文化名城”，进一步叫响济源餐饮品牌。创新流通方式，实施城乡高效配送。畅通汽车消费渠道，引导二手车交易市场加快升级改造步伐。

4. 优化消费环境

统筹推进内外贸、内外资等商务领域信用建设，深入推进肉菜、中药材等重要产品追溯体系建设。开展商务综合监管和执法专项整治工作，继续做好市场运行监测分析工作，加强结果运用和社会宣传。

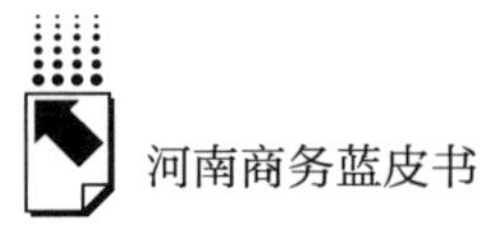

（四）坚定不移促转型，加快推进现代物流业发展

1. 发展重点行业物流

大力发展冷链物流，着力构建高效的冷链物流体系，满足居民消费升级需求。大力发展快递物流，完善快递物流网络，加快建设服务优质、安全高效的快递物流服务体系。大力发展电商物流，优化服务体系，延伸服务链条，推进电子商务与快递物流协同发展。

2. 积极培育领军企业

积极推进济源邮政物流、中兴物流等项目；支持玉川物流园建设多式联运区和办公商务与生活配套服务区，推进建设公共仓储及配送区、供应链管理及金融服务区等功能区；支持柿槟物流园发展同园共配，引导全市零担物流企业入驻园区，进行集约化管理，形成集聚效应。

3. 扩大物流开放合作

牢固树立开放理念，抓住世界物流巨头全球布局的有利机遇，发挥济源市优势，盯紧重点目标，开展点对点精准招商，吸引知名物流企业和人才落户济源。积极推进布克思图书小镇、中原云工智慧物流平台和综合智能物流园等项目建设。务实解决矛盾问题，疏通企业堵点痛点，提升物流服务水平，降低物流成本。

（五）精准发力助脱贫，展现商务惠民新作为

1. 塑造特色品牌

引导贫困村统一制定区域性电商扶贫产品标识，打造区域性特色农产品电商品牌。鼓励支持省内外电商企业设立济源扶贫频道、扶贫专卖店或电商扶贫馆，扩大覆盖面，提高上线率。

2. 推动产销对接

强化阵地建设，帮助和扶持邮政电商产业园尽快发挥市级电商扶贫运营中心引领示范作用；支持坡头等镇级电商扶贫运营中心发展，提升农产品网络销量；打造电商扶贫产业基地，培育农村电商带头人，带动周边贫困人口

增收。组织开展产销对接活动，推进济源市农产品生产企业与天天出色商城等合作事宜，扩宽网络销售渠道。

3. 优化工作机制

继续推进电子商务示范创建，积极培育申建电商示范企业。持续推进电商扶贫政策宣传和技能培训工作，在有条件的贫困村每村培育 1 名电商扶贫带头人。开展电商扶贫示范带动，培育一批电商扶贫先进镇和优秀电商扶贫带头人。

4. 拓展扶贫途径

落实好“百城万村”家政扶贫指导意见，深化家政扶贫，拓展对外劳务扶贫，做好淮阳县家政扶贫帮扶工作。立足商务职能，当好驻村第一书记坚强后盾，因地制宜，因村施策，促进驻村面貌进一步改变。

（六）坚持底线思维，扎实推进商务领域污染防治和综治平安建设

1. 打好商务领域环境污染防治攻坚战

持续深入开展成品油流通市场专项整治行动，严厉打击扰乱市场秩序的违法违规经营加油站点，彻底清除黑加油站；有序化解历史遗留问题，指导具备经营条件的证照不齐加油站点尽快完善手续。加强加油站点规划布局，大力推进农村及偏远山区加油网点建设。积极推进散装水泥绿色发展，继续抓好“两个禁止”工作，扩大“禁现”深度和广度。完善报废车回收网络，提升老旧汽车拆解水平。

2. 加强商务系统综治平安建设

认真做好商务系统社会治安综合治理和平安建设工作，落实责任，完善机制，突出重点，抓好关键，深化平安商场建设。按照“管行业必须管安全、管业务必须管安全、管生产经营必须管安全”的要求，抓住重要节点，抓实工作举措，开展安全隐患双重预防体系建设和安全生产大暗访大排查大整治攻坚行动，确保商贸流通企业安全生产运行。扎实做好商务领域重大风险防范工作。

皮书起源

“皮书”起源于十七、十八世纪的英国，主要指官方或社会组织正式发表的重要文件或报告，多以“白皮书”命名。在中国，“皮书”这一概念被社会广泛接受，并被成功运作、发展成为一种全新的出版形态，则源于中国社会科学院社会科学文献出版社。

皮书定义

皮书是对中国与世界发展状况和热点问题进行年度监测，以专业的角度、专家的视野和实证研究方法，针对某一领域或区域现状与发展态势展开分析和预测，具备原创性、实证性、专业性、连续性、前沿性、时效性等特点的公开出版物，由一系列权威研究报告组成。

皮书作者

皮书系列的作者以中国社会科学院、著名高校、地方社会科学院的研究人员为主，多为国内一流研究机构的权威专家学者，他们的看法和观点代表了学界对中国与世界的现实和未来最高水平的解读与分析。

皮书荣誉

皮书系列已成为社会科学文献出版社的著名图书品牌和中国社会科学院的知名学术品牌。2016 年，皮书系列正式列入“十三五”国家重点出版规划项目；2013~2019 年，重点皮书列入中国社会科学院承担的国家哲学社会科学创新工程项目；2019 年，64 种院外皮书使用“中国社会科学院创新工程学术出版项目”标识。

S 基本子库
SUB DATABASE

中国社会发展数据库（下设 12 个子库）

全面整合国内外中国社会发展研究成果，汇聚独家统计数据、深度分析报告，涉及社会、人口、政治、教育、法律等 12 个领域，为了解中国社会发展动态、跟踪社会核心热点、分析社会发展趋势提供一站式资源搜索和数据分析与挖掘服务。

中国经济发展数据库（下设 12 个子库）

基于“皮书系列”中涉及中国经济发展的研究资料构建，内容涵盖宏观经济、农业经济、工业经济、产业经济等 12 个重点经济领域，为实时掌控经济运行态势、把握经济发展规律、洞察经济形势、进行经济决策提供参考和依据。

中国行业发展数据库（下设 17 个子库）

以中国国民经济行业分类为依据，覆盖金融业、旅游、医疗卫生、交通运输、能源矿产等 100 多个行业，跟踪分析国民经济相关行业市场运行状况和政策导向，汇集行业发展前沿资讯，为投资、从业及各种经济决策提供理论基础和实践指导。

中国区域发展数据库（下设 6 个子库）

对中国特定区域内的经济、社会、文化等领域现状与发展情况进行深度分析和预测，研究层级至县及县以下行政区，涉及地区、区域经济体、城市、农村等不同维度。为地方经济社会宏观态势研究、发展经验研究、案例分析提供数据服务。

中国文化传媒数据库（下设 18 个子库）

汇聚文化传媒领域专家观点、热点资讯，梳理国内外中国文化发展相关学术研究成果、一手统计数据，涵盖文化产业、新闻传播、电影娱乐、文学艺术、群众文化等 18 个重点研究领域。为文化传媒研究提供相关数据、研究报告和综合分析服务。

世界经济与国际关系数据库（下设 6 个子库）

立足“皮书系列”世界经济、国际关系相关学术资源，整合世界经济、国际政治、世界文化与科技、全球性问题、国际组织与国际法、区域研究 6 大领域研究成果，为世界经济与国际关系研究提供全方位数据分析，为决策和形势研判提供参考。

法律声明

“皮书系列”（含蓝皮书、绿皮书、黄皮书）之品牌由社会科学文献出版社最早使用并持续至今，现已被中国图书市场所熟知。“皮书系列”的相关商标已在中华人民共和国国家工商行政管理总局商标局注册，如LOGO（ ）、皮书、Pishu、经济蓝皮书、社会蓝皮书等。“皮书系列”图书的注册商标专用权及封面设计、版式设计的著作权均为社会科学文献出版社所有。未经社会科学文献出版社书面授权许可，任何使用与“皮书系列”图书注册商标、封面设计、版式设计相同或者近似的文字、图形或其组合的行为均系侵权行为。

经作者授权，本书的专有出版权及信息网络传播权等为社会科学文献出版社享有。未经社会科学文献出版社书面授权许可，任何就本书内容的复制、发行或以数字形式进行网络传播的行为均系侵权行为。

社会科学文献出版社将通过法律途径追究上述侵权行为的法律责任，维护自身合法权益。

欢迎社会各界人士对侵犯社会科学文献出版社上述权利的侵权行为进行举报。电话：010-59367121，电子邮箱：fawubu@ssap.cn。

社会科学文献出版社